Karin Wahlberg

Tödliche Geschäfte

Roman

*Aus dem Schwedischen von
Lotta Rüegger und Holger Wolandt*

btb

Die schwedische Originalausgabe erschien 2009
unter dem Titel »Matthandlare Olssons död«
bei Wahlström & Widstrand, Stockholm.

Verlagsgruppe Random House FSC-DEU-0100
Das für dieses Buch verwendete FSC-zertifizierte Papier
Munken Pocket liefert Arctic Paper Munkedals AB, Schweden.

1. Auflage
Deutsche Erstveröffentlichung Juli 2010
Copyright © 2009 by Karin Wahlberg
Copyright © der deutschsprachigen Ausgabe 2010
by btb Verlag in der Verlagsgruppe Random House GmbH, München
Published by agreement with Salomonsson Agency
Umschlaggestaltung: semper smile, München
Umschlagmotiv: Tanja Luther / plainpicture
Satz: Uhl + Massopust, Aalen
Druck und Bindung: CPI – Clausen & Bosse, Leck
SL · Herstellung: SK
Printed in Germany
ISBN 978-3-442-73942-4

www.btb-verlag.de

»Ich habe zwei Teppiche von meinem Vater geerbt«, sagte Herr Omar.

Das erstaunte Sventon derart, dass es ihm erst einmal die Sprache verschlug. Dann packte ihn die Wut und er sagte erzürnt:

»Ach? Da habe ich aber viel mehr geerbt! Eine Fußmatte, einen Teppich für die Diele, einen rot gestreiften Läufer und einen Teppich, der unter den Esstisch kommt und zwei Bettvorleger – ich habe wirklich ganz schön viele Teppiche geerbt!«

Der Orientale senkte bestätigend den Kopf. »Meiner unmaßgeblichen Ansicht nach könnte trotzdem ein Teppich fehlen.«

Ha!, dachte Sventon, das hätte ich mir ja gleich denken können: ein Teppichhändler.

»Keinesfalls!«, sagte er und schlug mit der Hand auf den Tisch. »Ich habe vor zwei Jahren einen Teppich auf Raten gekauft, den ich noch nicht... aber das gehört nicht hierher. Ich kaufe keinen Teppich.«

»Wenn Herr Sventon keinen Teppich von mir kauft, dann verkaufe ich natürlich auch keinen an Herrn Sventon«, sagte der orientalische Fremde kryptisch und rollte seinen Teppich auf dem Boden aus. [...]

»Nur wenige besitzen zwei Teppiche«, fuhr der Fremde fort. [...]

»Aber ich kenne viele Leute, die sieben oder acht Teppiche besitzen.«

»Gewiss«, sagte der Mann mit den unergründlichen Augen, *»aber keine fliegenden.«* Er verbeugte sich fast bis auf den Fußboden.

»Wie bitte?«, fragte Sventon, dem diese ewige Verbeugerei auf die Nerven ging.

»Keine fliegenden«, wiederholte der Fremde, ohne eine Miene zu verziehen, *»keine fliegenden Teppiche.«*

Åke Holmberg, »Ture Sventon, Privatdetektiv«

1

Carl-Ivar Olsson saß an Deck und genoss das Leben in vollen Zügen. Es war Samstagnachmittag, die Schiffsmotoren tuckerten beruhigend und lullten ihn ein. Die frische Luft tat ihr Übriges.

Frisch war allerdings eher zu viel gesagt... Rasch korrigierte er sich. Die Luft einer Stadt von der Größe Istanbuls war nicht gerade die gesündeste. Hier lebten zehn Millionen Menschen in einem chaotischen Durcheinander, hinzu kamen Abgase und die dünne Ozonschicht in der Stratosphäre. Wenn man sich schnäuzte, war das Taschentuch schwarz vor Staub.

Aber all das störte ihn nicht. Es gefiel ihm in Istanbul. Ein Teil seiner Seele hatte hier Wurzeln geschlagen.

Er war sich vollkommen im Klaren über die jüngsten Ereignisse. Die Gedanken und Kommentare seiner Frau hatte er so verinnerlicht, dass sie genauso gut neben ihm hätte sitzen können. So war es häufig, wenn zwei Menschen ein langes Leben miteinander teilten. Man raufte sich immer wieder zusammen, im Guten wie im Schlechten.

Eigentlich hatte er jetzt gar keine Lust, an seine Frau zu denken, aber er durfte nicht vergessen, sie abends anzurufen, um ihr zu sagen, dass er noch ein paar Tage bleiben würde. Als sie am Vortag nach Schweden zurückgefahren war, hatte er seine Rückreise für Dienstag angekündigt, aber eigentlich schon gewusst, dass er bis nächsten Samstag bleiben würde, also noch eine ganze Woche länger.

Es widerstrebte ihm jedoch, das unumwunden zuzugeben. Sie hätte ihn angestarrt und wortlos eine Erklärung gefordert. Da war es einfacher, sie anzurufen und zu behaupten, ein alter, guter Freund aus Syrien sei zufällig in Istanbul aufgetaucht. Vermutlich war sie dann schon wieder derart beschäftigt, dass sie nur sagen würde: »Mach, was du willst, Carl-Ivar, solange du nur gesund wieder nach Hause kommst ...« Wahrscheinlich klang ihre Stimme nicht einmal sonderlich verärgert, vielleicht eine Spur müde, als würde sie mit einem Kind sprechen, das um Süßigkeiten bettelt.

Eigentlich hätte sie ihn mit der Zeit auch irgendwann durchschauen müssen. Andererseits sahen die Menschen immer nur das, was sie sehen wollten.

Außerdem waren sie keine kleinen Kinder mehr, weder er noch Birgitta. Man muss das Leben genießen, solange es andauert, dachte er wehmütig, während eine Meeresbrise in seiner Nase kitzelte.

Er ging auf die siebzig zu. Er lebte gerne. Sehr gerne sogar. Es gab noch vieles, worauf er sich freuen konnte. Er musste vernünftig leben und etwas gegen seinen Bauch unternehmen.

Mit einem Mal meinte er einen tadelnden Seitenblick seiner Frau zu spüren. Ärger stieg in ihm auf. Ihr kritisches Auge hatte auch vor seiner Schale mit Sahnejogurt beim Hotelfrühstück nicht haltgemacht. Mild und gut, aber hier in der Türkei zu fett. Das hatten ihm ihre Augen gesagt, das erkannte er mühelos. Gegen schwarze Oliven und die sonnengereiften Tomaten war hingegen nichts einzuwenden gewesen. Die türmte er immer auf seinen Teller, und sie sagte nichts. Auch nicht gegen die Gurke, den Schafskäse und den Honig. Gegen die Butter hatte sie ebenfalls nichts einzuwenden, offenbar hatte sie sie übersehen.

Das Brot war jedoch zu weiß, keine Ballaststoffe. Das brachte sie so aus der Fassung, dass sie zu allen, die es hören wollten, gesagt hatte: »Gibt es hier wirklich kein anderes Brot?«

Das kleine Wort »wirklich« war in seinem Gedächtnis hängen geblieben und störte ihn dummerweise immer noch, obwohl er jetzt in aller Ruhe auf der Fähre saß. Er sollte es besser wissen, als sich von ihrer Oberlehrer-Attitüde nerven zu lassen. Er hatte sich ein Sesambrötchen genommen, und sie setzten sich an einen braun lackierten Vierertisch. Dann frühstückten sie schweigend und kauten geräuschvoll.

Er selbst wusste das türkische Frühstück sehr zu schätzen.

Bei der Erinnerung an diese Episode musste er den Kopf schütteln, während er auf die Wellen starrte. Als wolle er endlich das Bild seiner Ehefrau verscheuchen. Aber der Ärger ließ sich nicht so einfach in die Flucht schlagen.

Unser Leben verfolgt uns, dachte er philosophisch. Eine Expressfähre überholte; sie hießen in Istanbul Wasserbusse. Das graugrüne Wasser wurde von den Schiffsschrauben aufgewühlt, und ein brackiger Geruch stieg auf. Der Verkehr auf dem Marmarameer war dicht, ein ständiges Hin und Her der Fähren.

Er kratzte sich mit seinem Zeigefinger unter dem Hemdkragen und änderte dann seine Sitzposition, ohne die Tuchfühlung mit der weichen Tasche neben sich auf der Bank zu verlieren.

Er hatte sich so hingesetzt, dass sich niemand zwischen ihn und die Tasche zwängen konnte. Gegenüber waren die Rettungsboote festgezurrt. Als er die Hand von seinem Kragen nahm, fuhr er rasch an der linken Vorderseite seiner Jacke entlang. Er wollte kontrollieren, ob der Inhalt seiner Innentasche noch da war, und dem war natürlich so.

Dann hielt er inne, bis er seine Ruhe wiedergefunden hatte und in dem süßen Genuss des herrlichen Nichtstuns schwelgen konnte. Es gab viele angenehme Dinge, die er sich durch den Kopf gehen lassen konnte.

Er war auf dem Weg zum Kai von Eminönü im Herzen von Istanbul. Die Fähre bewegte sich mit gleichmäßiger Geschwindigkeit fort und fuhr gerade eine leichte Kurve, während er auf die Wellen starrte. Seine Gedanken wurden immer langsamer und verhielten sich schließlich wie vereinzelte beharrliche Blätter im Herbst, die sich an den Ästen festklammerten, obwohl die Herbststürme längst vorbeigezogen waren. Schließlich verloren auch diese Blätter den Halt und schwebten langsam zu Boden. Sie fielen, um wieder zu Erde zu werden. Der ewige Kreislauf der Natur, dachte er träge.

Musik dröhnte von einer Fähre, die ihnen entgegenkam. Er zuckte zusammen. Seine behagliche Schläfrigkeit war dahin.

Stattdessen tauchte idiotischerweise seine Ehefrau wieder vor seinem inneren Auge auf. Vielleicht war das seine Art, diese Sache zu verarbeiten, wie man heutzutage sagte, um sie endlich hinter sich zu lassen.

Eigentlich war an Birgitta nichts weiter auszusetzen, sie war eine tüchtige und fleißige Person. Er nahm sich zurück. Er merkte selbst, dass er das tat. Er nahm sich zurück, indem er sie verteidigte und damit auch sich selbst und seine eigene Unlust. Und auch sein schlechtes Gewissen.

Sie wusste, was Sache war. Er war ein Mensch, der sich oft in Reue erging. Wenn er ihr gegenüber etwas großzügiger war, konnte er hoffen, dass sie ihn ebenfalls so behandelte. Indem er gerecht war und nicht schwarz-weiß dachte und urteilte, entlastete er sein Gewissen. Aus Erfahrung wusste er, dass er so die Gedanken an seine Ehefrau eher auf Abstand halten konnte. Ohne gemein zu sein. Er war kein bösartiger Mensch. Er wollte sich auch nicht so sehen müssen, sondern vielmehr als einen Menschen, der im Großen und Ganzen Respekt und Ehrlichkeit ausstrahlte.

Ohne allzu kritisch zu sein, konnte er trotz allem konstatieren, dass es in ihrem gemeinsamen Leben in den letzten Jahren zu oft darum gegangen war, was gesund war und was nicht. Ihr großes Interesse an Dingen, die ungesund waren, ging ihm auf die Nerven. Das Ungesunde übte auf sie eine ganz eigene Anziehungskraft aus. Sie konnte richtig darauf herumreiten und es verurteilen, so wie man früher Hurerei und Alkohol verurteilt hatte.

Man konnte sich natürlich fragen, warum er so viel Zeit darauf verwendete, sich über die Angst seiner Frau vor dem Sterben zu ärgern. Sie meinte es natürlich nur gut, wenn sie Nordic Walking, weniger Fett und weniger Kohlenhydrate befürwortete. Sie wollte nur, dass auch er so lange wie möglich lebte. Damit sie beide wie zwei alte Wellensittiche gleichzeitig von der Stange fielen. Starb der eine, dann hatte auch der andere nicht mehr lange zu leben.

Er lachte. Man konnte sagen, was man wollte, aber gesunder Lebenswandel war im Großen und Ganzen eine recht unschuldige Beschäftigung.

Aber jetzt war seine Frau nicht da.

Die Sonne, die langsam unterging, war immer noch heiß. Seine Wangen brannten. Er schaute mit zusammengekniffenen Augen auf die Sonnenreflexe auf dem Wasser. Vielleicht waren das da hinten am Horizont ja die Prinzeninseln. Er wusste, dass sie ungefähr dort lagen. Sein Blick folgte auf der asiatischen Seite der Küstenlinie, die sich auflöste und in einem graugrünen Dunst verschwand.

Ihn überfiel eine schmerzende Leere. Seine Gedanken nahmen einen unerwünschten Verlauf – schweiften zu seiner Frau. Er würde das schon noch in den Griff bekommen. Schließlich lagen jetzt noch ein paar Tage in Istanbul vor ihm, eine ganze Woche, um genau zu sein.

Die dunklen Wolken, die sich in seinem Leben aufgetürmt hatten, würde er nun beiseiteräumen. Das würde ihn einiges kosten, aber das war es wert.

Bis auf weiteres würde es so sein. Später würde er sich etwas anderes einfallen lassen.

Die amerikanische Touristengruppe, die in seiner Nähe gesessen und sich laut unterhalten hatte, erhob sich und ging ins Innere des Schiffes. Mit einem Mal fühlte er sich wohler. Er saß bequem, obwohl die Holzbank hart war. Die Milde der Versöhnung hatte von ihm Besitz ergriffen. Er döste wieder ein, glitt in eine Stille wie im Traum, und sein Kopf fiel nach hinten. Er schloss die Augen.

Die Fähre glitt durchs Wasser. Das Geräusch der Wellen, die gegen den Rumpf schlugen, und das Möwengekreisch schienen allmählich im Jenseits zu verstummen.

Ein bedrohlicher Schatten war auf Teppichhändler Olsson gefallen.

2

Es war ein Samstagvormittag im Mai, die Sonne tauchte Oskarshamn in weißes Frühlingslicht. Der Wind war kühl, die Luft noch nicht warm. Veronika Lundborg war auf eine windgeschützte Bank in der kleinen Fußgängerzone Flanaden zugesteuert und saß nun bequem zurückgelehnt und breitbeinig da, um ihrem mittlerweile sehr runden Bauch Platz zu gewähren. Sie rechnete damit, noch eine gute Weile so sitzen zu können. Claes und Klara wollten Sandalen kaufen. Klara hatte ausdrücklich darum gebeten, dass Papa sie bei diesem wichtigen Einkauf begleitete.

Kinder, dachte sie.

Die Kleine hatte sich natürlich ausgerechnet, dass der Papa nachgiebiger sein würde. Mit liebevollem Blick hatte sie ihnen beim Weggehen hinterhergeschaut. Klara war neben Claes hergehopst, der blickte auf seine Tochter herab und erzählte sicher etwas Lustiges, während er ihre kleine Hand hielt.

Veronika wurde ganz warm ums Herz, als sie an die vertrauten Bande zwischen Vater und Tochter dachte, die so stark waren, dass sogar Außenstehende sie erkennen konnten. Genieße es, sagte sie sich. Der vergangene Winter war eine schwere Zeit gewesen.

Aber das war jetzt alles vorbei. Sie war keine mordende Ärztin. Jetzt konnte sie darüber lächeln. Vollkommener Irrsinn konnte so leicht als Wahrheit verkauft werden. In Kleinstädten hielten sich solche Gerüchte besonders hartnäckig und waren nicht leicht aus der Welt zu schaffen. Sie hörte es förmlich: »Sie wissen schon, diese Ärztin, die ihre Patientin umgebracht hat. Aber dann stellte sich heraus, dass es doch der Mann war, dieser Unternehmer, zusammen mit seiner Geliebten, dieser jungen, schönen...«

Aber irgendwie musste man schließlich auch mal berühmt werden!

Cecilia kam ihr in den Sinn. Das zweite traurige Kapitel. Jeden Tag dachte sie an Cecilia. Immer wieder in kleinen Dosen. Die Unruhe nagte an ihr. Sie war aber auch erleichtert, dass bislang alles so gut verlaufen war. Trotz allem. Es wäre ihr allerdings lieber gewesen, wenn es genauso wie vorher geworden wäre und nicht nur beinahe.

Sie schloss die Augen und schaute nach oben. Die Sonnenstrahlen schienen sanft auf ihr Gesicht, ihre Züge entspannten sich. Sie knöpfte ihren Kragen auf und legte eine Hand auf ihren Bauch. Ihr Kind bewegte sich, die zarten Bewegungen waren hauptsächlich rechts zu spüren. Bald würde sie den Bauch los sein. Sie hatte weder Angst noch war sie ernsthaft besorgt, nur etwas unruhig. Neugierig war sie natürlich auch. Einen Termin für den Kaiserschnitt hatte sie, alles war unter Kontrolle, aber große Ereignisse nahm man nicht einfach so auf die leichte Schulter. Sie fühlte sich angespannt, hatte so etwas wie Reisefieber oder Schmetterlinge im Bauch.

Ihr letztes Kind, zweifellos musste es so sein. Sie rechnete nicht damit, dass es bei ihr so kommen würde wie bei Sarah im Ersten Buch Mose. Abrahams Frau war in sehr hohem Alter schwanger geworden, sie war mindestens hundert gewesen.

In diesem Augenblick brummte ihr Handy. Da war er endlich, der Anruf, auf den sie gewartet hatte, obwohl sie gleichzeitig auch gehofft hatte, dass er ihr erspart bleiben würde. Sie seufzte nicht einmal, als sie ihr Mobiltelefon aus der engen Hosentasche fischte und einen Blick auf das Display warf. Natürlich, es war Cecilia.

Sie hatte einen Kloß im Hals. Sie räusperte sich und schluckte, während sie ihr Handy ans Ohr drückte und auf die Pflastersteine starrte, um sich besser konzentrieren zu können.

»Hallo, Kleines!«, sagte sie munter.

»Was machst du?«, fragte Cecilia mit tonloser Stimme.

»Ich sitze auf der Flanaden und denke an dich«, sagte Veronika wahrheitsgemäß. »Und du?«

Am anderen Ende wurde es still. Veronika bereute ihre Gegenfrage. Warum fragte sie ihre Tochter, obwohl sie die Antwort kannte? Aber was hätte sie sagen sollen?

»Nichts Besonderes«, antwortete Cecilia.

Richtig, genau das. Nichts Besonderes. Deswegen rief sie ja auch an. Sie ließ von sich hören, um sich die Zeit zu vertreiben. Ihr Leben verlief nach der tragischen Schädelverletzung recht ereignislos und fand so gut wie gar nicht mehr statt. Wie lange würde das noch so weitergehen? Vielleicht für immer? Das klang grausam.

Kaum ein Jahr war verstrichen, seit Cecilia im Morgengrauen von einem Fremden in einem der ruhigeren Wohnviertel in Lund brutal niedergeschlagen worden war. Wahrscheinlich lag sie eine Weile da, ehe sie von einem Passanten gefunden wurde. Diesem Mann dankte Veronika oft im Stillen. Natürlich hatte sie sich auch persönlich bei ihm bedankt. Er war verlegen und zu Tränen gerührt gewesen über die Dankbarkeit und darüber, dass er der jungen Frau das Leben gerettet hatte. Dankbarkeit sei heutzutage keine Selbstverständlichkeit mehr, hatte er gemeint.

Überhaupt gab es, was Cecilia betraf, vieles, wofür man dankbar sein konnte. Dass sie nicht im Wald überfallen worden war, dass sie nur einige Stunden und nicht Tage schutzlos dagelegen hatte und dass es eine relativ warme Augustnacht und nicht eine feuchte, kalte Winternacht gewesen war, mit dem schneidenden Wind, der einem in Skåne durch Mark und Bein pfiff. Cecilia wurde in der Neurochirurgie der Uniklinik Lund notfallmäßig operiert. Sie erhielt dort die erdenklich beste Pflege, und alles verlief gut. Aber trotzdem war jetzt alles anders.

Um das Opfer zu Fall zu bringen, schlugen die Angreifer meist auf den Schädel. Und um sicherzugehen, dass man bleibende Schäden verursachte, falls sie nicht ohnehin zum Tod führten.

Die Narben auf der Kopfhaut waren nicht mehr zu sehen, das Haar war blond und dicht nachgewachsen, aber das war eigentlich eine Bagatelle. Es ging in all seiner Erbärmlichkeit um den kleinen Unterschied, den alle, die Cecilia vor dem Unglück gekannt hatten, als winzige, aber doch fremde Komponente ihrer früher so komplexen und »normalen« Persönlichkeit empfanden. Wir sind wie Seismographen, dachte Veronika. Wir spüren selbst die kleinste Veränderung der Persönlichkeit.

Gehirnschäden brauchten Zeit zum Verheilen, oft Jahre. Diese beiden grauweißen Hälften, die von den Schädelknochen umschlossen wurden, waren faszinierend. So beurteilten alle, die sich mit dem menschlichen Körper beschäftigten, diese vergleichsweise weiche Masse, die aus dicht gepackten, von Stützgewebe umgebenen Nervenzellen bestand.

Hab Geduld!, hatte Veronika sich gesagt, so wie sie das immer und immer wieder ihren Patienten sagte. Der Körper muss die Chance erhalten zu heilen. Schließlich ging es nicht nur darum, eine Mutter oder eine Schraube auszutauschen.

Das Handy fühlte sich an ihrem Ohr immer heißer an. Sie machte ihrer Tochter alle möglichen Vorschläge, womit sie sich die Zeit vertreiben könnte.

Mach einen Spaziergang, versuch, ein Buch zu lesen, geh was Leckeres einkaufen und mach dir dann einen Tee oder einen Kaffee.

Cecilia war recht unbeeindruckt. Sie sagte kaum etwas, gelegentlich brummte sie uninteressiert.

»Vielleicht willst du ja auch ins Kino gehen oder dir eine DVD ansehen?«, fuhr Veronika mit ihren Vorschlägen fort.

»Nee ... keine Lust.«

»Warum nicht?«

»Zu anstrengend.«

»Kannst du nicht eine von deinen Freundinnen anrufen«, meinte Veronika schließlich.

Cecilias lustlose Atemzüge am anderen Ende.

»Und wen?«, fragte sie schließlich.

Gott! War niemand mehr übrig? Cecilia hatte doch früher so viele Freunde gehabt!

Veronika stellte sich eine bittere Frage, die sie die ganze Zeit hatte verdrängen wollen. Wenn diese Freunde jetzt nie mehr zurückkamen? Sein eigenes Kind als Einzelgängerin leben zu sehen schmerzte. Isoliert, einsam, allein gelassen.

Nein!

Aber auch ein einsames Leben kann lebenswert sein, dachte sie dann. So schlimm war das auch wieder nicht! Wer hat schon das Recht, darüber zu urteilen? Der Mensch war dafür geschaffen, sich anzupassen. Das erlebte sie oft durch ihre Patienten, die ohne Brust, Dickdarm, Haare oder mit nur einem Arm oder Bein weiterleben mussten.

Doch das waren eigentlich unsinnige Vergleiche. Das waren nur Worte. Trotzdem fuhr sie mit ihrem munteren Wortschwall fort, denn irgendwie war es so am einfachsten. Aber sie hätte leiser sprechen sollen. Mit weicherer Stimme. Meine arme, arme Kleine.

Doch als sie Cecilia vorschlug, nach Oskarshamn umzuziehen, damit sie ihrer Tochter besser helfen könne, protestierte sie. Das wollte sie nicht, und das war auch gut so. Ein Zeichen der Gesundung schimmerte kristallklar eine Sekunde lang auf.

Nach wie vor könne sich vieles verbessern, hatte man in der Rehaklinik Orup mitgeteilt. Die vorderen Gehirnlappen, die für die Feineinstellung des sozialen Miteinanders zuständig waren, entwickelten sich ungefähr bis zum dreißigsten Lebensjahr weiter. Dort sei ein Großteil der Persönlichkeit lokalisiert. Das klang tröstlich. Cecilia war erst 24.

Als sie das Gespräch beendeten, fühlte Veronika sich genauso mutlos wie immer nach Telefonaten mit Cecilia. Leer starrte sie vor sich hin.

Nach einer Weile nahm sie sich zusammen, rief Claes auf seinem Handy an und wollte wissen, ob sie ihn und Klara nicht irgendwo treffen könne. Aber die beiden waren in einem Spielwarengeschäft und noch gar nicht bis ins Schuhgeschäft vorgedrungen. Claes sah keinen Grund, warum sie jetzt schon erscheinen sollte.

Kinder!, dachte Veronika wieder.

»Nutz doch einfach den Moment und ruh dich etwas aus«, meinte Claes. »Das ist die letzte Gelegenheit für einige Jahre, das verspreche ich dir ...«

Sie kaufte ein Eis am Kiosk, setzte sich wieder auf ihre Bank und biss genüsslich in den dicken Schokoüberzug. Unter der Schokolade verbarg sich ein Berg sahnig-sättigendes Vanilleeis. Das Eis war eigentlich zu groß, und die Kalorien wanderten an Stellen, an denen sie nichts zu suchen hatten, vor allen Dingen jetzt, wo sie unbeweglicher war und keinen Sport treiben konnte.

Veronika warf den Stiel in den Mülleimer. Sie überlegte, ob sie nicht zum Teppichhändler gehen sollte, um zu fragen, ob ihr Teppich, den sie in Reparatur gegeben hatte, schon fertig sei. Man hatte sie zwar anrufen oder ihr eine SMS schicken wollen, aber darauf war auch nicht immer Verlass. Sie wollte so viel wie möglich erledigen, bevor das Kind kam.

Dann hatte sie aber doch nicht die Kraft, aufzustehen. Es handelte sich gar nicht um einen großen Teppich, sondern um einen kleinen Gebetsteppich, den sogar sie mit ihrem hochschwangeren Bauch mühelos tragen konnte. Er stammte aus Claes' Elternhaus. Sie hatte ihn zusammengerollt bei seinen Sachen gefunden, als sie zusammengezogen waren. In seiner hypermodern möblierten Junggesellenwohnung lag er jedoch nicht. Ihr gefiel der Teppich sofort. Die verblichenen Farben und das Abgenutzte mochte sie. Sie legte ihn in die Diele im Obergeschoss. Dort blieb er, bis er an der Schmalseite ausfranste und man sich mit den Zehen in den Kettfäden verfing, sodass man fast stolperte.

»Schade, dass er kaputt ist«, sagte sie.

»Schmeiß den Plunder doch weg«, entgegnete Claes.

Nicht, dass sie sich mit Teppichen auskannte, aber ihr widerstrebte es, den Teppich auf den Sperrmüll zu werfen. Er hatte schließlich eine weite Reise hinter sich, war recht alt und schon allein deswegen etwas Umsicht wert. Sie fragte Birgitta Olsson, eine der Krankenschwestern in der Klinik, nach ihrer Meinung. Doch sie wusste keinen Rat. Teppiche seien die Domäne ihres Mannes, nicht ihre. »Es schadet vermutlich nicht, ihn im Laden vorbeizubringen, dann kann Carl-Ivar ihn sich ansehen.«

Teppichhändler Carl-Ivar Olsson war ein jovialer Mensch, einer dieser älteren Männer, für die sie eine Schwäche hatte. Vielleicht lag das daran, dass er sie etwas an ihren Vater erinnerte.

Die Augen von Teppichhändler Olsson leuchteten, als er den Teppich sah. Es handele sich um eine Antiquität, sagte er, und das bedeute, dass er über hundert Jahre alt sei. »Oh!«, sagte Veronika nur. Er erkundigte sich, wo der Teppich herstammte, und sie erzählte, was sie über seine Herkunft wusste. Es gebe viele schöne alte Teppiche in Schweden, meinte er, da es schon früh Verbindungen in den Orient gegeben habe. Ende des 19. Jahrhunderts baute Schweden Eisenbahnen und Brücken in Ländern des Nahen Ostens. Außerdem gründete der Staat Fabriken und half beim Aufbau staatlicher Verwaltungen. Es war jedoch nicht immer möglich, das Geld, das die Schweden verdienten, auch auszuführen. Viele investierten ihr Geld daher in Teppiche, die sie nach Schweden mitnahmen. Bei den feineren Leuten bürgerte es sich daher ein, große und teure Orientteppiche auf die Fußböden zu legen oder im Herrenzimmer türkische Kelims an die Wände zu hängen.

Der Teppichhändler hatte an dem Tag, als Veronika den Teppich vorbeigebracht hatte, unendlich viel Zeit gehabt, und auch sie war nicht in Eile gewesen. Sie nahm in dem gemütlichen Ladenlokal Platz, das an einer Ecke mit Fenstern in zwei Richtungen lag, und der Händler erläuterte, bei diesem Stück handele es sich um einen typischen Gebetsteppich. Das war an dem Mittelteil, der so genannten Gebetsnische zu sehen, die vom fleißigen Daraufknien besonders verschlissen war. Dies dürfte man aber keinesfalls ausbessern. Die Gebetsnische wies eine hübsche türkise Färbung auf. Wenn sie mit den Fingern vorsichtig darüberstrich, spürte sie, dass der Flor von den Füßen weg Richtung Kopf gerichtet war. Das ließ laut Teppichhändler darauf schließen, dass es sich um einen türkischen Teppich handelte. Bei den persischen Gebetsteppichen verlief der Flor in die andere Richtung. Er vermutete, dass der Teppich aus der ländlichen Gegend von Sivas stammte, einer Stadt in Mittelanatolien. Im Geschäft des Teppichhändlers hing eine große Landkarte an der Wand, auf der Sivas eingezeichnet war. Für Veronika waren diese Auskünfte sehr wichtig. Der Teppichhändler strich mit derselben liebevollen Bewegung über den Flor, mit der ein Katzenliebhaber seine Katze streichelt. Die Gebetsnische wurde von gelben, dunkelroten und gelbgrünen Verzierungen gesäumt. Diese Farben harmonierten außerordentlich gut miteinander.

»Das ausgefranste Stück lässt sich problemlos reparieren«, sagte Olsson. »Es ist ohnehin üblich, dass alte Stücke gestopft sind, und bei diesem schönen Exemplar ist es das auch unbedingt wert... nicht, weil dieser Teppich wahnsinnig wertvoll, sondern weil er eben so schön ist.«

Veronika kam sich eine Weile lang wie eine Teilnehmerin in der Fernsehsendung »Antikrundan« vor, in der Alter und Wert von Antiquitäten bestimmt wurden. Natürlich hätte sie gerne gefragt, wie viel der Teppich denn nun wert sei, unterließ es aber und konnte deswegen auch nicht erstaunt ausrufen: »Was? So viel? Das hätte ich nie geglaubt!«

»Teppiche haben eine Persönlichkeit. Man besitzt sie, weil man sie mag. Orientteppiche zu skandinavischen Möbeln aus hellem Holz machen sich außerdem gut«, meinte Olsson. Das fand Veronika auch und erinnerte sich plötzlich daran, dass Claes' jüngerer Bruder, der den Hals nicht voll kriegen konnte, vor einiger Zeit Anspruch auf den Teppich erhoben hatte. Er fand es unnötig, dass er in der Diele in ihrem Obergeschoss lag, wo ihn niemand sehen konnte. Er hätte ihn gerne in sein Arbeitszimmer gelegt.

Von wegen!

Aber da hatte selbst Claes Einspruch erhoben, nicht zuletzt, um seinen kleinen Bruder in die Schranken zu weisen. Markus sollte nicht glauben, dass er alle um den kleinen Finger wickeln konnte. Liljan, die schreckliche Schwägerin, die sich ständig wichtig machte, hatte natürlich auch ihren Senf dazugegeben.

Veronika lehnte sich zurück und rückte den einschneidenden Hosenbund zurecht. Sie war fürchterlich satt, ihr war fast schlecht. Verdammtes Eis! Dass neuerdings alles immer so groß sein musste, die Zimtschnecken, die Muffins und die Popcornportionen in den Kinos. Es herrschte eine Zeit des Überflusses, der Überfütterung und des Übergewichts. Mühelos fand sie dafür, von ihrer eigenen Person einmal abgesehen, mehrere Beispiele. Sie brauchte nur den Blick schweifen zu lassen. An ihrem Arbeitsplatz war recht oft davon die Rede. Vom Fett, das so viele Probleme verursachte. Es war rein technisch bedeutend schwieriger, dicke Leute zu operieren, und die Narkose war für Übergewichtige mit größeren Risiken verbunden. Sowohl vorübergehende als auch dauerhafte Schäden nahmen zu. Das war nicht von der Hand zu weisen, das war Realität.

Das waren keine erfreulichen Gedanken. Veronika starrte in ein Schaufenster und sehnte sich nach ihren engen Jeans.

Da entdeckte sie im Spiegelbild des Schaufensters jemanden, den sie kannte. Er schlich sich hinter ihrer Bank vorbei, versuchte offenbar ungesehen an ihr vorbeizukommen. Veronika drehte sich zu ihm um. In beiden Händen hielt er kleine, aber gut gefüllte lila Plastiktüten vom staatlichen Spirituosenverkauf.

Göran Bladh. Er wusste, dass sie ihn gesehen hatte, das war

an seiner Gangart zu erkennen. Er versuchte seine Schritte zu beschleunigen, ohne sich anmerken zu lassen, dass er die Flucht ergriff.

Er zerstört sein eigenes Leben, nicht meines, dachte Veronika. Das war so traurig und unnötig. Gut gekleidet, mit einer guten Arbeit, geachtet, ein interessanter Mensch. Bislang jedenfalls. Das hatte sie ihm auch gesagt, als er unlängst wegen einer Entzündung der Bauchspeicheldrüse stationär in Behandlung gewesen war.

»Jemand muss es dir ja mal sagen. Deine Bauchspeicheldrüse macht das bald nicht mehr mit. Dessen bist du dir natürlich bewusst. Aber das ist keine Art, sich aus dem Leben zu stehlen«, hatte sie gesagt und ihm in die Augen geschaut.

Alkoholikern ins Gewissen zu reden war vollkommen sinnlos, das wusste sie auch. Man stieß doch nur auf taube Ohren. Trotzdem musste das mal gesagt werden. Vielleicht auch nur ihrer selbst wegen. Weil sie den Versuch, einen Menschen zu retten, einfach nicht unterlassen konnte.

»Mein Leben sieht anders aus als deines, vielleicht kürzer. Würdest du das bitte respektieren«, entgegnete er trocken.

Klar, dachte sie, kein Problem. Sie hatte den gleichen Beruf wie er, sie war Ärztin, keine Seelenretterin. Aber das behielt sie für sich. Antabus, Zwölf-Schritt-Programm und Entziehungsklinik hätten bei ihm keinen Sinn, meinte er. Nur damit sie das wisse, sie Ärmste!

Die Arbeit bewältigte er offenbar zufriedenstellend. Er war zwar recht oft krank geschrieben, aber nicht so oft, wie man hätte meinen sollen. Er hatte vermutlich wie die Katzen mehrere Leben. Wahrscheinlich sah die Klinikleitung auch über einiges hinweg. Schließlich waren Radiologen Mangelware. Außerdem war er kompetent und ambitioniert, wenn er seine guten Tage hatte und sich auf den Beinen halten konnte. Das war das größte Problem dieser Oberschichtalkoholiker. Sie wussten immer den Schein zu wahren.

Sie folgte ihm mit dem Blick, als er hastig seinem Wohnviertel Besväret und dem dringlichen Linderungsschluck entgegenstrebte. Er wohnte in beneidenswerter Lage und keineswegs unter einer feuchten Persenning am Hafen. Es fragte sich nur, wie lange er seiner Arbeit noch nachgehen konnte, ohne dass ihm größere Fehler unterliefen. Schließlich trug er eine große Verantwortung.

Veronika tat das Kreuz weh. Sie beschloss, doch noch den Teppichhändler aufzusuchen.

3

Annelie Daun saß an dem hübschen Tisch aus Walnussholz mit gedrechselten Beinen, der sowohl als Ladentresen als auch als Schreibtisch diente. Sie las. Einen Italienischsprachkurs. Mit leiser Stimme sagte sie sich immer wieder die Redewendungen vor. Der Verkehr vor der Tür störte kaum. Nur wenige Autos fuhren vorbei.

Sie trug die enge, altrosa und pistaziengrün karierte Hose, dazu eine kurzärmelige Baumwollbluse in einem passenden Rosaton. Sie hatte die Bluse sogar morgens noch gebügelt, der Baumwollstoff fühlte sich weich und glatt an. Sie kam sich attraktiv und gleichzeitig adrett vor. Sie gab sich Mühe, obwohl nur wenige oder gar keine Kunden in den Laden kamen. Sie putzte sich hauptsächlich ihrer selbst wegen heraus.

Die italienischen Wendungen begannen sie zu ermüden.

Sie unterbrach ihre Studien und nahm einen Spiegel aus ihrer Mulberry-Handtasche aus braunem Leder. Dann trug sie einen kaltrosa Lipgloss auf. Gleichzeitig warf sie einen Blick auf ihre hübsche, kleine, sommersprossige Nase und ihren blonden Pony. Die Sonne hatte wieder ein Wunder vollbracht, wie Carl-Ivar es ausgedrückt hätte, wäre er nicht in der Türkei gewesen. Er konnte solche Dinge sagen, ohne dass es anzüglich oder zweideutig klang. Sie sah *frisch* aus, konstatierte sie zufrieden, aber dieser Ausdruck wäre kaum über Carl-Ivars Lippen gekommen. Frisch waren in seiner Welt nur Salat und Schnittblumen. Sie war ein paar Tage zuvor beim Frisör gewesen und hatte sich das halblange Haar stufig schneiden lassen. Sie fuhr mit den Fingern hindurch, damit es nicht so platt anlag.

Es war Samstag, sie würde also nicht den ganzen Tag im Laden sitzen. Ihre Nachbarin hatte versprochen, sie kurz nach zwei abzuholen. »Auf dem Land hilft man einander, natürlich kannst du mit mir mitfahren«, hatte Birthe am Vorabend gesagt. Wenn sie das Geschäft bereits um eins schloss, konnte sie noch etwas durch die Läden bummeln, bevor Birthe kam. Ihr eigener Wagen stand mit einem Motorschaden in der Werkstatt im Westlichen Industriegebiet. Glücklicherweise war sie noch mit stotterndem Motor bis dorthin gekommen, und es war ihr erspart geblieben, sich abschleppen zu lassen.

Das Geschäft des Teppichhändlers lag an einer Ecke und hatte daher aus zwei Richtungen Tageslicht. Das Gebäude war über hundert Jahre alt, hatte Atmosphäre und eine angenehme Aura, die ihr jeden Morgen gute Laune machte, wenn sie den Laden aufschloss und eintrat.

Von dem Tisch aus, an dem Annelie saß, hatte man die Tür und die beiden Schaufenster im Blick. Hinter ihr hingen Teppiche an der Wand, und neben dem Tisch stand ein niedriges Regal mit dicken Büchern, die meisten auf Englisch und mit hübschen Bildern von gewebten und geknüpften Teppichen aus allen Teilen der Welt. Wenn sie anfing, in diesen Prachtwerken zu blättern, dann konnte sie sich stundenlang in ihnen verlieren. Was die Menschenhand – im Hinblick auf Teppiche handelte es sich dabei meist um eine weibliche – doch alles vollbringen konnte, das war ganz einfach ein Wunder.

Am Ende des Regals führte eine Wendeltreppe in den Keller. Das Geschäft war nicht groß, ausgesprochen überschaubar und angenehm.

Annelie hob den Blick und sah hinaus. Die Straßenecke lag teilweise im Schatten, aber die Sonne fiel immer noch stark auf die Hälfte des einen Schaufensters. Deswegen hatte sie Packpapier auf den Teppichen ausgebreitet, damit sie nicht gebleicht wurden. Sie erhob sich von ihrem Platz am Schreibtisch und rückte das Papier zurecht. Dann überlegte sie, ob sie das Radio anschalten sollte, aber Stille machte förmlich süchtig. Stille war so etwas wie ihre Leibspeise. Die Jahre, die sie sich erfolglos auf einer Vertretungsstelle als Lehrerin in einem lauten Klassenzimmer versucht hatte, hatten sie krank gemacht. Seither war sie mit dem, was sie sich zumutete, vorsichtig geworden.

Mit verschränkten Armen trat sie ans Fenster und schaute hinaus. Die Passanten trugen Halbschuhe, ihre Jacken hatten sie abgelegt. Sie lächelte, drehte sich zu ihrem Schreibtisch um und versuchte wieder, die italienischen Wendungen auswendig zu lernen. Sie waren ihr schon wieder entfallen. Das passierte ihr viel zu oft. Sie gab sich wirklich Mühe, sich auf ein paar Worte zu besinnen und sie zu einem Satz zusammenzusetzen. Es kam jedoch nur ein verbales Risotto zustande. Sie sah ein, dass sie wohl nie Italienisch lernen würde. Trotzdem gab sie nicht auf. Gewisse Projekte gibt man dummerweise nie auf, dachte sie und starrte auf ein paar Staubkörner, die im Sonnenlicht tanzten.

Sollte sie das Staubtuch holen? Nein, es gab nicht viel zu putzen, und das hatte bis Montag Zeit. Dann war alles tipptopp, wenn Carl-Ivar Dienstag nach Hause kam. Obwohl er nicht zu den Menschen gehörte, denen auffiel, ob gerade geputzt worden war oder nicht, war es sicher kein Fehler.

Die Einrichtung des Ladens war schlicht, damit nichts von den Teppichen ablenkte. Der Fußboden bestand aus roten Klinkern, die Wände waren weiß, das war alles. Von den Abgasen draußen merkte man wenig, obwohl Carl-Ivars Teppichgeschäft an einer der befahrendsten Straßen der Stadt lag. Trotzdem fanden alle hierher, die sich einen schönen, qualitativ hochwertigen Bodenbelag wünschten oder einen ihrer Lieblingsteppiche reparieren lassen mussten.

Der Laden war nicht mit Teppichen überladen. Es verbargen sich auch keine größeren Teppichstapel im Keller, obwohl dort etliche lagen. Die Teppiche waren vereinzelt an den weißen Wänden aufgehängt oder hingen über das Geländer der Kellertreppe. Alles war von ausgezeichneter Qualität, Plunder gab es nicht.

Früher, als Olssons Teppichgeschäft noch in der Köpmannagatan gelegen hatte, war das anders gewesen. Aber jetzt war Carl-Ivar Rentner, hatte vermutlich einiges zusammengespart und betrieb den Teppichhandel einzig zu seinem eigenen Vergnügen. Des Genusses halber, hatte er einmal Annelie anvertraut, die vermutlich die Einzige sei, die ihn verstehe. Seine Frau interessierte sich nicht sonderlich für Teppiche, und seinen Kindern waren nackte Holzböden lieber. So war das mit

Kindern. Aber da ihre eigene Kindheit durchaus nicht von Teppichen geprägt worden war, hatte sie um so größere Freude an ihnen.

Bei Teppichen handelte es sich wirklich nicht um x-beliebige Einrichtungsgegenstände. Man hatte ein anderes Verhältnis zu einem Teppich als beispielsweise zu einem ... Küchenstuhl. Darüber hatte Annelie oft nachgedacht, obwohl sie auch sehr viel für Stühle übrig hatte, vorzugsweise alte.

Sie versuchte sich einiges anzulesen. Im Übrigen besuchte sie Carl-Ivars Teppichschule. Er hielt keine Vorträge, sondern erläuterte mal hier und mal da ein wenig, wenn es sich ergab, beispielsweise wenn ein Teppich zur Reparatur abgegeben wurde. Es war ihm sehr wichtig, anderen sein Wissen nicht aufzudrängen. Das war heikel, insbesondere bei Kunden. Diese wollten sich nicht belehren lassen. Waren sie Sammler, hielten sie sich ohnehin für Spezialisten. Die Zahl der Sammler war erstaunlich hoch. In der Regel handelte es sich um Männer. So ist es vielleicht, wenn es um große Summen geht, dachte Annelie.

Der älteste erhaltene geknüpfte Teppich, der Pazyrykteppich, war 2500 Jahre alt und im Permafrost Sibiriens gefunden worden. Deswegen hatte er auch so viele Jahre überdauert. Die Nomadenfrauen entwickelten die Kunst des Teppichknüpfens. Sie brauchten etwas gegen die Kälte für Zeltwände und -böden, und die Schönheit war ihnen ebenfalls wichtig. Das Gefühl für das Ansprechende und Schöne ist den Menschen offenbar angeboren, dachte Annelie. Die Frauen verwendeten die Wolle der Schafe und Ziegen, spannen sie zu Garn und färbten es anschließend mit Pflanzenfarbe. Dann knüpften oder webten sie entweder nach Gutdünken oder gemäß Stammestraditionen. Die Muster wurden von einer Generation an die folgende weitergegeben.

Da Orientteppiche aus den verschiedensten Regionen stammten, von der Balkanhalbinsel bis nach China, konnten sie sehr unterschiedlich aussehen. Allein schon eine Vermutung darüber anzustellen, woher ein Teppich kam, stellte ein Abenteuer dar. Dafür waren tiefes Wissen und lange Erfahrung nötig. Annelie sehnte sich danach, zu reisen und die Teppiche vor Ort zu betrachten.

Auf dem Fußboden vor ihr im Laden lag ein typischer so genannter Dorfteppich mit einem Medaillonmuster in dunkelroten und indigoblauen Farbtönen. Es handelte sich um einen Hamadanteppich, der in einem der unzähligen Dörfer in der Nähe der Stadt Hamadan im nordwestlichen Iran hergestellt worden war. Hier wurden die meisten Teppiche des Landes geknüpft. Diese Teppiche waren aufgrund ihrer soliden Verarbeitung und Strapazierfähigkeit sehr beliebt. Heutzutage wurden jedoch synthetische Farben und keine Pflanzenfarben mehr zum Färben der Garne verwendet. Carl-Ivar fand jedoch nicht, dass dies einen sonderlichen Unterschied machte. Bereits seit etwa 1860 wurden synthetische Farben verwendet. Ein synthetisch gefärbtes Garn konnte ebenso schön sein wie eines mit Naturfarben. Beide konnten abfärben oder »bluten«, wie es im Fachjargon hieß, je nachdem wie das Garn gefärbt war. Der Kettfaden dieser Hamadanteppiche bestand mittlerweile überwiegend aus Baumwolle und nicht aus Wolle, das hatte Annelie ebenfalls gelernt. Bei Nomadenteppichen waren Kettfäden aus Baumwolle hingegen ungewöhnlich, da die Nomadenfrauen das benutzten, was sie zur Hand hatten, und das war die Wolle des eigenen Viehs. Sie waren Selbstversorger, betrieben gelegentlich Tauschhandel, und ihnen fehlte das Geld, um Baumwollgarn zu kaufen.

Hamadanteppiche gab es in der Regel nur in zwei Größen.

Auf dem Klinkerboden des Ladens lag ein kleinerer, ein so genannter Zaronim. Die größeren, die Dosar, eigneten sich für eine Couchgarnitur. Der Teppich, den Annelie täglich überquerte, um zu ihrem Schreibtisch zu kommen, war robust. Er gefiel ihr. Legen Sie sich einen robusten, geknüpften Perserteppich in die Diele, riet sie ihren Kunden. Vor allem empfahl sie das Familien mit kleinen Kindern, die etwas Schmutztolerantes benötigten. Etwas Besseres gebe es nicht. Pflegeleicht, solide und dazu noch schön.

Orientteppiche ließen sich also grob in drei Gruppen einteilen, je nachdem wo sie hergestellt worden waren: in Nomadenteppiche, Dorfteppiche und Stadt- oder Atelierteppiche, die auch als Manufakturteppiche bezeichnet wurden. Im Unterschied zu den Dorfteppichen, die meist zu Hause gewebt oder geknüpft wurden, wurden Atelierteppiche in größeren Fabriken hergestellt. Das größte Teppichland war der Iran, das ehemalige Persien. Immer noch sagten sehr viele Menschen »Perserteppiche« und meinten damit orientalische Teppiche.

Ein weiteres großes Teppichland war die Türkei, wo sich Carl-Ivar im Augenblick aufhielt. Die Bezeichnung für die Teppiche, die dort geknüpft wurden, lautete anatolische Teppiche.

Dass Teppiche Kulturvermittler waren, war leicht zu begreifen. Wer Olssons Teppichhandel besuchte, konnte das auf Anhieb bestätigen. Ein Teppichkauf war etwas, das ruhig länger dauern durfte. Natürlich konnte man einen Teppich auch probeweise mit nach Hause nehmen und dort ausrollen, um zu sehen, ob er auch zu den Möbeln passte. Annelie hatte jedoch gelernt, dass orientalische Teppich eigentlich überall gut aussahen. Hatte Carl-Ivar nicht, was man suchte, versprach er, sich umzusehen. Das meiste ließ sich bestellen. Außerdem besaß Teppichhändler Olsson ein Lager. Annelie wusste allerdings immer noch nicht, wo es sich eigentlich befand. Er hatte sie nie dorthin mitgenommen, was sie natürlich nur noch neugieriger machte.

Annelie wunderte es selbst, dass es ihr so gut gefiel, auf Teppiche aufzupassen, ans Telefon zu gehen und Bestellungen auszuhändigen. Vielleicht lag das daran, dass es eine Tätigkeit war, die sie nicht unter Druck setzte. Ihr blieb viel Zeit zum Nachdenken. Sie gehörte nicht zu den Menschen, die ständig mehrere Eisen im Feuer hatten. Das hatte sie einmal geglaubt, vielleicht weil sie gerne eine aktive junge Frau hatte sein wollen. Das war in ihrer Generation selbstverständlich. Man sollte ranklotzen und dazwischen relaxen. Ihr Organismus eignete sich jedoch nur für einen gleichmäßigeren Trott.

Sie wollte sich gerade in Fantasien über M. ergehen und meinte, schon den Schauer bei seiner Berührung zu spüren, als sie eine Frau erblickte, die sich langsam der Tür näherte. Sie bewegte sich mit durchgedrücktem Kreuz, weil sie hochschwanger war. Annelie kannte sie. Es war Veronika Lundborg, die die Tür öffnete und schwer atmend in den Laden trat.

»Ich hatte einen Teppich zur Reparatur abgegeben«, sagte sie und ließ sich sofort auf den deutschen Chippendale-Stuhl sinken, der praktischerweise direkt neben der Tür stand.

Annelie wusste genau, um welchen Teppich es ging, einen abgetretenen, aber sehr schönen Sivas aus Zentralanatolien.

»Ist er fertig?«

»Nein, leider nicht.«

»Das macht nichts. Ich war gerade in der Gegend und dachte, dass ich genauso gut mal nachfragen kann.«

Annelie nickte. Sie bezweifelte, dass eine so hochschwangere Frau freiwillig auch nur einen überflüssigen Schritt tat. Veronika Lundborg saß wie eine übermäßig aufgeblasene Plastikpuppe auf dem Stuhl. Annelie versuchte, nicht auf ihren Bauch zu starren, der ebenso unmöglich zu ignorieren war wie eine hochrote oder blaue Nase. Er hatte aber auch etwas Anziehendes. Annelie hatte sich dieser Art körperlicher Deformierung noch nicht ausgesetzt gesehen. Leider.

Veronika saß eine halbe Minute reglos da und starrte an die Wand.

»Schönes Geschäft«, sagte sie.

»Ja, nicht wahr«, erwiderte Annelie lächelnd.

»Hier könnte man gut sitzen bleiben, aber ich denke, ich gehe gleich wieder. Sie rufen mich an, wenn der Teppich da ist?«

Annelie versprach es, und Veronika stand ächzend von ihrem Stuhl auf, wankte durch die Tür und hatte gerade die beiden Treppenstufen überwunden, als ihr auf dem Gehsteig ein Mann entgegenkam, der in den Laden wollte.

Die Tür öffnete sich erneut.

Mein Gott, was für ein Gerenne!, dachte Annelie. Vor ihr stand ein Mann mit auffallend hellblauen Augen.

»Ist Carl-Ivar Olsson da?«, fragte er, ohne zu lächeln.

Veronika hielt auf dem Lilla Torget inne und setzte sich ihre neue Sonnenbrille auf. Eine Ray-Ban, das klassische Modell Wayfarer, das wieder in Mode gekommen war und ihr gut stand.

Sie ging auf die Fußgängerzone Flanaden zu. Der Besuch im Teppichgeschäft war vollkommen sinnlos gewesen, aber trotzdem nett. Wenn Claes und Klara nicht so saumselig gewesen wären, wäre sie nicht dorthin gegangen. Aber sie hatte das Gefühl gehabt, so lange auf der Bank auf der Flanaden gesessen zu haben, dass die Passanten vermutlich schon dachten, sie sei ihr Wohnsitz.

Auf der Västra Torggatan traf sie Birgitta Olsson und erzählte ihr, wo sie gerade herkam.

»Carl-Ivar ist in der Türkei«, sagte Birgitta Olsson.

Deswegen also. Sie unterhielten sich eine Weile. Veronika taten ihre geschwollenen Beine weh. Birgitta Olsson, die mindestens fünfzehn Jahre älter war als sie, war eine sehnige und schlanke Frau und hatte vermutlich eine bessere Kondition als selbst eine unschwangere Veronika. Sie gehörte zu denjenigen, die jedes Jahr am Tjejmilen, dem Zehnkilometerlauf für Frauen, teilnahmen und das tun würde, bis sie tot umfiel.

»Man muss den Tag genießen«, sagte Birgitta plötzlich und lächelte, wobei ihre Lachfältchen ausgezeichnet zur Geltung kamen.

»Das tue ich auch«, lachte Veronika und fand es seltsam, dass gewisse Leute solche Gemeinplätze vollkommen überzeugend rüberbringen konnten.

»Wann ist es so weit?«, wollte Birgitta dann in einem mütterlichen Tonfall wissen, bei dem es Veronika ganz warm wurde.

»In einer Woche. Kaiserschnitt in Kalmar.«

»Wunderbar. Dann hast du ja bald alle Hände voll zu tun. Viel Glück!«

Schwester Birgitta nickte und verschwand in dem Sportgeschäft an der Ecke, in dem sie neue Joggingschuhe kaufen wollte.

Die Bank auf der Flanaden war mittlerweile leider besetzt, und Veronika musste sich eine andere etwas weiter östlich suchen, dort wo die Flanaden die Östra Torggatan kreuzte und in die Besvärsgatan mit ihrem Kopfsteinpflaster und ihren schiefen, pittoresken Holzhäusern überging.

Sie ließ sich auf die Bank sinken, die eine etwas andere Aussicht bot.

Auf der Besvärsgatan herrschte kaum Verkehr, da sie auf eine Treppe mündete, die zum Hafen hinabführte.

Ein Tritt in ihrer Gebärmutter riss sie aus ihren Gedanken. Sie legte eine Hand auf ihren Bauch und spürte, wie er ausbeulte. Ein Fuß oder eine Hand. Sie verzog den Mund zu einem seligen Lächeln.

Da rief Claes an und teilte mit, dass sie jetzt erst mit dem Sandalenkauf begannen, da es im Spielwarenladen etwas länger gedauert hatte.

»Keine Panik«, erwiderte sie großzügig. Es hatte keinen Sinn, zur Eile zu mahnen, wenn das nicht nötig war.

Dann spürte sie das Wesen, das sie in sich trug, von neuem. Sie dachte sich nichts dabei, da der Termin für den Kaiserschnitt, für den man sich aufgrund ihres Alters entschieden hatte, feststand. Ihr Becken war vermutlich weniger elastisch als früher. Außerdem war Klara mit Hilfe eines akuten Kaiserschnitts aufgrund einer Plazentaablösung zur Welt gekommen, einer Ablatio placentae.

Aus vielen kleinen Gründen entstand ein großer, entscheidender Beschluss. So deutete Veronika die Beurteilung des Facharztes für Geburtshilfe, weder sie noch Claes hatten eine gegenteilige Meinung gehabt.

An ihrem nächsten Geburtstag wurde sie siebenundvierzig. Sie gehörte zu den alten Müttern.

Niemand hatte das ihr gegenüber zur Sprache gebracht, aber sie hegte den Verdacht, dass davon geredet wurde, sobald sie sich außer Hörweite befand. Sie hatte ähnliche Ansichten vertreten, als sie jung und mit Cecilia allein gewesen war und alles am besten gewusst hatte. Lange bevor sie Claes begegnet war und eine der alten Mütter geworden war, die trotzdem auf ihre Existenzberechtigung pochten.

Sie dachte an Cecilia. Sie war spät in der Nacht bei der ersten Dämmerung im Karolinska Sjukhuset in Stockholm zur Welt gekommen. Veronika war dreiundzwanzig gewesen, ein anatomisch günstiges Alter zum Gebären. Damals hatte sie sich keine Sorgen gemacht, war wohl einfach zu unbekümmert gewesen. Alles war reibungslos und wie vorgesehen verlaufen, obwohl die Schmerzen sie überrascht hatten.

Auch damals waren Kommentare nicht ausgeblieben. Es sei unverantwortlich, mitten im Studium ein Kind zu bekommen. Sie hatte frisch entbunden, musste sich verteidigen und sich außerdem noch anhören, dass man mit größerer Reife eine bessere Mutter war. Das sagte ihre Schwiegermutter. Ja, was denn?, hätte sie gerne erwidert. Willst du etwa, dass ich sie weggebe?

Sie konnte sich noch gut erinnern. Selbstverständlich, denn Entbindungen vergaß man nicht. Sie brachten sich regelrecht physisch in Erinnerung, wenn Cecilia oder Klara Geburtstag hatten. Die wirre Freude und der Stolz. »Jetzt sind Sie Mutter«, hatte die Hebamme gesagt, als sie mit der nackten Cecilia im Arm dagelegen hatte. Bei diesen Worten waren ihr die Tränen gekommen. Sie war Mutter.

Sie erinnerte sich auch an das schmerzvolle und düstere Gefühl der Verlassenheit, das sie erst einmal hatte verarbeiten müssen. Wo sich der Kindsvater in der langen Nacht der Wehen befand, wusste sie nicht. Es gab noch keine Handys, und vermutlich war er zu betrunken und zu müde gewesen, um den Zettel auf dem Küchentisch zu lesen, als er endlich nach Hause gekommen war. Er behauptete später, ihn nicht gesehen zu haben.

Konnte sie ihm verzeihen, dass er nicht da war? Anfänglich glaubte sie das. Sie verließ sich auf die milde Macht der Versöhnung und auf die alle Wunden heilende Zeit. Sie hoffte so sehr auf eine Familie zu dritt. Dass zwei auch eine Familie sein könnten, kam ihr nicht in den Sinn.

Aber Dan enttäuschte sie öfter, als sie ihm verzeihen konnte. Es tat immer noch weh, wenn sie an diese Zeit dachte, eine Zeit voller widersprüchlicher Gefühle: Trauer und Hilflosigkeit, aber auch Stolz, Freude und Glück. Doch, glücklich war sie, das auch.

Jetzt war sie nicht länger allein. Nur zu alt.

Bevor sie in Mutterschutz gegangen war, begegnete sie einer Patientin, die an den schönen Erinnerungen festhielt. Sie war knapp über neunzig, aber sehr scharfsinnig. Ihr fiel Veronikas schwangerer Bauch unter ihrem grünen Kittel auf. Sie befanden sich in einem der kleineren Behandlungszimmer in der Notaufnahme. Eine Schwester hatte Veronika hergebeten, da sie die Patientin in der Vorwoche operiert hatte.

»Es kommt also was Kleines«, sagte die Frau freundlich. »Ein glückliches Ereignis.«

Veronika nickte lächelnd. Sie saß auf einem höhenverstellbaren Hocker aus rostfreiem Stahl neben der Patientin, die mit entblößtem Bauch auf einer Pritsche lag. Sie hatte eine Bauchoperation hinter sich; Teile des Dünndarms waren entfernt worden. Sie hatte den Eingriff gut überstanden. Aber jetzt war auf einmal ein roter, warmer, fluktuierender und schmerzender Fleck unter ihrem Nabel aufgetaucht, handtellergroß. Eine Infektion. Der Eiter muss raus, lautete eine alte, gute Regel.

Veronika entfernte ein paar Klammern, die die Wundränder zusammenhielten, und bereitete dann eine Spritze mit einem örtlichen Betäubungsmittel vor. Sie konnte sich dummerweise die Bemerkung nicht verkneifen, dass sie ja über das Alter zum Kinderkriegen schon hinaus sei. Eigentlich. Was für die Patientin an sich nicht von Interesse war, schließlich ging es hier nicht um sie, die Ärztin.

»Das schaffen Sie schon, ganz sicher«, meinte die Patientin aufmunternd. »Früher war es fast eine Schande, im fortgeschrittenen Alter noch ein Kind zu erwarten. So ist es, Gott sei Dank, nicht mehr.«

Veronika öffnete die Wunde vorsichtig mit einer Péan-Klemme. Der Eiter lief ab, und die Schmerzen ließen nach. Es stank. Sie wischte den Eiter weg und drückte dann vorsichtig auf die Schwellung, damit alles ablief. Eine angenehme Ruhe breitete sich im Zimmer aus.

»Mongoloide Kinder in die Welt setzen! Das sagte man früher«, fuhr die Frau fort.

»Sagte man das wirklich ohne Umschweife?«

»Ja, allerdings. Als ich mit einem neuen Mann in andere Umstände kam, war ich über vierzig. Damals gab es diese ganzen modernen Untersuchungsmethoden ja noch nicht. Es war mein erstes Kind ... und blieb mein einziges. An eine Abtreibung war auch nicht zu denken, das war nicht erlaubt, wenn nicht besondere Umstände vorlagen. Man musste schon verrückt sein oder so. Wir waren selig, mein Mann und ich.«

Veronika spürte die unverwüstliche Mischung aus ungetrübter Freude und Hoffnung, die jenseits aller Sorge und Erniedrigung existierte. Sie hörte jedoch auch etwas anderes heraus und hoffte, dass die Schwester nicht gerade jetzt hereinstürmen und den Bann brechen würde.

»Das Mädchen tauften wir Stina. Sie hat ihren Eltern große Freude bereitet.«

Die Augen unter den dünnen Lidern funkelten wie Kristalle. Die Frau hielt inne, als müsse sie Luft holen.

»Sie hatte ganz richtig Trisomie 21, wie man das heute nennt.«

Sie sprach diese Worte, die sie vermutlich oft ausgesprochen, sich aber vermutlich nie an sie gewöhnt hatte, zögernd aus.

»Stina starb vor zehn Jahren an einem angeborenen Herzfehler.«

Veronika nickte. Stille breitete sich im Raum aus. Sie warteten immer noch auf den Verband.

»Das war eine schwere Zeit. Wie sehr sie meinem Mann und mir doch gefehlt hat.«

4

Ilyas Bank warf einen Blick über die Reling auf den regen Bootsverkehr, der niemandem an Bord entgehen konnte. Kleine Expressfähren fuhren im Zickzack zwischen den größeren Schiffen hindurch, die auf der Reede darauf warteten, den Bosporus passieren zu dürfen, den engen Sund zum Schwarzen Meer, den auch er soeben durchfahren hatte.

Er verkaufte Tee auf der Fähre, es war Nachmittag, und er wurde langsam müde. Aber sein Arbeitstag war noch lange nicht zu Ende.

Routiniert füllte er Wasser nach und schaltete den Samowar wieder ein. Dann tauchte er die kleinen, tulpenförmigen Gläser, die dicht gedrängt auf einem Tablett standen, ins Spülbecken, fischte sie rasch wieder heraus und stellte sie zum Abtropfen auf ein Gestell, das an der Wand hing. Im Vorbeigehen nickte er Ergün zu, der in seinem Kiosk endlich eine leere Theke vor sich hatte und sich an der Reling eine Zigarette genehmigen konnte.

Ergün gab ihm ein Zeichen, er solle sich zu ihm gesellen. Ilyas rauchte nicht, aber stellte sich gehorsam mit über der Brust verschränkten Armen neben ihn. Jenseits des Wassers lag die Stadt mit ihren heruntergekommenen Vierteln und ihren gewaltigen Kuppeln, eine neben der anderen, flankiert von schlanken Minaretten, die in den Himmel hinaufragten.

Die beiden Männer schwiegen. Ein angenehmes Schweigen.

Die von Dieseldämpfen und Abgasen geschwängerte Luft vibrierte, als sie sich dem Kai von Eminönü näherten. Die Touristen hatten sich wie die Herdentiere bereits von den Bänken erhoben und nach vorne begeben, um möglichst als Erste die Fähre zu verlassen. Jetzt standen sie in Grüppchen beisammen und betrachteten die Hafeneinfahrt. Einige Reisende waren sitzen geblieben. Ein großer, muskulöser Mann mit weißer Schirmmütze, vermutlich ein Amerikaner, erhob sich von der Bank, ging auf und ab und lehnte sich ebenfalls an die Reling. Dann ging auch er nach vorne. Drei junge Frauen, offenbar Türkinnen, standen in dünnen Mänteln und mit identisch karierten Kopftüchern dicht zusammen. Die Farben der Kopftücher unterschieden sich jedoch, eines war rosa, eines türkis, und eines hatte einen Lilaton. Sie hatten sich zu den Kopftüchern passend geschminkt. Vermutlich Schwestern, dachte Ilyas. Sie waren überaus hübsch.

Dann blickte er wieder auf die Wellen, auf die imposante Süleymaniye-Moschee und die Blaue Moschee mit ihren sechs Minaretten. Dazwischen lagen die steilen Gassen des Basars.

Das Anlegemanöver war nicht einfach, da die Fähren in mehreren Reihen lagen. Auf dem Kai herrschte ein fast undurchdringliches, chaotisches Gewimmel. Über allem hing der Duft von gegrilltem, frisch gefangenem Fisch. Am Kai lagen die Fähranleger der verschiedenen Reedereien dicht an dicht bis zur Galatabrücke, die das Goldene Horn überspannte. Oben auf der Brücke war ein Gewimmel von Leuten mit Angeln zu erkennen.

»Goldenes Horn, eigentlich ein seltsamer Name«, meinte Ilyas, dem das Schweigen schließlich zu schaffen machte. Er wollte sich unterhalten.

»Es handelt sich um eine breite Flussmündung und nicht um eine Bucht. Der Name kommt angeblich daher, dass die Seefahrer in früheren Zeiten so reich waren, dass sie Gold und glänzende Gegenstände ins Wasser warfen.«

Ilyas schwieg. Manchmal wusste er nicht recht, ob Ergün ihn auf den Arm nahm oder die Wahrheit sagte.

Ergün schnippte die Asche seiner Zigarette ins Wasser.

»Ob das stimmt, weiß ich nicht«, fuhr er fort.

»Warum sollte das nicht wahr sein?«

Ergün zuckte mit den Achseln.

»Sie haben vielleicht Allah dafür gedankt, wohlbehalten ans Ziel gekommen zu sein.«

Ilyas beschloss, nicht alles zu glauben, was der Mann sagte. Im nächsten Augenblick bereute er, Ergün seine Pläne anvertraut zu haben. Er hatte ihm von den fantastischen Orten erzählt, an die er reisen wollte. Vielleicht wollte er auch ganz dorthin ziehen. Wenn es ihm nur gelänge, hier in Istanbul etwas Geld zusammenzubekommen.

»Wie steht es denn mit den Finanzen?«, fragte Ergün prompt, als hätte er seine Gedanken gelesen.

»Mäßig«, antwortete Ilyas wahrheitsgemäß. »Aber schließlich arbeite ich noch nicht so lange...«

»Was ist überhaupt gegen Istanbul einzuwenden?« Ergün nickte Richtung Wasser. »Du kannst doch hierbleiben?«

»Nichts. Alles okay, außer dass alles absurd teuer ist«, beeilte sich Ilyas zu versichern und empfand wieder das unbequeme Gefühl, das er immer hatte, wenn er über seine Zukunftspläne sprach.

Es war Ergün deutlich anzumerken, dass er fand, Ilyas solle gelassener sein und sich nicht so viele Gedanken machen. Ilyas fühlte sich wie ein dummer kleiner Junge, weigerte sich aber auch, den Glauben an die Zukunft mit ihren Möglichkeiten aufzugeben.

Im Übrigen hatte er keine Lust auf Gelassenheit. Aber es war aussichtslos. Er würde das Geld nicht zusammenbekommen. Sein Frust war nicht zu übertreffen. Man musste blind sein, wenn man das Geschäftsviertel Beyoğlu durchquerte, um sich nicht verführen zu lassen. Hübsche T-Shirts, erstklassige Turnschuhe und schicke Handys. Aber alles kostete ein Vermögen. Nichts für ihn. Noch nicht.

Es war schwer, den Versuchungen zu widerstehen. Das Geld zerrann ihm zwischen den Fingern. Gleichzeitig nahm seine Panik zu. Wie sollte das alles nur gehen? Er hatte sich vorgenommen zu sparen, um weiterzukommen.

Plötzlich dachte er daran, wie einfach und billig alles zu Hause im Dorf gewesen war. Das sagte er zu Ergün.

»Dann fahr doch nach Hause!«, meinte Ergün grinsend.

Aber in das kleine Dorf am Ufer des Tigris in der Osttürkei zurückzufahren kam nicht in Frage, obwohl er sich gerne daran erinnerte, wie er im Sommer am Fluss gespielt hatte.

Seltsamerweise rief sich das Dorf immer wieder in Erinnerung, obwohl er versuchte nicht zurückzudenken. Aber das Heimweh machte, was es wollte. Er fand es tröstlich, sich die halbverfallenen Häuser vorzustellen, die uralte Siedlung im Flusstal zwischen steilen, felsigen Bergen. Der Staub der Straße wirbelte auf und kitzelte ständig in der Nase. Disteln und verdorrtes Gras klammerten sich an der von der Sommersonne ausgetrockneten Erde fest. Abends fiel der Lichtschein heimelig aus den Höhlen, in denen immer noch Menschen wohnten. Tagsüber verrieten dann die weißen Satellitenschüsseln vor den Höhleneingängen, dass die Moderne auch vor diesen Wohnstätten nicht Halt gemacht hatte. Seit Tausenden von Jahren hatten hier Menschen gelebt. »Höhlen sind kühl im Sommer und lassen sich im Winter leicht heizen«, sagte seine Mutter oft sehnsüchtig. Sie waren etwas anderes als die einfachen Baracken, die der Bürgermeister im Dorf errichten ließ. »Man soll nicht klagen.« Das sagte seine Mutter auch.

Jetzt stand Ilyas etwas bedrückt neben Ergün. Eine leichte Meeresbrise strich über sein Gesicht. Er erinnerte sich, wie er mit seinen Freunden im Internetcafé gesessen und von einem Leben jenseits der Berge geträumt hatte. Sie hatten Englisch geübt, »Hello« und »very nice« zueinander gesagt und sich nichts sehnlicher gewünscht, als das stagnierende Dasein mit den alten Einwohnern, den Ziegen und den allein zurückgebliebenen Frauen zu verlassen, den Frauen, die nicht geheiratet hatten und denen nichts anderes übrig geblieben war, als sich ihrem Schicksal zu ergeben. Seine Freunde wollten nach Istanbul oder in einen der größeren Touristenorte an der Südküste, nach Alanya, Antalya oder Side.

Er stellte sich die Gesichter seiner Freunde vor und überlegte sich, was wohl aus ihnen geworden war. Mit zwei von ihnen hielt er via Mail Kontakt. Sie waren nur bis Diyarbakir gekommen. Alles hing davon ab, Arbeit zu finden. Sie hatten mit ihren Verwandten überall in der Welt angegeben, die ihnen sämtliche Türen zur besseren Welt öffnen würden. Sie surften im Internet und schmückten ihre Träume aus, sobald sie ein paar Lira übrig hatten.

Sie kamen immer im Sommer, die Verwandten, die ihr Glück gemacht hatten. Sie saßen am Steuer funkelnder Limousinen ohne Kratzer und Dellen, Mercedes oder Audi oder der neueste Volvo Kombi. Sie waren durch ganz Europa gefahren und kamen aus Deutschland oder Skandinavien. Sie kamen in ihr Dorf, um sich zu zeigen.

Ilyas hatte kaum zu erwähnen gewagt, dass er noch weiter weg wollte als in eine der türkischen Großstädte. Er wollte in die USA oder nach Deutschland. Oder nach Schweden. Nicht in die Schweiz. Im Norden besaß er Verwandte. Dort sei das Leben gut, hatten sie gesagt. Ruhig, sauber, schön. Fast alle besäßen einen eigenen Wagen. Er konnte vielleicht sogar studieren, wenn er dorthin kam, zusammen mit seinen Cousins in Schweden.

»Vielleicht fahre ich nach Schweden«, hörte er sich plötzlich zu Ergün sagen. Davon zu sprechen, in die USA zu fahren, kam selbst ihm übertrieben vor.

Ergün sah ihn von der Seite zweifelnd an.

»Ach. Und wie soll das gehen?«

»Mein Cousin Miro, der in Südschweden wohnt, findet, dass das auch für mich ein guter Ort zum Wohnen wäre.«

»Was du nicht sagst.«

»Er hat eine Schwester. Sie ist also auch meine Cousine, und sie ist wahnsinnig hübsch«, fuhr Ilyas begeistert fort.

»Ach«, erwiderte Ergün. »Und du glaubst jetzt, dass du sie heiraten kannst?«

Ilyas schwieg. Nicht nur er war auf diesen Gedanken gekommen, dass aus ihnen beiden ein Paar werden könnte, aber das interessierte Ergün vermutlich nicht. Er schob den Gedanken weg, weil er ihn dann doch nicht so ansprechend fand. Er wollte noch nicht heiraten.

Er bildete sich ein, dass alles von seinem Englisch abhing. Ohne Englisch kam man nicht weiter. Er gab sich Mühe und übte mit den Touristen auf der Fähre. Natürlich verhaspelte er sich immer wieder und musste nach Wörtern suchen, aber mit einem Lachen ließ sich das meiste lösen, und er lachte gerne. Er merkte, dass die Menschen ihn mochten. Das machte es leichter, Kontakte zu knüpfen.

Er war ein guter Teeverkäufer. Einer der besten, die es auf der Fähre gab, scherzte Ergün, aber das sagte er vermutlich nur, um sich einzuschmeicheln. Es waren rund drei Monate vergangen, seit er in Istanbul eingetroffen war. Drei Monate im absoluten Zentrum der Ereignisse.

»Jetzt hast du jedenfalls Wasser«, meinte Ergün und spuckte in großem Bogen über die Reling.

»Hm...«

Das stimmte. Jetzt hatte er Wasser. Das Marmarameer, das Goldene Horn und den Bosporus, durch den er inzwischen unzählige Male gefahren war. Die meistdurchfahrene Meerenge der Welt, die Europa von Asien trennte und die pulsierende Stadt in zwei Hälften teilte. Sechsmal legte die Fähre auf ihrem Weg Richtung Schwarzes Meer an, dann kehrte sie um.

Auf jeder Fahrt waren zahllose Touristen an Bord. Von ihnen lebte er. Sie kauften Tee.

Die Motoren wurden noch stärker gedrosselt. Die Möwenschwärme über ihnen kreischten, der Lärm der Stadt kam immer näher, quietschende Straßenbahnen, hupende Autos und an den Steigungen aufheulende Motoren.

Ergün hatte seine Zigarette schon lange zu Ende geraucht und die Kippe über Bord geschnippt. Dann war die Fähre zum Stehen gekommen.

»Nun müssen wir wohl wieder anfangen«, meinte Ergün schließlich.

Sie trennten sich. Ilyas sammelte die Teegläser ein, die auf Bänken und Tischen in den Salons und an Deck stehen gelassen worden waren.

Er war dankbar für diese Arbeit. Das war er wirklich. Einen langen und zähen Monat hatte er bei seiner Schwester und ihrem Mann weit draußen in einem Vorort gewohnt, bis ihm ein Verwandter diese Arbeit angeboten hatte. Seit zwei Monaten servierte er jetzt den Touristen Tee von einem runden Tablett. Jedes Glas stand auf einer Untertasse mit einem Stück Würfelzucker. Dampfender schwarzer Tee oder Apfeltee, der in Istanbul sehr beliebt war.

Der weiße Hemdkragen scheuerte, das Hemd klebte unter den Achseln am Körper, aber nur dort, denn er trug ein Unterhemd. Seine Schwester hatte ihm eines Morgens ein paar dünne Baumwollunterhemden gegeben, die den Schweiß aufsogen. Seiner Schwester war es wichtig, dass er ordentlich aussah, und ihm war das auch wichtig.

Er war beim Friseur gewesen und hatte sich das Haar im Nacken stutzen lassen. Die Zehnerkarte für ein recht heruntergekommenes Fitnessstudio in der Nähe der Wohnung seiner Schwester draußen in Avcilar hatte er noch nicht benutzt. Es tat weh, für einen dortigen Besuch eine Summe zu zahlen, von der man zu Hause in seinem Dorf nur träumen konnte. Er wagte es nicht, die Karte zu benutzen, obwohl ihm seine Kondition wichtig war. Tabletts tragen reichte nicht, wenngleich seine Beinmuskeln von dem ständigen Gerenne auf Deck von morgens bis spätabends ausreichend Training bekamen.

Inzwischen hatten sie angelegt. Er sah den letzten Passagieren hinterher, die sich auf dem Kai verloren. Dann kehrte eine kurze Ruhe ein, bis die nächsten Reisenden an Bord kamen.

Aber dann erblickte er einen Mann, der zurückgeblieben war. Er saß zusammengesunken auf einer Bank an der niedrigen Reling auf der Backbordseite und schien eingeschlafen zu sein. Vermutlich hatte er in der Hitze zuviel Raki oder Bier getrunken. Ilyas war aufgefallen, dass so etwas des Öfteren vorkam, und er schlenderte los, um den Mann zu wecken.

Er saß am Ende der langen Holzbank, die vor einem festgezurrten Rettungsboot endete, an dem er wie ein Sack Kartoffeln lehnte. Er war eine gepflegte Erscheinung, mit seiner hellen, von der Sonne geröteten Haut und seinem graublonden, lichten und ordentlich kurz geschnittenem Haar handelte es sich vermutlich um einen Deutschen. Das Kinn war auf seine Brust gesunken. Vermutlich schlief er tief. Der Mann trug eine helle Sommerhose, eine beige Popelinjacke und braune, sportliche Lederschnürschuhe, die vermutlich nicht von sonderlich vielen Herren seines Alters in der Türkei getragen wurden.

All das prägte sich Ilyas ein, während er hoffte, dass der Nachzügler nicht zu betrunken war, um ihn über die Gangway auf den Kai zu bekommen, ohne dass er dabei ins Wasser fiel. Schlimmstenfalls musste er jemand anderen von der Besatzung um Hilfe bitten. Das war schon hin und wieder vorgekommen. Es widerstrebte ihm immer etwas, sich mit diesen betrunkenen Herren abzugeben, die offenbar nicht mit Würde zu altern wussten. Der letzte Betrunkene hatte sogar in die Hose gemacht. So würde er nie werden, nahm er sich vor.

Plötzlich sah er sich einem anderen Problem gegenübergestellt. Er hatte gerade den Arm ausgestreckt, um den Touristen wachzurütteln, als sein Blick an dessen hellblauem Hemd hängen blieb. Dunkelrotes Blut hatte fast die ganze Hemdbrust durchtränkt.

Er zuckte mit der Hand zurück, als hätte er sich verbrannt, und blieb mit offenem Mund stehen. Fünf lange Sekunden vergingen. Ratlos, entsetzt und angewidert stand er da, sein Magen verkrampfte sich.

Aber er übergab sich nicht. Er beherrschte sich. Er beugte sich vorsichtig vor und griff unbeholfen die Hand des Mannes, die kraftlos auf seinem Hosenbein ruhte, um ihm den Puls zu fühlen. Vielleicht lebte er noch. Nervös und mit feuchten Fingerspitzen betastete Ilyas das Handgelenk des Mannes und versuchte sich darauf zu besinnen, ob man den Puls an der Ober- oder Unterseite spüren konnte. Seine Hand war jedenfalls noch warm. Es war wie verhext. Es schauderte ihn. Er musste Hilfe holen. Die verdammten Möwen, die über ihm kreisten, kamen kreischend immer näher.

Die Augen, dachte Ilyas. Konsequent war sein Blick dem Gesicht des Mannes ausgewichen, aber jetzt kniete er sich mit von Ekel begleiteter Neugier hin und zwang sich, dem Passagier in die Augen zu sehen.

Ihm begegnete ein graublauer Blick. Nicht ganz, denn dieser Blick blieb irgendwie auf halbem Weg hängen. Ilyas ließ die Hand fallen, als gehöre sie einem Pestkranken.

Dann ging alles sehr schnell. Die Motoren waren noch weiter gedrosselt worden. Das heisere Kreischen der Möwen war jetzt so ohrenbetäubend, dass Ilyas kaum wagte, den Mann allein zu lassen.

Da entdeckte er einen länglichen Umschlag, der hinter dem Revers seiner Jacke hervorlugte. Ilyas nahm eine Ecke zwischen Daumen und Zeigefinger, und es gelang ihm ihn herauszuziehen, ohne dass Blut daran haften blieb. Er befühlte den Umschlag. Er war dick und nicht zugeklebt. Er schaute hinein. Sein Herz setzte einen Schlag aus. Ohne innezuhalten zog er seinen Bauch ein und steckte den Umschlag in seinen Hosenbund. Dann zog er sein Hemd darüber.

Die Möwen waren jetzt ganz wild. Sie hatten es auf das Menschenfleisch einer noch warmen Leiche abgesehen. Oder konnte man noch gar nicht von einer Leiche sprechen? Was wusste er schon. Kräftige Möwenflügel rissen ihn beinahe zu Boden. Er warf die Arme über den Kopf, um sich zu schützen, und rannte los, um Hilfe zu holen.

In diesem Augenblick ging ihm auf, dass sich der Mörder noch an Bord befinden könnte. Vor seinen Augen flimmerte es, aber er eilte weiter zum Achtersalon und auf Ergün zu, der hinter der Theke stand.

»Ein toter Deutscher!«, brachte er mit Mühe über die Lippen.

»Ein toter Deutscher?«, wiederholte Ergün und sah unanständig gut gelaunt aus. »Wir müssen dem Kapitän Bescheid sagen!«

»Ich bleibe hier!«, stotterte Ilyas, der Angst vor dem Kapitän hatte.

Ergün begab sich Richtung Brücke. Ilyas tigerte vor dem abgewischten und funkelnden Tresen auf und ab, als liefe er barfuß über glühende Kohlen. Trotz seiner Nervosität sah er ein, dass er den Umschlag irgendwo verstecken musste, wo ihn niemand finden konnte. Sonst könnte er wahnsinnigen Ärger bekommen. Er bereute es fast schon, ihn an sich genommen zu haben.

Die Luft war rein, und er eilte zu seinem eigenen Stand. Er meinte, einen Platz zu wissen: unter der losen Platte auf der Theke. Sie glitt bei Seegang hin und her, und er musste sie festhalten, wenn er Tee eingoss.

Er stellte das Tablett mit den Gläsern auf den Boden. Er musste sich beeilen, niemand durfte ihn sehen. Er hob die kleine Marmorplatte an und ließ den Umschlag darunter verschwinden. Aber er war zu dick. Die Platte wackelte. Er war gezwungen, sämtliche Scheine herauszunehmen. Euros, so große Scheine, dass ihm schwindlig wurde. Dann legte er die Platte wieder zurecht. Stellte das Tablett darauf. Er kontrollierte, dass nichts unter der Platte hervorschaute, und machte sich auf die Suche nach Ergün.

Der Kapitän blieb ihnen erspart, aber der Steuermann kam von der Brücke herunter. Das reichte. Wenig später wussten alle an Bord, was geschehen war. Während sie auf die Polizei warteten, ließ der Kapitän die Mannschaft jeden Winkel der Fähre durchsuchen. Sie wollten absolut sichergehen, dass sich kein Unbefugter an Bord versteckte.

Ein Matrose bewachte die Gangway, damit niemand ungesehen das Schiff verlassen oder betreten konnte.

Die Fähre *MS Tirowor* würde an diesem Tag nicht mehr auslaufen.

5

Kriminalkommissar Claes Claesson betrat mit seiner Tochter an der Hand das Schuhgeschäft. Sie waren vorher in einem Spielzeugladen gewesen und hatten ein Puzzle und eine Prinzessinnenkrone aus Blech gekauft. Von dem rosa Tüllkleidchen musste sie noch eine Weile länger träumen. Recht bald hatte sie ihre Enttäuschung jedoch vergessen. Anschließend besuchten sie ein Fotogeschäft, um eine neue Tasche für den Fotoapparat zu kaufen, und schließlich auf der Suche nach Sandalen ein Sportgeschäft. Dort gab es aber nichts, was Klara haben wollte.

Abenteuer dieser Art wie Sandalenkäufe für ein kleines Kind vermied er sonst. Das war Veronikas Ressort, aber jetzt war Klara so rührend ernst bei der Sache, dass er sogar dankbar für diese Aufgabe war. Eine bleiche Verkäuferin Mitte zwanzig eilte sofort herbei, um ihnen zu helfen. Vielleicht wirkte er wirklich genauso unbeholfen, wie er sich fühlte. Klara hingegen zauderte keine Sekunde, sie wusste, was sie wollte. Sie riss ein Paar Sandalen aus dem Regal und erklärte mit lauter Stimme, die solle er ihr kaufen.

Sie waren rosa. Claes fragte sich, ob Vorlieben für Farben wirklich geschlechtspezifisch waren, während er, mehr um Zeit zu gewinnen, die Sandalen von allen Seiten betrachtete. Sollte er ihr ihren Willen lassen? Sollte er sich für bessere Qualität, eine dickere Sohle und weniger Plastik stark machen?

Die Verkäuferin trug eine schwarze Jeans und ein weißes Sweatshirt, hatte rabenschwarz gefärbtes Haar und war um die Augen schwarz geschminkt. Sie sah aus wie ein Gespenst oder wie Schneewittchen, wenn man freundlicher sein wollte, denn sie war in höchstem Grade menschlich. Sie lächelte breit und ließ ihre prächtige Zahnspange dabei funkeln. Klara starrte die Spange an.

»Papa, so eine will ich auch im Mund haben«, sagte sie.

Die Verkäuferin lachte und kniete sich dann dienstfertig auf den Boden, um Klara beim Anprobieren zu helfen. Rasch öffnete sie die Schnallen, schloss sie dann wieder und meinte, an den Zehen sei genau genug Platz, damit die Füße im Sommer noch ein Stückchen wachsen konnten. Die Schuhe seien aber auch nicht zu groß, sodass Klara nicht stolpern würde. Sprachlos betrachtete Klara ihre breiten Füße in gestreiften Strümpfen, die jetzt von marzipanrosa Riemen umschlossen wurden.

Als sie an der Kasse zahlten, verfolgte sie ebenso konzentriert, wie die Schuhe in eine Tüte gelegt wurden, die man ihr feierlich überreichte.

»Ich hoffe, dass du im Sommer richtig viel rumrennen kannst«, sagte die Weißgesichtige und lächelte die vor Verzückung immer noch stumme Klara ein weiteres Mal mit ihrer Zahnspange an.

Sogar die Sohlen sind kreischrosa, dachte Claes. Seine Tochter hatte ihren Willen durchgesetzt. Warum auch nicht? Er freute sich an seinem zufriedenen kleinen Kind.

Klara hielt die Tüte ganz fest, als sie die Bank ansteuerten, auf der sich Veronika ausruhte.

Vor ihr stand Daniel Skotte in lässiger Haltung und legerem Freizeitlook, bestehend aus Jeans, T-Shirt und Windjacke. Klara entdeckte ihre Mutter und rannte auf sie zu. In diesem Augenblick hob Daniel Skotte die Hand und verließ Veronika. Sie arbeiteten beide in der Chirurgie des Krankenhauses Oskarshamn, einer zwar kleinen, aber beachtlich guten Klinik, wie Veronika zu sagen pflegte. Der Pflegesektor im Bezirk Kalmar wurde umstrukturiert. Das war zu einem Dauerzustand geworden, die Absichten waren natürlich immer nur die besten, man wollte für gute Pflege so wenig wie möglich ausgeben. Es blieb einem nichts anderes übrig, als den ganzen Unsinn mitzumachen.

Claes nickte Skotte noch zu, ehe dieser in Richtung Lilla Torget verschwand.

»Skotte sieht ja wirklich erholt aus«, meinte er.

»Ja, er scheint darüber hinweg zu sein«, meinte Veronika.

Du auch, hätte Claes beinahe gesagt. Veronika und Daniel Skotte hatten auch im vergangenen Jahr schon zusammen gearbeitet und dabei so einiges ausgestanden. Aber das Leben ging eben weiter.

Veronika küsste Klara auf die Wange, während ihre Tochter eifrig versuchte, die Sandalen aus der Tüte zu fischen. Veronika hatte ihre Sonnenbrille aufgesetzt. Das Licht war grell, aber das war wohl nicht der Grund, vermutete Claes. Sie stand ihr, aber sie konnte sich auch leicht hinter ihr verstecken, obwohl die Zeiten vorbei waren, in der alle Zeitungen Veronika als mordende Ärztin bezeichneten.

Die Stadt hatte 18 000 Einwohner und mit Misterhult, Kristdala und Döderhult waren es sogar 27 000. Kleinere Orte hatten Vor- und Nachteile. Claes selbst stammte aus Oskarshamn, was in vieler Hinsicht einfach und bequem war. Es konnte natürlich auch beengend sein, dass sich die Wege aller immer wieder kreuzten. Claes war überzeugt davon, dass Veronika, solange sie in Oskarshamn blieb, damit leben musste, dass alle glaubten, sie habe eine Patientin zu Tode operiert, obwohl das nicht den Tatsachen entsprach. Einem Dementi wurde nie so viel Gehör geschenkt wie einer Katastrophe. Es handelte sich lediglich um ein weiteres Ereignis, das sich zu allen anderen Geschichten über Schuld und Sühne, Verrat und Betrug gesellte, die einem Ort Leben verliehen, auch wenn vieles nach und nach in Vergessenheit geriet. Alle hatten irgendwie dann doch genug mit sich zu tun.

Veronika erhob sich. Sie wollten noch einige Einkäufe tätigen und sich dann an diesem fantastischen Tag dem Garten zuwenden. Plötzlich vollführte sie eine abrupte Bewegung, krümmte sich vornüber und ließ sich wieder auf die Bank fallen.

»Meine Güte«, jammerte sie und klang so, als sei ihr die Luft ausgegangen.

Claes wartete, bis die Wehe vorüber war. Dann begann es jedoch von neuem. Dieses Mal noch schlimmer, und zwar so ausdauernd und schmerzhaft, dass Veronika aschfahl wurde.

In diesem Augenblick schossen ihm unbehagliche Bilder durch den Kopf. Die Erinnerung an Wehen, eine rötliche Flüssigkeit, Blut und Schmiere. Biologisch notwendig, aber überhaupt nicht nach seinem Geschmack. Das hatte nichts mit Vernunft zu tun. Blut verursachte bei ihm Ekel und flößte ihm Angst ein.

Aber er machte sich zu früh Sorgen. Veronika blutete noch nicht. Er dachte an die Straßenverhältnisse und daran, dass es achtzig Kilometer bis Kalmar waren. Fünfundfünfzig Minuten, wenn man sich einigermaßen an die Geschwindigkeitsbegrenzungen hielt.

Scheiße!

Die Entbindungsstation in Oskarshamn war schon vor Jahren geschlossen worden. Es gab keine Alternative außer Västervik, und bis dorthin war es genauso weit. Außerdem waren sie in knapp einer Woche in Kalmar zum Kaiserschnitt angemeldet. Auf etwas anderes war er gar nicht eingestellt. Er fühlte sich momentan auch nicht imstande, sich darüber zu freuen, dass er nicht mehr in Norrland wohnte, wo es zweihundert Kilometer bis zur nächsten Klinik gewesen waren.

Er zog Veronika von der Bank hoch und beruhigte sich etwas, als er sah, dass sie immerhin noch alleine laufen konnte. Sie hatte das Fruchtwasser noch nicht verloren und blutete auch nicht. Dieses Mal nicht. Noch nicht. Innerhalb eines Sekundenbruchteils hatte er sich eine vollkommen veränderte Situation ausgemalt, was schnell geschah, wenn man in Panik geriet. Er erkannte, was sich in seinem Inneren abspielte, und gebot den unerwünschten Bildern in seinem Kopf rasch Einhalt. Veronika hatte vollauf mit sich selbst zu tun. Sie stöhnte und atmete angestrengt, während er sie zum Auto lotste, das auf dem Stora Torget stand.

Sein zwiegespaltenes Verhältnis zu Blut und Leichen war im Präsidium kein Geheimnis, da ihn seine Miene stets verriet.

»Polizist von Beruf und dann so eine Mimose!«

An diese Kommentare hatte er sich gewöhnt. Seine Dienstjahre und sein Rang ermöglichten es ihm, seinen Kollegen diese Belustigung unbeschadet zu gönnen. Früher hatte er sich dafür sogar richtig geschämt. Aber damit war inzwischen Schluss!

Beim letzten Mal war es sehr knapp gewesen, das würde er nie vergessen. Plötzlich war das Blut nur so aus Veronika herausgeflossen, und jemand im Zimmer hatte geklingelt. Alarm. Ein fürchterliches Geräusch. Eine Ärztin riss die Tür auf und stellte sich schweigend neben das Bett, um sich erst einmal einen Überblick zu verschaffen. Wichtige Sekunden verstrichen, weil sie sich nicht entscheiden konnte. Dann nickte sie der Hebamme zu, in deren Blick etwas Gehetztes getreten war. Sie packte das Bettende und schob das Bett hinaus. Claes war zurückgeblieben. Minuten waren vergangen, lang wie die Ewigkeit.

Dann wurde er endlich geholt. Von den Grüngekleideten. Wie zu einer Hinrichtung. Er hatte sich denselben grünen Schlafanzug angezogen und eine duschhaubenähnliche hellblaue Wegwerfmütze aufgesetzt. Er ging auf das Zimmer neben dem OP zu und machte sich auf eine Katastrophe, auf eine unbegreifliche Trauer, gefasst.

Sie lag auf einem wärmbaren Wickeltisch. Rosig und wunderschön suchte sie mit soeben erwachenden, dunklen Augen nach etwas, worauf sie ihre Blicke heften könnte, und fand die Seinigen. Es war Liebe auf den ersten Blick. Das warme, weiche Kind in seinen Armen. Seine Tochter.

Ob man wirklich zweimal solches Glück haben konnte?

Es musste gehen!

Er drängte zur Eile und ärgerte sich, dass Veronika nicht schneller laufen konnte. Im Schneckentempo ging es voran. Er zerrte an ihrem Pullover, wenn sie innehielt. Er trug Klara, die keinen Mucks machte. Fest hielt sie die Tüte mit den Sandalen umklammert. Die unbändige Freude war für die Dreijährige viel zu kurz gewesen.

»Das sind nur die Vorwehen«, japste Veronika. »Das geht sicher bald vorbei.«

»Von wegen!«, sagte Claes. »Wir fahren nach Kalmar!«

Sie nickte. Er ließ seine Frau los, als sie langsam am Zeitungskiosk vorbeigingen, zog sein Handy aus der Tasche, setzte alles auf eine Karte und hoffte nur, dass sich Janne Lundin und Mona um Klara kümmern konnten. Sonst musste sie eben mitfahren.

Die Verbindung wurde aufgebaut, während er die Beifahrertür öffnete. Klara kletterte mit ihrer Schuhtüte ohne Hilfe auf den Kindersitz, und er brauchte ihr nur den Gurt anzulegen. Endlich kam Mona ans Telefon. Sie war außer Atem, war mit dem Hund spazieren gegangen und gerade zur Tür hereingekommen.

»Was machst du heute?«, fragte er.

»Ich bekomme um drei Besuch zum Kaffeetrinken«, sagte sie.

Verdammt!, dachte er.

»Ist was Besonderes?«, fragte sie.

Er erläuterte die Lage.

»Ach du liebes bisschen! Natürlich kümmere ich mich um Klara«, meinte sie.

Ihm fiel ein Stein vom Herzen.

»Ganz sicher?«, vergewisserte er sich.

»Aber ja. Wenn du willst, komme ich runter und nehme sie auf der Straße in Empfang, dann könnt ihr schneller weiter.«

Er schlug die Fahrertür zu und ließ den Motor an.

»Es gibt auch noch nette Leute, das darf man nicht vergessen«, meinte Veronika.

»Da fallen mir besonders Frauen ein, die ach du liebes bisschen sagen wie Mona«, meinte er. Veronika lächelte und tätschelte ihm die Wange. Dann musste sie sich schon wieder auf die nächste Wehe konzentrieren.

Die Lundins wohnten um die Ecke in der Köpmannagatan. Mona wartete bereits auf dem Bürgersteig und winkte. Sie drückten ihr die immer noch schweigende Klara in den Arm. Sie kannte Mona und Janne gut und ließ sich von den beiden verwöhnen. Sie winkte nicht, als ihre Eltern weiterfuhren, sondern starrte ihnen nur hinterher.

Als Claes auf die E22 einbog, schwiegen beide.

»Man darf einfach nicht glauben, dass sich alles planen lässt«, meinte Veronika schließlich und zog am Sicherheitsgurt, der über ihrem Bauch spannte. Sie stützte sich bei jeder Wehe am Armaturenbrett ab.

Als sie die Abfahrt nach Påskallavik passierten, hatte Veronika, wie sie beteuerte, die Lage immer noch unter Kontrolle. Claes umklammerte das Lenkrad und reichte ihr sein Handy.

»Kannst du die Entbindung in Kalmar vorwarnen, wenn sich die Wehen etwas beruhigt haben? Ich muss mich auf die Fahrbahn konzentrieren.«

Veronika tat dies. Sie wurde gefragt, wie viel Zeit zwischen den Wehen verstreiche, wie lange diese andauerten und ob das Fruchtwasser bereits abgegangen sei. Dem war noch nicht so. Veronika beendete das Gespräch.

»Sie erwarten uns«, meinte sie.

»Ich wäre so oder so gefahren«, meinte er unverdrossen, während sie sich Mönsterås näherten. Etliche Sonntagsfahrer waren unterwegs, vermutlich um den samstäglichen Großeinkauf zu erledigen.

»Es ist auf einmal verdammt nass«, sagte Veronika plötzlich. Sie passierten gerade die Abfahrt nach Timmernabben.

Das Lederpolster!, dachte er. Ein vollkommen materialistischer Gedanke, den er immerhin nicht aussprach. Veronika hatte offenbar denselben Gedanken.

»Das lässt sich abwischen«, meinte sie lapidar, zog eine Zeitschrift aus ihrer Tasche und schob sie aufgeklappt unter sich.

Veronika wurde ruhiger. Vermutlich war das die Ruhe vor dem Sturm, dachte er. Er hatte Recht. Als sie Rockneby erreichten, nahm die Intensität der Wehen zu, und Claes begann darüber nachzudenken, was er zu tun hatte. Schließlich kamen auch Taxifahrer damit klar, verheiratete und unverheiratete Partner waren in dünn besiedelten Gebieten, in denen die nächste Entbindungsstation zu weit entfernt war, seit Generationen damit fertig geworden. Er dachte an seinen Vater. »Man muss das Leben so organisieren, dass man immer darauf eingestellt ist, allein zurechtzukommen.« Damit hatte er Claes so oft in den Ohren gelegen, dass er irgendwann gar nicht mehr hingehört hatte.

Nun wurde ihm klar, dass diese Einstellung, ob er es wollte oder nicht, offenbar auf ihn abgefärbt hatte. Obwohl er nicht die asketische Art und Freude an körperlichen Herausforderungen seines Vaters geerbt hatte, der drahtig und durchtrainiert gewesen war, ein richtiger Pfadfinder, dem Entbehrungen Spaß machten und der mit schwerem Rucksack bei lausigem Wetter zu langen Bergwanderungen aufbrach. Aber seine außerordentlich gute Kondition nützte ihm nichts, als er an Krebs erkrankte. Und da war er noch gar nicht alt, erst Anfang fünfzig.

Claes war von seinem Vater natürlich beeinflusst worden, das hatte sich gar nicht vermeiden lassen, aber mit zunehmendem Alter weigerte er sich immer öfter, an den schlimmsten Strapazen teilzunehmen. Als er dann Polizist werden wollte, konnte er bei der Aufnahmeprüfung von seiner guten Kondition sehr profitieren.

Und jetzt gedachte er, von seiner optimistischen Grundhaltung zu profitieren. Alles wird gut. Im Großen und Ganzen. Wenn nur das Blut nicht wäre. Aber auch damit würde er zurechtkommen. Ich muss, redete er sich ein.

»Es wird alles gut gehen«, sagte er.

Veronika antwortete nicht sofort.

»Irgendwie vermutlich schon«, erwiderte sie, als die Schmerzen nachgelassen hatten.

Sie erreichten Lindsdal. Jetzt war es nicht mehr weit. Veronika schnappte sich das Handy und rief ein weiteres Mal bei der Entbindungsstation an. Sie teilte der Hebamme mit, sie seien jetzt an der Stadtgrenze. Die Person am anderen Ende stellte weitere Fragen. Unendlich viele Fragen. Claes wünschte, er hätte sie für Veronika beantworten können. Ihr damit helfen können. Sie antwortete so detailliert wie möglich, dann beendete sie das Gespräch, stützte sich mit beiden Händen auf das Armaturenbrett und schrie lange und laut, so wie Claes es noch nie gehört hatte, zumindest nicht aus ihrer Kehle.

Sie hatten die Abfahrt Richtung Öland-Brücke erreicht und näherten sich dem südlichen Ende von Kalmar. Ein Schild zeigte ein rotes Kreuz auf weißem Grund. Es ging zur Klinik.

6

Ilyas Bank saß in einem überheizten Zimmer der Polizei, die an einer engen, geschäftigen Gasse in der Nähe des Kräuterbasars lag. Er hatte sich dorthin fahren lassen, denn allein hätte er vermutlich nicht hingefunden. Die schmalen Sträßchen glichen den Gängen in einem Ameisenhaufen.

Er ermahnte sich zu etwas mehr Gelassenheit, was ihm nicht leichtfiel. Er trommelte mit den Daumen auf die Oberschenkel. Er saß vor einem leeren Schreibtisch mit Stahlrohrbeinen und Holzplatte, auf dessen einer Ecke ein riesiger Computermonitor thronte, und wartete darauf, dass seine Aussage zu Protokoll genommen wurde. Das Warten machte ihn nervös.

Wenn sie jetzt nur nicht glaubten, dass er etwas mit der Sache zu tun hatte! Er war kein Mörder. Das Geld, dachte er. Er bereute, dass er den Umschlag an sich genommen hatte. Wenn sie ihm deswegen jetzt den Mord anhängten!

Vor allem erfüllte ihn aber ein Gefühl der Dankbarkeit darüber, dass dieser Vorfall nicht zu Hause, sondern in einer Millionenstadt geschehen war, in der ihn kaum jemand kannte. Er hatte die neugierigen Augen in seinem Nacken gespürt, sowohl am Fährterminal als auch vor der Wache. Woher sollten die Leute auch wissen, dass er nur ein Zeuge war. Dass er nicht der Mörder war. Dass er überhaupt kein Krimineller war. Dass sein Gewissen rein war. Fast jedenfalls.

Die Geldscheine tauchten vor seinem inneren Auge auf. Hoffentlich hatten sie sie nicht gefunden! Warum war er nur so dumm gewesen, den Umschlag einzustecken?

Es gefiel ihm nicht, warten zu müssen. Die Polizistin hatte rasch das Zimmer verlassen, um etwas zu holen. Das dauerte. Er fragte sich, ob das wohl ein Trick war, um ihn unsicher und mürbe zu machen. Sein Magen zog sich zusammen. Er müsse nur eine Aussage machen, hatte die Polizistin gesagt, mit der er es jetzt zu tun hatte. Aber so viel war klar, es galten alle als Verdächtige, bis das Gegenteil bewiesen war.

Die Polizistin hieß Merve mit Vornamen. Das stand zumindest an der Tür. Bei der Polizei zu sein, das war schon etwas. Der Neid versetzte ihm einen Stich.

Er befand sich in einem Teil der Stadt, in dem er sich nicht zu Hause fühlte, irgendwo in Eminönü, einer Touristengegend. Hier war es einmal abgesehen von den Restaurants abends ziemlich tot. Hier lagen die klassischen Sehenswürdigkeiten und natürlich viele Hotels. An einem seiner ersten Tage in Istanbul hatte ihn seine Schwester hierher mitgenommen.

Am bekanntesten war der Topkapi-Palast, den er jeden Tag von der Fähre aus sehen konnte. Der Palast lag weit oben auf der Serailhalbinsel, wo Bosporus und Marmarameer aufeinandertrafen. Vor dem Eingang bildete sich stets eine lange Schlange, und der Eintritt war so hoch, dass sich seine Schwester und er die Besichtigung sparten. Er wusste, dass sich ein reicher Sultan diesen Platz ausgesucht und verschwenderisch bebaut hatte. In diesem Palast hatte er einen großen Harem unterhalten, der zwar nicht mehr existierte, aber nach wie vor die Fantasie anregte.

Er wurde aus seinen Gedanken gerissen. Die Tür ging auf, die Polizistin trat ein und setzte sich an den Schreibtisch mit dem summenden Computer. Hinter ihr betrat ein Mann in Zivil das Zimmer. Er trug ein Tablett mit zwei Teegläsern, das er abstellte, um wieder zu verschwinden.

Ilyas gab sich Mühe, die Polizistin nicht anzustarren. Ihr Alter war schwer zu schätzen, zwischen dreißig und vierzig vielleicht. Sie hatte eine hübsche Nase mit leichter Krümmung, wie ihm auffiel, da sie im Profil vor ihm saß. Sie schien sich mehr für den Computer als für ihn zu interessieren. Vermutlich wartete sie darauf, dass die richtige Maske auf dem Monitor erschien. Sie hatte lange, funkelnde Fingernägel, die auf den Tasten ruhten, während sie den Bildschirm betrachtete, dessen Licht ihr Gesicht erhellte. Sie trug ein hellblaues, ordentlich gebügeltes Uniformhemd und eine dunkle Hose. Ihr dickes, schwarzes Haar war zusammengebunden.

Er verspürte immer noch überall ein Kribbeln, aber jetzt

war keine Zeit mehr, seinen Einfall mit dem Geld zu bereuen. Er setzte sich auf und ließ dankbar ein Stück Würfelzucker in seinen Tee fallen. Dann rührte er langsam um und versuchte, das Gefühl der Beschämung von sich zu schieben. Bislang hatte ihn die Beamtin noch kein einziges Mal angelächelt. Aber ihre mandelförmigen Augen wirkten freundlich.

Es hätte schlimmer kommen können – das redete er sich die ganze Zeit ein. Er saß hier schließlich nicht bei der berüchtigten Militärpolizei, mit deren Methoden nicht zu spaßen war.

Er nippte an seinem Tee. Er war gut und befeuchtete seinen Hals, der trocken war wie die Wüste. Die Beamtin hatte inzwischen mit den Angaben zu seiner Person begonnen, die er ihr schnell heruntebetete: Name der Eltern, Geburtsort, Adresse, Handynummer. Was sie alles wissen wollte, nahm kein Ende. Die Fragen wurden mit einer neutralen Stimme und ohne Zögern gestellt. Das hatte sie schon öfter gemacht, das war ihm klar. Ihre Finger, die über die Tasten tanzten, faszinierten ihn.

Dann wandte sie sich plötzlich vom Monitor ab und sah ihm zum ersten Mal direkt in die Augen. Viel zu lange, fand er.

»Ilyas«, sagte sie mit tiefer Stimme und legte eine unerträgliche Kunstpause ein. »Ich weiß, dass das auf der Fähre ein unbehagliches Erlebnis für Sie war, aber könnten Sie mir die Ereignisse nochmals schildern? Lassen Sie sich Zeit.«

Sie bereitete sich auf einen Wortschwall vor, indem sie ihre Finger über die Tastatur hielt. Dass sie ihn mit seinem Vornamen ansprach, überrumpelte ihn. Es machte ihn verlegen und nervös.

»Wo soll ich anfangen?«

Er musste seine Worte sorgsam wählen. In seinem Kopf schwirrten alle Gedanken durcheinander, sein Herz schlug rasend schnell, und in seinen Ohren rauschte es.

»Fangen Sie damit an, wie Sie den Mann gefunden haben«, meinte sie freundlich.

In diesem Augenblick tauchte eine farbige Kaskade aus rotem Blut und hellblauem Oberhemdstoff vor seinem inneren Auge auf, und er hörte die elenden Möwen kreischen. Dieses Lachen der Möwen würde ihn noch lange verfolgen.

Er legte los. Es ging ganz gut. Sie schrieb mit und stellte keine Fragen über das Blut, und das erleichterte ihm das Erzählen.

Er fühlte sich zunehmend sicherer, seine Stimme festigte sich, und er verhaspelte sich seltener. Trotzdem merkte er, wie ihm der Schweiß auf die Stirn trat. Das Zimmer hatte sich im Laufe des Tages aufgeheizt, und bis zur wohltuenden Kühle des Abends würden noch einige Stunden verstreichen. Der große Ventilator unter der Decke kreiste träge über ihm und vermochte kaum etwas auszurichten.

Ilyas wagte es nicht, auf die Uhr zu sehen, aber es war schon eine geraume Zeit her, dass er den Ruf zum Nachmittagsgebet aus den Lautsprechern des nächsten Minaretts gehört hatte. Es war also bereits nach fünf.

Es gab viele Moscheen in Istanbul. Es gab große und richtig kleine. Die meisten waren sehr alt. Er störte sich nach wie vor an dem scheppernden Klang der Stimmen der Muezzins, er war weniger inbrünstig und einladend als die harmonische Stimme des Imams, der zu Hause in seinem Dorf vom Minarett aus zum Gebet aufforderte.

Während er erzählte und versuchte, ihre Zwischenfragen zu beantworten, starrte er auf das Wappen auf ihrer Hemdbrust. Es befand sich etwas oberhalb von ihrem, wie ihm natürlich sofort aufgefallen war, wohlgeformten Busen, aber eben darüber, also war er über den Verdacht erhaben, auf ihre Hupen zu starren.

Ein Uniformhemd mit diesem Wappen zu tragen, das war gar nicht übel. Er musste sich erkundigen, ob er nicht auch Polizist werden konnte.

Sein Magen begann zu knurren und zu rumoren. Die Anspannung und das Unbehagen waren ihm auf den Magen geschlagen. Sie hörte das natürlich – sie hätte stocktaub sein müssen, um es nicht zu hören – und warf ihm einen raschen Blick zu.

Er schämte sich fürchterlich und wollte nur noch eins: so schnell wie möglich weg. Deswegen redete er immer schneller. Sie kam tatsächlich mit. Das Klappern der Tastatur klang wie die Begleitung eines Rap-Songs.

Als er verstummt war, wurde es still, dann begann sie vom Bildschirm vorzulesen, stellte die eine oder andere Frage und änderte sofort im Text. Er konnte hören, dass sie aus Istanbul kam. Als sie fertig war, las sie das Ganze noch einmal vor.

»Stimmt das so?«

»Ja«, sagte er und nickte.

»Sie haben den Toten also noch nie zuvor gesehen?«, wiederholte sie und sah ihn dabei durchdringend an.

Er schüttelte den Kopf. »Nein«, erwiderte er. »Aber es kommen schließlich auch dauernd neue Passagiere.«

»Mir ist klar, dass sich eine Menge Menschen auf der Fähre befinden. Und Sie können nicht genau sagen, wo der Mann zugestiegen ist?«

»Ich glaube, an einer Anlegestelle auf der Hälfte der Route. Vielleicht in Yeniköy.«

Sie drehte sich um und betrachtete den Stadtplan, der hinter ihr an der Wand hing. »Also auf der europäischen Seite«, verdeutlichte Ilyas.

»Ich weiß«, sagte sie und betrachtete fortwährend den Stadtplan, als wolle sie sich den Platz einprägen. »Dort gibt es schöne Yalin«, sagte sie träumerisch und legte einen Augenblick lang die Förmlichkeit ab.

Ilyas nickte. Diese mehrstöckigen Sommerhäuser aus Holz, die die Reichen oft für sich errichten ließen, lagen direkt am Wasser und waren von der Fähre aus schön anzusehen. Sie riefen Träume von einer anderen Welt und einem anderen Leben wach.

»Sie scheinen recht observant zu sein«, meinte sie lächelnd. »Können Sie sich vielleicht auch noch erinnern, ob der Mann allein war, als er an Bord ging?«

Ilyas fühlte sich natürlich geschmeichelt. Er dachte fieberhaft nach.

»Etliche Reisende sind dort an Bord gegangen, ich habe also nicht sonderlich darauf geachtet. Es passiert nur sehr selten, dass irgendwo ein einzelner Passagier zusteigt. Aber er... also... der Tote, kaufte nach einer Weile ein Glas Tee. Da saß er bereits dort an der Reling. Also, wo ich ihn später auch gefunden habe. Auf der Backbordseite... Eine große Gruppe Amerikaner war auch da, wie ich bereits gesagt habe.«

»Sie können also nicht sagen, ob er sich in Gesellschaft befand?«

Er schüttelte den Kopf.

»Haben Sie sonst während der Fahrt noch etwas bemerkt, was wichtig sein könnte? Irgendein Vorfall oder irgendeine Person, die Ihnen aufgefallen wäre – ganz egal was?«

Er versuchte sich zu erinnern, aber es fiel ihm nichts ein.

»Haben Sie gesehen, ob der Mann eine Tasche bei sich trug?«, fuhr sie fort.

Er starrte auf die Schreibtischplatte. »Nein«, sagte er schließlich bestimmt. »Zumindest hatte er keine Tasche, als ich ihn entdeckte ... also, als er tot war ... ob er vorher eine hatte, weiß ich nicht.«

»Mit etwas Glück hat jemand auf der Fähre Fotos gemacht, auf denen der Mann zu sehen ist. Vielleicht verraten die uns ja was«, meinte sie. Ilyas Magen begann erneut zu rumoren. »Er hatte auch nichts in den Taschen, was Ihnen vielleicht aufgefallen ist?«, meinte sie und drehte den Kopf zur Seite, als hätte sie einen verspannten Nacken.

»Nein«, antwortete er so rasch, dass sie innehielt, ihn anschaute und die Arme vor der Brust verschränkte.

Ilyas' Magen verkrampfte sich nun so sehr, dass er vor Schmerzen erblasste.

»Sie haben ihm also nicht zufälligerweise die Taschen durchsucht?«

»Nein. Warum sollte ich?«

»Beispielsweise um herauszufinden, wer er ist. Um nachzusehen, ob er eine Brieftasche mit einem Führerschein oder Pass bei sich trug«, meinte sie mit einer verräterisch ruhigen Stimme. Sie sprach jede Silbe übertrieben deutlich aus, und Ilyas war klar, dass sie auch eine härtere Gangart einlegen konnte.

Das ist eine Falle, dachte er. Ich muss aufpassen!

»Nein«, beharrte er. »Es war so schrecklich, dass ich sofort losrannte, um Hilfe zu holen.«

»Sie meinen also, ohne ihm zuerst die Taschen zu durchsuchen?«

»Ja.«

Sie starrte ihn kurz an und beugte sich dann wieder über den Bildschirm.

»Wir werden die Fähre natürlich genauestens durchsuchen«, sagte sie dann.

Ilyas' Herz raste. Das war Folter! Sein Magen brannte wie Feuer, und er glaubte, er würde jeden Moment platzen. Er konnte sich nicht mehr beherrschen.

»Ich muss auf die Toilette«, sagte er, erhob sich so abrupt, dass der Stuhl umfiel, und verließ das Zimmer.

»Rechts entlang«, rief sie ihm hinterher.

Aber da hatte er die Toilettentür bereits hinter sich abgeschlossen.

Sie stand auf dem Korridor und wartete auf ihn, als er wieder zum Vorschein kam.

»Man weiß nie, manchmal tauchen Dinge erst sehr viel später wieder auf«, sagte sie und lächelte. Ihre schönen Zähne waren gleichmäßig und strahlend weiß. »Es wäre wunderbar, wenn Sie dann von sich hören ließen«, fuhr sie fort und drückte ihm einen Zettel mit der Telefonnummer in die Hand.

Er versprach, sich gegebenenfalls zu melden, nahm den Zettel und schlich unsicher davon.

7

Sonntagsfrieden, dachte Birgitta Olsson und ließ die Rollos hochschnellen.

Sie blieb ein paar Sekunden lang stehen und schaute in ihren Garten. Die Sonne schien ebenso unbekümmert wie am Vortag. Wieder ein wunderbarer Tag, den man genießen konnte! Sie hatte es plötzlich eilig, in der Erde zu graben. Sie hatte den ganzen langen Tag vor sich, denn der Nachtdienst begann erst um neun.

Sie ließ das Fenster einen Spalt weit offen, um den Gesang der Amsel zu hören, während sie das Bett machte. Sie hörte außerdem die Geräusche von Hacken und Spaten aus den umliegenden Gärten. Die Nachbarn hatten bereits mit der Arbeit angefangen. Jedenfalls die Bromses, dachte sie und sah zuerst Sven vor sich. Das ergab sich so. Ihn kannte sie am besten. Aber das wusste vermutlich nicht einmal Nettan, die eigentlich Agneta hieß. Birgitta hatte sich nie daran gewöhnt, sie Nettan zu nennen, so intim waren sie einfach nicht. Die Bromses fahren danach sicherlich zum Golfspielen nach Skorpetorp, dachte sie. Sie waren *Golfer*, wie Carl-Ivar sagte. Er ließ das so klingen, als sei das eine Abart des Menschen, oder vielleicht eine feinere Sorte.

Sie hatte eben den Überwurf glatt gestrichen, als der Frieden von einem lauten Motorengeräusch gestört wurde, das die Ruhe plötzlich zerschnitt.

Ganz schön frech, dachte sie verärgert und setzte in der Küche Kaffee auf. Es hatte eine Zeit gegeben, da war der Sonntag ein Ruhetag gewesen. Man hatte höchstens, wenn unbedingt nötig, den Rasen gemäht, aber auch nur mit einem mechanischen Rasenmäher und auch erst nach dem Gottesdienst. Aber jetzt herrschten andere Zeiten. Die Geschäfte hatten den ganzen Abend geöffnet, die Tankstellen rund um die Uhr, und Fernsehen gab es zu allen Zeiten des Tages. Eine neue Generation war herangewachsen, die anders und egoistischer dachte.

Sie merkte, wie ihre Gedanken die falsche Richtung einschlugen. Dabei wollte sie die harmonische Stimmung bewahren.

Natürlich wusste sie, wer so rücksichtslos war und frühmorgens schon den Rasen mähte. Das wussten alle im Viertel. Ein schwarzes Schaf. Sie ärgerte sich über sich selbst, weil sie nicht umhin konnte, sich darüber aufzuregen. Weil sie es zuließ, sich darüber aufzuregen.

Sie betrat das Badezimmer, spritzte sich kaltes Wasser ins Gesicht und cremte es sich mit Sonnencreme ein, die schon etliche Jahre im Badezimmerschrank gestanden hatte. Sie dachte immer noch an den Rasenmäher.

Dann rechnete sie aus, wie lange Carl-Ivar und sie schon im Holmhällevägen wohnten. Im September wurden es 34 Jahre. Sie waren aus einer engen Zweizimmerwohnung in der Borgmästargatan hierhergezogen. Sie hatten viel Freude an ihrem gediegenen und geräumigen Sechzigerjahrehaus gehabt. Sie hatten es frisch tapeziert und die Türen frisch gestrichen, aber keine Wände versetzt.

Carl-Ivar und sie würden in dem Haus auch noch wohnen bleiben können, wenn sie einen Rollator brauchten. Darüber sprachen sie manchmal. Das Haus hatte ein oberes Stockwerk. Daran hatten sie nicht gedacht, als sie es kauften. Natürlich nicht. War man jung, dann war man unsterblich.

Sie waren eingezogen, als es in der Gegend noch so ruhig wie auf dem Land gewesen war. Einen Augenblick lang konnte sie wieder die Stille hören, die damals herrschte.

Aber jetzt zog die nächste Generation ein. Ein Haus weiter oben in der Straße war vor einiger Zeit verkauft worden, das kostete bestimmt ein hübsches Sümmchen. Heute hätten es Carl-Ivar und sie es nicht mehr leisten können, hierher zu ziehen. Auch ein so großes Renovierungsprojekt, wie es ihre neuen Nachbarn durchführten, kam finanziell für sie nicht in Frage. Die neuen Nachbarn wohnten drei Grundstücke weiter mit Blick aufs Meer. Der Mann arbeitete in der IT-Branche. Das taten heutzutage viele. Oder sie arbeiteten als Berater. Jedenfalls verdienten sie viel Geld. Oder sie scheuten nicht davor zurück, große Kredite aufzunehmen. Mit Darlehen war Carl-Ivars und ihre Generation sehr vorsichtig gewesen. Wenn man den Kredit dann nicht zurückzahlen konnte. Nicht auszudenken!

Die reichen Nachbarn hatten das Haus so aufwändig umgebaut, dass es nicht wiederzuerkennen war, und den ganzen Garten mit riesigen Maschinen umgraben lassen. Birgitta hatte sich erzählen lassen, dass der lila Flieder weichen musste, weil er nicht zur Fassade passte. Bei weißem Flieder wäre das anders gewesen. Die Frau arbeitete als Gartenarchitektin. Die Geschmäcker waren wirklich sehr verschieden! Zu Grau passt vermutlich das meiste, hatte Birgitta gedacht, und ihr hatten die Büsche leidgetan, die zum Verbrennen abtransportiert worden waren. Heckenrose, Traubenkirsche, Strauchfingerkraut, Karlszepter und falscher Jasmin.

Dann waren weitere schwere Maschinen herbeigerollt und hatten eine sterile Landschaft, rechtwinklige Rasenflächen und Kieswege und immergrüne, beschnittene Büsche, angelegt.

Sie ging in die Diele und öffnete die Tür zur Abstellkammer, in der sie die Kleider für die Gartenarbeit aufbewahrte. Beim Eintreten stolperte sie über eine Tasche, die sie nach ihrer Rückkehr dort abgestellt hatte. Sie war groß, schwarz und aus Stoff, Carl-Ivar hatte sie ihr mitgegeben. Sie nannten diese Art von Taschen immer »Schmugglertaschen«. Die Teppichhändler in der Türkei verwendeten sie für die Teppiche.

Es gab sie in unterschiedlichen Größen. Die Teppichhändler konnten auch größere Teppiche so klein zusammenfalten, dass man sie problemlos nach Hause tragen konnte. Andernfalls kam der Teppich als Fracht. Carl-Ivar hatte noch nie erlebt, dass ein Teppich nicht angekommen war.

Diese Tasche war nicht sonderlich groß. Sie wusste nicht, was Carl-Ivar gekauft hatte, aber es musste sich um etwas Außergewöhnliches handeln, da er ihr aufgetragen hatte, die Tasche nicht aus den Augen zu lassen. Sie hatte sie in die Kabine mitnehmen müssen.

Sie dachte an Carl-Ivar, als sie die Tasche auf seine Schuhe und unter seine Jacketts und Anzüge stellte.

Dass er am Vorabend nicht angerufen hatte.

Sie telefonierten sonst immer einmal täglich, allerdings nicht sonderlich lang. Es reichte zu wissen, dass alles in Ordnung war. Nach so vielen gemeinsamen Jahren hatte man sich ohnehin nicht mehr viel zu sagen. Das war schön. Sie durfte ganz sie selbst sein.

Sie nahm sich vor, ihn nach dem Frühstück anzurufen, und nahm ein kurzärmeliges Hemd und eine weiche, ausgebleichte Jeans vom Kleiderstapel, der so hoch war, dass er vermutlich bis ans Ende ihres Lebens und noch etwas länger reichen würde. Ich muss ausmisten, dachte sie, Klamotten wegwerfen, ein Befreiungsschlag.

Der Rasenmäher dröhnte immer noch, als sie aus der Abstellkammer kam. Sie zog sich an und sah vor ihrem inneren Auge den Mann ein paar Häuser weiter behäbig auf seinem Rasentraktor sitzen.

Dieser Mann war ein warnendes Beispiel dafür, welche Konsequenzen ein ungesundes Leben für einen Körper hatte. Mitte vierzig und schon einen Bierbauch. Es war nicht viel

Fantasie nötig, um sich vorzustellen, wie es mit seinem Herzen weitergehen würde.

Sie ging in die Küche und goss den Kaffee in die Thermoskanne. Dann machte sie sich rasch ihre beiden Knäckebrote, dasselbe Frühstück jeden Morgen, goss Orangensaft in ein Glas, holte eine Kaffeetasse aus dem Schrank und setzte sich. Sonntags kam keine Zeitung. Sie starrte aus dem Fenster und biss krachend in ihr Knäckebrot. Plötzlich sah sie vor ihrem inneren Auge, wie sich ihr Nachbar mit schmerzverzerrtem Gesicht an die Brust fasste.

Sie hatte schon immer eine lebhafte Fantasie besessen. In Gedanken ließ sie den Nachbarn mit dem Rasenmäher leiden. Er rang nach Luft, rief um Hilfe, aber seine Stimme ging im Motorenlärm unter. Er machte ein paar vergebliche Versuche, die Höllenmaschine zum Stillstand zu bringen, was ihm nicht glückte, und brach dann über dem Lenkrad zusammen, während die Maschine ihren Weg durch die niedrigen Büsche, über die Grundstücksgrenze und auf die Wiese des Nachbarn fortsetzte. Dann mähte sie eine tiefe Schneise und näherte sich dem Pool. Der leblose Körper hing wie ein sonnenverbrannter Fleischberg über dem Lenkrad.

Gerade als die Maschine im Begriff war, ins Wasser zu kippen – sie hörte bereits das Platschen und die plötzliche Stille danach –, musste sie blinzeln.

Was gab sie sich nur für wilden Hirngespinsten hin? Sie atmete durch und trank einen Schluck Kaffee.

Wie der Nachbar reagierte, als er einen Rasentraktor und eine Leiche in seinem Pool fand, würde sie also nicht erfahren. Aber das konnte sie sich auch später noch überlegen.

Die Wärme schlug ihr entgegen. Sie blickte mit zusammengekniffenen Augen in den Garten, der in helles Frühlingslicht getaucht war. Der frische Wind des Vortags war verschwunden, die Luft war lau.

Im Schuppen roch es nach trockener Erde und Benzin. Die Baumschere hing an ihrem Platz an der Wand, und auch die Handschuhe mit langem Schaft waren dort, wo sie hingehörten. Sie zog sie sofort an, um sich nicht die Unterarme zu zerkratzen. Sie wollte damit anfangen, die Rosen zu beschneiden. Das machte Spaß.

Endlich! Voller Glück ließ Birgitta sich auf die Knie sinken. Es war ein recht buschiger Rosenstock, den sie nach dem Kauf des Hauses gepflanzt hatten. Er blühte mit traubenförmig angeordneten Blüten, tiefrot und nur einmal im Jahr, aber dann um so schöner.

Es klingelte. Sie hatte das schnurlose Telefon in der Tasche. Vermutlich Carl-Ivar, dachte sie mit gemischten Gefühlen. Er würde ihr sicher erzählen, dass er noch ein paar weitere Tage bleiben und nicht am Dienstag nach Hause kommen würde.

Aber es war Magnus, ihr Schwiegersohn.

»Hallo, Birgitta!«, sagte er in seinem Stockholmer Dialekt.

Meine Güte, wie servil er klingt, dachte sie.

»Hallo«, erwiderte sie neutral.

»Ist Carl-Ivar zu Hause?«

»Nein. Er kommt am Dienstag.«

»Ach! Schade.«

»Gibt es etwas Besonderes?«

»Es geht um einen Teppich, den er mir aus der Türkei mitbringen will.«

»Und was für einen?«, fragte sie und spitzte die Ohren. Sie meinte, im Hintergrund Verkehrslärm zu hören. Magnus und

Lotta wohnten in Stockholm, in der Sibyllegatan im Stadtteil Östermalm, und diese Straße war sehr ruhig, vor allem sonntags.

»Ich kann das mit Carl-Ivar besprechen, wenn er nach Hause kommt«, sagte er.

Was du nicht sagst, dachte sie.

»Kann ich mit Lotta sprechen?« Sie wollte lieber die Stimme ihrer Tochter hören.

»Sie ist nicht hier. Ich bin in Deutschland, in München, geschäftlich.«

Sie beendeten das Gespräch. Sie hielt eine Weile inne, den Rücken der Sonne zugewandt, und dachte über das Gespräch nach. Dann wandte sie sich wieder dem Blumenbeet zu und knipste routiniert alle toten Triebe ab.

Nach einer Weile taten ihr die Knie weh. Sie richtete sich auf, stellte sich neben das Beet und streckte sich. Ihre Nachbarin rief ihr über die Hecke etwas zu.

Agneta Bromse war immer gut gelaunt. *Keck*, wie man das in Birgitta Olssons Jugend ausgedrückt hätte.

»Ist das nicht herrlich?«, zwitscherte Agneta. »Die Temperatur ist geradezu sommerlich.«

Birgitta nahm an, dass Agneta lächelte, konnte es aber nicht sehen, denn sie trug eine Mütze mit breitem Schirm, wie man sie beim Golfspielen aufhatte.

Birgitta hielt nach Sven Ausschau. Bei seinem Anblick durchfuhr sie ein wohliger Schauer, und das war in ihrem Alter keine Alltäglichkeit. Sie hatte deswegen aber kein schlechtes Gewissen. Sie brauchte sich für nichts zu schämen. Jedenfalls für keine Taten.

Aber Sven war nicht zu Hause, sonst wäre er vermutlich hinter der Hecke aufgetaucht und hätte ihr sein verschmitztes, warmes Lächeln geschenkt. Sie würde Agneta jedoch nicht fragen, wo er steckte. So wichtig war ihr das nun auch wieder nicht.

»Ja, wirklich herrlich!«, pflichtete sie stattdessen bei und hielt die Hand über die Augen, um nicht dauernd blinzeln zu müssen. Sie trug nichts auf dem Kopf, obwohl das vermutlich vernünftiger wäre.

»Dafür wird es dann an Mittsommer kalt und regnerisch!«, meinte Agneta seufzend. Graues, früher einmal blondes Haar schaute hinten unter ihrer Schirmmütze hervor.

»Wie war es denn in der Türkei?«

»Schön! Carl-Ivar ist noch dort. Er kommt erst diese Woche zurück.«

»Da genießen wir also das Alleinsein«, lachte Agneta. »Sven ist auch nicht zu Hause. Er ist geschäftlich unterwegs, kommt aber heute Abend wieder.«

Mehr wurde nicht gesagt, und sie machten beide mit ihrer Arbeit weiter.

Gewisse Bekanntschaften entwickeln sich nie, obwohl man sich nicht streitet, dachte Birgitta und nahm das Unkraut in Angriff.

Ich muss meine Eltern anrufen, erinnerte sie sich. Vielleicht sollte ich sie morgen ja besuchen, nachdem ich ausgeschlafen habe.

Sie waren inzwischen recht alt. Jedes Mal, wenn sie sie besuchte, drängte sich ihr der Gedanke auf, dass es das letzte Mal sein konnte.

Die liebe kleine Mama. Sie rief sich ihre Stimme aus Kindheitstagen ins Gedächtnis: »Ich glaube, ich gehe jetzt in den Salon«, hatte sie gesagt, was bedeutete, dass sie die Schwelle zu ihrem Frisiersalon überschritt.

Den Salon hatte sie sich in einem der Zimmer im Erdgeschoss eingerichtet, und sie war ständig auf dem Sprung zwischen der Spüle und den Köpfen der Frauen aus der Gegend. Sie führte den einzigen Damenfrisiersalon in Bråbygd. Die Männer arbeiteten auf den Äckern oder rackerten sich im Wald ab. Die Frauen kümmerten sich um das Vieh, sie molken oder misteten die Ställe aus. Und ihre Mama kümmerte sich außerdem noch um Eleganz und Schönheit.

Birgitta erinnerte sich an das Gelächter und die Stimmen, die den Lärm der Trockenhauben übertönten. Als kleines Mädchen umgab sie sich sehr gerne in dieser schönen und fröhlichen Welt mit Lockenwicklern und den intensiven Gerüchen der Haarfestiger und -färbemittel. Umringt von redseligen Frauen, die den Salon frisch frisiert und onduliert verließen.

Ob das Gros des Verdienstes wohl in die Landwirtschaft geflossen war? Obwohl ihre Mutter auch immer etwas Geld in der Blechdose sparte, die in dem Regal mit dem Vorhang mit dem kleinen Blumenmuster unter dem großen Spiegel stand.

Manchmal öffnete sie die Dose und gab Birgitta Geld für neue Haarklammern oder eine Limonade im Café in Kristdala, wo sie als Teenager gerne hinging. Sie hatte mit ihrer Mutter nie über Geld geredet. Ihre Kindheit lag lange vor der großen Epoche der Aussprachen.

Der Korb für das Laub war wieder voll. Sie trug ihn über die Wiese und leerte ihn auf dem Kompost aus.

Das Telefon klingelte erneut. Es war Lotta. Sie wollte wissen, wie es ihnen gehe.

»Gut«, erwiderte Birgitta.

»Ist Papa schon wieder zu Hause?«

»Nein. Er bleibt ein paar Tage länger. Du weißt doch, wie

gut es ihm in der Türkei gefällt. Ich habe jetzt Nachtdienst und wollte mir noch ein paar Ferientage aufheben. Wo bist du eigentlich?«

»Zu Hause in Stockholm. Warum?«

Birgitta dachte nach. Sollte sie ihrer Tochter erzählen, dass Magnus angerufen hatte?

»Ach, nichts weiter«, erwiderte sie, da ihr klar war, dass das nur zu weiteren Fragen führen würde. Bei Lotta und Magnus war alles immer so heikel, ohne dass sie hätte sagen können, warum. Es war einfach so, und man hatte das zu akzeptieren. »Wie geht es den Kindern?«, fragte sie stattdessen.

Die beiden geliebten Enkel. Der Gedanke an sie erfüllte sie mit leichtem Unbehagen. Ging es ihnen wirklich gut?

»Denen geht's bestens«, erwiderte Lotta so geschäftsmäßig wie immer. Wie hatte sie nur eine so effektive Tochter bekommen können?

»Sie wollen sich nicht ein bisschen mit ihrer Großmutter unterhalten?«, fragte Birgitta und versuchte, nicht fordernd zu klingen.

»Ich glaube nicht«, sagte Lotta. »Wir sind gerade auf dem Sprung.«

»Ach so ... na dann grüß sie von mir und Magnus auch.«

Sie ging in die Küche und trank zwei Gläser kaltes Wasser, während sie an Magnus dachte. Er hatte in letzter Zeit begonnen, sich für Teppiche zu interessieren. Wahrscheinlich ein Bestandteil seiner Oberschichtallüren, genau wie die schöne Wohnung, die Antiquitäten und das Segeln.

Es war natürlich nett, dass jemand Carl-Ivar zuhörte, wenn er von seinen Reisen in den Orient und seinen Teppichkäufen erzählte. Mit Teppichen ließ sich zweifellos Geld verdienen, aber da musste man dann schon in einer anderen Liga mitspielen als Carl-Ivar, der deswegen mit Teppichen handelte, weil sie ihm schlicht und ergreifend gefielen. Er hatte auch Erfolg gehabt, weil er in Småland in kleinen Verhältnissen aufgewachsen war und somit sowohl Sinn für und Respekt vor dem Geld besaß.

Magnus arbeitete für Großunternehmen in der Reklame-Marketing-Branche oder so ähnlich. Birgitta kannte sich mit diesen Dingen nicht aus. Carl-Ivar auch nicht. Es ging nicht um kleine Summen, so viel hatten sie jedenfalls verstanden.

Magnus war Ingenieur und hatte an der Kungliga Tekniska Högskolan in Stockholm studiert. Das war schon was, jedenfalls in Oskarshamn. Inzwischen besaß er eine eigene Firma, die laut Lotta blendend lief. Er war eine gute Partie gewesen. Birgitta sah ihren Schwiegersohn vor sich. Immer tadellos von Kopf bis Fuß: Schuhe, Hose und Hemd unter dem Blazer oder dem Pullover aus reiner Schurwolle. Sogar die Brille funkelte. Er lächelte gerne mit nur einem Mundwinkel. Das hatte er immer getan.

Sie kannten Magnus und seine Familie schon von früher, trafen sie aber immer nur im Sommer und auch eher auf Distanz. In Klintemåla wurden sie die Stockholmer genannt. Die Gräben waren tief und unüberbrückbar. Die Stockholmer wohnten in ihrer Sahnetorte, wie die Dorfbewohner ihre Sommerresidenz nannten, mit Türmchen und Zinnen und einer Glasveranda zum See.

Und dann war alles richtig schiefgegangen... der Vater hatte mit Wertpapieren spekuliert. In der Rezession der neunziger Jahre hatte er fast alles verloren. Vermutlich war er zu große Risiken eingegangen, glaubte Carl-Ivar. Die Mutter hatte nie gearbeitet, sie hatten immer auf großem Fuße gelebt, und Magnus hatte von allem immer nur das Beste gehabt.

Jetzt konnte er aus seinem Elternhaus mit keiner Hilfe mehr rechnen.

Carl-Ivar und sie empfanden die Familie Öberg immer als recht unterkühlt. Der Vater war unberechenbar, manchmal war er herzlich, dann wieder cholerisch.

Als die Eltern nach Spanien zogen, tat Magnus alles, um den Schein zu wahren. Birgitta hegte jedoch den Verdacht, dass sein Kontakt zu den Eltern inzwischen sehr spärlich war.

Sie stellte das Glas auf die Spüle und ging wieder in die Sonne.

Sie dachte an ihre Enkel, an die kleine Olivia und an Ludvig. Sie hatten es sicher nicht leicht.

Ihr wurde es schwer ums Herz. Vielleicht werden sie so streng erzogen wie Magnus. Aber danach, wie seine Kindheit gewesen war, würde sie ihn vermutlich nie fragen. So innig war ihr Verhältnis nicht, sondern eher höflich distanziert.

Ihr fiel ein Patient ein. Gewisse Patienten vergaß man nie.

Der Gedanke an den kleinen Jungen schmerzte sie immer noch. Magnus und er waren sich sehr ähnlich gewesen und etwa gleich alt. Dunkles, lockiges Haar und Sommersprossen auf dem etwas blassen Näschen. Außerdem hatten beide Angst vor Schlägen, das merkte man einfach.

Damals, Ende der siebziger Jahre, war das Gesetz gegen Prügelstrafe erlassen worden.

Sie schämte sich fast dafür, dass sie sich zu den Leuten zählte, die das Gesetz unnötig fanden. Für Carl-Ivar und sie war ein solches Gesetz zumindest nicht vonnöten gewesen, denn sie hatten ihre Kinder nie geschlagen. Ein Klaps auf den Po oder eine Ohrfeige war schließlich noch keine Gewalt. Außerdem hatte ihr das früher auch nicht geschadet.

Zumindest verglichen mit ihrem Bruder. Ihm gegenüber

war ihr Vater viel strenger gewesen. Söhne sollten gezüchtigt werden, so war das damals einfach gewesen. Lasse konnte einem leidtun.

Sie hatte ihre Ansicht geändert, als der zusammengeschlagene Junge in die Klinik eingeliefert wurde, dessen vollkommen übergeschnappter Vater der Ansicht war, eine Tracht Prügel könne nicht schaden.

Alle, die den Körper des jungen Patienten mit behutsamen Händen gepflegt hatten, waren dankbar gewesen, dass es ein Gesetz gegen solche Widerwärtigkeiten gab. Der Junge hatte einen Finger verloren. Der Vater hatte ihn mit einer Hufzange abgeknipst, weil der Vierjährige eine Flasche genommen und sie fallen lassen hatte. Er schrie wie am Spieß. Hätten die Nachbarn nicht eingegriffen, hätte er vermutlich noch weitere Finger verloren. Was die Flasche enthielt, wurde nie bekannt, aber vermutlich handelte es sich um Alkohol.

Der sonst stets freundliche Oberarzt kochte geradezu vor Wut bei dem Anblick des kleinen Patienten und war kaum wiederzuerkennen.

Später hatte Birgitta oft überlegt, was wohl aus dem Jungen geworden war. Er wurde nicht wie Magnus Öberg auf Rosen gebettet. Vermutlich wurde sein Vater bestraft, und das Jugendamt kümmerte sich so wie damals üblich um die Sache. Vielleicht kam der Junge zu einer Pflegefamilie oder in ein Kinderheim, vermutlich beides. Sie würde es nie erfahren.

Sie schwitzte, und ihr Haar klebte. Sie war vollkommen in Gedanken versunken. Ihr Magen knurrte. Sie erhob sich und ging ins Haus, um ein spätes Mittagessen einzunehmen.

8

Die Straße war trocken, die Sonne brannte.

Claes Claesson hatte die Sonnenblende heruntergeklappt, trotzdem blendete das gleißende Licht in den Augen. Er suchte mit einer Hand im Fach zwischen Fahrer- und Beifahrersitz nach seiner Sonnenbrille. Er fand sie und setzte sie auf.

Von Klara war kein Laut zu hören. Sie saß angeschnallt auf dem Kindersitz auf der Rückbank und hörte konzentriert zu. Aus den Lautsprechern drang Lennart Hellsings »Krakel Spektakel, Kusine Vitamine«. Dass man sich das immer noch anhören konnte!

»Papa, wir singen jetzt zusammen«, sagte sie. »Von Anfang an.«

Er stellte das erste Stück der CD an, und sie begannen zu singen:

»Krakel Spektakel
Kusine Vitamine
hing und pendelte in einer Gardine:
Denn juchhe und juchhu
in der Gardine geht's zu!
Krakel Spektakel,
woran dachtest du?«

Klara und er konnten das Lied auswendig. Er hatte es auch schon als Kind gesungen. Nach einer Weile begnügte Klara sich wieder mit dem Zuhören.

Er fuhr auf der E 22 Richtung Kalmar. Er passierte Mönsterås, ohne dass ihm das Herz bis zum Hals schlug.

Als er das Schild mit der Aufschrift Timmernabben sah, bekam er Lust, die alte Küstenstraße nach Kalmar zu nehmen. Die letzte Fahrt lag inzwischen viele Jahre zurück: Pataholmen, Korpemåla, Slakmöre, aber dazu hatte er jetzt keine Zeit. Er konnte die schönen Eichenhaine am Wasser sehen. Die Küste südlich von Oskarshamn sah anders aus. Die Granitfelsen wurden von Kuhweiden abgelöst, die bis ans Ufer reichten.

»Papa, sind wir bald da?«

»Gleich«, erwiderte er und versuchte, ihrem Blick im Rückspiegel zu begegnen.

Sie begnügte sich mit der Antwort. Der Kindersitz für Babys lag im Kofferraum. Er würde seine Frau und das zweite Kind abholen. Eigentlich hatte Veronika schon am Vortag nur wenige Stunden nach der Geburt nach Hause kommen wollen, aber die Ärzte hatten sie überredet, über Nacht zu bleiben, damit der Kinderarzt das Neugeborene, ein Mädchen, untersuchen konnte.

Claes war entspannt. Warf einen Blick auf den Beifahrersitz. Der Fleck war kaum zu sehen, wenn man nicht wusste, dass er da war. Er kann als Andenken bleiben, dachte er.

Er lächelte.

9

Merve Turpan war Kriminalpolizistin, aber keine Kommissarin. Noch nicht.

Gelegentlich dachte sie über ihr Ziel nach. Es würde seine Zeit dauern, bis sie es erreichte. Sie mochte ihr Leben so, wie es war, aber sie hatte auch ehrgeizige Pläne.

Die Einzige, die mit ihrem Leben nicht zufrieden war, war ihre Mutter, aber das war eine andere Geschichte.

Merve wusste sehr gut, dass sie nicht dumm war. Nicht nur, weil sie oft die besten Noten und die besten Beurteilungen erhalten hatte, sie hörte es auch oft, vor allen Dingen von ihrem Chef. Sicher auch deshalb, weil er gelegentlich etwas müde war. Vielleicht auch faul. Möglicherweise hatte er auch wirklich so viel um die Ohren, wie er glauben machen wollte, ihr Chef, Kriminalkommissar Fuat Karaoğlu. Er war einen Kopf kleiner als sie und besaß die ungewöhnliche Gabe, sie ständig mit Arbeit einzudecken.

Aber er nahm sie auch ernst. Das gefiel ihr, und sie mochte ihn. Sehr sogar, auf diese widersprüchliche Art, auf die man manchmal seine Quälgeister mag.

Im Augenblick hätte sie alles dafür gegeben, duschen zu dürfen, kühles Wasser an sich herablaufen lassen zu können. Ganz kaltes, oder vielleicht lauwarmes, war im Übrigen sowieso das Einzige, was zur Verfügung stand, obwohl die Wohnung, die sie vor einem Jahr gekauft hatte, in relativ gutem Zustand war. Sie wagte nicht daran zu denken, wie es im Winter werden würde, denn der Hausbesitzer war eindeutig kein Mann, auf den man sich verlassen konnte.

Der schmale Korridor vor ihrem Büro war leer. Es war Sonntag. Durch das offene Fenster hörte sie, wie jemand ein Stockwerk tiefer telefonierte. Vielleicht Cem, aber wenn er etwas von ihr wollte, dann würde er auftauchen.

Cem war der jüngste Kriminaltechniker. Jetzt hatte er eine ganze Fähre zum Rumstöbern bekommen. Vermutlich würde das nichts ergeben. Das war auch die Auffassung Karaoğlus. Cem und die anderen beiden Kriminaltechniker hatten nur den Samstagabend zur Verfügung gehabt. Der Kapitän hatte gemeutert und mit den großen Verlusten argumentiert, die entstanden, wenn die Fähre im Hafen blieb. Außerdem musste nur der Wind drehen und Regen kommen. Dann würden alle Spuren weggespült, auch wenn man den Tatort ordentlich abdeckte.

Sie hörte den Verkehr kaum. Die Ruhe war angenehm. Sie musste sich konzentrieren.

In einer Stunde würde ihr Chef erscheinen, um den Bericht für Interpol abzusegnen, damit sie ihn heute noch abschicken konnten. Hoffentlich war er dann morgen bereits in Schweden.

Fuat Karaoğlu besaß eine kleine Wohnung, die fast unanständig zentral hinter der Hagia Sofia lag. Cem, der schon dort gewesen war, sagte, dass Karaoğlu von seiner Dachterrasse aus sogar das Marmarameer sehen konnte. Karaoğlus Frau sei leider oft krank. Sie könne die Wohnung nicht verlassen. Das ist die Last, die er zu tragen hat, dachte Merve. Vielleicht wirkte er deswegen immer so müde und gelegentlich auch zerstreut. Er hatte Hilfe für seine Frau, ging aber auch häufig nach Hause, um nach ihr zu sehen.

Sie erhob sich, hielt ihr dünnes Baumwolltaschentuch unter kaltes Wasser und fuhr sich damit über Gesicht und Hals. Das half zwar nicht gegen die Sommerhitze, verscheuchte aber für einen Moment ihre Müdigkeit.

Ihr Handy klingelte. Ihr einziges Problem in ihrem Leben rief an.

»Hallo, Mama.«

»Was machst du?«, fragte ihre Mutter zärtlich und streng.

»Ich bin im Büro und bringe noch eine Sache zu Ende.«

»Aber Liebes, du arbeitest doch nicht etwa an einem Sonntag? Du musst auch mal unter die Leute, deine Freundinnen treffen ... vielleicht hat ja eine von ihnen einen Bruder ...?«

Merve seufzte nicht einmal. Ihre Mutter rief zwei Mal täglich aus Iznik an, und das war definitiv ein Mal zu viel. Wenn sie doch nur damit aufhören würde. Merve war nicht verheiratet, da lag der Hase im Pfeffer. Sie war ein Einzelkind. Mit anderen Worten waren die Enkel in spe sehr dünn gesät.

»Ich habe keine Zeit für Männer«, sagte sie provozierend zu ihrer Mutter, deren Unruhe seit Merves Dreiunddreißigstem noch beträchtlich zugenommen hatte. »Türkische Männer wollen keine gut ausgebildeten, selbstständigen Frauen.«

Ihre Mutter war unerbittlich. Sie seufzte schwer. Merve beendete nach diversen Zärtlichkeiten das Gespräch.

»Du bist meine allerbeste Mutter. Bis dann!«, sagte sie.

Notizen und Protokolle bedeckten den Schreibtisch. Gefordert war eine Zusammenfassung, nicht lang, aber präzise, teils die Mitteilung eines Todesfalls, teils ein an die schwedische Polizei gerichtetes Ersuchen, die Angehörigen von diesem Todesfall zu unterrichten.

Außerdem sollte sie anhand des Führerscheins, der in seiner Brieftasche in seiner Gesäßtasche gesteckt hatte, die Fakten über das Opfer Carl-Ivar Olsson zusammentragen. Dort hatten sich auch etliche Geldscheine befunden, sowohl türkische Lira als auch Euro, eine Summe, mit der sie sich von Kopf bis Fuß hätte neu einkleiden können.

Ihr Chef hatte auch nichts dagegen, dass sie auf elegante Art in einer Zeile erwähnte, dass man für Unterstützung bei den Ermittlungen von Seiten der schwedischen Polizei dankbar war.

»Sehr dankbar«, formulierte er zuerst, unterbrach sich dann aber. »Streich das ›sehr‹, das klingt ja so, als würden wir das nicht selbst schaffen, aber ...« Er zwirbelte seinen Schnurrbart, wie er das immer tat, und sah sie mit seinen Augen an, von denen das eine blau, das andere braun war. »Dieser Fall lässt sich vermutlich nicht so leicht lösen, ganz gleichgültig, welche Genies sich damit befassen. Zu konfus, ganz einfach.«

Dieser Meinung war sie auch. Ein Mord auf einer Fähre voller Menschen, die meisten unbekannte Passagiere, die sie nie ausfindig machen würden, war ganz einfach *zu konfus*.

Schon nachdem sie die ganze Besatzung vernommen hatten, waren sie vollkommen erschöpft gewesen. Sie hatten den Vorabend und den folgenden Vormittag dazu benötigt.

Merve schrieb auf Türkisch, danach würde das Ganze in Ankara ins Englische übersetzt, dann ins Hauptsekretariat von Interpol nach Lyon und zu guter Letzt nach Stockholm weitergeschickt werden.

Was dann geschah, lag nicht mehr in ihrem Ermessen. Von dem kleinen Ort, aus dem der Tote kam, hatte sie noch nie gehört.

Irgendwie sieht er rührend aus, dachte sie. Ein adretter älterer Herr. Aber die Art, wie er ermordet worden war, war weder rührend noch adrett. Es handelte sich eher um eine Hinrichtung.

10

Es war Sonntagabend, siebzehn Minuten vor neun Uhr abends.

Birgitta Olsson trat ihren Nachtdienst an. Mit leicht sonnenverbranntem Gesicht saß sie im Stationszimmer. Arme und Beine schmerzten von der schweren Gartenarbeit, der leichte Muskelkater rief ihr aber auch auf angenehme Weise in Erinnerung, dass sie nicht untätig gewesen war.

Sie hatte sogar noch Zeit für ein Mittagsschläfchen gehabt und fühlte sich blendend. Sie hatte Carl-Ivar angerufen, ihn aber nicht erreicht.

Etwa eine Stunde, ehe sie von zu Hause aufgebrochen war, hatte Magnus noch einmal angerufen. Er wollte wissen, ob sich Carl-Ivar gemeldet habe oder ob ihr vielleicht im Hotelzimmer in Istanbul ein Teppich aufgefallen sei. Das war jedoch nicht der Fall. Sie beendeten das Gespräch, da Birgitta mit dem Fahrrad ins Krankenhaus fahren musste. Beinahe hätte sie ihn gefragt, ob er Annelie angerufen und von ihr etwas über Carl-Ivar erfahren habe.

Carl-Ivar und seine Nichte Annelie arbeiteten seit einer Weile zusammen, und was Teppiche anging, wusste Annelie besser Bescheid als Birgitta.

Carl-Ivar kümmerte sich auf diese Weise etwas um die Tochter seiner Schwester, die zurzeit kein konkretes Ziel für ihr Leben hatte. Jedenfalls nahm er sie vorübergehend unter seine Fittiche, wovon, wie Birgitta glaubte, alle profitierten.

Aber ganz so ziellos wie in ihrer Jugend war Annelie nicht mehr. Und ihr Schwiegersohn Magnus hätte sicher nichts dagegen einzuwenden, sich mit ihr zu unterhalten. Aber auf diesen Gedanken musste er schon selbst kommen, ohne dass sie sich einmischte.

Seit die Kinder von zu Hause ausgezogen waren, war Birgitta immer sehr rechtzeitig auf die Station gekommen. Zeit zu haben war für sie ein Luxus, keine Zeitverschwendung.

Sie hatte weder Yoga- noch Meditationskurse besucht. Vielleicht besaß sie ja eine natürliche Gabe, sich entspannen zu können, genauso wie Carl-Ivar, der überall einschlafen konnte, vorzugsweise wenn im Fernsehen die Nachrichten kamen.

Plötzlich war er ihr ganz nahe. Dass sich Carl-Ivar nicht meldete, war zwar beunruhigend, aber dafür gab es sicher eine Erklärung wie fast immer. Vermutlich hatte er vergessen, den Akku seines Handys aufzuladen. Oder er hatte es abgestellt oder absichtlich nicht aufgeladen, um ungestört zu sein.

Was auch immer er gerade vorhatte...

Es konnte ihm natürlich auch etwas zugestoßen sein, aber daran wollte sie nicht denken.

Anne-Sofie, allgemein nur Soffan genannt, betrat das Schwesternzimmer, ließ mit lautem Knall eine Tasche auf den Tisch fallen und ging wieder hinaus.

»Sollen wir loslegen?«

Tina Rosenkvist, die von allen nur Rosen gerufen wurde, wollte mit der Übergabe beginnen. Sie ließ sich keuchend auf einen Stuhl fallen. Birgitta zuckte zusammen. Soffan kam wieder herein, und sie rollten mit ihren Schreibtischstühlen näher an Rosen heran. Sie hatten die Krankenblätter, Computerausdrucke, nach Zimmern und Betten geordnet, vor sich liegen. Was geplant war und welche Kontrollen vorgesehen waren, war mit Kürzeln vermerkt. »KAZ« bedeutete, dass der Patient allein zurechtkam, »SB« hieß »strikte Bettruhe«, »B« stand für Blutdruckmessen und »BU« für Blutdruck- und Urinmengenmessen. Die Liste war unendlich lang, und es war nicht einfach, das alles in einer Nacht abzuarbeiten.

Rosen war kein Genie, was eine systematische Übergabe betraf. Sie war recht chaotisch, aber Birgitta schwieg. Sie wusste, dass Rosen nach Hause wollte. Sie wohnte in der Nähe von

Kristdals, nur ein paar Häuser von ihrem Elternhaus entfernt. Ihr Mann erwartete sie vermutlich bereits vor der Klinik mit seinem Auto. Alle wussten, dass er es mit dem Abholen sehr genau nahm, die beiden Kinder saßen manchmal auch auf der Rückbank. Rosen sagte, sie könnten sich nur ein Auto leisten, und ihr Mann bräuchte es tagsüber an seinem Arbeitsplatz. Busse gab es keine, wenn man unregelmäßige Arbeitszeiten hatte, das wussten alle. Es bestand aber auch der Verdacht, dass ihr Mann sie irgendwie kontrollieren wollte.

Birgitta ließ Rosen reden, um die Prozedur nicht in die Länge zu ziehen. Sie ging davon aus, sich den Rest anlesen oder die Patienten fragen zu können. Je älter sie wurde, desto mehr griff sie auf diese einfache Methode zurück: den Dingen direkt auf den Grund zu gehen.

Es war auch das Gespräch mit den Patienten, das sie inzwischen am meisten schätzte. Am Anfang ihres Berufslebens hatte sehr viel anderes die Sicht versperrt. Gutaussehende Ärzte beispielsweise. Und die Angst, Fehler zu machen. Die Unterhaltungen beim Kaffeetrinken und der Ehrgeiz für die Kinder hatten aber auch viel Kraft gekostet. Junge Mütter verglichen ständig ihre Kinder. Ihre Fortschritte hielten sie für ihren eigenen Verdienst.

Als Rosen, eine grazile, schmetterlingshafte Erscheinung mit wallendem Haar, nach draußen geflattert war, setzte sich Birgitta an den Computer und schaute sich rasch an, welche Tabletten und Tropfen sie um 22 Uhr austeilen musste. Eine genauere Lektüre der Krankenblätter schob sie auf. Anne-Sofie sah ihr über die Schulter, um zu lesen, bei welchen Patienten Fieber zu messen war.

Dann teilten sie die Medikamente aus.

Sie hatten ein paar Krankenzimmer abgearbeitet, als der

Dienst habende Arzt anrief, um ihnen einen Patienten aufzudrängen.

Bauchschmerzen, erläuterte der Arzt. Sie erkannte an der Stimme, dass es Christoffer Daun war. Annelie hatte sich einen Arzt geangelt. Aber ihr Mann gehörte nicht zu den fähigsten Ärzten der Klinik, das konnte wirklich niemand behaupten. Er war allerdings bei den Patienten beliebt, vor allen Dingen bei den Frauen. Er könne so gut zuhören, sagten sie. Offenbar war es ihm wichtig, bewundert zu werden. Er besaß Fingerspitzengefühl, wenn es um Frauenherzen ging.

Er teilte ihr mit, es sei vermutlich kein Blinddarm, die Tests seien aber noch nicht ausgewertet. Er könne die Patientin jedenfalls nicht nach Hause schicken. Birgitta hörte ein Zögern in seiner Stimme.

»Schließlich ist ihr Hund gerade überfahren worden ...«

»Ihr Hund?«

»Genau. Vielleicht braucht sie deswegen ein Bett. Du verstehst das schon, wenn du sie siehst.«

Er gehörte zu den Mitfühlenden, und das war gut so. Manchmal ging es aber auch nur darum, Probleme abzuwälzen, wenn in der Notaufnahme zu viel los und zu wenig Personal da war.

»Und wenn jemand mit ihr klarkommt, dann bist du das!«, sagte er mit Nachdruck. Er wusste, dass man mit Lob am weitesten kam.

Birgitta wollte keine Spielverderberin sein. Sie legte auf und ging mit Soffan zu einer Frau, die an der Galle operiert worden war und am nächsten Tag entlassen werden sollte. Sie hatte geklingelt, weil sie plötzlich wieder Schmerzen bekommen hatte. Sie deutete auf die linke Körperseite, die Gallenblase lag jedoch rechts. Abgesehen von der OP war sie kerngesund und erst dreiundfünfzig Jahre alt. Sie sah blass aus und war verschwitzt. Sie unterhielten sich eine Weile.

»Ich denke, wir machen sicherheitshalber ein EKG«, meinte Birgitta. »Anschließend bitte ich den Arzt, dass er bei Ihnen vorbeischaut.«

Ihre Stimme klang gelassen. Sie sah keinen Grund, die Patientin unnötig zu beunruhigen. Sie bat Soffan, Fieber zu messen. 37,9 Grad. Dann kontrollierte sie den Hb-Wert.

»Nur ein Stich in den Finger«, sagte sie zu der Patientin. Sie überlegte, ob es eine Blutung oder eine beginnende Infektion sein könnte. Vielleicht war es auch das Herz, aber das wirkte weit hergeholt, so fit, wie die Patientin bislang gewesen war.

»Vermutlich alles halb so wild«, meinte die Frau im Bett. »Jetzt, wo ich ein wenig mit Ihnen gesprochen habe, fühle ich mich schon viel besser.«

Soffan holte das EKG-Gerät. Sie schob es den Gang entlang, als die Tür zur Station geöffnet wurde. Birgitta hatte inzwischen festgestellt, dass der Blutwert etwas gesunken war, aber nicht beunruhigend. Sie würde das später mit dem Arzt besprechen. Die Frau mit den Bauchschmerzen und dem toten Hund war in Begleitung einer Schwester von der Notaufnahme eingetroffen. Sie krümmte sich wimmernd, aber sie konnte noch gehen.

Birgitta ging auf sie zu. Anne-Sofie ließ das EKG-Gerät stehen und folgte ihnen. Die Patientin war Anfang zwanzig. Sie schrie auf, als Birgitta ihr die Jacke auszog, die so schwer war, als wären ihre Taschen mit Steinen oder ihrem Hab und Gut gefüllt, und zum Bett führte. Die Frau war sehr mager. Ungewaschenes, strähniges Haar hing ihr ins Gesicht, und die Kleider waren ausgebeult. Ihre Körpersprache war widersprüchlich. Einerseits: Fass mich nicht an! Andererseits: Hilf mir!

»Ich will nicht mehr leben!«, schluchzte die junge Frau laut.

»Na, na, kommen Sie mal mit«, meinte Birgitta und legte einen Finger an die Lippen, damit sie sich etwas mäßigte und die anderen Patienten nicht beim Einschlafen störte.

»Verdammt, ich kann nicht still sein, wenn mein Magen brennt! Sie können mich nicht zwingen! Scheiße! Ich wünschte, ich wäre tot!« Sie schrie so heftig, dass ihr Gesicht tiefrot anlief. Dann krümmte sie sich wieder und ging in die Hocke.

Verdammt, dachte Birgitta. Sie müsste eher in die Psychiatrie in Västervik statt in ein Krankenhaus.

Sie tauschte einen wortlosen Blick des Einverständnisses mit Soffan. Die Patientin müsse wegen der Schmerzen zur Beobachtung bleiben, meinte der Arzt. Dann konnten sie weitersehen. Es konnte schließlich trotz allem der Blinddarm sein. Blinddarmentzündungen waren manchmal schwer zu erkennen.

Sie zogen die junge Frau gemeinsam aus. Die Kleider stanken nach Zigarettenrauch und bedurften dringend einer Wäsche. Sie redeten leise mit der Patientin, und sie beruhigte sich allmählich. Sie war dünn, und ihre Nägel waren abgekaut. Ob sie Drogen nimmt, überlegte Birgitta und suchte nach Einstichen an den Armen. Von der Blutentnahme auf der Notaufnahme hatte sie bereits ein großes Pflaster in der Armbeuge. Die Unterarme wiesen Schrammen und blaue Flecken auf. Vermutlich war ihr Leben recht rau. Birgitta ging davon aus, dass ihre Kollegen in der Notaufnahme einen HIV-Test veranlasst hatten. Die Ergebnisse würden bald eintreffen.

Die Patientin hieß Nilla Söder.

»Sie müssen mir was gegen die Magenschmerzen geben«, jammerte sie und krümmte sich im Bett. »Sie müssen mir eine Spritze geben!«

»Der Doktor möchte mit starken Schmerzmitteln noch etwas abwarten, damit wir sehen können, wie sich die Sache weiterentwickelt«, meinte Birgitta. »Da Sie nüchtern bleiben sollen, kann ich Ihnen ein Panodilzäpfchen geben.«

»Das hilft nicht!«, jammerte Nilla. »Schließlich ist Snäll tot! Ich will was Stärkeres.«

Klar, dachte Birgitta.

Snäll war der Hund. Nilla schluchzte jämmerlich, und die Verzweiflung übermannte sie. Birgitta und Anne-Sofie vermieden es, allzu viele Fragen zu stellen. Das hatte Zeit. Sie hatten die ganze Nacht vor sich. Sie vermieden es auch sich anzusehen, weil dann jede von der anderen wusste, welchen Verdacht sie beide hegten.

»Wissen Ihre Angehörigen, dass Sie hier sind?«, wollte Birgitta wissen. Die junge Patientin schüttelte den Kopf. »Wir benötigen Angaben zu Ihren nächsten Angehörigen, falls wir jemanden benachrichtigen müssen.«

»Sie brauchen niemanden anzurufen«, erwiderte Nilla Söder.

Birgitta tat so, als hätte sie sie nicht gehört. »Sie können ja darüber nachdenken, wen ich aufschreiben soll, dann kommen wir etwas später wieder.«

Zweiundzwanzig Jahre und allein, ergab sich später. Nilla Söder hatte zu ihrer Mutter schon seit Jahren keinen Kontakt mehr. Sie sei Alkoholikerin, sagte Nilla zum Schluss. Anne-Sofie bedeutete mit einem Blick, dass sie die Mutter kannte.

»Diese Frau war unbelehrbar. Sie ist ein Wrack«, meinte sie, als sie mit Birgitta wieder auf dem Gang stand. In einer Kleinstadt wussten alle alles, aber das soziale Netz wies Löcher auf.

Als sie nochmals bei Nilla vorbeischauten, wusste diese, wen sie als Angehörigen nennen wollte.

»Sie können Adde aufschreiben, aber ich weiß nicht, ob er Geld für eine Prepaidkarte hat, falls Sie ihn anrufen wollen«, meinte sie.

»Adde und weiter?«, fragte Birgitta.

»Andreas Gustavsson.«

Birgitta notierte den Namen und die Nummer eines Handys, das vielleicht nicht mehr funktionierte. Nilla Söders Adresse hatte sie bereits aus der Patientendatei erfahren. Sie sei nicht mehr aktuell, meinte Nilla, ohne weiter zu erklären, wo sie jetzt wohnte.

»Sicher ohne festen Wohnsitz«, bemerkte Anne-Sofie. Sie war selbst die Ordnung in Person und konnte sich nichts Schlimmeres vorstellen. Zum x-ten Mal an diesem Abend schüttelte sie den Kopf.

Soffan tat das jedoch auf eine sehr unschuldige Art. Birgitta ärgerte sich nur selten über sie. Anne-Sofie war herzlich und packte zu, statt sich unwillig und träge auf die Couch im Schwesternzimmer zu verkriechen, wie einige das taten. Oder vor den Computer, vor dem gewisse Kolleginnen wie festgekleistert saßen, sowie sie eine freie Minute hatten. Sie legten Patience, spielten Mah-Jongg, lösten Quiz oder träumten im Hemnet von der neuen Wohnung.

Birgitta scheuchte ungern die anderen auf und erledigte das meiste lieber selbst. Wovon sie aber müde und wütend wurde. Aber es gab auch Kollegen, die sich niemals an den Computer setzen würden. Sie putzten, leerten Kartons, räumten Regale auf und strengten sich an. Birgitta wünschte, die Stationsschwester wüsste besser darüber Bescheid, wer sich drückte. Dass sie sich mehr auf der Station als in ihrem Büro aufgehalten hatte. Es war ihre Aufgabe, die Mitarbeiter zurechtzuweisen, nicht Birgittas. Verpfeifen war jedoch undenkbar.

Soffan hatte noch einen weiteren Vorzug. Sie rauchte nicht und verschwand daher auch nicht in regelmäßigen Abständen auf dem Balkon, der »Alpenluft« wegen. Alles in allem war es ein großer Bonus, mit Anne-Sofie zusammen Nachtdienst zu haben.

Birgitta wusste außerdem, dass dies auf Gegenseitigkeit beruhte, was die Sache nur besser machte. Zwischenmenschliche Kontakte waren interessant. Wenn sie funktionierten, war es einfach herrlich.

»Nilla hat von klein auf zusehen müssen, wie sie allein zurechtkam«, meinte Birgitta mit ihrer fürsorglichen Stimme.

»Einige Kinder haben es wirklich verdammt schwer«, pflichtete Soffan ihr bei.

Birgitta dachte mit Sorge an ihre Enkel. Ihnen fehlte zwar nichts, sie wurden nur zu streng erzogen. Sie waren ganz einfach zu brav. Ich muss mit Lotta darüber sprechen, dachte sie.

Im Laufe der Nacht erfuhren sie, dass Snäll ein Mischling gewesen war, unter anderem ein Schäferhund. Der liebste Hund der Welt mit braunen, schönen Augen.

»Er sprang einfach auf die Straße. Das hat er noch nie getan. Über den Döderhultsvägen und vor den Bus.«

Vielleicht hat er ja einen Hasen gewittert, dachte Birgitta. Nilla hat schöne Augen. Das versetzte ihr einen Stich ins Herz.

Soffan hielt ihr das EKG vor die Nase. Sie rief Christoffer Daun an. Die Gallenoperation, die entlassen werden sollte, hatte Brustschmerzen. Sie hatte ein EKG machen lassen, aber es war Sache des Arztes, es auszuwerten. Er bat sie, das Ergebnis vorzulesen. Es klang nicht alarmierend.

»Sie ist subfebril mit einer Temperatur von 37,9 Grad. Ihr Hb-Wert ist etwas gesunken. Er liegt kapillar auf 123, vorher betrug er 132, aber das war vor der Operation der venöse Wert. Soll ich noch einmal Blut abnehmen?«

»Ja, das wäre gut.«

»Kommst du danach auf die Station?«, fragte sie. »Sie hat inzwischen auch Kopfschmerzen.«

»Ich mache hier unten nur noch alles fertig. Aber so gefährlich klingt das ja nicht. Schließlich ist sie nicht herzkrank.«

Oder war es bislang nicht, dachte Birgitta Olsson und vermerkte auf dem Krankenblatt, dass sie den Dienst habenden Arzt verständigt hatte.

Vor der Mitternachtsrunde setzten sich Birgitta und Soffan in die Teeküche, um zu essen. Birgitta aß nach Mitternacht nie eine größere Mahlzeit, um nicht aus dem Rhythmus zu kommen. Sie hatte mit Mozzarella gefülltes Hühnerfilet mit Ofenkartoffeln dabei und wärmte es in der Mikrowelle auf. Außerdem hatte sie sich grünen Salat mit Dressing in einer Plastiktüte mitgebracht.

»Lecker!«, sagte Anne-Sofie, als sie das Essen auf dem Teller sah. Sie selbst hatte ein Weight-Watcher-Fertigessen auf dem Teller, das bei weitem nicht so aufregend aussah. Im Frühling lebten alle im Pflegesektor Beschäftigten von Karotten-Sticks, Hüttenkäse, Bananen und Obstsalat, um sich im Sommer am Strand zeigen zu können.

Anschließend räumten sie Teller und Besteck in die Spülmaschine. Birgitta setzte sich eine Weile auf Nilla Söders Bettkante.

Nilla räumte ein, die Magenschmerzen hätten nachgelassen. Sie wirkte ruhiger. Sie ist einfach traurig, dachte Birgitta.

Der Patientin mit den Schmerzen in der Brust ging es immer noch nicht richtig gut, das Schlimmste war jedoch vorüber. Birgitta hatte Christoffer ein weiteres Mal um halb zwei angerufen. Seine Stimme klang vollkommen belegt, und vermutlich lag er im Bett. Er hatte vergessen, auf der Station vorbeizuschauen, und bat sie, ihm das EKG noch einmal vorzulesen.

»Klingt nicht so dramatisch«, sagte er, genau wie beim vorigen Mal. »Lass sie schlafen, dann ist es morgen sicher vorbei.«

Klar! Ein guter Schlaf half bei vielem, aber nicht bei allem.

Birgitta war mit dieser Antwort nicht zufrieden, aber sie konnte auch nicht runtergehen und Christoffer aus dem Bett zerren.

Als es dämmerte, stand sie mit Soffan am Fenster im Schwesternzimmer. Sie waren müde und froren. Sie hatten sich die blauen Wolljacken umgehängt, die zur Dienstkleidung gehörten, und schauten über das Döderhultstal, das langsam zum Leben erwachte. In den Senken war es diesig, und der mit Tannen bewachsene Höhenrücken in der Ferne war immer noch bläulich-dunkel. Im Osten war ein rosagelber Streifen zu sehen. Das morgenmilde Sonnenglitzern auf den Wellen der Ostsee konnten sie nicht sehen, nur ahnen.

Schulter an Schulter standen sie so da.

»Meine Güte, ist das schön!«, sagte Anne-Sofie.

»Ja«, sagte Birgitta mit Nachdruck.

11

Es war halb neun, und Christoffer Daun hatte gerade auf der Röntgenabteilung die Übergabe beendet, die montags mit der Wochenbesprechung zusammenfiel. Unkonzentriert hatte er Befunde von Unterarm- und Oberschenkelhalsfrakturen und eine ausgekugelte Schulter beurteilt. Die Röntgenbilder gingen nur die Orthopäden etwas an.

Mit langsamen Schritten kehrte er auf die Station im sechsten Stock zurück. Er hatte versprochen, zwei Patienten anzurufen, bevor er nach Hause ging. Niemand hielt ihn auf, um ihn etwas zu fragen, weder ein Patient noch eine Schwester.

Er verfluchte sich. Es war so einfach zu versprechen, Patienten anzurufen. Leider war es ebenso leicht, es dann zu vergessen. Ihm war noch kein wasserdichtes Mittel dagegen eingefallen, aber er arbeitete daran.

Er ging in sein Büro, griff zum Hörer und schlug den Ordner auf, in dem die Nummern auf Haftnotizen standen, die er anschließend wegwarf. Er hatte das Gefühl, dass ihm gleich die Augen zufallen würden. Müde, müde, müde! Er beneidete die Kollegen, die Nachtdienste einfach so wegsteckten. Warum war er nur so empfindlich? Er wäre gerne robuster gewesen.

Das Freizeichen. Niemand nahm ab. Er wählte die Handynummer. Es klingelte erneut, während er nervös mit dem Fuß wippte. Er hoffte, dass auch jetzt niemand drangehen würde. Dann blieb ihm das erspart.

Schlaf, wunderbarer Schlaf!

Schließlich antwortete sein Patient. Aber er hörte so schlecht, dass seine Frau den Hörer nehmen musste. Wie oft die Tabletten genommen werden sollten? Hatte er das beim Verschreiben nicht erklärt?

»Das steht auf der Schachtel«, sagte er.

»Ach so«, erwiderte die Frau, klang aber nicht so, als hätte sie es begriffen.

Christoffer war sich nicht sicher, alle Fragen geklärt zu haben, als er auflegte. Aber was konnte er anderes tun, als alles geduldig zu erläutern? Er machte eine Notiz. Dann kam das nächste Gespräch. Die Patientin antwortete sofort, bat ihn aber, in fünf Minuten wieder anzurufen.

Er schaute auf die Uhr. Fünf Minuten, keine Sekunde länger. Was die Leute heutzutage alles verlangten! Unglaublich!

Sowohl die Theorie als auch eigene Erfahrungen über Stress hatten ihm genügend fundierte Einblicke verschafft. Er war der Mann, der sich wie verrückt abgestrampelt hatte. Zwei Jahre lang arbeitete er in Stockholm an der großen Uniklinik. Für viele war so etwas einfach nur stimulierend. Aber das, was als »positiver Stress« bezeichnet wurde, war nicht nur gut. Natürlich war negativer Stress schlimmer, aber bei Anstrengungen kam es immer auf die Menge an, ganz gleichgültig ob positiv oder negativ. Einige Menschen vertrugen mehr, andere weniger, und eine Überdosis hatte immer Nebenwirkungen.

Er hatte schon in relativ jungen Jahren seine Grenzen kennen gelernt. Sein Ruhebedürfnis. Dass er jede Nacht ausschlafen musste. Die meisten brauchten sechs bis neun Stunden ungestörten Schlaf, damit sich der Stoffwechsel beruhigen, die Körpertemperatur und die Puls- und Atemfrequenz sinken konnten.

Aber was half diese Erkenntnis, wenn man dann doch nicht zur Ruhe kam?

Während der zwei Jahre in Stockholm hatte er jeden Morgen das Gefühl gehabt, einen Berg besteigen zu müssen. Immer wieder. Das war so weit gegangen, dass er allen Ernstes über den Sinn des Lebens gegrübelt hatte, und zwar auf eine nicht ganz so bekömmliche Art und Weise. Darüber, ob es nicht genauso gut sei, den Qualen ein Ende zu bereiten.

Nach einiger Zeit war ihm jeden Morgen übel. Er erinnerte sich, wie er mit dem Frühstück kämpfen musste. Der Glaube, an den äußeren Bedingungen an der großen Klinik in der Hauptstadt etwas ändern zu können, war reine Idiotie gewesen.

»Hier akzeptiert man die Dinge, wie sie sind«, bekam er zu hören. »Wer damit nicht klarkommt, sucht sich was Neues.«

Er blinzelte und schaute auf die Uhr. Die fünf Minuten waren fast um. Aber jetzt hatte er keine Lust und keine Kraft mehr, die Patientin anzurufen. Morgen war auch noch ein Tag.

Er stand auf und verließ die Station.

Fünf Minuten später lief Christoffer Daun in Jeans und kurzen Ärmeln die Treppe der Klinik hinunter. Er war jetzt Privatmensch.

Beinahe wäre er mit Ronny Alexandersson zusammengestoßen, der die Treppe hochging.

»Schlaf gut!«, rief ihm Ronny hinterher.

Ronny war so etwas wie sein Guru. Er schaute zu ihm auf. Ronny hatte ihm geholfen, als er in der Klinik Oskarshamn begonnen und sich Sorgen gemacht hatte, ob er die Arbeit überhaupt bewältigen würde.

»Das kannst du dir gleich sparen«, hatte Ronny ohne jegliche Kritik gesagt. »Leg einfach los, dann klären wir alles nach und nach. Für jeden gibt es hier einen Platz.«

Rückblickend fand Christoffer, dass Ronny Recht hatte.

»Hier arbeiten wir, um zu leben. Wir leben nicht, um zu arbeiten«, sagte Ronny später. »Das ist eine Entscheidung, die man selbst treffen muss.«

Lex Ronny nannte Christoffer diese weisen Worte. Es gab noch mehr davon. Er hatte sie in sein grünes Ringbuch geschrieben, das immer in der großen Tasche seines Arztkittels steckte. Ronny hatte viel zu geben, seine Klugheit versiegte nie. Er war aber auch nicht der Mensch, der damit angab, er war einfach, wie er war.

Im Erdgeschoss war wie jeden Morgen viel los. Menschen strömten durch den Haupteingang. Er verlangsamte seinen Schritt und schaute zu Boden, um niemanden sehen und grüßen zu müssen. Außerdem gab es eine Person, der er aus dem Weg ging. Das war ihm bislang geglückt.

Er bekam Hunger, als ihm der Kaffeeduft aus dem Café in die Nase stieg. Er verließ das Gebäude im selben Moment, in dem der Oberarzt der Radiologie es betrat. Er torkelte nicht, sein Gang war allerdings eine Spur breitbeinig. Sein Gesicht war stark gerötet, und außerdem war er zu spät dran. Vermutlich hatte er das ganze Wochenende lang gesoffen und war nur mit Mühe aus dem Bett gekommen.

Die Luft, die Christoffer entgegenschlug, war frisch. Er hätte seine Jacke anziehen sollen, aber die lag in seinem Wagen.

Er schloss die Fahrertür auf, stieg ein, und als er den Motor anlassen wollte, entdeckte er einen roten Zettel unter dem Scheibenwischer.

»Verdammt«, sagte er halblaut und stieg so weit aus, dass er das Papier wegziehen konnte. Er ließ sich hinter das Lenkrad zurücksinken, legte den Zettel auf den Beifahrersitz und drehte endlich den Zündschlüssel um.

Der Zettel hatte die Größe DIN-A5. Aus reinem Trotz weigerte er sich, ihn zu lesen. Er hatte es bis hierher geschafft, aber sie war schlauer gewesen!

Als er den Rückwärtsgang eingelegt hatte, um aus der Parklücke zu fahren, konnte er es nicht lassen, einen raschen Blick auf das Papier zu werfen. Leicht lesbare, sanft gerundete Großbuchstaben, die auf Genauigkeit und Zuneigung schließen ließen. Eine Handschrift, bei der er noch vor nicht allzu langer Zeit ganz weiche Knie bekommen hatte. Jetzt erweckte sie vor allem Unbehagen. Sie klammerte. Er wollte nicht mehr. Die ständigen Lügen machten ihn krank. Die Sache war zu kompliziert.

Gleichzeitig fiel es ihm schwer, ohne diese Spannung zu leben. Er war süchtig danach. Das war das Leben. Und das wusste auch die Person, die ihm den Zettel unter den Scheibenwischer gesteckt hatte.

Er knüllte ihn zusammen und warf ihn wütend vor den Beifahrersitz auf den Boden. Während der Fahrt auf der Landstraße 37 rollte der weihnachtsmannrote Papierball hin und her.

Ich muss ihn später wegwerfen, dachte er und fuhr weiter Richtung Westen.

Er passierte die Stadtgrenze. Plötzlich zogen Wolken auf, aber das Frühlingslicht war trotzdem so grell, dass er seine Sonnenbrille aufsetzte. Es war kaum Verkehr.

Das Auto fand den Weg von allein. Bald würde es an der Kreuzung von Århult Richtung Kristdala abbiegen und auf einer kleineren Straße Richtung Norden weiterfahren.

Sie hatten nie vorgehabt, nach Småland zu ziehen. Eigentlich hatten sie nach seiner Facharztausbildung in Stockholm bleiben wollen. Schließlich war er Stockholmer. Was hatte ein Stockholmer in der Einöde Smålands zu suchen? Sollte er etwa Blaubeeren pflücken und Kühe anglotzen?

Das Haus, das Annelie und er mitten im Nichts in Bråbo gekauft hatten, weil es ihnen gefallen hatte, hatten sie als Sommerhaus behalten wollen. Ein zweistöckiges, rotes Holzhaus mit weiß gestrichenen Pfosten, ganz wie es sich gehörte. Dazu eine Scheune, ein Hühnerstall ohne Hühner und ein schiefes Trockenklosett, das zu den Göttern zu beten schien, nicht abgerissen zu werden.

So in etwa.

»Wenn es wenigstens Kalmar wäre«, hatte seine Mutter geseufzt.

Ihr gefiel die schöne mittelalterliche Stadt achtzig Kilometer weiter südlich, in der es sogar ein prächtiges Schloss gab. Eine Stadt mit Geschichte. Kalmar hatte einfach mehr Klasse.

»Oskarshamn, Christoffer! Was hast du da verloren?«

Ja, was hatte er hier verloren?

Die Birken auf den Weiden würden bald ausschlagen. Annelie und er wohnten in einer der größten zusammenhängenden Kulturlandschaften Schwedens. Hier war es so schön, dass ihm das jeden Tag auffiel, ganz gleichgültig, zu welcher Jahreszeit, wenn er die 25 Kilometer zur Arbeit fuhr. Selbst heute, obwohl er müde und verärgert war.

Er sah Mauern und Zäune und kleine Äcker. Bråbygd war keine Gegend mehr, aus der die Menschen wegzogen. Immer mehr Einwohner blieben das ganze Jahr über, und es gab Deutsche und Holländer, die ihre Häuser liebevoll instand hielten. Die Hauspfosten waren leuchtend weiß abgesetzt und die Glasveranden repariert.

Das letzte Stück ging es bergauf. Die Dörfer – in der Regel

handelte es sich nur um ein paar Höfe – lagen auf der Höhe. Die anderen Orte hießen Äshult, Kärrhult, Bjälebo, Fallebo, Applekulla und Krokshult.

Sein Nachbar war damit beschäftigt, seinen Zaun zu reparieren, das sah er schon von weitem. Daran arbeitete der alte Mann nun schon seit einigen Tagen. Sein Sohn, der Lars hieß und auch schon auf die sechzig zuging, würde ihm wohl noch helfen müssen. Lars war etwas sonderbar, nicht nur, weil er nach einem Unfall hinkte, von dem kaum jemand wusste, wie er sich zugetragen hatte, sondern weil er ein Eigenbrötler war. Er sei aber nett, meinte Annelie. Annelie und die Nachbarn waren um drei Ecken miteinander verwandt.

Christoffer parkte auf dem Hof vor der Scheune und öffnete die Tür. Frische, erdige Luft stieg ihm in die Nase. Die Vögel zwitscherten. Ein Auto fuhr auf dem Weg vorbei, der Nachbar, der Richtung Bjälebo wohnte und vermutlich seine Kinder in die Kita brachte.

Kinder, dachte er. Ob alles anders gekommen wäre, wenn sie Kinder hätten?

Es hatte keinen Sinn, in den Briefkasten zu schauen. Der Briefträger war noch nicht da gewesen, und die Zeitung hatte Annelie vermutlich bereits geholt.

Er ging auf die Küchentür zu und betrachtete den Hang hinter dem Haus. Nebel lag noch im Tal, und die Elfen tanzten noch ihren Reigen. Jetzt brach die Sonne durch die weißen Wolken, die sich an dem tiefblauen Himmel zusammenschoben.

Er verzog den Mund, holte tief Luft und öffnete die Tür.

Kaffeeduft schlug ihm entgegen. Annelie hatte bereits gefrühstückt. Sie war angezogen und hatte sich für die Arbeit geschminkt, vor allen Dingen die Augen, die so noch blauer strahlten. Eine Schönheit, seine Annelie. Er wusste das natürlich, aber es war ihm schon eine Weile lang nicht mehr aufgefallen. Ein ovales Gesicht, blonder Pony und halblanges Haar. Sie war immer etwas rundlich gewesen und klagte ständig darüber, nicht dünn zu sein, aber ihm gefiel sie so.

»Schön, dass du da bist«, sagte sie und tätschelte ihm flüchtig die Wange. »Wie war die Nacht?«

»Wie immer«, sagte er müde und geistesabwesend. Er überlegte, ob er Haferbrei in der Mikrowelle machen oder Dickmilch essen sollte.

Er entschied sich für Dickmilch. Er öffnete den Kühlschrank und schüttelte die Tüte. Es war noch genügend da, wenn er anschließend noch ein Brot aß. Aber kein Kaffee, ganz egal, wie gut er duftete. Dann konnte er nicht schlafen. Und nicht schlafen zu können war die Hölle auf Erden.

»Ich nehme den Wagen«, sagte sie. »Ich habe die Werkstatt angerufen, sie werden erst morgen fertig. Ruf mich an, wenn ich was für dich einkaufen soll.«

Richtig, ihr Auto war in der Werkstatt. Sie half bei ihrem Onkel im Teppichgeschäft in Oskarshamn aus, weil sie gerade keine Arbeit hatte. Sie hatte nie eine feste Lehrerstelle in Oskarshamn bekommen. In Stockholm waren Vertretungen kein Problem gewesen, auch längere, die ein ganzes Halbjahr gedauert hatten.

»Steckt der Schlüssel?«, fragte Annelie. Sie stand schon in der Tür.

»Was ... ja.«

Er hörte sie über den Kies gehen, dann schlug die Fahrertür zu, sie ließ den Motor an und fuhr davon.

Jetzt war die Sonne ganz durch die Wolken gebrochen.

Christoffer löffelte seine Dickmilch. Das Vormittagslicht lag hell auf dem Hofplatz. Eigentlich war das so ein Tag, den man im Freien verbringen sollte. Graben, pflanzen, beschneiden. Es kam ihm immer wie Verschwendung vor, strahlend schöne Tage zu verschlafen.

Er plante, eine längere Strecke zu joggen, wenn er ein paar Stunden geschlafen hatte. Es fiel ihm schwer, nach einem Nachtdienst wieder in Gang zu kommen.

Im Haus war es befreiend still. Er blätterte in der Zeitung, konnte sich nicht auf den Text konzentrieren. Seine Anspannung ließ nach, er wurde schläfrig. Diese angenehme Trägheit.

Keine fünf Minuten später lag er im Bett. Annelie hatte es nicht gemacht, sie wusste, dass er sich immer sofort hinlegte, wenn er nach Hause kam. Nackt lag er auf dem kühlen Laken. Ein Fenster war geöffnet, und er hatte das dunkle Rollo heruntergezogen, das er angebracht hatte, als seine Schlafstörungen ihren Anfang genommen hatten.

Die Frühlingssonne suchte sich aber trotzdem ihren Weg. Durch den Spalt an der Seite. Er drehte sich um und zog die Decke ein Stück übers Gesicht.

Kurz bevor er einschlief, sah er den roten Papierball vor seinem inneren Auge. Wie ein Warnsignal.

Sein Herz setzte einen Schlag aus, und er sprang auf. Nackt stand er auf den Kieferndielen und schlotterte am ganzen Körper, als die erste Panikattacke über ihn hereinbrach.

12

Ich habe zwei Töchter, mein eigenes Fleisch und Blut.

Claes Claesson sagte das nicht laut, aber er dachte es. Er lag ausgestreckt auf der Couch, die kleine Kanonenkugel auf der Brust.

Und dann habe ich Cecilia, dachte er, denn er konnte sie nicht einfach vergessen, obwohl sie nicht sein Fleisch und Blut war, schließlich war sie da.

Wie ein Frosch ruhte seine Jüngste mit ihrer runden Wange auf seinem Brustkorb. Er trug ein verwaschenes und weiches Sweatshirt. Die zwei Tage alte Nora und er lagen ganz entspannt da. Nora hatte noch ganz schmale Arme und Beine. Sie würden schon noch knubbelig werden. Jetzt schlief sie den tiefen Schlaf der Neugeborenen, zuckte ab und zu, gab Laute von sich und wurde dann wieder still.

Klara hatte beschlossen, von ihrer Mutter in den Kindergarten gebracht zu werden. Sie wollte Veronika eine Weile für sich haben. »Meine Mama«, hatte sie gesagt, Veronika an der Hand genommen und war mit ihr davonmarschiert. Sie hätte auch zu Hause bleiben können, wollte aber ihren Freunden von ihrer neuen Schwester erzählen. Sie durfte drei Stunden bleiben, zwischen acht und elf, jetzt, wo ein Elternteil zu Hause blieb, und das war vermutlich großzügiger als anderswo auf der Welt. Frauen in Schweden konnten Kinder bekommen, ohne befürchten zu müssen, gegen ihren Willen an den Herd verbannt zu werden.

Die Zeitung lag aufgeschlagen auf seinen Beinen. Claes nahm sie auf und begann darin zu lesen. Im Haus war es seltsam still. Er überflog einen Artikel über einen Mann, der viel Geld unterschlagen hatte und jetzt in Südamerika wohnte.

Plötzlich wurden seine Lider schwer. Die Nacht war unruhig gewesen. Ihm fielen die Augen zu, und er ließ die Zeitung zu Boden fallen. Sein Bewusstsein wechselte den Fokus, und Claes hörte Vögel zwitschern, ein ganzes Orchester. Die Terrassentür stand einen Spalt offen. Die Amsel sang am lautesten. Auch ein paar Stare waren zu hören. Sie kamen früher als die Amseln. Später würde dann auch das Lied der Lerche zu hören sein. Seit sie in das stille Wohnviertel Kolberga gezogen waren, hörte er die Vögel singen. Als er noch zentraler gewohnt hatte, waren ihm die Vögel nicht weiter aufgefallen.

Dass er frei hatte, gefiel ihm. Er hatte Louise Jasinski bereits am Vortag, am Sonntag, angerufen. Sie hatte ihm gratuliert und nichts dagegen eingewendet, eine Woche früher den Dienstplan zu ändern. Es traf immer etwas Unvorhergesehenes ein. So war es einfach. Seine Schwester Gunilla hatte er ebenfalls angerufen, um ihr alles zu erzählen, seinen Bruder jedoch nicht.

Veronika und er konnten schon überglücklich sein, dass sie Klara bekommen hatten. Und jetzt noch ein Baby!

Claes wollte seine Mutter im Altenheim besuchen und ihr von Nora erzählen. Das wollte er, obwohl sie ihn nur leer anschauen würde. Vielleicht würde sie die Stirn runzeln, als würde sich tief im Innersten doch noch etwas regen, zwar schleppend und langsam, aber vielleicht doch ein Anzeichen dafür, dass sie verstand, dass sie ein weiteres Enkelkind bekommen hatte.

Das Leben hatte es in den letzten Jahren gut mit ihm gemeint. Er erinnerte sich noch an die irrsinnige Zeit, in der er das Neurotische aufregend gefunden hatte. Die Frauen in seinem Leben hatten den Alltag in ein Minenfeld verwandelt. Launenhaftigkeit und geheimnisvolle und dunkle Seiten zogen ihn an, und sein Leben wurde nie langweilig. Der ständige Wechsel zwischen Streit und Versöhnung war aber auch aufreibend gewesen. Er bekam ein Magengeschwür, schlief phasenweise sehr schlecht und war immer müde. Er glaubte jedoch, das müsse so sein.

Die Frauen in seinem Leben waren immer stark gewesen, aber auf unterschiedliche Weise. Veronika, die ebenfalls stark war, war gleichzeitig vernünftig. Dass er sich so lange hatte irren können! Wie dumm konnte man eigentlich sein?

Veronika rief an und wollte wissen, ob Nora noch schlief, denn sie würde gerne noch einkaufen. Nora schlafe tief, berichtete er.

Fünf Minuten später rief Louise Jasinski an. Ihm war sofort klar, dass sie ihn nicht danach fragen wollte, ob er sein Urlaubsformular bereits ausgefüllt hatte.

Mord an einem Teppichhändler. Ob er sich vorstellen könne, nach Istanbul zu fahren?

Also wirklich, war sein erster Gedanke. Gleichzeitig überlegte er, ob das womöglich der Teppichhändler war, bei dem sie seinen geerbten Teppich zur Reparatur abgegeben hatten. War er tot? Wie bedauerlich!

Noch dazu brutal hingerichtet. Es war am Samstag kurz vor sechzehn Uhr auf einer anlegenden Fähre in Istanbul passiert. Das Blut war noch nicht getrocknet, als er gefunden wurde. Man ging davon aus, dass er unmittelbar, bevor die Passagiere die Fähre verließen, getötet worden war. Jedenfalls ging das aus den türkischen Unterlagen hervor. Sein schwedischer Führerschein steckte noch in seiner Brieftasche. Aber ein Angehöriger musste seine Identität vor Ort bestätigen.

»Ein Besatzungsmitglied hat ihn gefunden. Es steht nirgends, wo genau, aber auf einer Fähre kann man vermutlich an vielen Orten eine Leiche verstecken«, meinte Louise. »Verdächtige gibt es nicht, die Mordwaffe fehlt auch, vermutlich handelt es sich um ein Messer, das der Mörder gleich ins Wasser geworfen hat«, fuhr sie fort.

Claesson konnte das Blut vor sich sehen. Er sah auch die vielen Passagiere, den lärmenden Verkehr und alle Ganoven. Mit anderen Worten: kein Problem zu entkommen.

Er war früher schon auf Dienstreise gewesen, aber nur in Europa. Istanbul lag genau auf der Grenze. Die Ermittlung fand wie die Obduktion immer in dem Land statt, in dem das Verbrechen begangen worden war. Das war das Grundlegende. Dasselbe galt auch für einen eventuellen späteren Prozess. Wenn ein fremdes Land Hilfe aus dem Heimatland des Opfers anforderte, dann erfolgte das immer unter den Prämissen des Gastgeberlandes. Man musste sich sehr diplomatisch verhalten. Das hatte er schon früher erlebt. Es gab überall auf der Welt Fettnäpfchen.

Louise las ihm den kompletten Bericht des Interpolbüros in Stockholm vor. Er sah sie vor sich, den Kopf vorgeschoben und zur Seite gelegt, dann ein strahlendes Lächeln, breit wie eine Autostrada, die Strahleaugen voll aufgeblendet.

Sie schmeichelte. Oder flehte. Und ihm gefiel das!

»Istanbul, Claesson! Ich will nicht selbst fahren. Frage mich bitte nicht, warum«, sagte sie milde und bittend, und er dachte, dass das vermutlich mit ihrem neuen Mann zusammenhing. »So ist es einfach... ich weiß, dass du ein Neugeborenes zu Hause hast, aber du brauchst nicht länger als ein paar Tage dort zu bleiben. Wir müssen genau planen, damit es so glatt wie möglich läuft...«

Peter Berg war Ermittlungsleiter in einem anderen Fall und deswegen ebenfalls unabkömmlich. Janne Lundin fand, sein Englisch sei zu schlecht. Erika Ljung arbeitete im Augenblick vertretungsweise in Malmö. Dass Martin Lerde noch nicht trocken genug hinter den Ohren war, bezweifelte niemand, sein Name fiel nicht einmal, obwohl er selbst sicher fand, er sei der Fähigste weit und breit. Die richtige Selbsterkenntnis und Bescheidenheit fielen eben nicht immer zusammen.

Fest stand, dass Mustafa Özen auf alle Fälle fahren würde. Er war zwar erst seit sehr kurzem bei der Kripo, aber er konnte die Sprache und kannte die Kultur.

»Prima Voraussetzungen, wie Lundin es ausdrückte«, lachte Louise, die ihren Kollegen gerne nachahmte. Sie wusste auch zu berichten, dass sich Martin Lerdes Miene sichtlich verfinstert hatte, als ihm das Gerücht zu Ohren gekommen war. »Bei der Kaffeepause heute Vormittag war er so wütend, dass ihm der Henkel von der Kaffeetasse abgebrochen ist, als er sie auf den Tisch geknallt hat!«

Claesson grinste.

»Wie viel Türkisch kann Özen eigentlich? War er nicht noch ganz klein, als er hierherkam?«, fragte er.

Sechs, erfuhr Claesson. Er kannte Mustafa Özen nicht sonderlich gut, im Dienst waren sie keine Familie, nur Kollegen, auch wenn einem manche Kollegen wie Janne Lundin näher standen. Özen hatte behauptet, sein Türkisch sei einwandfrei. Er habe zu Hause Türkisch gesprochen, erzählte Louise. Özen war natürlich ganz wild auf den Fall.

»Spricht man in der Türkei nicht viele Sprachen?«, fragte Claesson.

»Keine Ahnung. Was du immer wissen willst! Aber ist das dann nicht sowieso weiter östlich? Kurdisch und so? Ich vermute, dass es ähnlich ist wie in Schweden mit dem Samischen und Finnischen, Minderheitensprachen eben... Aber Türkisch ist die Sprache der Majorität und die Verwaltungssprache, habe ich gelesen. Obwohl...«

»Ja?«

»Ich bin mir nicht hundertprozentig sicher, dass wir das Landeskriminalamt da außen vor lassen können. Die wollen natürlich auch in den Süden. Ich tue, was ich kann, aber leicht wird es nicht, wie du weißt«, meinte Louise. So war es immer, besonders wenn es um größere und wichtigere Ermittlungen ging.

»Aber unsere Chancen verbessern sich erheblich, wenn wir sagen, dass wir Leute schicken, die sich im Heimatort des Opfers auskennen und außerdem noch die Sprache sprechen. Dann muss unbedingt auch ein routinierter Ermittler dabei sein, mit Autorität und so«, meinte sie.

»Und das bin ich?«, erwiderte er und grinste.

»Ja, das muss dir doch auch klar sein, dass...«, hörte er Louise sagen, als hätte sie seine Gedanken gelesen.

Er lag immer noch auf dem Sofa. Sein Puls hatte sich beschleunigt, sein Herz pochte so heftig, dass Nora eigentlich hätte aufwachen müssen. Unter normalen Umständen hätte Claes freudig seinen Koffer gepackt. Aufregend und lehrreich.

Aber gerade jetzt...

Nicht nur, weil er Veronika nicht im Stich lassen wollte, es ging mehr darum, dass er die erste Zeit nicht verpassen wollte, die so schnell vorüber war. Aus vollkommen egoistischen Gründen wollte er bei seiner winzig kleinen Tochter bleiben. Wollte mit seiner Familie die Zeit genießen, die nie mehr wiederkommen würde.

Aber Nora würde natürlich noch lange bei ihm sein. Und es handelte sich schließlich nur um ein paar Tage.

Dann dachte er an Veronika. Es erschien ihm ausgesprochen heikel, die Frage ihr gegenüber überhaupt nur anzusprechen. Nicht, weil sie wütend werden oder enttäuscht sein würde, sondern weil sich allein schon in der Frage die Hoffnung auf ein Ja verbarg.

»Als Erstes müssen wir natürlich hier in Oskarshamn umfassende Nachforschungen anstellen, damit ihr nicht mit leeren Händen nach Istanbul kommt, aber wir ... genauer gesagt ihr, du und Özen, müsst euch ranhalten, damit ihr so schnell wie möglich in die Türkei kommt. Ich verspreche, dass ich dir helfe, wo ich kann«, sagte Louise.

Er musste schmunzeln, während er mit dem schnurlosen Telefon am Ohr auf dem Sofa lag. Kein Wunder, dass Louise es so weit gebracht hatte. Anfänglich hatte er sich über ihre Effizienz und ihren offensichtlichen Ehrgeiz geärgert. Fähige Frauen galten unter Männern oft als übereifrig, meinte Veronika. Mit diesem Argument konnte man sie schlechtmachen, es war ein Verteidigungsmechanismus gegen die Bedrohung »von der Seite«, gegen Konkurrenz, die nicht von einem anderen Mann kam, womit sich leichter umgehen ließ, weil das vertrauter, geläufiger war.

Es gefiel ihm nicht immer, wenn die feministische Welle über den Küchentisch schwappte, aber er versuchte dazuzulernen.

Bestimmt hatte auch er Louise im Laufe der Jahre einige Male untergebuttert. Eine Frau, die sich nicht auf das Ressort intrafamiliäre Gewalt beschränken wollte, wie ging man damit um? Janne Lundin übernahm inzwischen recht viele dieser Fälle, er besaß Erfahrung, ging bald in Rente, er war vernünftig und wusste die Betroffenen zu beruhigen und Vertrauen aufzubauen, obwohl er auch nicht zögerte, gegebenenfalls seine Stimme zu erheben.

Louise war wie ein Terrier, hatte sie sich erst einmal festgebissen, ließ sie nicht mehr los. »Wir haben aus dem Register erfahren, dass der Teppichhändler nicht vorbestraft war. Ludvigsson und Özen sind gerade zu der Witwe gefahren, um ihr die Trauernachricht zu überbringen, bevor die Medien loslegen. Falls sie überhaupt zu erreichen ist.«

Claesson glaubte sich vage zu erinnern, dass Veronika die Frau des Teppichhändlers kannte. Weil sie in ihrer Klinik arbeitete oder etwas in dieser Art.

»Wir hoffen, dass seine Frau sich bereit erklärt, ihn vor Ort zu identifizieren.«

»Hat er Kinder?«

»Ja, zwei, beide erwachsen.«

Er hörte selbst, dass er zu viele Fragen stellte. Aber noch konnte er nein sagen. Er hatte Anspruch auf Elternzeit. Zehn Tage. Ha!

»Du hast doch einen gültigen Pass?«, fragte Louise und nannte ihm den Namen des türkischen Ermittlungsleiters, den sie dem kryptischen Gesuch von Interpol entnahm. Sie versuchte den Namen auszusprechen. Der Vorname war kein Problem, Fuat, aber den Nachnamen konnte man sich nicht merken. Etwas mit K. Er klang orientalisch und ließ an einen schwarzhaarigen Mann mit unergründlichen Samtaugen und einem prächtigen, kohlschwarzen Schnurrbart denken. Wie Herr Omar, dachte Claes. Ein ruhiger Mann mit Fez auf dem Kopf und einem zusammengerollten Teppich unter dem Arm. Das Bild stammte aus einem der Lieblingsbücher seiner Kindheit, »Privatdetektiv Ture Sventon«.

Seine Mundwinkel zuckten. Louise sprach von der Witwe und den beiden erwachsenen Kindern, deren Identifizierung des Toten mit seiner und Özens Reise koordiniert werden musste. Er hörte mit halbem Ohr zu. Er selbst sah sich schon auf einem bunten und weichen Teppich sitzen, über die Fransen streichen und sagen: »In die Türkei!« Er durfte nur nicht vergessen, das Fenster zu öffnen.

Plötzlich wurde es am anderen Ende still.

»Hörst du mir eigentlich zu?«

Er schwebte schon über die Alpen. Der Wind sauste ihm um die Ohren, doch dann kam er schlaftrunken zu sich und schlug unsanft in seinem eigenen Wohnzimmer in Oskarshamn auf.

»Klar«, sagte er. »Aber du redest so, als wäre schon alles entschieden. Kann ich wohl erst noch mit Veronika sprechen, bitte?«

Er hörte das Fahrrad hinter dem Haus. Reifen auf Kies. Sie öffnete die Tür. Nora regte sich und wachte auf.

»Meine Güte, was für eine Hetzerei«, sagte sie und schaute auf die Uhr. »Wir haben noch eine gute Stunde, dann müssen wir sie wieder abholen.«

Sie nahm Nora und begann sie zu stillen.

»Was ist?«

Sie sah ihn an.

»Louise Jasinski hat eben angerufen.«

»Und?«

Sein innerer Zwiespalt stand ihm auf die Stirn geschrieben.

»Sollst du ins Büro kommen?«

Veronika verzog den Mund.

»Was hältst du davon, wenn ich für ein paar Tage nach Istanbul fahre?«

»Oh.« Dann schwieg sie.

Er sagte ebenfalls nichts.

»Bist du nicht ganz bei Trost?«, meinte sie dann. »Was sollst du überhaupt da?«

»Du weißt schon, der Teppichhändler?«

»Wer?«

»Der, der unseren Teppich hat.«

»Und?«

»Er ist in Istanbul ermordet worden... Ach, ich lass es! Es wäre der reinste Wahnsinn zu fahren«, meinte er resigniert und seufzte tief.

Das war etwas übertrieben, das musste er zugeben. Emotional blackmail.

»Ach«, meinte sie spöttisch. »Du hast es ja wirklich eilig. Du weißt doch, dass ich mich erst einmal an den Gedanken gewöhnen muss. Aber ein paar Tage werde ich vermutlich überleben. Ich und die Mädchen... Vielleicht kann ja Cecilia kommen. Um mir ein bisschen zu helfen... Eigentlich verpasst du so einiges, jetzt wo sich Nora mit jedem Tag verändert. Aber vielleicht bin ich so lieb und freundlich und schicke dir jeden Tag ein Foto als MMS in das ferne Morgenland.«

»So fern ist das nun auch wieder nicht...«

Er versuchte, die Reise so kurz und unerheblich wie möglich darzustellen.

»Drei bis vier Flugstunden, vermute ich«, sagte sie, »nicht gerade hin und zurück nach Kalmar, um es einmal so auszudrücken.«

13

Nettan Bromse hatte montags frei. So ließ sich das Wochenende verlängern. Sven hatte immer frei, denn er war bereits in Rente.

Sie waren soeben aus Skorpetorp vom Golfplatz zurückgekommen, und es ging auf Mittag zu. Sie hatten beide wahnsinnigen Hunger.

Nettan hatte praktischerweise die Reste vom Wochenende aufbewahrt, Schweinebraten in Weinsauce. Sie schob sie in die Mikrowelle, machte einen Salat und deckte den Küchentisch. Sven duschte.

Sie ließ den Kartonwein im Schrank stehen, denn es widerstrebte ihr, den Karton auf den Tisch zu stellen, und ihn in eine Karaffe umzufüllen, hielt sie dann doch für übertrieben. Außerdem trank sowieso nur sie von dem Wein.

Sie hatte bereits, während sie das Essen wärmte, so lautlos wie möglich ein Glas gefüllt. Rasch und beschämt trank sie es leer, trocknete es ab und stellte es auf den Küchentisch neben ihren eigenen Teller. Ein kleines Glas zum Mittagessen durfte man sich wohl gönnen, das tranken die meisten, die sie kannte. Es gab keinen Grund, sich etwas zu verbieten, wenn man die sechzig überschritten hatte. Mittelmeerkost mit Olivenöl, Schalentieren und einem Glas Wein am Tag, mindestens, das war gut für die Blutgefäße und das Herz. Außerdem ließ sich so Alzheimer vorbeugen, das hatte sie unlängst gelesen.

Oder war es vielleicht der Kaffee, der dieser beklemmenden Demenzerkrankung Einhalt gebot? Sie musste das googeln oder bei Gelegenheit Birgitta fragen.

Sven trank jedes Mal Bier. Sie stellte die Dose aber immer erst im letzten Moment auf den Tisch, damit sie kalt blieb.

Die Badezimmertür wurde geöffnet. In einer Dampfwolke und mit einem Handtuch um die Hüften ging Sven Richtung Schlafzimmer.

»Essen ist fertig«, rief sie fröhlich. Sie war gerne fröhlich, ganz gleichgültig, ob sie Wein getrunken hatte oder nicht.

»Riecht gut«, rief er gut gelaunt zurück, kleidete sich rasch an und erschien dann wieder in sandfarbener Hose und orangefarbenem Polohemd.

Als sie sich gesetzt und die Servietten auf den Schoß gelegt hatten, schauten beide aus dem Fenster. Das taten sie immer. Aneinander hatten sie sich schon vor langer Zeit sattgesehen, ohne Streit oder sich deswegen gleichgültig zu sein.

Auf der Straße war es so still wie immer. Etwas Spannenderes als Hundebesitzer, die ihren Hund ausführten, oder das Auto der Fahrschule Enoksson, das im Schneckentempo vorbeifuhr, wurde nicht geboten.

Sie aßen. Nettan nippte wieder an ihrem Glas und fragte sich, ob sie es wagen konnte, sich ein weiteres Glas einzuschenken, ohne dass Sven sie missbilligend ansah. Sven trank sein Bier mit großen Schlucken und wischte sich den Schaum mit der Serviette von der Oberlippe. Dann erhob er sich und holte sich sein zweites Bier. Nettan nahm sich noch einmal Salat und goss etwas Dressing darüber. Salat füllte den Magen. Es ging auf den Sommer zu.

»Golf macht hungrig«, meinte Sven und setzte sich.

Sie schauten wieder auf die Straße. Da fuhr tatsächlich ganz langsam ein Auto vorbei, aber keines von Enoksson. Ein Streifenwagen. Er blieb vor Olssons Auffahrt stehen.

»Hoffentlich ist nichts passiert«, sagte Nettan, als sie eine

kleine blonde Frau und einen größeren Mann mit gerötetem Gesicht aussteigen sah. Die beiden gingen auf die Haustür zu und verschwanden im Haus. Nettan und Sven Bromse hörten, wie Birgitta Olssons Tür zuschlug.
»Jedenfalls ist sie zu Hause«, sagte Sven.
Sie sahen sich an.

Birgitta Olsson schlief gut, aber nicht so tief wie nachts.
Plötzlich drang ein entferntes Hämmern in ihren Traum. Sie wollte nicht, wollte, dass es wieder aufhören würde. Jemand klopfte an die Tür, aber sie wollte nicht aufstehen, sondern drehte sich stattdessen um, in der Hoffnung, auf der Seite weiterschlafen zu können.
Das Klopfen an der Tür ging jedoch beharrlich weiter. Sie erhob sich schlaftrunken, zog ihren Morgenmantel über, ging leicht schwankend zur Tür, schloss sie auf und öffnete. Die Sonne blendete sie, und sie blinzelte. Außerdem hatte sie ihre Brille nicht auf. Um zu begreifen, dass etwas Schreckliches passiert war, brauchte man jedoch keine Brille.
»Sind Sie Birgitta Olsson?«, fragte der Mann und bat darum, eintreten zu dürfen.
In dem Augenblick, in dem sie die beiden Polizeibeamten eintreten ließ, verstand sie, dass jemand tot war.
»Ist es Carl-Ivar?«, fragte sie tonlos.
»Ja. Ihr Mann ist in Istanbul tot aufgefunden worden«, sagte der rotblonde Polizist.
Er hatte nicht wie sonst immer angerufen, doch sie hatte die Ahnung, dass etwas nicht stimmte, verdrängt. Wie hätte sie ihn auch erreichen sollen?
Sie setzten sich in die Küche. Nein, sie hatte wirklich keine Lust, Kaffee zu kochen, und bot den beiden deswegen auch kei-

nen an. In ihrem Kopf stand alles still. Die Beamten schwiegen. Die Frau war noch so jung, dass ihr Birgitta solches Elend wie tote Menschen gerne erspart hätte. Noch lieber hätte sie die Zeit angehalten, als der Mann damit fortfuhr, ihr die brutale Wahrheit zu schildern. Er hieß Lennie Ludvigsson, und er gab sich große Mühe.

Carl-Ivar befand sich auf einer Fähre, als er erstochen wurde.

»Das kann nicht wahr sein!«, brachte sie mit Mühe über die Lippen.

Die beiden gingen nicht auf ihren Ausruf ein.

»Wir wissen nicht, wer es getan hat und warum. Es ist am Samstag passiert. Wir, also die Polizei in Oskarshamn, haben davon erst jetzt erfahren.«

Es war ihm wichtig, den Vorfall so detailliert wie möglich zu schildern, das kannte sie von ihrer eigenen Arbeit. Dass etwas nicht stimmte, war auch darauf zurückzuführen, dass sich Carl-Ivar nicht gemeldet habe, meinte Birgitta. Die junge Polizistin zog einen kleinen Block aus der Tasche und machte sich Notizen.

Ein Mord an Carl-Ivar kam ihr unsinnig vor. So ein dramatischer Tod passte nicht zu ihm.

Birgitta konnte aber keine Tränen vergießen. Eigentlich wäre es angemessen gewesen, zu weinen und im Beisein der Polizei untröstlich zu sein.

Aber heulen konnte sie später, wenn sie sich nicht mehr in der Schockphase befand, wie es an ihrem Arbeitsplatz hieß. Die Reaktionsphase trat früher oder später ein, das wusste sie. Es war ihr egal, wann. Ihr würde es jetzt eine Weile nicht sonderlich gut gehen, so war das einfach.

Ob er öfters diese Fähre benutzt habe?

»Das weiß ich nicht«, antwortete sie und kam sich ziemlich dumm vor, weil sie nicht besser darüber Bescheid wusste, was ihr Mann so unternahm. »Was war das denn für eine Fähre?«, fragte sie schließlich.

»Soweit wir wissen, fuhr sie von Istanbul durch den Bosporus«, sagte Lennie Ludvigsson. Ihm schienen die geographischen Verhältnisse nicht recht klar zu sein. Seine Aufgabe war es allerdings auch nur, die Trauerbotschaft zu überbringen. Wie so etwas war, wusste sie selbst. Außerdem hätte sie doch gerne gewusst, wohin Carl-Ivar eigentlich unterwegs gewesen war.

»War er allein?«, fragte sie vorsichtig.

»Darüber wissen wir nichts. Es war allerdings niemand bei ihm, als er gefunden wurde.«

Nein, sie habe keine Ahnung. Er habe morgen nach Hause kommen wollen. Keine Feinde, soweit sie wisse.

»Carl-Ivar ist nicht ... war nicht der Mensch, der sich andere zum Feind machte, vielleicht gab es ja den einen oder anderen, der ihn nicht sonderlich gut leiden konnte ... aber ... auch da fällt mir im Augenblick niemand ein.«

Sie erzählte, dass sie ebenfalls in Istanbul gewesen war. Sie waren zusammen mit einem Teppichhändler aus Kalmar und seiner Frau dorthin gereist. Sie war dann schon am Freitag zurückgekehrt, weil sie wieder arbeiten musste. Sie hatte Nachtdienst, deswegen trug sie so spät am Tag auch noch den Morgenmantel. Sie nannte ihnen den Namen des Teppichhändlers aus Kalmar. Lennie Ludvigsson war etwas verlegen, als er erklärte, dass es bei einem Todesfall wie diesem *natürlich* war zu fragen, wo sich sämtliche Beteiligten aufgehalten hatten.

»Haben Sie möglicherweise einen Beleg dafür, wann Sie Istanbul verlassen haben?«

Birgitta erklärte, dass sie ein E-Ticket hatte und sie den Ausdruck mit der Flugnummer holen wollte. Ihre Handtasche stand in der Diele. Sie holte sie, nahm ein zusammengefaltetes Blatt Papier heraus und reichte es dem Beamten.

»Gestern war ich am Vormittag in der Stadt. Dort habe ich ein paar Bekannte getroffen, unter anderem Veronika Lundborg, die Sie doch wohl kennen?«

Sie nickten. Die Frau von Claesson.

»Man stelle sich vor, dass ich Carl-Ivar bei meiner Abreise zum letzten Mal gesehen habe.«

Sie schluchzte auf und sah dann aus dem Fenster. »Lebend zumindest...«

»Melden Sie sich, wenn Ihnen noch etwas einfällt«, sagte Lennie Ludvigsson.

»Sind Sie sich ganz sicher, dass es sich wirklich um Carl-Ivar handelt? Ich würde gerne hinfahren und mich selbst davon überzeugen. Sicher wollen auch die Kinder mitkommen... also möglicherweise... wenn sie sich frei nehmen können.«

Zwei Beamte aus Oskarshamn würden ebenfalls nach Istanbul fahren, um bei den Ermittlungen behilflich zu sein, erklärte Ludvigsson. »Es steht aber noch nicht fest, wer. Diese Beamten werden dann anwesend sein, wenn Sie Ihren Gatten identifizieren. Gemäß Führerschein, den das Opfer bei sich trug, handelt es sich um Ihren Mann. Eine Ermittlung wird jetzt eingeleitet... wir wissen noch nicht, wie schwierig es sein wird, den Täter zu finden, aber wir tun, was wir können.«

»Gibt es jemanden, der jetzt bei Ihnen sein kann?«, fragte die blonde junge Frau.

»Ja, das ist kein Problem«, sagte sie, innerlich immer noch vollkommen leer, fast erstaunt. »Ich komme zurecht, ich rufe jetzt erst einmal die Kinder an.«

Dass sich Carl-Ivar einfach ermorden ließ und damit solche Umstände verursachte! Sie konnte sich nur damit trösten, dass er vermutlich in seinem Himmel glücklich darüber war, dass es in der Türkei passiert war, in seinem geliebten Istanbul.

Etwas, was an Eifersucht erinnerte, beschlich sie plötzlich.

14

Claesson hatte sich im Präsidium von Nina am Empfang Glückwünsche abgeholt und ging jetzt wie immer die Treppe hinauf und öffnete die Glastür zur Kripo. Die Bänke des Warteraums, in den man als Erstes gelangte, waren verwaist. Es war fünf nach zwölf, und alle waren beim Mittagessen. Er selbst hatte Dickmilch und Müsli gegessen, bevor er von zu Hause losgeradelt war.

Jemand telefonierte. Die Stimme scholl zwei Türen weiter aus Louise Jasinskis Büro. Sie hatten beide Büros, die auf die Slottsgatan zeigten. Große, schöne Büros, noch dazu mitten im Zentrum. Sie waren wirklich privilegiert.

Als er gerade sein Büro betreten wollte, tauchte Benny Grahn auf dem Korridor auf.

»Was machst du denn hier?«, fragte Benny mit einem spöttischen Lächeln. »Musst du nicht zu Hause Windeln wechseln?«

»Ich habe zu tun«, erwiderte er. »Türkei.«

Benny nickte. Er wusste Bescheid. »Ja, ja, du«, sagte er dann in breitestem Småländisch und raufte sich die Haare. »Ich habe mir sagen lassen, das Mädchen sei rasend schnell wie eine Kanonenkugel gekommen, und du hättest beinahe selbst die Hebamme spielen müssen.«

»Allerdings.« Claesson lachte. »Wir haben ernsthaft erwogen, sie Kanonenkugel zu taufen...«

»Aber das mit dem ganzen Blut und so ist doch eigentlich nicht dein Ding?«, meinte Benny.

Louise Jasinski hatte ihre Stimmen gehört und kam aus ihrem Zimmer.

»Schön, dass du das machst«, sagte sie bezüglich der Istanbulermittlung. »Janne hat überall herumerzählt, dass es akut war«, fuhr sie fort und meinte nun die Niederkunft. »Wer hätte das gedacht, wo doch alles so genau geplant war.«

Janne Lundin hatte die Geschichte natürlich noch reichlich ausgeschmückt.

»Ich bin vermutlich noch nie so kriminell gefahren...«, meinte Claes, und es gefiel ihm, die ganze Geschichte zu erzählen. »Und dann erst die vielen Sonntagsfahrer bei Mönsterås. Ich dachte eigentlich pausenlos, dass das Kind im Straßengraben zur Welt kommen würde. Veronika hatte die ganze Zeit Wehen, schaffte es aber mit reiner Willenskraft. Als wir dort waren und sie sie gerade in den Fahrstuhl schieben wollten, war es, als hätte jemand einen Korken herausgezogen. ›Jetzt kommt es‹, stöhnte sie, und die Hebamme musste sie an Ort und Stelle entbinden. Man kann also sagen, dass unsere Nora vor jubelndem Publikum zur Welt kam.«

Seit Samstag hatte Claesson permanent gute Laune gehabt. Es gab keinen Grund, diese Freude zu bremsen.

»Özen kommt gleich, er erledigt nur schnell noch was. Wir sehen uns dann bei dir«, sagte Louise, ging in ihr Büro und holte die Unterlagen aus Istanbul. »Du kannst dir das ja solange ansehen.«

Er ging in sein Büro und öffnete das Fenster, weil es stickig war. Dann setzte er sich an den Schreibtisch und las. Nichts Neues. Louise hatte das meiste am Telefon referiert.

Der Ermittlungsleiter in Istanbul hieß Fuat Karaoğlu, wie immer man das aussprechen mochte. Den Text hatte jemand namens Merve Turpan verfasst. War das jetzt ein Mann oder eine Frau?

Als er die freundliche Anfrage gelesen hatte – man lud sie tatsächlich ein –, und zwar so oft, dass er sie im Prinzip auswendig konnte, schaltete er seinen Computer ein. Während er hochfuhr und alle Sicherheitsprogramme aktualisierte, öffnete er etwas unkonzentriert seine Post. Dann beantwortete er ein paar Mails und löschte andere.

Er war rastlos, es hatte keinen Sinn hier herumzusitzen und zu warten, Zeit, die er besser zu Hause verbracht hätte. Er schob ein paar Mappen hin und her und legte einige Akten auf einen Stapel, den er recht bald abarbeiten musste. Vielleicht sollte ich sie mit nach Hause nehmen, überlegte er. So konnte er die Arbeit noch etwas hinauszögern. Die Elternzeit hatte er ja recht überraschend angetreten.

Er besann sich eines Besseren. Er würde nichts mit nach Hause nehmen, was er dann doch nur unerledigt zurücktragen musste. Wenn er zehn oder fünfzehn Jahre jünger gewesen wäre, hätte er das vielleicht getan. Da hatte er noch Ehrgeiz gezeigt. Es war ihm wichtig gewesen, immer die Nase vorn zu haben. In gewissen Zusammenhängen war das vollkommen richtig gewesen, in anderen ebenso falsch.

Der ursprüngliche Plan lautete, dass er zehn Tage direkt nach der Geburt frei nehmen würde, um dann noch einmal länger frei zu nehmen, wenn Veronika um Weihnachten herum wieder zu arbeiten anfing. Dieses Mal sah er mit einer gewissen Vorsicht seiner Elternzeit entgegen. Beim letzten Mal, mit Klara, war er anfänglich unzufrieden gewesen, er hatte sich außen vor gefühlt und sich mit der Rolle des Kinderwagenchauffeurs nicht identifizieren können. Aber als er sich beruhigt und eingesehen hatte, dass er seine Tage genau planen musste, gefiel ihm die Unterbrechung des Arbeitstrotts richtig gut. Die größte Entdeckung war vermutlich die, dass er an seinem Arbeitsplatz entbehrlich war. Das hätte sein Ego eigentlich etwas verletzen müssen, aber das war zu seinem Erstaunen nicht der Fall gewesen. Es war fast so etwas wie eine Befreiung. War er nicht dort, gab es andere.

Außer jetzt offenbar!

Er schaute auf die Uhr. Eine halbe Stunde war vergangen. Hoffentlich kamen Ludvigsson und Jönsson bald von ihrem Besuch bei der Witwe zurück. Er hätte gerne erfahren, was sich dabei ergeben hatte, ehe er sich mit Özen auf den Weg zum Teppichgeschäft machte. Die Frau, die den Teppichhändler vertrat, wenn er im Ausland war, wusste von nichts. Sie wollten ihr die Todesnachricht persönlich überbringen, um zu sehen, wie sie reagierte.

Istanbul! Er musste sich in der Buchhandlung einen Reiseführer über die Türkei und insbesondere über Istanbul besorgen.

In Ermangelung einer anderen Beschäftigung holte er sich am Kaffeeautomaten eine Tasse Kaffee. Das Wochenende war vergleichsweise ruhig verlaufen, erfuhr er, während er eine Weile bei dem Automaten stand. Das Übliche: Schlägereien, Streitereien in der Familie, Körperverletzungen und ein paar kleinere Diebstähle, darunter ein Einbruch im Lebensmittelladen in Blomstermåla.

Dann hörte er, wie die Tür zum Treppenhaus geöffnet und

wieder geschlossen wurde. Wenig später erschien Mustafa Özen. Er trug Uniform, wie es der Auftrag, den er eben absolviert hatte, vorschrieb.

»Komm rein«, sagte Claesson und deutete auf den Stuhl auf der gegenüberliegenden Seite des Schreibtischs.

Özen schien es nicht ganz wohl in seiner Haut zu sein. Ihm war klar, dass er sich jetzt beweisen musste. Claesson griff zum Telefonhörer und zitierte Louise herbei.

»Jasinski bestellt gerade die Flugtickets für uns. Darüber bist du ja im Bilde, vermute ich?«

»Ja.« Ihm stand ein dünner Schweißfilm auf der Stirn. Vielleicht lag das daran, dass er vor Kriminalkommissar Claes Claesson saß.

»Gut. Könntest du dich anschließend umziehen und etwas essen?«

»Ich habe auf dem Weg hierher einen Hamburger gegessen.«

»Schön. Warst du schon mal in Istanbul?«

»Ja, oft.«

»Kommst du von dort?«

»Nein. Ich komme aus der mittleren Türkei.«

»Okay. Wenn wir beide hier jetzt richtig fleißig sind, dann können wir am Mittwoch fahren. Heute ist Montag. Das erfordert aber eine gewisse Planung.«

Louise trat ein. Sie lehnte sich ans Bücherregal.

»Deine Aufgabe ist es vor allem, als kultureller und sprachlicher Link zwischen uns und den Türken zu fungieren.«

»Das habe ich bereits verstanden.«

»Gut.«

»Wir fangen an, sobald du dich umgezogen hast.«

»Okay«, sagte Özen und erhob sich.

»Was weißt du über Orientteppiche?«, fragte Claesson.
Özen schluckte.
»Nicht viel, um ehrlich zu sein«, erwiderte er.
Schade, dachte Claesson. Nicht alle Männer des Orients kennen sich also mit Teppichen aus. Er verkniff sich daher auch die Frage, wie viele Teppiche Özen besitze. Ture Sventon hatte sieben oder acht besessen, und er selbst hatte etwa auch so viele. Eigentlich fehlte ihm jetzt nur noch einer – ein fliegender.

15

Fünf Minuten später überquerten Claesson und Özen den Lilla Torget. Mühelos fanden sie das Teppichgeschäft auf der Ecke in der Frejagatan. Auf einem kleinen handgeschriebenen Pappschild in der Tür stand zu lesen, dass das Geschäft geöffnet war. Das Schild wirkte in einer Zeit, in der alles in geschnörkelter Schrift am Computer fabriziert wurde, etwas angestaubt, aber nett.

Sie erklommen die wenigen Treppenstufen und traten ein. Eine jüngere Frau in Jeans und engem weißem Pullover mit schmalen roten Streifen stand hinter einem Ladentisch. Sie sah sommerlich frisch aus, fand Claesson, und passte nicht recht in ein Teppichgeschäft. Aber da kann ich mich auch irren, dachte Claes und stellte Özen und sich vor. Rote Flecken breiteten sich auf ihrem Hals aus, und ihr Blick wurde unruhig.

»Was ist passiert?«

»Carl-Ivar Olsson ist tot in Istanbul aufgefunden worden«,

sagte Claes, woraufhin sie schluchzend über dem Tresen zusammensackte.

Die beiden Beamten warteten, bis sie sich wieder beruhigt hatte. Claesson ließ währenddessen den Blick durch den Raum schweifen. Blutrote, braunrote, bläuliche, grüne, dunkel-weinrote Teppiche, alle sehr stark gemustert. Konnten diese unschuldigen Bodenbeläge ein Motiv für einen Mord abgeben? Er konnte das kaum glauben, aber dann erinnerte er sich, wie sehr sein Bruder hinter dem Teppich her war, den er zufälligerweise geerbt hatte, nachdem ihre Mutter aus dem Elternhaus ausgezogen war, und den Veronika hier zur Reparatur abgegeben hatte. Einige Teppiche waren eben wertvoller als andere. Aber was waren sie wert? Özen konnte ihm in dieser Frage nicht weiterhelfen, da er laut eigenem Bekunden nichts von Teppichen verstand. Er musste sich das Wissen also selbst anlesen.

Die Frau stellte sich als Annelie Daun vor. Sie hatte einen festen Händedruck, obwohl ihre Hand schmal war. Trotz der Nachricht, die sie eben erhalten hatte, wirkte sie recht gefasst. Sie war angemessen traurig, aber gleichzeitig wach und aufmerksam. Özen notierte ihre Angaben zur Person und behielt seinen Block noch in der Hand.

Während Annelie Daun so gut es ging Claessons Fragen beantwortete, fiel ihm auf, dass etliche Passanten auf der Straße langsam an dem Laden vorbeigingen. Sie waren neugierig. Hatte sich der Tod des Teppichhändlers bereits herumgesprochen? Manchmal ging so etwas rasend schnell. Vielleicht hatte der örtliche Radiosender die Meldung bereits gebracht.

»Vollkommen unwirklich, dass Carl-Ivar so brutal ermordet worden sein soll. Wer kann nur auf die Idee gekommen sein, ausgerechnet ihn zu ermorden? Da muss ein Irrtum vorliegen!«, entschied sie mit Nachdruck.

»Können Sie Ihr Verhältnis zu ihm beschreiben, also abgesehen davon, dass Sie hier arbeiten? Wie lange haben Sie ihn gekannt?«

»Er ist mein Onkel und war immer nett zu mir. Man könnte fast sagen, dass Carl-Ivar und Birgitta viel mehr wie Eltern zu mir waren als meine eigenen. Meinen Vater kenne ich nicht.«

Hier war einiges zu holen, das hörte Claesson, aber nicht gerade jetzt, wo sie unter Zeitdruck standen. Sie konnten auch später noch nach Details fragen.

»Wenn ich Sie richtig verstanden habe, war Carl-Ivar Olsson immer gut zu Ihnen?«

»O ja! Es gibt niemanden, der ihn nicht mag. Außer der Person ... die diese fürchterliche Tat begangen hat ...«

Sie erfuhren, dass sie Lehrerin war, dass sie bislang überwiegend Vertretungen übernommen und früher in Stockholm gewohnt hatte und ihr Mann in der Klinik arbeitete. Die Arbeit mit Kindern sei ihr nicht gut bekommen, Carl-Ivar habe sie erlöst, als er ihr ein paar Stunden Aushilfe in seinem Geschäft anbot.

»Und seine eigenen Kinder?«, wollte Claesson wissen.

Sie schüttelte den Kopf. »Die haben sich nie für Teppiche interessiert. Sie haben immer viel zu tun und wohnen auch nicht hier. Lotta wohnt in Stockholm und Johan in Kalmar. Ich habe mich früher auch nicht sonderlich für Teppiche interessiert, aber jetzt bin ich dabei, mir so einige Kenntnisse anzueignen ...« Sie sah einen Augenblick lang hochzufrieden aus. »Carl-Ivar ist ein guter Lehrer, was Teppiche angeht, das kann man wirklich sagen«, fuhr sie fort, und ihre Augen bekamen einen feuchten Schimmer. Sie hielt ihre Tränen jedoch zurück.

»Teppiche sind wie Freunde, das klingt vielleicht komisch,

aber so ist es. Das hier ist Carl-Ivars Lebenswerk«, erläuterte sie wehmütig.

Teppiche als Freunde!

Klar, dachte Claesson, der schon schlimmere Umschreibungen von Einsamkeit gehört hatte. Einsam war sie jedenfalls, dieses klare Gefühl hatte sich ihm aufgedrängt. Ihm war ihr Ehering aufgefallen. Konnte nur ein langweiliger Ehemann sein. Sie würden ihre Aussage natürlich überprüfen, wenn sie wieder im Präsidium waren.

Ihr war nichts aufgefallen, weder im Laden noch an Carl-Ivar Olsson, ehe er in die Türkei fuhr. Er war wie immer. Er wollte an einer Tagung über Teppiche teilnehmen. Genaueres wusste Annelie nicht.

»Sie können ja den Teppichhändler aus Kalmar fragen, der mitgefahren ist. Ihre Frauen hatten sie auch dabei, aber das hat Birgitta sicher schon erwähnt?«

Er sagte nichts. Schließlich hatte er keinen Grund preiszugeben, was er wusste und was nicht. Im Augenblick besaß er noch keine Informationen über die Aussage der Ehefrau.

Claesson meinte, sie würden sich gerne die Dokumente und Unterlagen im Laden ansehen und prüfen, welche Anrufe eingegangen waren.

»Tun Sie das«, sagte sie tonlos. »Wenn ich kann, helfe ich Ihnen gern.«

Es gab einen fensterlosen Keller, in den eine Wendeltreppe hinabführte. Dort befand sich auch eine Toilette und der Schreibtisch, an dem sich Olsson meist aufgehalten hatte. Hier standen Computer, Drucker, Telefon und Fax. Ein Adressbuch fanden sie nicht, vermutlich hatte Olsson es mitgenommen. Özen, der Claesson wie ein Schatten gefolgt war, hatte begonnen, in den Aktenordnern zu blättern. Sie hatten bereits die Kollegen gebeten, einen Wagen zu schicken, um die Unterlagen mitzunehmen. Ein Ordner auf dem Schreibtisch enthielt Quittungen und Rechnungen. Ein anderer war ziemlich abgegriffen. Claesson betrachtete die Teppiche auf dem Fußboden. Sie lagen nicht direkt auf dem Beton, sondern auf Holzpaletten. Es waren nicht viele. Claesson überlegte, wie man als Händler von Qualitätsteppichen im kleinen Oskarshamn wohl über die Runden kam. An einer Wand standen aufgerollt ein paar Webteppiche aus Resten.

Özen wandte sich mit breitem Grinsen an Claesson und hielt ihm eine Seite aus dem Ordner unter die Nase. Es handelte sich um das Schwarzweißfoto eines schadhaften Teppichs. Claesson sah Özen fragend an.

»Nichts weiter. Nur dass der Teppich aus Kappadozien kommt«, meinte Mustafa Özen leise. »Aus der Gegend meiner Familie in der Zentraltürkei oder aus Zentralanatolien, wie man auch sagen könnte. Der größte Teil der Türkei ist eigentlich eine riesige Halbinsel zwischen Schwarzem Meer und Mittelmeer. Einige Leute bezeichnen diese Gegend auch als Kleinasien«, fuhr er fort, als fände er, jetzt lange genug geschwiegen zu haben.

Özen wollte den Ordner schon zurückstellen, da nahm ihn ihm Claesson aus der Hand. Es musste einen Grund geben, warum Özen den Ordner genau auf dieser Seite aufgeschlagen hatte. Vor Kappadozien stand etwas anderes, handschriftlich. Das Papier war leicht verschmutzt und hatte Eselsohren. Diese Seite war schon oft aufgeschlagen worden.

»Ayvali« stand dort. Özen hielt das für einen Ortsnamen. Eine Kleinstadt oder noch wahrscheinlicher ein Dorf in Kappadozien. Er war sich nicht sicher, wollte das aber recherchieren.

Claesson bat die Frau, die oben im Geschäft geblieben war, herunterzukommen.

»Das ist das Fragment eines sehr alten anatolischen geknüpften Teppichs«, sagte sie.

»Ein geknüpfter Teppich?«, fragte Claesson.

»Ja, er besteht aus Knoten und ist nicht glatt gewebt ... wie dieser hier«, sagte sie und zeigte auf einen blutroten Teppich mit Rhombenmuster, der zuoberst auf einem Stapel auf dem Boden lag. »Man glaubt, dass vor sehr langer Zeit Tierhäute zum Knüpfen von Teppichen in Nomadenzelten inspiriert haben könnten.« Sie strich langsam über den Flor, als würde sie ein Pferd striegeln. »Das hier«, sagte sie und deutete auf das Foto, »ist das Fragment eines Teppichs aus dem 14. oder 15. Jahrhundert. Ich glaube, dass Carl-Ivar das gesagt hat.«

Claesson betrachtete den Teppich mit dem ungleichmäßigen Rand. Die Hälfte schien zu fehlen. Die Motten hatten sich darüber hergemacht, so viel war deutlich. Vierzehntes Jahrhundert, dachte er. Dass es so alte Teppiche gibt. Das Muster war deutlich zu sehen, obwohl das Foto schwarzweiß und nicht besonders geglückt war.

»Gibt es Leute, die sich für solche Teppiche interessieren?«, fragte er. »Dieser hier ist ja ziemlich verschlissen.«

»Durchaus. Es besteht ein großes Interesse an richtig alten Fragmenten. Sie werden auf internationalen Auktionen verkauft oder von Teppichhändlern, die sie irgendwo aufgetrieben haben«, sagte Annelie Daun. Sie dachte nach. »Vielleicht sind es ja nicht sonderlich viele Interessenten«, korrigierte sie sich, »aber einige Sammler sind sehr vermögend. Sie tun fast alles, um in den Besitz eines so seltenen Exemplars zu kommen.«

Sie hörte selbst, was sie da gesagt hatte, und verstummte.

Sammler sind ein recht interessanter Menschenschlag, dachte Claesson. Natürlich waren nicht alle Fanatiker, aber einige waren sicher zu allem Möglichen bereit, um in den Besitz eines außergewöhnlichen Gegenstandes zu gelangen. Ein Dokument, eine Münze, eine Waffe, eine Scherbe oder ein Teppichfragment. Das war ihm früher schon aufgefallen. Je älter und seltener, desto begehrter und teurer.

Claesson wollte die Seite mitnehmen und kopieren lassen. Das war natürlich kein Problem. Den Computer würden sie ebenfalls abholen lassen. Er konnte nicht beurteilen, ob es sich bei dem Foto um ein gemaltes Bild handelte oder ob es aus dem Internet stammte. Der Absender war weggeschnitten. War es via Mail gekommen, müsste sich der Absender ermitteln lassen. Darum konnten sich die Kollegen von der IT kümmern. Das würde dauern, und bis das Ergebnis vorlag, war er vermutlich wieder aus der Türkei zurück.

Sie bedankten sich. Auf dem Rückweg zum Präsidium erkundigte sich Claesson eingehender nach der Gegend, aus der der Teppich auf dem Foto stammte.

»Als Kind war ich jeden Sommer in Kappadozien. Meine Eltern stammen von dort. Eine recht bizarre Landschaft, wunderschön... vielleicht hast du mal die schmalen, hohen Felsgebilde in Reiseprospekten gesehen? Sie erinnern an...« Özen grinste und deutete mit den Händen die Form eines erigierten Penis an. »Man kann dort in Hotels in Höhlen wohnen und mit Heißluftballons fahren. Das ist bei den Touristen sehr beliebt. Es gibt viel zu sehen. Uralte, unterirdische Städte, Felsenkirchen und Höhlenwohnungen.«

Er erzählte gerne von der Türkei. Das merkte man. So wie die Menschen immer gerne von Orten erzählten, die ihnen etwas bedeuteten.

Claesson bat ihn, den Teppichhändler in Kalmar anzurufen. Sie wollten ihn vor ihrer Reise in die Türkei noch aufsuchen.

»Vielleicht schaffen wir das ja heute noch«, sagte er und schaute auf die Uhr. Er wollte aber erst Veronika anrufen. Er würde später nach Hause kommen, aber dafür konnte er vielleicht morgen früher gehen. Vielleicht würde er kurz mit der Witwe sprechen. Ein Polizeibesuch pro Tag musste reichen. Er musste sich bei Ludvigsson und Jönsson erkundigen, was sie in Erfahrung gebracht hatten.

16

Die Eltern.

Birgitta musste es ihnen selbst erzählen, ehe sie es aus den Radionachrichten oder der Zeitung erfuhren. Sie waren schon alt. Sie hielt es außerdem nicht allein im Haus aus, aber auf einen Besuch der Kinder, irgendeiner Freundin oder irgendwelcher Nachbarn legte sie auch keinen Wert. Sie eilte durchs Haus und raffte ein paar Sachen zum Übernachten zusammen. Tränen liefen ihr über die Wangen, und sie sah kaum etwas. Sie wollte nach Hause auf den Hof ihrer Eltern in Bråbo.

Fünf Minuten zuvor hatte sie den Hörer aufgelegt. Sie hatte ihre beiden Kinder informiert und erzählt, dass ihr Vater nicht mehr am Leben war. Johan und Lotta würden am nächsten Tag kommen, vermutlich irgendwann am Nachmittag. Wahrscheinlich würden sie dann alle in Oskarshamn übernachten und bereits am Mittwoch nach Istanbul fahren.

Die Polizei wollte sich noch melden, aber um die Flugtickets mussten sie sich selbst kümmern. Das wollte ihr Schwiegersohn Magnus erledigen.

Sie rief auch die Stationsschwester an, weil sie eigentlich auch in der nächsten Nacht Dienst hatte und nun nicht arbeiten konnte. Birgitta entnahm der Stimme ihrer Chefin, dass sie gerne genauer gewusst hätte, wann sie wieder arbeiten konnte, aber Birgitta bremste diese enervierende Geschäftsmäßigkeit ab, indem sie mitteilte, mindestens eine Woche fernzubleiben.

»Natürlich, ich verstehe, dass du dir Zeit nehmen musst! So einen Schock muss man erst einmal verarbeiten!«, sagte ihre Chefin. »Ruf an, wenn du glaubst, dass du wieder arbeiten kannst und die Trauer einigermaßen überwunden hast.«

Die Trauer überwinden? Wo sie das wohl wieder herhatte...

Auch vor etwas so fundamental Menschlichem wie der Trauer machten die Experten nicht Halt. Als sei dieser Begriff etwas, was einen bestimmten Maßnahmenkatalog nach sich zog. Für alles gab es ein Rezept. Wie man alles richtig machte wie bei einem Rührkuchen, damit er auch locker wurde.

Das hatte nichts mit dem Zustand zu tun, in dem sie sich im Augenblick befand. Wie Bambi auf dem Eis, nirgends gab es einen Halt. Und das Dunkel würde noch früh genug kommen, das wusste sie.

Die Gespräche mit den Kindern würden nicht leicht werden. Sie würden so viele Fragen stellen, auf die es natürlich keine Antworten gab. Warum? Das war die erste Frage. Ein blutiger Tod, wie war das nur möglich? Ihr Vater und noch dazu in Istanbul? »Er war doch nicht in irgendwelche kriminellen Machenschaften verstrickt, Mama?«, wollte Lotta wissen. »Papa war doch die Gutmütigkeit in Person.«

Die Kinder weinten, sie ließ sie weinen und versuchte, einen kühlen Kopf zu bewahren. Es würden noch genug einsame Tage und Nächte kommen, in denen sie sich ungestört die Augen aus dem Kopf weinen konnte. Eine Schulter, an die sie sich lehnen konnte, würde sie sicher auch finden, wenn sie das wollte und brauchte.

Dann mussten alle praktischen Fragen im Zusammenhang mit der Beerdigung geklärt werden. Lotta hatte das angesprochen. Das war typisch für sie. Es war Birgitta jedoch gelungen, sie zu bremsen. Sie würden das Bestattungsunternehmen anrufen, wenn sie aus Istanbul zurück waren. Das sollte sich dann um alles kümmern. Sie wusste schließlich nicht einmal, wann die Polizei in Istanbul Carl-Ivar freigeben würde. Lotta hatte bei dieser Bemerkung wieder zu schluchzen begonnen, ganz so wie früher, als sie noch ein Kind gewesen war. Johan hatte nur leise geweint. Mit seiner Frau Malin war gut auszukommen. Sie würde ihn sicher trösten. Johan und Malin waren ganz einfach unkomplizierte Menschen.

Sie musste sich mit eigenen Augen davon überzeugen, dass der Tote wirklich Carl-Ivar war und nicht irgendein anderer, der ihm seinen Führerschein gestohlen hatte.

Ihr gingen alle möglichen wirren Gedanken durch den Kopf. Praktische Fragen. Sie versuchte, den Gedanken an Behördengänge, Ordner, Versicherungen, Konten, private und geschäftliche, von sich zu schieben. Man müsste eigentlich eigens dazu ausgebildet sein, das Papierchaos als frischgebackene Witwe zu bewältigen, hatte jemand gemeint. Annelie würde sich sicherlich weiterhin um das Teppichgeschäft kümmern, wenn sie sie darum bat. Was für ein Glück, dass sie bereits eingearbeitet war! Magnus, der sich mit geschäftlichen Dingen auskannte, hatte versprochen, nötigenfalls auch mitzuhelfen.

Einstweilen sollte sie jedoch nichts weiter unternehmen und erreichbar sein für die Beamten.

»Momentan«, das Wort wurde von der Polizei gern in den Mund genommen. »Momentan haben wir keine Vorstellung davon, wer dahinter stecken könnte«, hatte die Polizei geduldig auf ihre ständig wiederkehrende Frage geantwortet, und ihr war klar geworden, dass man schon froh sein musste, wenn man überhaupt irgendeinen Schuldigen fand.

Die Ermittlung war Aufgabe der türkischen Polizei. Bei dieser Information sah sie Istanbul vor sich. Sie war etliche Male dort gewesen. Verkehrschaos, Lärm und Gedränge. Dort einen Mörder zu suchen, war wie die Suche nach einer Nadel im Heuhaufen.

Gerade als Birgitta abschließen wollte, besann sie sich und ging noch einmal ins Haus. Sie öffnete die Tür der Kleiderkammer und suchte im Dunkeln hinter Carl-Ivars Jacketts und Anzügen nach der Tasche. Sie nahm sie heraus, schloss das Haus ab und ging zu ihrem Auto.

Als sie auf den Holmhällevägen einbog, überlegte sie, ob sie nicht noch schnell bei Bromses anklopfen und erzählen sollte, was geschehen war. Um dem Übel von Anfang an entgegenzutreten, ehe sich das Gerede nicht mehr kontrollieren ließ. Morgen würde es in der Zeitung stehen.

Aber sie fuhr weiter auf die Ausfallstraße Richtung Växjö. Als sie auf die Straße nach Kristdala einbog, entspannte sie sich. Sie sah Birken, Salweiden und Erlen in zartem Grün vor grauen Feldsteinmauern. Plötzlich konnte Birgitta ihre Tränen nicht länger zurückhalten. Die Straße schlängelte sich in Serpentinenform. Als Birgitta wenig später die lange Anhöhe zum Hof ihrer Eltern hinauffuhr, hatte sie aufgehört zu weinen.

Bei Lars im Austragshaus war die Tür geschlossen, und die Rollos waren heruntergelassen. Hatte er wieder zu saufen begonnen? Er war doch so lange nüchtern gewesen...

Sie nahm die kleine Reisetasche mit, ließ die andere Tasche aber im Auto. Sie musste nachdenken. Sie musste sich ein gutes Versteck ausdenken, bis sie entschieden hatte, was sie mit dem Inhalt tun sollte.

Ihr Vater Albert trat aus dem Hühnerstall, als sie an die Haustür klopfte.

»Bist du das?«, fragte er. »Hört sie dich nicht? Ich glaube, sie hat sich einen Augenblick hingelegt.«

»Wer da?«, hörte sie ihre Mutter beunruhigt aus dem Hausinneren rufen, nachdem ihr Vater aufgeschlossen hatte.

»Das ist nur Birgitta«, rief er und ließ sie in die Küche eintreten.

Ihm war natürlich sofort klar, dass etwas vorgefallen sein musste, sonst wäre sie nicht unangekündigt vorbeigekommen. Ihre Mutter stand in der Tür, klein und dünn und mit wirren Haaren. Kaum zu glauben, dass sie einmal einen Frisörsalon besessen hat, dachte Birgitta. Sie erzählte, was geschehen war:
»Carl-Ivar ist tot in Istanbul aufgefunden worden.«

Die Worte waren ihr schneller als beabsichtigt über die Lippen gekommen.

»Du meine Güte!«, sagte ihre Mutter.

Nach dem ersten Schreck wurde Kaffee aufgestellt. Das war genau so ein Moment, in dem eine Tasse Kaffee half. Die Löffel mit Kaffee in den Melittafilter abzählen, Tassen auf den Tisch stellen, dicke Scheiben von dem üblichen Fliserydsbrot abschneiden, dann dick mit Butter bestreichen und mit Käse und Cervelatwurst belegen. Birgitta holte zwei Zinnkerzenhalter mit hellblauen Kerzen aus dem Wohnzimmer oder dem Saal, wie sie früher immer gesagt hatten. Der Docht war weiß, das Wachs schon etwas verblichen. Sie hatten zur Zierde dort gestanden, aber jetzt war der richtige Moment, um sie anzuzünden und an Carl-Ivar zu denken, obwohl es draußen ganz hell war.

17

Christoffer Daun glaubte, den Passat unten an der Steigung zu hören. Erschöpft lehnte er hinten an der Hauswand. Mit mäßigem Eifer hatte er sich eine Weile damit beschäftigt, die Farbe von einem alten Holzstuhl abzukratzen. Irgendetwas musste er schließlich tun. Außerdem sah es besser aus, wenn er nicht mit den Händen im Schoß dasaß, wenn Annelie nach Hause kam, als hätte er auf sie gewartet.

Er versuchte sich im Augenblick bei ihr einzuschmeicheln. Er wollte entgegenkommend sein. Er hatte schon vor Ewigkeiten versprochen, die Stühle zu reparieren.

Hatte er Angst vor ihr?

Sie war kein Monster. Nicht sie hatte diese Situation heraufbeschworen... aber wenn sie nicht so... unengagiert gewesen wäre, oder wie er das ausdrücken sollte, dann wäre das alles gar nicht erst so weit gekommen. Sie nahm ihn gewissermaßen nicht mehr wahr. Vielleicht war einer dem anderen zu selbstverständlich geworden. Die Spannung fehlte. Er brauchte auch mal etwas... außer der Reihe.

Leeres Gerede, das wusste er. Aber er brauchte das zu seiner Rechtfertigung.

Jetzt bemühte er sich jedenfalls, die Wogen zu glätten. Aber was hatte es eigentlich noch für einen Sinn, wo es ohnehin zu spät war. Eigentlich müsste er aufgeben. Was hielt ihn überhaupt noch zurück?

Es war nicht so, dass er Annelie nicht gemocht hätte. Er wünschte ihr nichts Böses. Er hatte lange versucht, mit dem, was er tat, aufzuhören. Er wollte Annelie behalten. Aber anders, mehr so wie am Anfang.

Und jetzt stand er hier mit einem Küchenstuhl.

Diese verdammten Stühle waren ein zähes Thema. Sie hatten abgemacht, dass er die alte Farbe entfernte, damit Annelie sie neu streichen konnte, und zwar alle auf einmal. Die sechs Stühle hatten sie im vergangenen Sommer günstig ersteigert. Wie er Annelie kannte, würde sie keine Zeit verlieren, wenn sie mit ihrem Teil der Arbeit an der Reihe war. Sie würde sie in wenigen Tagen hübsch lackieren. Sie hatten deswegen vor Weihnachten auch gestritten. Darüber, dass er nie fertig wurde. Mit nichts, hatte sie gesagt. *Nichts, was du dir vornimmst, wird fertig!*

»Dann mache ich halt alles selbst«, hatte sie den Streit schließlich beendet. »Du kriegst deinen Hintern ja doch nicht hoch.«

Dann tobte das Unwetter los. Sie hatten sich angebrüllt. Nach einer halben Stunde hatten sie sich wieder beruhigt – das taten sie immer. Sie küssten sich und schliefen tatsächlich auch miteinander. Sie versprachen, sich das Leben gegenseitig nicht noch schwerer zu machen. Alten Lack zu entfernen, sei schließlich nicht das Wichtigste im Leben, sagte sie. Er habe an seinem Arbeitsplatz schon genug um die Ohren.

Wie er jetzt so dastand und dem Zwitschern der Vögel lauschte, realisierte er, dass diese Augenblicke nach dem Sturm jeden Streit wert waren. So plötzlich, so innerlich. Sie waren sich so nahe, hörten einander genau zu.

Sie gehörten zusammen.

»Das bedeutet nicht, dass ich nicht alles tun will, worum du mich bittest«, hatte er damals vor Weihnachten gesagt. »Ich tue mein Möglichstes, Annelie! Ich weiß nur nicht, was ich noch tun soll, damit du wirklich zufrieden bist!«

Seine Stimme hatte einen verzweifelten Tonfall. Den verwendete er gern in solchen Situationen. Er schämte sich auch dafür, dass er sich nicht zusammennahm und die Stühle herrichtete; wenn man wirklich wollte, war das schließlich kein Problem. Er schämte sich noch mehr, weil er log. Und zwar belog er nicht nur sie, sondern auch sich selbst.

Sie sagten nichts mehr. Es gab stumme Übereinkünfte. Während des ganzen Streits verlor sie kein Wort darüber, dass er nichts verkraftete. Dass er das war, was man im Pflegesektor eine *labile Person* nannte. Aber es lag trotzdem in der Luft. Er kam sich auch wie ein Versager vor. Aber er wusste, dass es ihr nicht einmal im Traum einfallen würde, ihn zu kränken.

Andererseits war auch er nachsichtig und verlor nie ein Wort darüber, wer von ihnen dafür Sorge trug, dass sie etwas zu essen auf dem Tisch hatten. Dass sie finanziell abgesichert waren. Sie war nicht in der Lage, sich eine vernünftige Arbeit zu suchen. Im Teppichgeschäft war kein Geld zu verdienen, aber dort gefiel es ihr immerhin. Angenehme Lehrerstellen waren rar, und wenn man sich nicht mit Nachdruck darum kümmerte, bekam man auch keine.

Aber das sagte er nicht. So nett war er schließlich.

Und beide sprachen nicht mehr davon, dass sie keine Kinder bekommen hatten. Darüber schwiegen sie sich aus. Ein typisches Thema, das totgeschwiegen wurde. Mittlerweile schliefen sie kaum noch miteinander, und so war es irgendwie auch einfacher, fand er.

Das Auto, das er eben gehört hatte, fuhr vorbei. Es war nicht Annelie. Er entspannte sich, aber früher oder später würde sie ohnehin nach Hause kommen.

Es war kühler als am Vortag. Die Luft war kristallklar. Deswegen hatte er auch beschlossen, im Freien und nicht in der Scheune zu arbeiten. Er bearbeitete einen Stuhlsitz mit einer Stahlbürste. Da hörte er das nächste Auto, dieses Mal fuhr es auf den Vorplatz. Der Motor wurde abgestellt. Sein Herz hämmerte. Eine Autotür wurde geöffnet.

Das konnte nur sie sein.

Vielleicht war das zusammengeknüllte Papier unter den Beifahrersitz gerollt? Konnte er wirklich so viel Glück haben, dass sie es nicht entdeckt hatte?

Er legte Spachtel und Stahlbürste beiseite, fuhr sich mit den Fingern durchs Haar und versuchte, eine unbeteiligte Miene aufzusetzen. Da klingelte das schnurlose Telefon, das er in der Tasche hatte. Er zog es hervor, als er Annelies Schritte auf dem Kies hörte. Er antwortete, während er das Haus durch die Verandatür betrat und durch das Wohnzimmer in die Küche ging.

»Hallo. Hier ist Ronny. Gut, dass ich dich erwische.«

»Hallo«, antwortete Christoffer erstaunt. Ronny Alexandersson hatte ihn noch nie zu Hause angerufen. Sollte er etwa einen zusätzlichen Dienst übernehmen?

Ronnys Stimme ließ jedoch auf etwas anderes schließen.

Annelie kam herein und nickte ihm zu. Sie wirkte ernst. Aber wütend?

»Ich habe heute Vormittag die operierte Galle entlassen.«

»Und?«, erwiderte Christoffer knapp, während ihn ein Gefühl des Unbehagens beschlich, was durch Annelies verbissene Miene nicht besser wurde. Offenbar hatte sie das rote zusammengeknüllte Papier entdeckt.

»Du erinnerst dich, die Patientin mit den postoperativen Magenschmerzen?«, meinte Ronny. »Anfang fünfzig. Sie hatte außerdem Kopfschmerzen, deswegen haben wir sie noch einen Tag länger behalten. Sie sollte heute entlassen werden.«

Christoffer wurde es heiß.

»Sie nahm sich gegen halb elf ein Taxi«, fuhr Ronny mit neutraler Stimme fort, die etwas zu verbergen schien.

»Und?«

Annelie begann, ihn zu umkreisen. Sie stellte zwei Tüten mit Lebensmitteln auf die Spüle und räumte die Lebensmittel in den Kühlschrank. Ihre Bewegungen waren langsam, fast träge. Sie schien seinen Blicken auszuweichen.

»Ihr Ehemann behauptet, sie starb genau eine Stunde, nachdem sie zu Hause eingetroffen war«, sagte Ronny.

Die Zeit blieb stehen.

Verdammt! Christoffer brachte keinen Ton heraus. Sein Atem stockte.

»Hörst du mich?«, fragte Ronny.

»Ja...«

»Herzinfarkt, vermuten wir«, sagte Ronny, seltsamerweise ohne Vorwurf in der Stimme.

Verdammt, dachte Christoffer. Verdammte Scheiße!

»Sie hatte in der Nacht davor Schmerzen in der Brust, habe ich später von einer Schwester erfahren. Die Nachtschwester hat das in den frühen Morgenstunden weitergegeben und im Krankenblatt vermerkt, das ich aber nicht gelesen habe. Vormittags ist es ja immer etwas chaotisch mit allen Entlassungen. Jedenfalls hat mir niemand etwas gesagt. Auch die Patientin nicht. Soweit ich mich erinnere, hast du heute Morgen auch nichts erwähnt. Aber ich kann mich schließlich auch irren.«

Seine Zunge war wie gelähmt. Dass er ausgerechnet Ronny in Schwierigkeiten gebracht hatte, machte die Sache nicht besser.

»Ich weiß nicht, was ich sagen soll«, meinte er schließlich.

»Hast du sie untersucht?«

Die Frage war unbarmherzig, aber berechtigt.

»Nein.«

Er hörte Ronny am anderen Ende einatmen.

»Hat Birgitta Olsson nicht bei dir angerufen? Im Krankenblatt steht, dass sie den Hb-Wert und Fieber gemessen, außerdem ein EKG gemacht und dich angerufen hat.«

»Letzte Nacht war viel zu tun ... ich erinnere mich nicht an alle Einzelheiten. Aber vermutlich hat sie mich angerufen ... Es klang dann aber nicht so, als wäre das EKG weiter beunruhigend. Aber wir hätten eine Blutprobe nehmen müssen, um einen Herzinfarkt auszuschließen. *Ich* hätte dafür sorgen müssen«, berichtigte er sich, als er realisierte, wer die medizinische Verantwortung trug.

Ronny erwiderte nichts.

»Okay«, meinte er dann. »Wir brauchen jetzt nicht weiter darüber zu reden. Ich wollte dich nur informieren, schließlich ist es unangenehm, wenn so ein Fall eintritt und die Betroffenen wissen nichts davon, das passiert ja leicht einmal.«

Sie wussten natürlich beide, wie das war. Hinter vorgehaltener Hand wurde getuschelt, und selbst erfuhr man nicht das Geringste.

»Wir reden später drüber. Der Kardiologe hat sich das EKG

angesehen. Vermutlich war es normal, aber das ist ja immer schwer zu beurteilen. Frauen und Herz, du weißt schon. Das wird natürlich Folgen haben«, fuhr Ronny Alexandersson fort, immer noch ohne ungehalten zu klingen.

Christoffer hörte nichts mehr außer einem Rauschen im Kopf. Ronny verabschiedete sich mit der Bemerkung, dass sie sich am nächsten Tag sähen. Christoffer legte auf und blieb wie erstarrt stehen.

»Ist was passiert?« Annelie hielt inne und sah ihn forschend an. »Heute habe ich erfahren, dass...«

»Ach was«, fiel er ihr ins Wort. Er hatte keine Kraft mehr, für ihre Vorwürfe schon gar nicht. »Ich muss auf die Toilette.«

Nachdem er alles von sich gegeben hatte, betätigte er die Spülung.

»Ich muss noch rasch was holen«, sagte er zu Annelie und verließ das Haus, ohne sie anzusehen.

Die frische Luft kühlte sein Gesicht. Er atmete tief ein und dann ganz langsam aus, während er auf das Auto zuging. Es stand so, dass es vom Küchenfenster aus nicht zu sehen war. Trotzdem drehte er sich um und vergewisserte sich, dass sie ihm nicht hinterher schaute.

Er riss die Beifahrertür auf und starrte erst auf den Beifahrersitz und dann auf den Boden. Nichts, nur die grauschwarze Fußmatte aus Kunststoff und etwas Sand. Er tastete unter den Sitz. Nichts. Sicherheitshalber ging er in die Knie und legte den Kopf auf die Plastikmatte, um unter den Sitz zu schauen. Er entdeckte eine Fünf-Kronen-Münze und zog sie hervor. Ein Bonbonpapier ließ er liegen. Kein rotes zusammengeknülltes Papier.

Es war weg.

18

Birgitta Olsson holte frische Laken aus dem Wäscheschrank. Sie waren sogar gemangelt.

»Du nimmst doch dein altes Zimmer«, meinte ihre Mutter. »Wir heizen da zwar nicht, aber draußen ist es schließlich nicht kalt.«

Dass man mit über sechzig immer noch sein erstes Zimmer haben konnte! Einige Möbel fehlten oder waren umgestellt, aber es war immer noch ihr Zimmer. Eine verblichene Blümchentapete, ein brauner Fleck in der oberen Ecke, der immer schon dort gewesen war. Ihre Eltern hatten ihr Schlafzimmer auf der anderen Seite des Ganges gehabt, schliefen aber jetzt im ehemaligen Damenfrisiersalon im Erdgeschoss, um sich die Treppe zu ersparen. Dort hing immer noch der große Spiegel von damals. Wie die Jahre vergingen!

Nein, sie vergingen nicht. Sie flogen.

Sie bezog das Bett. Die Laken waren kühl und weich. Zwei Laken, ihre Eltern hatten nie Bettbezüge benutzt. Sie fuhr mit den Fingerspitzen über die Borte, die ihre Großmutter gehäkelt hatte. Die Nachttischlampe leuchtete mit demselben gelben Schein wie immer.

Als sie sich auf das schmale und viel zu weiche Bett setzte, um sich auszuziehen, fiel ihr Blick auf das Foto auf der Kommode, das immer dort gestanden hatte. Es war von einem herumreisenden Fotograf irgendwann in den fünfziger Jahren aufgenommen worden. Ein vergilbtes, koloriertes Foto von Lasse, Harry und ihr.

Wo ihre Schwester an jenem Tag gewesen war, wusste sie nicht. Iréne, die dann mit ihrem erfolgreichen Ehemann in die Welt gezogen war. Jetzt lebte sie vom schwedischen Staat, da ihr Mann sie wegen einer jungen Brasilianerin verlassen hatte. Iréne hat es sich leicht gemacht, dachte Birgitta. Keine vernünftige Berufsausbildung, immer nur Drinks am Pool. Birgitta war früher oft eifersüchtig auf ihre kleine Schwester, während sie selbst sich im Kleinstadtleben Oskarhamns gefangen fühlte. Aber jetzt hatte Iréne es vermutlich nicht so leicht. Knapp bei Kasse und Rheuma. Sie wohnte in Vallentuna bei Stockholm.

Birgitta betrachtete das Foto erneut und ließ ihre Gedanken in die Vergangenheit zurückschweifen. Lasse, Harry und sie standen auf dem schmalen, kurvigen Weg zwischen ihren Höfen, die sich gegenüberlagen. Sie sahen aus wie die Kinder von Bullerbü. Blond und mit Zahnlücke.

Dann kroch sie ins Bett. Sie fühlte sich wie ein kleines Mädchen zu Hause bei Mama und Papa, und das war gerade jetzt gut.

Claesson lag wieder mit Nora auf dem Bauch auf dem Sofa im Wohnzimmer. Jetzt war es allerdings bereits halb zehn Uhr nachts. Klara schlief. Veronika räumte die Küche auf.

Er war früher als geplant nach Hause gekommen. Mustafa Özen und er waren doch nicht nach Kalmar gefahren. Der Teppichhändler war nicht zu Hause gewesen, wollte sie aber morgen treffen.

Die Witwe war auch nicht zu Hause gewesen. Sie war zu ihren Eltern gefahren. Klug, dachte er. Bei den Eltern konnte man wieder Kind sein. Wenn er vor ihrer Reise in die Türkei am Mittwoch nicht mehr mit ihr sprechen konnte, dann ließ sich das auch nicht ändern. Dann musste er sie eben in Istanbul vernehmen. Lieber spät als gar nicht. Laut Ludvigsson und Jönsson hatte ihre Aussage, keine Ahnung zu haben, was geschehen sein könnte, glaubwürdig geklungen.

Veronika ließ sich in den Sessel sinken. Sie hatte dunkle Ringe unter den Augen.

»Wie kommt ihr eigentlich zu detaillierten Angaben über einen Mord im Ausland?«, fragte sie und legte ihre nackten Füße auf den Tisch.

»Dafür gibt es festgelegte Abläufe«, erwiderte er. »Der Ermittler vor Ort schreibt einen Bericht für das Interpolbüro der eigenen Hauptstadt... in diesem Fall also Ankara. Einerseits sind die Angehörigen zu unterrichten, andererseits benötigt man Informationen über das Opfer aus dessen Heimatland. Interpol hat eine eigene Homepage. Du findest sie problemlos im Internet, wenn dir das Spaß macht...«

»Ich habe schon genug zu tun!«, erwiderte sie. »Und dann?«

»In Ankara wird alles übersetzt, in diesem Fall ins Englische. Dann geht der Schriftsatz an das Interpol-Hauptsekretariat in Lyon und von dort an unser Interpolbüro in Stockholm. Das Landeskriminalamt wird informiert und je nach Fall auch noch andere Behörden.«

»Und was habt ihr dazu beizutragen, was das Landeskriminalamt nicht bieten kann? Die haben doch vermutlich ganz andere Voraussetzungen?«

»Tja, das Kriminalamt verfügt über mehr Kriminaltechniker, und sie können Täterprofile erstellen lassen, falls nötig. Das können wir nicht. Aber wir können uns rascher einen Überblick über das Umfeld des Opfers verschaffen, sofern das von Bedeutung ist. Wir verfügen schließlich über die Ortskenntnisse... und wir haben...«

»Was?«

»Einen Beamten, der Türkisch spricht. Er hat mich heute begleitet. Das ist schon was, ein Beamter, der sowohl aus dem Bezirk ist als auch die fremde Sprache beherrscht.«

Nora versuchte ihren schweren Kopf zu heben und begann zu schreien. Veronika nahm sie auf den Arm.

»Leg dich hin«, sagte sie. »Du kannst dann die Frühschicht übernehmen.«

19

Der Teppichhändler Robert Karlgren wohnte auf Ängö, in einem schönen Wohnviertel nicht weit vom Zentrum von Kalmar entfernt, dessen Silhouette von der großen Barockkirche dominiert wurde. Ein Dom ohne Bischof, denn der Bischofssitz war Växjö. Claesson wusste nicht, warum die Kirche trotzdem als Dom bezeichnet wurde. In der Ferne konnten sie die Brücke nach Öland erkennen. Die Sicht war gut und reichte bis auf die andere Seite.

»Hübsche Stadt«, sagte Claesson, als Özen in die Sparregatan einbog. »Man muss nur im Bademantel hinunterspazieren und kann ein morgendliches Bad nehmen, wenn einem das gefällt.«

Hinter einer Wiese mit einem Spielplatz lag das Ufer.

»Ja, wirklich nicht schlecht«, meinte Özen und stellte den Motor ab.

Ängö stellte eine Ansammlung Holzhäuser mit und ohne verputzte Fassade dar. Die Farben waren Weiß, Rosa, Hellblau, Gelb und Ocker. Größere Miethäuser und moderne

Gebäude gab es keine. An einem Ende der Insel in der Nähe der Brücke lag ein Billighotel.

Karlgren erwartete sie bereits. Er wohnte im zweiten Stock. Das Wohnzimmer war hell und gemütlich. In der Wohnung lagen etliche Teppiche, aber nicht alle waren aus dem Orient. Es duftete nach Kaffee. Claesson trat ans Fenster.

»Schöne Aussicht«, sagte er und schaute über den Kalmarsund bis nach Öland.

»Ja, aber sie war noch schöner, bevor die Häuser auf dem Varvsholmen gebaut wurden«, meinte Karlgren, während er den Kaffee holte. Ein hübscher Esstisch war bereits mit einem gestärkten Tischtuch gedeckt.

Hoffentlich ist Özen nicht so ein Teetrinker, dachte Claesson. Wenn ihr Gastgeber noch einmal Wasser in der Küche aufsetzen müsste, würde ihn das sicher aus dem Konzept bringen.

Aber Mustafa hatte gegen Kaffee nichts einzuwenden.

»Das mit Olsson ist wirklich fürchterlich«, meinte Karlgren, biss in eine Zimtschnecke und starrte auf die Tischdecke. »Das ist einfach unbegreiflich.«

Dann begann er ihre Fragen zu beantworten.

Sie kannten sich seit dreißig Jahren und hatten regelmäßig Kontakt, mindestens einmal im Jahr oder jedes zweite, entweder telefonisch oder auf irgendeiner Teppichmesse. Ohne einen konkreten Grund telefonierten sie nie miteinander. Männer rufen sich selten oder nie an, um einfach nur zu plaudern, dachte Claesson.

Karlgren erzählte eine Weile. Claesson etablierte den Kontakt, wie das so schön hieß. Dann erkundigte er sich, ob er sein Tonband mitlaufen lassen dürfe. Er versprach Karlgren, ihm anschließend die Abschrift vorzulegen.

»Kein Problem«, meinte der Teppichhändler, Claesson

fischte das Tonbandgerät aus seiner Jackentasche und kontrollierte, ob die Batterie funktionierte.

Karlgren erzählte, dass er früher schon mit Olsson in der Türkei war. »Ich habe jedoch das Gefühl, dass er öfter dorthin fährt als ich.«

»Wie kommen Sie darauf?«

»Tja, manchmal redet er so, als sei er eben erst dort gewesen.« Karlgren fuhr sich mit der Hand übers Kinn. »Aber genauer weiß ich es auch nicht«, meinte er dann in einem Ton, als bereute er, dass er das überhaupt erwähnt hatte.

»Was hat er dort gemacht?«

»Keine Ahnung! Er wird sich Teppiche angesehen haben. Vermutlich gefiel es ihm dort.«

»Geschäfte?«

»Mit Teppichen, natürlich.«

»Und andere Geschäfte?«

»Meinen Sie illegale Geschäfte? Rauschgift und so?«

Claesson sagte nichts.

»Nein, das passt wirklich nicht zu Carl-Ivar.« Er fasste sich erneut ans Kinn. »Aber wenn man bedenkt, wie brutal er ermordet wurde, dann fragt man sich natürlich ...«

Claesson wartete, aber Karlgren blieb stumm. Er bat Karlgren, ihnen von ihrer Reise und ihrem Zweck zu erzählen. Sie hatten aus unterschiedlichen Gründen die Reise unternommen, jedoch an derselben Konferenz von Teppichinteressierten aus aller Welt in einer ehemaligen Moschee teilgenommen, die jetzt als Ausstellungssaal und Konferenzlokal diente. Claesson ließ sich die Adresse geben sowie eine Broschüre mit Farbfotos von der Moschee und von Teppichen, die in einer Plastikmappe auf dem Tisch gelegen hatte.

»Sie können die ganze Mappe mitnehmen. Ich habe das Material für Sie zusammengestellt.«

Hier herrscht Ordnung, dachte Claesson und dankte Robert Karlgren für seine Umsicht. Dann trank er einen Schluck Kaffee. Olsson und Karlgren waren mit ihren Frauen nach Istanbul geflogen. Robert Karlgrens Ehefrau Marianne hielt sich im Augenblick in Göteborg auf, würde der Polizei in Oskarshamn aber selbstverständlich zur Verfügung stehen, falls es noch Fragen gab.

Olssons und Karlgrens hatten nicht im selben Hotel gewohnt, aber im selben Stadtviertel, in Sultanahmet, dem Teil von Istanbul innerhalb der Stadtmauer, der als Altstadt bezeichnet wurde und in dem monumentale und bekannte Baudenkmäler standen, Kirchen, Museen und Moscheen.

»Gassen und kleine Plätze, recht chaotisch, aber faszinierend«, meinte er mit träumerischem Blick.

Einen Abend waren sie ausgegangen, um zusammen zu essen.

»Erinnern Sie sich, wie das Restaurant hieß?«

Karlgren schüttelte den Kopf.

»Das ist eine schwierige Frage. Wenn Sie mal in Istanbul waren, dann begreifen Sie, was ich meine. Es ist auch nicht sicher, dass man zwei Abende hintereinander dasselbe Lokal findet, selbst wenn man das gerne will. Es gibt keine guten Stadtpläne, und Teile der Stadt sind Labyrinthe ohne Straßennamen. Aber warten Sie...«

Karlgren stand auf und holte seine Brieftasche aus der Diele. Darin lag eine Visitenkarte.

»Hatte ich ganz vergessen«, sagte er. »Mit etwas Glück finden Sie es. Wenn Sie jemanden auf der Straße fragen, dann führt man Sie sicher zu einem ganz anderen Lokal, das aber im Prinzip genauso ist. Aber viel besser, wird man Ihnen einreden wollen. Man sagt Ihnen allerdings nicht, dass es irgendeinem Cousin gehört. Alle scheinen unendlich viele Cousins zu haben. Die Familie ist alles in der Türkei.«

Karlgren sah Özen neugierig an, der wortlos grinste.

Claesson legte die Visitenkarte in die Plastikmappe.

»Im Restaurant geschah übrigens nichts Besonderes. Wir aßen. Dann sind wir ins Hotel zurückgekehrt und haben uns ins Bett gelegt«, fuhr Karlgren fort. »Ich kenne Olsson schon lange, und so viel kann ich Ihnen sagen, nicht einmal in meiner wildesten Fantasie hätte ich mir ausmalen können, dass Carl-Ivar einmal so bestialisch ermordet werden würde... Falls das, was in den Zeitungen steht, überhaupt stimmt.« Robert Karlgren sah Claesson fragend an, aber dieser reagierte nicht. »Eine regelrechte Hinrichtung. Wer hätte dazu Veranlassung gehabt?«

Karlgren schüttelte den Kopf.

»Was die Teppiche angeht, wissen Sie, ob Olsson gerade ein besonders wichtiges oder interessantes Geschäft machen wollte? Ich verstehe kaum etwas von Teppichen, könnten Sie uns vielleicht in dieser Frage helfen?«

Karlgren schüttelte erneut den Kopf.

»Nein. Teppichgeschäfte führen nur in den seltensten Fällen zu einem Mord. Natürlich gibt es schwarze Schafe in allen Branchen, aber bei uns ist es nicht so wie beim Rauschgifthandel.« Er verzog den Mund. »Es kann sich nur um einen Irrtum handeln. Ich habe in der Tat noch nie von einem Mord im Zusammenhang mit Teppichen gehört, obwohl es manchmal um recht große Summen geht...«

»Wie groß?«

»Das ist sehr unterschiedlich. Teppiche sind im Vergleich

zu anderen handgefertigten Gegenständen wie gewissen Antiquitäten oder auch neuen Möbeln recht billig.«

»Siebenstellige Summen, wäre das vorstellbar?«, wollte Claesson wissen.

»Natürlich gibt es Teppiche, die so viel kosten, es kommt ganz darauf an. Aber solche werden auf dem internationalen Markt und in Auktionshäusern wie Bukowskis vertrieben. Also nichts, was Carl-Ivar und ich je im Angebot gehabt hätten… zumindest nicht ich«, meinte Robert Karlgren nach einer kurzen Pause.

»Betätigen sich eigentlich nur Männer als Teppichhändler?«

»Vereinfachend könnte man sagen, dass die Frauen für die Produktion verantwortlich sind. Sie knüpfen oder weben die Teppiche zu Hause oder in speziellen Lokalen, während Verkauf und Reparatur Männersache ist. Es ist recht anstrengend, Teppiche zu reparieren. Und was das Geld angeht… die Händler waren immer Männer. Ich verkaufe überwiegend neue Teppiche und auch nicht die allerteuersten. Kalmar ist keine Großstadt in dieser Beziehung. Ein neuer Teppich mit vielen Knoten ist natürlich teuer, aber es geht nicht um die Summen, die Sie genannt haben, eher um fünfstellige. Ein Teppich ist unglaublich arbeitsaufwändig. Schauen Sie sich diesen mal an.«

Er stand auf und hob die Ecke eines Teppichs an, der auf dem Boden lag. »Hier sieht man, wie dicht er geknüpft ist. Eine anstrengende, zeitintensive Arbeit.«

Karlgren sah zu Claesson hoch, der sich ebenfalls zu dem Teppich herabbeugte und nickte. Er verkniff sich die Frage, ob auch Kinder Teppiche knüpften oder webten. Kinder, die mit schmalen und raschen Fingern in halbdunklen Räumen arbeiteten.

»Die Zahl der Knoten spielt bei alten Teppichen allerdings keine Rolle«, fuhr Karlgren fort. »Bei der Bewertung kommt es auf andere Dinge an. Man muss sich fast ausschließlich mit alten Teppichen befassen, damit man ein Gespür dafür entwickelt. Olsson kannte sich in diesen Fragen besser aus als ich.«

»Worauf muss man denn beispielsweise achten?«

»Tja, auf das Alter und auf den Entstehungsort, auf Farbe und Form und Originalität. Carl-Ivar hat sich immer mehr für alte Teppiche interessiert als ich, also für Teppiche, die älter als hundert Jahre sind. Ich hatte aber nie das Gefühl, dass er mit Teppichen handelt, die Millionen kosten.«

Claesson zeigte ihm das Foto des Teppichfragments aus Kappadozien. Robert Karlgren setzte eine Brille auf, betrachtete das Foto genau und schüttelte dann den Kopf.

»Nie gesehen«, sagte er. »Er scheint richtig alt zu sein.«

»Fünfzehntes Jahrhundert, habe ich mir sagen lassen«, meinte Claesson.

»Sieh mal einer an«, erwiderte Karlgren, ohne eine Miene zu verziehen.

Eine halbe Sekunde lang wurde es still.

»Wie verwahrt man Teppiche eigentlich?«, wollte Claesson wissen.

»Auf dem Fußboden zu Hause, an der Wand oder als Sitzkissen wie die Nomaden. Das hat man auch früher in Schweden so gehalten. Teppiche sind Gebrauchsgegenstände, nichts, was man in den Safe legt, obwohl man das mit seltenen Exemplaren sicher auch macht. Teppiche halten einiges aus. Füße, Schuhe, Schmutz, und man kann einfach mit dem Staubsauger drübergehen. Wir Händler bewahren Teppiche in abgedunkelten Räumen auf, damit die Farben keinen Schaden nehmen. Die Temperatur sollte keinen Schwankungen ausgesetzt sein. Teppiche sollten in einem Regal liegen, wenn man sie lange lagert, und nicht auf dem Boden, zumindest nicht in einem Keller, weil sie dort von unten feucht werden könnten.«

Das kann man sich eigentlich denken, behielt Claesson für sich.

»Wissen Sie, zu welchen Teppichhändlern in Istanbul Olsson Kontakt hatte?«

»Ich weiß, dass er immer zu einem sehr renommierten Teppichhändler in der Nähe des Großen Basars ging. Mit dem war er seit Jahren befreundet. Ich glaube, der Sohn hat den Laden inzwischen teilweise übernommen, aber sein Vater ist tagsüber sicher immer noch dort. Ich kenne ihn auch. Ich habe keine Visitenkarte von ihm, aber ich kann Ihnen in einem Buch zeigen, wo das Geschäft liegt.«

Er stand auf, ging ins Nebenzimmer und kam mit einem Buch über Istanbul zurück. Er schlug Kapalı Çarşı, den großen Basar, auf.

»Dieses Teppichgeschäft liegt nicht innerhalb des eigentlichen Basars, sondern direkt dahinter an einem sehr schönen Innenhof... Hier!«

Er deutete auf den nordöstlichen Teil des riesigen Areals, das in dem Reiseführer auf einer Doppelseite abgebildet war. »Es heißt Zincirli Hanı.« Mustafa Özen schrieb mit. »Es handelt sich zweifellos um den schönsten Hanı im Großen Basar. *Han* bedeutet Handelshaus, *Hanı* ist die bestimmte Form«, erklärte der Teppichhändler mit Kennermiene. »Eine stille Oase in dem Gewimmel aus Gässchen und Läden. Nicht weit entfernt steht der orientalische Kiosk... hier.« Er deutete auf das Foto eines schmalen, kleineren Gebäudes, das recht eigenartig aussah. »Ursprünglich lag hier ein Café, aber jetzt wird hier Schmuck verkauft, glaube ich. Wussten Sie übrigens, dass das Wort ›Kiosk‹ aus dem Türkischen stammt? Es bedeutet eigentlich so etwas wie *kleines Gartenhaus*... der Große Basar ist wirklich ein Erlebnis. Hier verläuft man sich leicht, aber Zincirli Hanı finden alle. Das garantiere ich Ihnen.«

»Und, was halten wir davon?«, fragte Claesson auf dem Weg zurück zum Auto. »Nichts«, beantwortete er seine Frage selbst. »Alles ist denkbar: Drogenhandel, betrügerischer Teppichhandel, Trafficking und sogar reines Pech!«

Özen schwieg.

»Oh Gott, am Ende werden wir uns wirklich noch mit Teppichen auskennen«, fuhr er fort, aber dann unterbrach er sich. »Du hast vermutlich nicht so viel mit Gott im Sinn?«

»Nein, nicht wirklich«, sagte Özen.

Claesson musterte ihn von der Seite. Özen fuhr. Claesson hatte auf eine genauere Erläuterung der konfessionellen Zugehörigkeit gehofft, aber Özen sagte nichts. Vermutlich war er Muslim oder konfessionslos wie er selbst.

Er schaute auf die Uhr. Viertel vor drei. Eigentlich hätten sie jetzt die Witwe aufsuchen müssen, um sie zu befragen, aber er wollte nach Hause. Mit der Witwe konnten sie auch in Istanbul sprechen, entschuldigte er seine Faulheit oder genauer seine Unlust. Er wollte nach Hause zu seiner Familie, ganz besonders jetzt. Özen und er würden einfach Ludvigssons und Jönssons Protokoll noch einmal im Flugzeug studieren. Die nächsten Angehörigen waren bei einer Mordermittlung immer wichtig. Nicht selten fand sich der Schuldige unter ihnen, aber ein besseres Alibi als die Ehefrau konnte man kaum haben. Birgitta Olsson war am Mordtag von niemand Geringerem als Claessons eigener Ehefrau gesehen worden. Sie hatten sich in der Stadt unterhalten.

»Ich glaube nicht, dass wir es noch zu der Witwe schaffen«, sagte er.

Özen schwieg weiterhin. Wenn das so weitergeht, wird das eine zähe Reise, dachte Claesson.

Özen stellte den Wagen in die Tiefgarage des Präsidiums, und sie brachten das Tonband ins Sekretariat, damit sie die Abschrift nach Istanbul mitnehmen konnten. Claesson flirtete mit einer der Sekretärinnen.

Hotelvouchers und alle Tickets lagen auf ihren Schreibtischen. »*Jetzt steht fest, dass ihr fahrt und nicht etwa die RK oder Kalmar. Gute Reise! Louise*« stand auf einem Zettel.

Claesson stellte fest, dass sie von Kastrup aus flogen. Kurz nach sieben ging der Zug von Kalmar zum Flughafen. Da musste er früh aufstehen. Um halb sechs holte sie ein Wagen ab, um sie nach Kalmar zu bringen. Er sah schon eine schlaflose Nacht vor sich. Früh aufstehen und außerdem noch fliegen.

Er mochte es nicht, wenn die Maschine schaukelte. Dann wurde ihm ganz einfach mulmig, und Luftlöcher gab es bei so einer langen Reise immer. Wenn es nur keine Probleme mit der Bahn gab! Sie hatten zwar reichlich Zeit, aber nicht unendlich, falls es große Verspätungen geben sollte. Und das war in letzter Zeit beunruhigend oft vorgekommen.

Er legte die Reiseunterlagen in seine Aktentasche und merkte, dass er Reisefieber hatte.

Claesson hatte Informationen über Istanbul aus dem Internet ausgedruckt und außerdem ein Buch über die Türkei gekauft. Er wollte die Flugzeit für seine Allgemeinbildung nutzen. Jetzt hatte er bereits von Teppichhändler Karlgren gelernt, dass Kiosk ein Lehnwort aus dem Türkischen war. Aber es gab noch weitere Wörter, die er nachschlagen musste, wie

Sultan, Harem, Diwan, Ottomane, osmanisch und byzantinisch. Einige dieser Vokabeln waren vermutlich nicht einmal türkisch. Vielleicht waren sie persisch oder arabisch, aber sie klangen nach fernem Orient. Bereits das Wort Orient gefiel ihm. Dattelpalmen, die träge im Wind schwankten, und der Duft von aromatischen Kräutern und von Weihrauch. Er sah sich auf einem Teppich sitzen, an bunt gemusterte Kissen gelehnt und eine Wasserpfeife rauchend, während die Hitze des Tages in angenehme Kühle überging. Er spürte die Ruhe und dachte wieder an den Orientalen Herrn Omar. »Laut meiner unmaßgeblichen Meinung könnte eine Landkarte nicht schaden«, hätte Herr Omar mit seiner milden Stimme gesagt und ihn mit seinen unergründlichen Samtaugen angesehen.

Eine Landkarte, genau! Eine gute Landkarte konnte man immer brauchen. Die musste er noch kaufen.

Er ging die Treppe hinunter, und das Abenteuer, das vor ihm lag, machte ihm gute Laune.

20

Annelie Daun ließ die Tür zur Straße eine Weile offen stehen, um zu lüften. Sie ließ die Schultern kreisen und spürte, wie sich eine große Ruhe in ihr ausbreitete. In einer halben Stunde würde sie schließen.

Gleichzeitig schlug ihr Herz etwas schneller. Sie war aufgeregt. Es gab so viele Fragen, so vieles war ungewiss.

Der nette Kommissar Claesson wird sicher alles unternehmen, um den Schuldigen zu finden, dachte sie zuversichtlich, obwohl der Mord in der Türkei verübt wurde. Sie hatte erfahren, dass Birgitta und die Kinder am nächsten Tag nach Istanbul fahren würden. Eigentlich wäre auch sie gerne mit nach Istanbul gekommen, aber das kam natürlich nicht in Frage. Carl-Ivar war fast so etwas wie ein Vater für sie gewesen. Eine etwas geistesabwesende, aber verlässliche Person im Hintergrund.

Sie starrte aus dem Fenster. Obwohl es keine Veranlassung dazu gab, hatte sie irgendwie das Gefühl, gegen ihren Willen in etwas reingezogen worden zu sein. Sie fühlte sich schuldig wie so oft als Kind. Sie hatte viel daran gearbeitet, diese Gefühle zu überwinden. Alles war nicht immer ihre Schuld. So zu denken war sehr egozentrisch.

Aber jetzt verfiel sie wieder in diese Denkmuster. Sie hörte die Ermahnung ihrer Mutter: »Du weißt, dass deine Mama das nicht verkraftet, Annelie. Warum machst du das denn?«

Eigentlich war es meistens ihre Mutter selbst gewesen. Manchmal natürlich auch Annelie, sie hatte vielleicht ein Glas fallen lassen oder auf dem Heimweg von der Schule vergessen einzukaufen. Dann verbiss sich ihre Mutter förmlich in ihr und begann, auf ihr herumzuhacken. Sie war nicht mehr zu bremsen. Solange sie nüchtern war natürlich nur. Es gab keinen Aus-Knopf. War sie blau, dann schimpfte sie, bis sie einschlief.

Annelie hatte in ihrer Kindheit sehr viel Zeit damit zugebracht, darüber nachzudenken, was wohl schlimmer war. Ihre Mutter betrunken wie eine Strandhaubitze zu ertragen, wie es der Nachbar ein Stockwerk darunter auszudrücken pflegte, oder wenn sie nüchtern und wütend war. Ausgeschimpft wurde sie in beiden Fällen. Für das, was sie angestellt hatte, und für das, was ihre Mutter getan oder versäumt hatte. Wäsche waschen, Einkaufen und Kochen beispielsweise. Was andere Mütter taten. Ihre nicht. Nur manchmal.

Immer öfter beschlich sie das Gefühl, dass Christoffer ihrer Mutter in manchen Dingen ähnlich war. Er klagte über die Ausgaben oder warf ihr vor, zu langsam zu sein. Sie solle sich zusammennehmen. »Es ist aufreibend, sich um alles alleine kümmern zu müssen. Das Finanzielle und alles.« Er sah sie so verzweifelt an, als könnte sie plötzlich Geld aus dem Hut zaubern.

Er schien es aber auch zu genießen. Wer Geld hatte, hatte Macht, so einfach war das. Er konnte mit dem Geld machen, was er wollte, und sie hatte nicht das Recht, ihn zu fragen, warum er einen neuen Computer gekauft hatte. Aber er nahm sich das Recht heraus, sie zu fragen, sobald sie nur eine Einkaufstüte in der Hand hielt. Auch wenn es nur eine von H&M war und sie die Sachen mit dem Geld bezahlte, das sie im Teppichgeschäft verdiente. »War das wirklich nötig?«, meinte er dann kritisch. »Du weißt, dass wir sparen müssen.«

Er behandelte sie wie ein Kind.

Das geht dich einen Dreck an, hätte sie gerne zu ihm gesagt, aber sie schwieg. Genau wie damals bei Mama. Keine Statistik der Welt konnte ihr weismachen, dass Widerspruch lohnte. Alles wurde dadurch nur schlimmer.

Carl-Ivar.

Sie war davon überzeugt, dass sich vor ihren Augen etwas abspielte, das sie einfach nicht zur Kenntnis nahm. Ein Gefühl von einer verborgenen Strömung, von Unwahrheiten oder Heimlichtuerei beschlich sie. Geheimnisse. Aber worüber? Sie wünschte sich, zum Telefon greifen zu können und der Polizei etwas mitteilen zu können.

Das Dunkle, das in ihr rumorte, hatte nicht nur mit Carl-

Ivars Tod zu tun, das wusste sie. Ihr eigenes Leben war ins Wanken geraten, aber das wollte sie noch nicht wahrhaben. Praktischerweise war Carl-Ivars tragischer Tod dazwischengekommen, und der hatte sie abgelenkt.

Was hielt er vor ihr geheim?

Ihre Gedanken wurden unterbrochen, denn die Tür ging auf. Magnus Öberg stand vor ihr.

Sie lächelte erstaunt.

»Hallo«, rief er munter wie immer. »Lotta und ich sind bei Birgitta. Die Kinder sind in Stockholm bei meinen Eltern. Wir fahren morgen Nachmittag nach Istanbul. Ich wollte nur rasch vorbeischauen...«

Sie hatte ihn seit Ostern nicht mehr gesehen. Da war er mit Lotta und den Kindern in Oskarshamn gewesen. Magnus besuchte seinen Schwiegervater im Teppichgeschäft, aber da hatte sie kaum eine Gelegenheit, sich mit ihm zu unterhalten. Carl-Ivar hatte ihn damals vollkommen mit Beschlag belegt.

Sie fand es irgendwie rührend, wie wichtig es Carl-Ivar gewesen war, sich bei seinem außergewöhnlichen Schwiegersohn aus Stockholm ins rechte Licht zu rücken. Das hat er doch nicht nötig, dachte sie. Dazu sollte er sich zu schade sein.

»Aber hallo«, sagte sie jetzt und gab Magnus eine flüchtige Umarmung, wobei ihre Brüste ganz leicht seinen Brustkorb streiften. Sie ahnte den Duft seines Rasierwassers und wusste sogar, dass es Paul Smith hieß. Er strich ihr mit seinem Zeigefinger über den Nacken, es schauderte sie, und sie bekam eine Gänsehaut.

Manchmal genügte ganz wenig!

Er hatte sich nicht verändert, der Junge aus der Sommerfrische in Klintemåla. Meerwasser im Haar und kleine Sommersprossen auf der Nase. Der ewige Sommer der Kindheit.

Warum erschienen ihr diese Sommer rückblickend so wundervoll? Denn das entsprach nicht der Wahrheit, nicht der ganzen Wahrheit zumindest. Sie erinnerte sich auch, dass es manchmal sehr langweilig gewesen war, wenn sie mit ihrer Mutter allein in der Wohnung saß und nichts mit sich anzufangen wusste. Manchmal radelte sie nach Gunnarsö, um Freundinnen zu treffen. Aber recht oft war sie allein, wenn andere mit ihren Eltern in den Sommerhäusern an der Küste, mit dem Auto im Süden oder auf Pauschalreise unterwegs waren.

Magnus hatte keine Sommersprossen mehr, das war lange her. Er war der Junge aus der Großstadt, der einen feineren Dialekt sprach als sie und jeden Sommer mit seinen reichen Eltern auf Besuch kam und in dem großen Haus wohnte, das gemeinhin die Sahnetorte genannt wurde. Im Winter lebte er mit seiner Familie in einer Welt, die nichts mit der ihrigen zu tun hatte. Das reiche, fröhliche und unbeschwerte Leben in Stockholm. So stellte sie es sich zumindest vor.

Aber im Sommer lag sie mit Magnus auf denselben Felsen und Badestegen. Birgitta und Carl-Ivar waren so nett, sich ihrer zu *erbarmen*. So hatte es einmal eine ältere Frau, eine Freundin von Birgitta, ausgedrückt, die sehr breite Füße in sehr schmalen Schuhen gehabt hatte, das einzige Merkmal, an das sie sich noch erinnerte, da sie sich so unglaublich geschämt hatte, dass sie nur noch auf den Boden starren konnte.

Lotta und sie schliefen im Stockbett und Johan auf der Bank im Wohnzimmer, die nicht sonderlich groß war. Sommergäste, das Glitzern der Wogen, der Duft von Meerwasser in der Nase, lange Tage am Strand. Sie angelten auch, segelten und begannen irgendwann miteinander zu schmusen. Sie verliebte sich zum ersten Mal und erlebte wenig später ihren ersten Liebeskummer.

Ihre erste große Liebe, über die sie unzählige Tränen in ihr Kissen geweint hatte, stand jetzt vor ihr. Es war eigentlich von Anfang an klar gewesen, dass Lotta ihn ihr abspenstig machen würde. Sie war ein Jahr älter, kein kleines Mädchen mehr wie sie. Außerdem war sie hübscher und hatte mehr Selbstbewusstsein. Sie passten zueinander. Sie sah, was geschah, konnte aber nichts tun. Sah, wie Lotta Magnus umgarnte. Lotta hatte das schon früher bei anderen probiert, aber jetzt machte sie es noch offensichtlicher. Und fürchterlicher, und sie hatte keine Möglichkeit, das zu verhindern.

Aber das war jetzt vorüber, beruhigte sie sich. Vorbei.

Magnus ging im Laden herum und zog wie damals einen Mundwinkel hoch. Schief, aber sehr charmant. Er ließ seinen Blick flüchtig über die Wände schweifen und betrachtete die Teppiche.

»Und wie läuft das Geschäft?«

Diese direkte Frage traf sie wie ein Hieb. Das konnte doch nicht sein Ernst sein? Fast hätte sie erwidert, danach musst du schon Carl-Ivar fragen, aber das ging ja nicht. Früher oder später würde sicher ein Nachlassverzeichnis erstellt werden. Dann würde er alle Zahlen schwarz auf weiß vor sich haben.

»Ganz okay«, antwortete sie ausweichend.

Ihr Herz klopfte heftiger. Dass es ihr immer noch so erging. Gleichzeitig genoss sie es aber auch. Sie fühlte sich wieder lebendig. So war es bei ihrer letzten Begegnung an Ostern auch gewesen, aber da hatten sich nur ihre Blicke getroffen. Letzten Sommer bei einem Fest, das Birgitta und Carl-Ivar in Klintemåla veranstaltet hatten, hatte sie die Blicke von Magnus und die Wärme, die in ihnen lag, sehr deutlich gespürt. Als hätte sich seit den Sommertagen, als sie beide noch halbe Kinder gewesen waren, nichts verändert.

»Carl-Ivar hat von ein paar größeren Geschäften erzählt«, sagte Magnus in einem Tonfall, als wollte er das Gespräch nur in Gang halten.

»Ach? Hat sich Carl-Ivar mit dir über seine Teppichgeschäfte unterhalten?«, lächelte sie.

»Das kam vor... Ich habe mich in letzter Zeit nebenher ja auch mehr für Teppiche interessiert. Das hatten wir, Schwiegervater und ich, gemeinsam. Er hat versprochen, mir ein paar Teppiche zu besorgen. Spezielle. Ich hatte ihm Geld dafür mitgegeben. Weißt du was darüber?«

Jetzt lächelte er breit. Sie dachte nach. Merkwürdig, dass Carl-Ivar das mit keinem Wort erwähnt hatte. Aber er war ihr natürlich keine Rechenschaft schuldig. Größere Geschäfte wickelte er vermutlich allein ab. Sie war schließlich nur die Aushilfe.

»Nein, nicht das Geringste«, sagte sie daher. »Mir hat er jedenfalls nichts davon erzählt. Alles, was vorhanden ist, liegt hier oder im Keller.«

Magnus hielt seine Sonnenbrille an einem Bügel und wedelte mit ihr herum, während er die Teppiche genauer in Augenschein nahm. Annelie schluckte. Sie betrachtete seine selbstsichere, offene Haltung, die sie so gut kannte. Nicht einmal nach dem Konkurs seiner Eltern, als die Sahnetorte verkauft werden musste und für die reiche Stockholmer Familie alles zusammenbrach, hatte er die Fassung verloren. Ihm gehörte die Welt, ungeachtet der Umstände.

»Und wie geht es dir?«, fragte er und sah sie durchdringend an.

»Ganz gut.«

»Du bist wahnsinnig hübsch, Annelie, weißt du das? Das warst du schon immer, aber jetzt ist es einfach unübertrefflich.«

Er näherte sich ihr mit gesenktem Blick. Wie ein Stier, dachte sie. Kam näher, lächelte warmherzig und schob ihren Kopf mit seinem Zeigefinger ein paar Zentimeter in die Höhe. »Du solltest deinen Kopf so halten. Hoch erhoben. Das bist du wert. Etwas mehr Selbstvertrauen, wenn ich bitten darf.«

Sie spürte, dass sie feuerrot wurde. Er konnte so direkt sein. Sie fühlte sich gefangen.

»Verdammt, Annelie. Wie du mir manchmal gefehlt hast. Schenk mir doch ein Lächeln, ja?«

Seine Stimme klang gleichzeitig sehnsüchtig und forsch, aber er verlor nicht die Kontrolle über die Situation. Sie lächelte und erschauerte dabei. Warum nahm ihr Begehren kein Ende? Seine Fingerspitzen auf ihrer Haut, und nichts mehr war, wie es sein sollte.

»Kannst du nicht abschließen?«, flüsterte er. »Dann gehen wir runter...«

Sie nickte, schloss die Tür ab und ging die Wendeltreppe hinunter.

Als sie mit dem Rücken auf einem Stapel hochwertiger iranischer Teppiche lag, endeten ihre Gedanken, und sie existierte nur noch.

Aber ein diffuses, ungutes Gefühl regte sich in ihr.

Darum kümmere ich mich später, dachte sie, nicht jetzt.

21

Beim Flug gab es Turbulenzen. Sie waren aber nicht so gravierend, und die meisten Passagiere schliefen unbekümmert weiter und unterbrachen ihre Mahlzeiten nicht. Nur Claesson saß die ganze Zeit angeschnallt da und starrte vor sich hin. Er hatte Mühe, gelassen zu bleiben, und die Stewardessen genauestens im Auge behalten. Solange sie nicht nervös wurden, war alles okay.

Er war nicht der einzige Passagier mit Flugangst. Die Menschen gehörten ganz einfach auf die Erde und nicht in die Luft oder auf den Mond.

Nun waren die schlimmsten Turbulenzen vorüber, gab der Kopilot durch. Die Maschine flog ohne Erschütterung weiter.

Claesson dachte nach. Auf dem Nachbarsitz schlief Özen ganz entspannt. Sein Kopf war zur Seite gesackt, und sein Mund stand offen. Özen litt nicht an Flugangst.

Sie hatten sich über Carl-Ivar Olsson unterhalten, als sie auf dem Flughafen Kastrup noch ein Bier getrunken hatten. In der Maschine waren sie die wenigen Dokumente aus Istanbul und jene aus Oskarshamn durchgegangen. Es war immer ein gewisser Nervenkitzel damit verbunden, sich auf fremdes Terrain zu begeben. Er wollte nicht unvorbereitet sein, aber noch wichtiger war es ihm, sich nicht länger als nötig in der Türkei aufzuhalten. Er hatte nichts gegen das Land und auch nicht gegen Istanbul und die grenzüberschreitende Zusammenarbeit, aber er wollte die Angelegenheit so glatt und schnell wie möglich über die Bühne bringen. Sein Ziel war es, etwas Klarheit in den Fall zu bringen, denn er wagte nicht zu hoffen, ihn bereits in der Türkei lösen zu können. Es war leichter, den Angehörigen gegenüberzutreten, wenn man sein Möglichstes getan hatte.

Wer war dieser Olsson, über den er sich regelrecht ärgerte, was hauptsächlich damit zusammenhing, dass er ihn um seine freien Tage gebracht hatte. Außerdem machten ihn Menschen mit völlig weißer Weste immer nervös. Dass alles völlig korrekt sein sollte, wirkte einfach unwahrscheinlich.

Nein, wahrscheinlich tat er ihm Unrecht, eine Berufskrankheit. Früher war alles anders. Das hörte er bis zum Abwinken und dachte es auch selbst manchmal. Immer mehr Menschen installierten Alarmanlagen und schlossen selbst dann die Tür ab, wenn sie zu Hause waren. Sonst konnte man ausgeraubt werden, während man in einem anderen Zimmer fernsah. Die fünfziger Jahre seien die reine Idylle gewesen, sagten alle, die sie erlebt hatten. Da konnte man sich noch aufeinander verlassen. Aber auch an den sechziger Jahren gab es nichts auszusetzen, an die er sich noch gut erinnerte.

Er dachte wieder an Olsson. Bis auf weiteres hatte er die Ehefrau und die beiden Kinder mit ihren Familien von der Liste der Verdächtigen gestrichen, da sie sich zum Zeitpunkt des Mordes in Schweden aufgehalten hatten. Annelie Daun, die Nichte, die sich um das Geschäft kümmerte, ebenfalls. Peter Berg und Martin Lerde hatten ihre Mutter aufgesucht, die Schwester von Olsson, eine in Oskarshamn stadtbekannte Alkoholikerin. Sie war bei dem Besuch recht nüchtern und schien nicht einmal zu wissen, dass sich ihr Bruder in der Türkei aufgehalten hatte.

Also niemand im näheren Umfeld, falls es sich nicht um einen Auftragsmord handelte, aber diese Theorie war eher abwegig.

Sie würden später eine Liste mit den Personen erstellen, die über Kontakte in der Türkei verfügten.

Die nächste Frage lautete, ob der Täter es auf Olsson persönlich oder auf seinen Besitz, sein Geld oder einen teuren Teppich abgesehen hatte. War eine Transaktion schiefgelaufen? Brauchte jemand dringend Geld? Ging es um Schulden? Hier ließ sich sicher noch einiges herausfinden, so viel war klar.

War der Mord spontan und ohne Planung verübt worden? Danach sah es nicht aus. Die Gefahr entdeckt zu werden, war angesichts der vielen Passagiere auf der Fähre zu groß. Das Ganze war ganz schön dreist. Entweder war der Mord perfekt getimt oder von einem kaltblütigen Täter detailliert geplant. Er hatte Olsson verfolgt und zugeschlagen, als die Wahrscheinlichkeit gesehen zu werden, am größten war.

Aber warum in Istanbul?

»Man denkt natürlich sofort an Rauschgift«, meinte Özen. Da ist was dran, dachte Claesson. Unter Dealern ging es immer brutal zu. In diesem Fall handelte es sich nicht um eine Maßnahme zur Einschüchterung Olssons, also um Totschlag im Affekt, sondern zweifelsfrei um Mord.

Annelie Daun würde, soweit er die Zusammenhänge bislang verstand, nicht vom Tod des Teppichhändlers profitieren. Wahrscheinlich würde sie ihre Arbeit verlieren, aber immerhin lebte sie in gesicherten Verhältnissen, da ihr Mann sie versorgen konnte.

Sie hatten den Verdacht, dass Olsson kurz vor dem Abschluss eines sehr großen Geschäfts gestanden hatte. Claesson blieb es ein Rätsel, weshalb ein Sammler oder Teppichliebhaber für einen mottenzerfressenen halben Teppich Millionenbeträge zahlen konnte, gleichgültig ob er sechshundert Jahre alt war oder nicht. In wessen Auftrag hätte Olsson eventuell diesen außergewöhnlichen Teppich besorgen sollen? Konnte er ihn beschaffen, ehe er umgebracht wurde? Und falls ja, wo befand sich der Teppich jetzt? Wie bezahlte er ihn? Oder war Olsson nur der Mittelsmann? Ein Teppichkurier, der den Teppich durch den Zoll nach Schweden bringen sollte, während die Millionen auf den Konten anderer eingingen? Irgendetwas musste Olsson aber in jedem Fall an der Sache verdient haben.

Die Kollegen zu Hause überprüften gerade die Konten, sowohl die privaten als auch die der Firma. So etwas dauerte erfahrungsgemäß eine ganze Weile.

Die Wahrscheinlichkeit, dass Olsson die Ehrlichkeit in Person gewesen war, war im Prinzip größer, als dass er Rauschgiftkurier oder unseriöser Teppichhändler gewesen war. Zu diesem Schluss kam Claesson letzten Endes. Die meisten Menschen sind gesund, pflegte Veronika zu sagen, obwohl es ihr aus ihrer Krankenhausperspektive heraus manchmal schwerfiel, das zu glauben.

Claesson sah verschiedene Szenarien vor sich. Olsson mit viel zu dicker Brieftasche auf der Fähre. Die Brieftasche war jedoch weder verschwunden noch geleert gewesen. Außerdem waren Taschendiebe nur selten bereit zu töten.

Es wäre bedeutend einfacher gewesen, das Geld zu stehlen und die Brieftasche über Bord zu werfen, dachte er. Olsson sitzt gemütlich auf der Fähre, während die anderen Passagiere von Bord gehen. Der Täter schleicht sich an. Zieht sein Messer, rammt es seinem Opfer in den Bauch und hält ihm den Mund zu, damit er nicht schreit. Das laute Stöhnen wird vom Lärm der Motoren übertönt, die aufheulen, als die Fähre abbremst, um anzulegen. Das Blut strömt, und Olsson verliert rasch das Bewusstsein. Der Täter wirft das Messer über Bord, schließt sich den anderen Passagieren an und geht ruhig über die Gangway. Dann verschwindet er im Gewimmel auf dem Kai.

Aber worauf hatte er es abgesehen?

Die Stewardess sammelte den Abfall ein. Sie nahm die leere Tomatensaftdose und lächelte Claesson an. Was für ein Job! Diese Enge, Eintönigkeit und immer freundlich lächeln.

Sie flogen immer noch ruhig. Es waren noch anderthalb Stunden. Özen schlief wie ein Murmeltier und schnarchte.

Claesson nahm das Buch über die Türkei aus der Tasche an seinem Vordersitz. Eine große von vier Minaretten flankierte Moschee zierte den Umschlag. Die Minarette erinnerten an Raketen, die in den strahlend blauen Himmel ragten. Er öffnete das Buch, fand einen übersichtlichen Stadtplan und betrachtete ihn eingehend.

Özen hatte erzählt, die Türkei sei ungefähr so groß wie Schweden, Norwegen und halb Dänemark zusammengenommen. Ein Land reich an Naturschätzen und landschaftlicher Variation, bekannte Badeorte an den Küsten und Skilifte an verschneiten Hängen.

Erst kam ein langes Kapitel über die Geschichte der Türkei, die im Prinzip so lang zu sein schien wie die Geschichte der Menschheit. Seit der Steinzeit gab es Menschen in der Türkei. Volksstämme aus dem Osten waren eingewandert, hatten die ansässigen Stämme unterworfen und neue Reiche gegründet. Er las weiter über den fruchtbaren Halbmond, der sich von Mesopotamien, dem Land zwischen Euphrat und Tigris, bis nach Ägypten erstreckte. Mesopotamien!

Er ließ den Namen auf der Zunge zergehen. Hatte dort nicht die Stadt Ur gelegen? Die Stadt, aus der der Patriarch

Abraham laut dem 1. Buch Mose in das Land Kanaan gegangen war?

Die Stadt Konstantinopel wurde im 4. Jahrhundert an einem Ort namens Byzantion, einer griechischen Kolonie, gegründet. Lange wurde diese Stadt auch das Neue Rom genannt. Seit 1926 hieß sie Istanbul.

Die Mongolen besetzten das Land im 13. Jahrhundert, und viele Christen traten zum Islam über, da die Mongolen die Muslime geringer besteuerten. Rebellische Turkmenen holten sich das Land später wieder zurück, und das Osmanische Reich entstand. Das Land schlug sich im Ersten Weltkrieg auf die deutsche Seite. Im Schatten dieses Krieges fand 1915 der Völkermord an über einer Million Armeniern statt, laut Claessons Reiseführer ein schwarzer Fleck in der türkischen Geschichte. Der Weltkrieg führte zum Zerfall des Imperiums, das Reich wurde von den Siegermächten geteilt. Ein Teil des Vertrags bedingte eine riesige Bevölkerungsverschiebung. Über eine Million Griechen aus Anatolien wurden gegen etwa eine halbe Million Muslime aus Griechenland ausgetauscht. Und all das liegt nicht einmal hundert Jahre zurück, dachte Claesson.

Ein Offizier der Armee namens Mustafa Kemal hatte die griechische, dann die Besatzungsmacht anderer Länder vertrieben. Er rief 1923 die Republik aus. Ankara wurde nach Konstantinopel die neue Hauptstadt und Kemal der erste Präsident des Landes. Er nannte sich Kemal Atatürk, was so viel wie »Vater des Staates« bedeutete.

Das Land war zerrüttet. Atatürk hatte große und umfassende Veränderungen veranlasst. Er orientierte sich am europäischen Lebensstil des Westens und wollte den Einfluss des Islam schwächen, um das Land zu modernisieren. Die Türkei wurde säkularisiert, neue Straßen wurden gebaut, Industrie entstand. Das Land sollte für Investoren aus dem Ausland geöffnet werden. Atatürk wollte einen Fundamentalismus iranischer Prägung verhindern. Der Preis dafür war außer Völkermord und der Entstehung großer Klassenunterschiede die unerbittliche Verfolgung verschiedener Volksgruppen wie etwa der Kurden. Das Militär hatte in der Türkei immer großen Einfluss.

Jetzt entwickelte sich das Land demokratischer, und große Anstrengungen wurden unternommen, um es für die Mitgliedschaft in der EU zu qualifizieren.

Die Maschine setzte zur Landung an.

Claesson packte nicht gerne. Das hatte den Vorteil, dass er immer mit kleinem Gepäck reiste. Laut Veronika sollte man ihm in dieser Hinsicht ruhig das Packen für alle überlassen.

Das hatte er von seinem Vater gelernt. Lege alles, was du mitnehmen willst, aufs Bett und sortiere dann die Hälfte aus. Mustafa Özen schien es ähnlich zu handhaben. Sie brauchten also nicht auf Koffer zu warten, sondern gingen mit ihrem Handgepäck direkt durch den Zoll.

Der Flughafen Atatürk war groß und modern. Alles verlief nach Plan. Ein Mann mit einem Schild *Oskarshamn* in Druckbuchstaben erwartete sie.

Der junge Polizist in dunkelblauer Jacke und hellblauem Hemd musterte die beiden Schweden neugierig. Mustafa begrüßte ihn auf Türkisch.

Im Auto auf dem Weg nach Istanbul zog Claesson sein Handy aus der Tasche und rief zu Hause an. Es ging niemand an den Apparat. Er versuchte es mit Veronikas Handy.

»Wir sind gelandet.«

»War die Reise anstrengend?«

»Überhaupt nicht. Jetzt fahren wir gerade nach Istanbul rein.«

»Ist es warm?«

»Allerdings, aber nicht glühend heiß ... Wie geht es euch?«

Er hatte ein schlechtes Gewissen.

»Keine Probleme.«

Seine Gewissensbisse ließen nach. Er hatte die beste Ehefrau der Welt!

»Gib den Mädchen einen Kuss von mir.«

»Bekomme ich auch einen?«

»Du bist doch auch mein Mädchen.«

Ein wenig verlegen beendete er das Gespräch. Was Mustafa Özen wohl denken mochte? Auch egal!

Özen saß vorne, um sich mit seinem türkischen Kollegen zu unterhalten. Claesson sah rechterhand grünes Wasser, über dem ein leichter Nebelschleier lag. Ob das an der Hitze oder an der Luftverschmutzung lag, war schwer zu sagen. Vermutlich sowohl als auch. Einheimische gingen am Strand spazieren oder picknickten. Frachter lagen auf der Reede. Vermutlich ist das das Marmarameer, dachte er.

Jetzt war er in Istanbul.

22

Mit dem Abholschein in der Hand drehte Annelie Daun das Schild an der Tür um, sodass »Komme gleich« zu lesen war, und schloss das Teppichgeschäft ab. Sie wollte das Paket bei der Post abholen. Sie glaubte zu wissen, um welchen Teppich es sich handelte, er würde sich mühelos tragen lassen, und sie brauchte die Sackkarre nicht mitzunehmen.

Es war sicher der schöne anatolische Gebetsteppich. Natürlich konnte es auch ein anderes Stück sein, das Carl-Ivar zur Reparatur weggegeben hatte, oder ein Teppich, den er in der Türkei gekauft hatte. Solche Teppiche wurden aber meist von einem Kurier gebracht.

Sie war erst wenige Schritte auf der Frejagatan Richtung Lilla Torget gegangen, als sie das Gefühl beschlich, verfolgt zu werden. Sie drehte sich um und erblickte in einigem Abstand einen schlanken Mann Anfang vierzig, den einzigen Passanten auf dem Bürgersteig.

Als der Mann merkte, dass sie ihn ansah, blickte er zu Boden, zog ein Handy aus der Tasche und hielt es ans Ohr. Sie erkannte ihn wieder. Er war Ende vergangener Woche im Laden gewesen und hatte sich nach Carl-Ivar erkundigt. Einer von diesen Teppichfanatikern, hatte sie gedacht.

Er sprach Östergötland-Dialekt und wollte wissen, ob Carl-Ivar sich ganz sicher noch in der Türkei befand. Worum es ging, hatte er ihr nicht erläutert, sondern nur mitgeteilt, er hatte mit Carl-Ivar vereinbart, im Geschäft vorbeizukommen, wenn er in der Gegend war.

Ob er wusste, dass Carl-Ivar tot war?, überlegte sie. Natürlich wusste er das, schließlich hatte es in allen Zeitungen gestanden.

Sie blieb beharrlich und fragte, ob es um einen Teppich ging, was er bejahte, ohne jedoch näher zu erklären, um welchen. Sie fragte, ob Carl-Ivar ihn anrufen sollte, falls sie ihn in der Türkei erreichte. Das war nicht nötig, die Sache war nicht eilig.

Das war am Samstag, als Annelie noch nicht wusste, dass

Carl-Ivar an diesem Tag ermordet worden war. Vielleicht war er zu diesem Zeitpunkt noch am Leben gewesen?

Plötzlich schluchzte sie auf.

Jetzt endlich kommen die Tränen, dachte sie. Sie hatte bislang kaum geweint. Zu Hause hatte sie nicht weinen wollen, da hatte sie genug damit zu tun gehabt, Christoffer schmoren zu lassen, was sie sogar genossen hatte. Ihr fiel auf, dass er sie ansah und überlegte, ob sie den roten Zettel wohl gefunden hatte. Aber sie schwieg. Das war die Strafe. Hielt er sie etwa für dumm? Ihr war schon seit langem klar, welcher Typ Mann er war. Sie konnte sich noch gut daran erinnern, wie er sie vor vielen Jahren um den Finger gewickelt hatte.

Ihre Tränen versiegten. Sie schluckte und blieb stehen, um den Mann zu fragen, ob er in den Laden wollte. Aber der Mann drehte sich auf dem Absatz um und ging in die entgegengesetzte Richtung, das Handy immer noch ans Ohr gedrückt.

Mit einem leichten Gefühl des Unbehagens setzte sie ihren Weg zum Lilla Torget fort und ging in Gedanken versunken durch die von Bäumen gesäumte Fußgängerzone.

Aber als sie den Teppich abgeholt hatte, der für eine Kollegin von Christoffer namens Veronika in Stockholm repariert worden war, und ihn zum Laden zurücktrug, war ihr Unbehagen verschwunden. Nur die stumme Trauer war geblieben. Sie hatte vor, den Tränen freien Lauf zu lassen, sobald sie die Tür des Geschäfts hinter sich geschlossen hatte.

Es klingelte. Veronika Lundborg griff schnell zum Hörer, damit Klara nicht aufwachte. Die Tür zum Garten stand offen. Auch heute war ein herrlicher Tag. Cecilia meldete sich.

»Und wie geht es dir, Kleines?« Sie hörte selbst, wie übertrieben das klang. Sie zwitscherte fast so wie die Vögel vor der Tür. Sicher war alles wie immer.

»Gut«, erwiderte Cecilia. Das war ungewöhnlich.

Veronika fehlten einen Augenblick die Worte.

»Das ist wunderbar!«, rief sie dann. »Ist etwas Besonderes passiert?«

»Nein ... doch ... ich habe angefangen, ins Fitnessstudio zu gehen.«

»Oh, prima! Und was trainierst du? Du warst ja schon in Orup viel im Fitnessraum.«

Sie hätte sich die Zunge abbeißen können. Warum musste sie dauernd auf Orup zurückkommen? Cecilia war über das Rehastadium hinaus. Nun brachen andere Zeiten an. Die Rückkehr in den Alltag. Ein normales Leben, so allmählich.

»Ich war in der Gerdahalle«, sagte Cecilia mit ungewöhnlich nuancierter Stimme, obwohl sie immer noch eine Spur monoton klang.

»Klasse!«

Veronika wusste, wo das war. Eine gut besuchte Sporthalle zwischen alten Institutsgebäuden und Professorenvillen zentral in Lund gelegen. Außerdem nicht allzu weit von der Klinik entfernt. Die verschiedensten Leute trainierten dort, dicke, dünne, junge, alte, durchtrainierte, weniger fitte und offenbar auch Reha-Fälle.

»Wie bist du auf die Idee gekommen?«

»Irgendwas musste ich schließlich tun«, erwiderte Cecilia. »Ich habe mich am Empfang erkundigt und den Rat bekommen, mir von einer Krankengymnastin helfen zu lassen. Und jetzt bin ich schon einen Schritt weiter.«

»Ach?«

»Ich habe der Krankengymnastin gesagt, dass ich mehr

unter die Leute möchte, und sie meinte, mein Gleichgewichtssinn wäre gut ... und ich könnte auch bei der normalen Gymnastik mitmachen ... wenn ich es nicht gleich übertreibe, sondern erst mal langsam mit Rückengymnastik anfangen.«

»Wie schön! Wirklich cool!«

Veronika hatte das Gefühl, sich wie ein Papagei zu wiederholen. Aber Cecilia stand offenbar an einem Wendepunkt.

Sie sah ihre Tochter im Gedränge der Umkleide vor sich und in der Schlange vor den Duschen. Das war genau das, was ihre älteste Tochter brauchte, um ihre Isolation zu durchbrechen.

Sie fragte Cecilia, ob sie nach Oskarshamn kommen wollte, denn Claes war verreist.

»Nein«, antwortete sie. »Nicht jetzt. Später vielleicht.«

Erst war Veronika etwas beleidigt, sie hatte mehr oder minder mit dem Besuch Cecilias gerechnet, kam dann aber zu dem Schluss, dass sie allen Grund hatte, sich über diese Antwort zu freuen. Ihre Tochter begann, wieder selbständig zu werden.

Auf dem Heimweg vom Kindergarten hatte sie im Coop frische Brötchen gekauft. Verwerflich, denn Vollkornbrot war gesünder, aber frisches Weißbrot schmeckte einfach so gut. Sie wusste nicht einmal, wie lange Claes verreist sein würde, da durfte sie sich wenigstens etwas gönnen.

Ach was! Warum immer diese Suche nach einem Anlass? Wenn man wollte, fand man immer einen Grund, um zu sündigen. Sie setzte noch einen Kaffee auf.

Die Stimmung war heute anders. Cecilia hat nicht mehr von sich hören lassen, dachte sie hoffnungsvoll und schaute aus dem Küchenfenster. Das Wetter war schon seit einer

Woche gut. Vielleicht würden ihr die ständigen Anrufe ihrer Tochter bald fehlen?

Dann rief sie ihre Kollegin Else-Britt Ek an. Sie hatte am nächsten Tag frei und wollte Veronika und ihre Mädchen zum Abendessen einladen, jetzt wo Veronika Strohwitwe war. Sie konnten auch dort übernachten, wenn sie das wollten.

Else-Britt wohnte auf einem Bauernhof in Applekulla, den ihr Mann betrieb. Der Hof lag am Ende eines schmalen und kurvigen Sandwegs nicht weit von Bråbo und Bjälebo und befand sich schon seit Generationen im Besitz seiner Familie. Das Anwesen war wunderschön!

Veronika würde mit den Kindern rausfahren. Abends war es jetzt lange hell, und Klara würde noch die Pferde streicheln und vielleicht auf einem der kleinen Ponys reiten können.

Veronika legte Nora in die Babytragetasche und schloss die Tür zur Küche. Der Lärm der Spülmaschine wurde leiser, und sie ging in das sonnige Wohnzimmer.

23

Svenska Generalkonsulatet« stand auf einem Messingschild am Tor. Ilyas Bank hatte sich am Vorabend die Öffnungszeiten angesehen. Da war das hohe, schmiedeeiserne Tor geschlossen gewesen. Über dem Tor hing das Landeswappen von Schweden, eine gelbe Königskrone und ein blaues Feld mit drei kleineren Kronen darunter. Schon seit gestern hatte er Magenschmerzen vor Nervosität, aber er musste einfach dorthin.

Vor einer guten halben Stunde, um Punkt neun Uhr, war

er durch das schwarze Tor getreten. Das Konsulat lag zentral am Ende der langen Geschäftsstraße Istiklal Caddesi, direkt neben Tünel, die ihn später rasch durch den Berg befördern würde, damit er nicht noch einen weiteren Fährabgang versäumte.

Er würde auch so schon genug Ärger mit Ergün bekommen. Gespielt gleichgültig würde Ergün ihn ausfragen. Er konnte ihm natürlich nicht erzählen, dass er sich aus dem Staub machen wollte. Sie durften die Stadt zurzeit nicht verlassen und mussten sich zur Verfügung halten. Das hatte ihnen die Polizei mitgeteilt.

Andererseits verband sie die Tatsache, den toten Mann gefunden zu haben, und das war keine Kleinigkeit. Ergün hatte die Möwen ebenfalls schreien hören, und das mit den Möwen war fast das Schlimmste gewesen. Bei dem Gedanken daran wurde ihm ausgesprochen unwohl. Dieses erschütternde Erlebnis schweißte sie zusammen, und das war gut und schlecht zugleich. Es tat gut, mit jemandem, der es selbst auch mit eigenen Augen gesehen hatte, darüber reden zu können, dann brauchte man nicht so viel zu erklären. Man musste sich nicht mit Details aufhalten, wie es auf der Wache mit der Beamtin der Fall gewesen war.

Seiner Schwester hatte er nichts erzählt. Sie hätte sich nur aufgeregt und die Eltern angerufen, das wollte er auf keinen Fall. Die ganze Verwandtschaft würde über ihn herfallen, um ihn zu beschützen, aber auch um jede Einzelheit in Erfahrung zu bringen. Sein Cousin, der ihm die Arbeit besorgt hatte, würde auftauchen, fett und behäbig bei seiner Schwester auf der Couch sitzen und eine Zigarette nach der anderen rauchen, husten und ihn mit dem Blick festnageln. »Du hast doch nichts angestellt?«, würde er fragen. »Denk an mich, an den Ruf der Familie«, würde er sagen. »Du kannst mich in Schwierigkeiten bringen, schließlich habe ich dir den Job besorgt! Unsere Familie war immer ehrlich!«

Nein, ich habe nichts angestellt, würde er lügen.

Vor vielen Jahren zu Hause in seinem Dorf hatte er davon geträumt, im Mittelpunkt zu stehen. Aber jetzt, wo das der Fall war, konnte er sich gar nicht dafür begeistern.

Er wollte nur eins, verschwinden. Er dachte an das Geld. Es berauschte ihn und machte ihm Angst. Er konnte reisen, aber vorher musste er noch einiges regeln.

Im Konsulat kümmerte sich eine wortkarge und abweisende türkische Dame namens Yasemin um die Anträge auf ein Visum. Schweden, die in die Türkei reisten, brauchten kein Visum, aber Türken, die nach Schweden fahren wollten, schon. Das hing mit dem Schengener Abkommen zusammen, erklärte sie.

Er musste unglaublich viele Papiere vorlegen. Aber das würde schon gehen. Er wollte die Verwandtschaft besuchen, erzählte er Yasemin, und drei Wochen in Schweden bleiben.

Sie hob nicht mal ihre geschwungenen Augenbrauen. Natürlich gab es viele Türken, die Verwandte in Schweden hatten. Er solle bloß nicht glauben, er sei etwas Besonderes, schien sie sagen zu wollen. Aber egal, es blieb ihm nichts anderes übrig, als alle Formulare, die sie ihm vorlegte, in Empfang zu nehmen. Als er wieder vor dem Tor stand, sah er ein, dass es einige Tage dauern würde, bis er alles beisammen hatte.

Einen Pass besaß er bereits. Glücklicherweise hatte er ihn nach Istanbul mitgenommen. Zwei Farbfotos stellten auch kein Problem dar. Er musste nachweisen, dass ihm genügend

Geld zur Verfügung stand, um für seinen Aufenthalt aufzukommen. Er musste zu einer Bank gehen und die erforderliche Summe, aber nicht mehr, denn das konnte verdächtig wirken, einzahlen. Vielleicht sollte er ein neues Konto eröffnen?

Dann brauchte er eine Abschrift aus dem Familienstammbuch, dem Nüfus, aus der Familienstand, Eltern und Geschwister hervorgingen. Eine Straßenbahn rumpelte die Istiklal Caddesi entlang. Er wartete, bis sie vorbei war, nahm sein Handy aus der Tasche, rief seine Schwester an und bat sie, bei ihrer Mutter das erforderliche Dokument zu beschaffen.

»Was willst du damit?«, wollte sie natürlich wissen.

»Du weißt doch, dass ich schon immer mal verreisen wollte...«

Seine Schwester schwieg, und er hörte nur ihre Atemzüge. Er legte sich schon eine längere Erklärung zurecht, als eines ihrer Kinder zu schreien begann und sie es plötzlich eilig hatte.

»Okay, ich kümmere mich drum«, sagte sie und legte auf.

Jetzt hatte er es eilig. Er ging zur *Tünel*, kaufte einen *Jeton* an der Kasse. Dann stieg er in den Wagen, der ihn unterirdisch an den Fuß des Berges brachte. Die beiden Bahnhöfe waren mit hübschen Wandfliesen gekachelt.

In Karaköy im Galataviertel stieg er aus. Die Stadt war schon vor Stunden erwacht, aber der Morgendunst lag immer noch über dem graugrünen Wasser des Goldenen Horns. Mit raschen Schritten ging er auf die Galatabrücke zu und an den Anglern vorbei, die sich über das Geländer beugten. Es herrschte nur wenig Verkehr.

Er sah, wie seine eigene Fähre vom Bosporus her auf den Kai in Eminönü zustrebte. Plötzlich fühlte er sich nicht mehr wohl in seiner Haut. Man würde ihn zur Rede stellen. Er musste sich eine Entschuldigung einfallen lassen. Dass er verschlafen hatte, musste als Erklärung genügen, fand er. Eine kompliziertere Entschuldigung würde nur Misstrauen erwecken, das war ihm klar.

Er näherte sich dem anderen Ende der Brücke, Sultanahmet. Ihm stieg der Duft von gegrilltem Fisch in die Nase, und er merkte, dass er schon eine ganze Weile nichts mehr gegessen hatte. Er schlenderte auf einen Mann zu, der mit geröteten Augen neben seinem Grill stand, und kaufte einen frisch gegrillten Fisch in einem Stück Weißbrot und eine Fanta. Er hatte nicht genug Muße, um sich an einen der niedrigen Tische zu setzen, sondern aß, während er auf die *MS Tirowor* zuging.

Die Passagiere verließen gerade das Schiff. Satt und zufrieden ging er die Gangway hoch. Er fühlte sich beobachtet, als er auf seinen Stand zuging. Er hatte es vermieden, zum Kiosk hinüberzuschauen.

Gerade als er den Samowar mit Wasser füllte, spürte er einen Finger im Rücken. Er drehte sich um.

»Wo warst du?«, fragte Ergün.

»Verschlafen«, antwortete er.

Obwohl er diese Antwort auf dem breiten Kai von Eminönü unzählige Male geübt hatte und wusste, dass es verzeihlich und menschlich war, gelegentlich zu verschlafen, wurde er tiefrot im Gesicht.

»Aha«, sagte Ergün nur und ging zu seinem Kiosk zurück. Das kam ihm fast zu einfach vor.

Dann hob er die Platte in seinem Tresen an und fasste mit der Hand darunter. Ganz hinten lagen immer noch die Scheine, die er versteckt hatte und die nicht einmal die Spürhunde entdeckt hatten.

Falls die Polizei überhaupt Hunde an Bord gebracht hatte. Er wusste es nicht. Rauschgifthunde? Der tote Schwede war vielleicht ein Dealer gewesen? Nicht, dass er wie einer ausgesehen hätte. Aber man konnte nie wissen!

Das alles war sehr spannend, aber vor allen Dingen auch unheimlich.

24

Es war früher Nachmittag. Der Tag schleppte sich dahin. Das Radio lief leise im Hintergrund, und Annelie spitzte die Ohren, um die Lokalnachrichten nicht zu verpassen. Vielleicht würden sie auch heute über Carl-Ivar berichten. Vielleicht gab es etwas Neues?

Sie drehte lauter und hielt den Atem an. Der Sprecher teilte mit, Beamte aus Oskarshamn befänden sich auf dem Weg nach Istanbul. Ihr Herz schlug schneller. Sekunden später kam bereits die nächste Meldung, und sie konnte weiteratmen.

Klavierklänge ertönten aus dem kleinen Transistorradio. Ehe sie leiser gemacht hatte, spülten die schönen Klänge über sie hinweg und ließen ihr Inneres erzittern. Es war Werbung für einen weltberühmten Pianisten, der am Samstag in Kalmar ein Konzert gab.

Sie wollte gerade den Teppich, den sie von der Post geholt hatte, aus dem braunen Papier schälen, aber die unbeteiligt vorgetragene Nachricht über Carl-Ivar, gefolgt von der schmachtenden Musik, hatten sie aus der Fassung gebracht.

Sie brach in Tränen aus. Sie schluchzte. Sie ließ den aufgerollten Teppich, noch umhüllt von einer schützenden Plastikfolie, an den Tisch gelehnt stehen und wischte sich die Tränen mit dem Handrücken ab. Hoffentlich kommt jetzt niemand herein, dachte sie.

Aber was hätte das schon für eine Rolle gespielt? Alle wussten, was geschehen war. Birgitta hatte erzählt, dass bei ihr im Holmhällevägen unzählige Blumensträuße abgegeben worden waren. Vier große Sträuße wurden auch im Teppichgeschäft von Kunden abgegeben, die kondulieren wollten. Sie stellte einen Strauß auf den Tisch und die anderen drei in die Schaufenster. Die Blüten leuchteten in der Sonne, es waren Rosen, Lilien und Wicken einer robusteren Sorte, die vermutlich aus dem Ausland kam.

Einfache und schöne Sträuße, die einen wunderbaren Duft verströmten.

Sie hatte ein gerahmtes Foto von Carl-Ivar in das eine Schaufenster gestellt. Christoffer fand das übertrieben, als sie ihm davon erzählte. Es erstaunte ihn, dass sie so gefühlvoll geworden war. »Carl-Ivar gehörte nicht zu den Royals, er war einfach nur Teppichhändler«, meinte er.

Sie wusste, was er meinte, aber das kümmerte sie nicht weiter. Sie tat, was sie für richtig hielt, und hatte auch nicht die Absicht, sich dafür zu rechtfertigen. Sie ahnte, dass Christoffer eifersüchtig war. Dass ihr außer ihm auch andere Menschen wichtig waren, gefiel ihm nicht. Und was tat er?

Sie hatte nie zu den Frauen gehört, die Männer verwöhnten. Er war die Ausnahme. Das wusste er natürlich, und es gefiel ihm. Sie brachte ihm Liebe und sehr viel Geduld entgegen, so empfand er das. Aber war es wirklich Liebe? Manchmal war sie sich nicht sicher. Wusste sie überhaupt, was Liebe war?

Jedenfalls tat sie ihr Bestes. Sie orientierte sich an den

Frauen, die gerne bereit waren, ihren Männern alle Hindernisse aus dem Weg zu räumen, und die alles für ihre Söhne taten, ihren Töchtern gegenüber aber recht hart sein konnten.

Wie ihre Mutter. Aber sie war ja auch keine gewöhnliche Mutter gewesen.

Allmählich war Christoffer ihrer überdrüssig geworden. Gelinde gesagt, war die Beziehung zu ihrem Ehemann zwiespältig.

Das Telefon klingelte.

Es klingelte in letzter Zeit recht oft. Schon allein deswegen war es gut, dass sie die Stellung im Geschäft hielt. Insbesondere seit Birgitta und die Kinder nach Istanbul gereist waren, um von Carl-Ivar Abschied zu nehmen.

Eine Frau war am Apparat, die Rotwein auf ihrem Teppich verschüttet hatte. So etwas kam recht häufig vor. Vielleicht war das auch nur ein Vorwand? Sie räusperte sich.

Kein großer Fleck, meinte die Frau am Telefon, aber wie sollte sie ihn wegbekommen?

Annelie empfahl, den Fleck mit einem Handtuch und lauwarmem Wasser mit einigen Tropfen Spülmittel abzutupfen. Sie riet der Frau, das erst vorsichtig an einer Ecke auszuprobieren, um festzustellen, ob der Teppich dabei seine Farbe verlor.

»Das funktioniert meistens«, sagte sie mit ihrer geschäftsmäßigen Stimme, die wieder an Festigkeit gewonnen hatte.

Ihr kam es so vor, als hätte Carl-Ivar den Stab beim Staffellauf an sie weitergereicht.

»Dann wiederholen Sie dieselbe Prozedur mit Wasser, das ein paar Tropfen Essig enthält, damit die Farben leuchtender werden«, fuhr sie fort.

Carl-Ivar hätte genauso gut diese praktischen Ratschläge erteilen können. Sie hörte selbst, dass sie seine Worte verwendete, aber auf ihre Weise zusammensetzte.

Plötzlich fühlte sie sich besser. Zum ersten Mal sah sie sich als Carl-Ivars Nachfolgerin.

Annelie dachte, dass die Anruferin auflegen wollte, aber offenbar hatte sie noch mehr auf dem Herzen.

»Wie ist das eigentlich mit dem Staubsaugen?«, fragte sie, um das Gespräch in die Länge zu ziehen. »Meine Nachbarin meint, dass man einen Teppich besser ausklopfen soll, so wie früher, als es auf den Hinterhöfen dafür noch Stangen gab.«

Annelie riet ihr ab. »Es gibt so viele Theorien«, meinte sie. »Ich kann Ihnen gern unser Pflegemerkblatt schicken. Staubsaugen ist kein Problem, und zwar mit dem Flor, nicht dagegen. Die Wolle hat eine natürliche Fettschicht, das Lanolin, die den Schmutz abstößt und die Teppiche widerstandsfähig macht. Aber zum Beispiel Sand will man ja aus dem Teppich entfernen. Grober Sand kann auch die Knoten beschädigen, wenn man ihn nicht beseitigt.«

Dann nutzte die Frau die Gelegenheit, ihrer Freude darüber Ausdruck zu verleihen, einen so schönen Teppich zu besitzen.

»Das freut mich«, sagte Annelie, und eine leise Ungeduld stieg in ihr auf. Die Frau erzählte jedoch wortreich weiter und beschrieb Größe, Farben und Muster des Teppichs.

Schließlich ahnte Annelie, um welchen Teppich es ging.

»Haben Sie vielleicht einen kaukasischen Teppich mit sehr viel Grüntönen?«, fragte sie plötzlich interessiert.

»Genau den! Ich finde ihn wirklich wunderbar. Man sieht gleich, dass das Handarbeit und keine industrielle Fertigung ist ... Wenn ich mich recht entsinne, ist es ein *Abrasch*«, sagte die Frau und kam sich dabei sicher superschlau vor.

»Allerdings.«

»Das hat der Teppichhändler gesagt«, fuhr die Frau fort, »der jetzt tot ist.«

Nun war es heraus. An beiden Enden wurde es still.

»Das ist wirklich tragisch«, fuhr die Frau mit gedämpfter Stimme fort.

»Allerdings«, erwiderte Annelie und hatte plötzlich einen Kloß im Hals. Ihr geschäftsmäßiges Teppichhändlerinnen-Ich war wie weggeblasen.

»Man weiß nie, wie lange die Frist währt«, meinte die Frau, ohne sentimental zu klingen. »Auf mich wirkte er wie ein guter Mann. Oft gehen die Besten zuerst.«

So kann man es auch ausdrücken, dachte Annelie.

Dann beendeten sie das Gespräch. Mit leerem Blick starrte Annelie aus dem Fenster.

25

Es war Mittwoch und Christoffer Dauns erster Arbeitstag nach dem Wochenende. Am Montag hatte er frei, weil er in der Nacht zuvor arbeiten musste, und am Dienstag war er einfach nicht in der Lage gewesen, ins Krankenhaus zu fahren. Er fühlte sich immer noch lausig, aber jetzt war er wieder in der Klinik, um zu zeigen, dass es ihn noch gab.

Er ging Ronny Alexandersson aus dem Weg, da er ihm nicht alleine begegnen wollte. Bereits bei der Röntgenbesprechung am Morgen war er als Erster aufgestanden und hatte sich vor den anderen im OP-Trakt umgezogen. Grüne Hose, Hemd und Mütze. Er schaute daher früher als sonst in den Operationssaal, was alle positiv überraschte.

»Super! Dann können wir ja gleich anfangen«, sagte die OP-Schwester.

Eine Patientin mit Leistenbruch wurde gerade vorbereitet, die Christoffer selbst einige Wochen zuvor in die Operationsliste eingetragen hatte.

Er stand allein am Waschbecken und band sich den Mundschutz um. Hände und Unterarme hielt er unter fließendes Wasser, dann trocknete er sich ab und rieb Hände und Arme mit Desinfektionsmittel ein, das er trocknen ließ, indem er mit den Armen wedelte.

Bislang war alles reibungslos verlaufen. Er war allen von seiner eigenen Abteilung erfolgreich aus dem Weg gegangen. Die Orthopäden hatten einen eigenen OP am hinteren Ende des Korridors und führten hauptsächlich lange geplante Eingriffe durch, tauschten Hüft- oder Kniegelenke von Patienten aus dem gesamten Bezirk Kalmar aus.

Er betrat den OP.

»Hallo! Wie geht's?«, begrüßte ihn die OP-Schwester Susanne fröhlich.

»Okay.«

Die Antwort kam nicht sehr überzeugend über seine Lippen, aber das war ihm gleichgültig.

Susanne legte die Instrumente auf ihrem Tisch bereit und stellte ihn auf die richtige Höhe ein. Sie hatte die sterilen Instrumente nach einem ganz bestimmten System sortiert.

Dann half sie ihm beim Anlegen der Operationskleidung. Er nahm auf einem Hocker aus rostfreiem Stahl Platz, die Hände in sterilen Handschuhen auf den Knien und wartete.

Die Patientin hatte bereits die Narkose erhalten. Susanne wusch sie und deckte sie mit Ausnahme des Leistenbereichs mit sterilen hellblauen und hellgrünen Tüchern ab.

Christoffer starrte auf den einschläfernden Sekundenzeiger der Wanduhr. Trotzdem war er nervös. Tageslicht drang durch die Fenster an der Schmalseite des Raumes herein. Hier fühlte sich Christoffer nicht ganz so eingeschlossen. In vielen Krankenhäusern hatten die Operationssäle keine Fenster. Dort hatte man das Gefühl, in einem Bergwerk unter Tage zu arbeiten, fühlte sich eingesperrt und grau.

Susanne war inzwischen fertig und rollte den Instrumententisch heran. Es war verboten, sich als Operateur selbst zu bedienen, da man den Blick nicht von der Wunde abwenden durfte. Die Hand auszustrecken musste genügen, man erhielt, was man benötigte. Oder man bat darum. Susanne war eine routinierte Assistentin, die den Ablauf der Operationen kannte und wusste, was er brauchte, ohne dass er etwas sagen musste. Nie würde er jenes Mal vergessen, als er neu gewesen war und sich ein Skalpell genommen hatte. Er wurde getadelt. Die OP-Schwester, eine richtige Hexe, hatte seine Hand gepackt und so lange zugedrückt, bis er das Skalpell fallen lassen musste. Fast hätte er sich noch daran geschnitten. Das Skalpell lag nämlich stets in Griffnähe, was sehr verlockend war, wenn man ungeduldig war und rasch anfangen wollte.

»Wenn ich bitten darf«, sagte Susanne.

Er erhob sich und stellte sich neben die Patientin. Susanne hatte die schwarzen Striche nicht vollkommen abgewaschen, und er sah, wo er schneiden musste. Sie reichte ihm das Skalpell und er machte den Eröffnungsschnitt.

Die Operation hatte begonnen. Eine ruhige Stimmung lag über dem gesamten OP.

Niemand fragte ihn, warum er zu früh erschienen war. Niemand fragte ihn überhaupt etwas. Seine Hände arbeiteten routiniert.

Er hatte vor, den ganzen Arbeitstag lang um alle einen Bogen zu machen. Aber so konnte es natürlich nicht ewig weitergehen. Das war Irrsinn, so viel war ihm klar.

Er bildete sich ein, dass er Zeit brauchte, um seinen Mut zusammenzunehmen. Wie viel Mut er brauchte, wusste er nicht. Die Beklemmung lag ihm wie ein kalter Klumpen im Magen.

Zu Hause hatte er etwas von Kopfschmerzen und beginnender Grippe erzählt und mit extrem kratziger und belegter Stimme gesprochen. Offenbar glaubte ihm Annelie, obwohl man ausgesprochen selten im Mai an Grippe erkrankte. Aber sie war es gewohnt, dass er nicht immer in Topform war. Dann bemutterte sie ihn, munterte ihn auf und strich ihm das Haar aus der Stirn. Das hatte seine Mutter nie getan, obwohl er sich immer danach gesehnt hatte.

Dieses Mal tat Annelie das allerdings nicht. Sie kommentierte seinen Zustand auch nicht weiter. Als stünde etwas zwischen ihnen.

Das rote zusammengeknüllte Papier! Warum sagte sie nichts?

Oder hatte sie es nicht gesehen? Er wollte sie auch nicht fragen, falls es wirklich so war. Vielleicht war es aus dem Wagen geweht worden, als sie die Tür geöffnet hatte? Nein, das war unwahrscheinlich. Er hatte gesucht, der Zettel lag auf alle Fälle nicht mehr da.

»Pech. Dann musst du halt zu Hause bleiben, bis es dir wieder besser geht«, sagte sie nur, würdigte ihn kaum eines Blickes und berührte ihn erst recht nicht. Keine Umarmung, keine flüchtigen Küsse.

Sie hatte offenbar nur eine Person im Kopf, und zwar den Teppichhändler Olsson. Vermutlich muss man erst sterben, bis einem etwas Aufmerksamkeit zuteil wird, dachte er.

Einerseits fehlte ihm ihre Hand auf seiner Stirn, andererseits auch wieder nicht. Aber er wünschte, es wäre zwischen ihnen so wie sonst. Nicht so angespannt.

Er schämte sich, und das trieb noch einen größeren Keil zwischen Annelie und ihn. Er war selbst an allem schuld. Unausgesprochene Worte lagen in der Luft, und das hatte er sich selbst zuzuschreiben.

Ronny Alexandersson war nicht der Typ, der schlecht über andere hinter deren Rücken redete. Das wusste Christoffer, und darauf verließ er sich. Ronny hatte wenn nötig den Mut, direkt zu sein. Es gab nicht viele, die seine Zivilcourage besaßen. Die meisten schweigen.

Aber Ronnys Offenheit hatte auch etwas Unentrinnbares. Es gab kein Entkommen. Deswegen zuckte Christoffer Daun auch zusammen, und sein Herz raste, als Ronny plötzlich in der Tür stand.

»Wir sollten diese Geschichte besser so schnell wie möglich hinter uns bringen«, sagte er.

Die Operation war beendet, und Christoffer saß in dem kleinen Büro am Computer und schrieb den Bericht. Er hätte sich lieber aus dem Staub gemacht, aber Ronny blockierte die Tür.

Es blieb Christoffer also nichts anderes übrig, als sitzenzubleiben. Er hatte auch keine Lust, mit Ronny Alexandersson Streit anzufangen. Außerdem wollte er seine Arbeit behalten und nicht irgendwo wieder von vorn anfangen.

»Ich vermute, dass dir klar ist, dass du als Diensthabender

zu erscheinen hast, wenn dich eine Schwester wegen einer medizinischen Beurteilung anruft. Du trägst die medizinische Verantwortung«, sagte Ronny, jedoch ohne Vorwurf in der Stimme.

Trotzdem wurde es Christoffer ganz heiß.

Das sind auch nur Worte, zwang er sich zu denken und versuchte zu schlucken. Aber sein Mund war so trocken wie die Sahara. Worte, Worte, Worte. Schlimmer wird es nicht, redete er sich ein.

»Ich habe mit Birgitta Olsson gesprochen... ihr Mann ist übrigens vor kurzem gestorben... du hast das vielleicht in der Zeitung gelesen«, sagte Ronny, und Christoffer nickte, sagte aber nicht, dass seine Frau bei Olsson arbeitete. Das gehörte nicht zur Sache. »Birgitta behauptet, dass sie recht nachdrücklich um dein Erscheinen gebeten habe«, fuhr Ronny fort. »Sie hat das auch im Krankenblatt vermerkt.«

Christoffer nickte erneut. Es war das Einfachste zu gestehen, die Kehle hinzuhalten.

»Birgitta hat Recht«, sagte er und kam sich vor wie ein Held, ein ziemlich zusammengestauchter zwar, aber Reue stand ihm.

Es war seine Schuld, das konnte er auch gleich zugeben. Er war müde gewesen und hatte eine Heidenangst gehabt, nicht einmal ein paar Stunden Schlaf zusammenzubekommen, aber das erzählte er nicht.

»Es wird nicht wieder vorkommen«, sagte er mit fester Stimme und spürte, wie ihm unter seiner grünen OP-Kleidung noch heißer wurde.

Ronny betrachtete ihn mit festem Blick und schien durch ihn hindurchzusehen.

»Wie geht es dir eigentlich?«, wollte er schließlich wissen.

»Abgesehen von der Grippe, die fast überstanden ist, geht es mir gut.«

Ronny musterte ihn noch etwas länger und nickte dann.

»Gut«, meinte er. »Wir wissen inzwischen jedenfalls, dass das EKG ganz normal war. Mehr erfahren wir nach der Obduktion. Melde dich, wenn ich dir irgendwie behilflich sein kann.«

Wie meint er das?, überlegte Christoffer anschließend. Wobei brauche ich Hilfe? Sieht man mir etwas an?

Christoffer beendete das Diktat. Die Worte strömten aus ihm heraus, als hätte er sie auswendig gelernt. Glücklicherweise musste er nicht nachdenken. Seine Konzentrationsfähigkeit hatte ihren Tiefpunkt erreicht.

Ronny besaß jedenfalls so viel Takt, weder weitschweifig noch moralisierend zu werden.

Er zog sich um. Er schlüpfte aus dem grünen OP-Kittel und warf ihn in den Wäschesack, dann zog er eine Jeans, ein weißes Polohemd und darüber den weißen Kittel an. Er ging auf die Station und erkundigte sich, ob mit seinen Patienten alles in Ordnung war. Im Großen und Ganzen lief alles reibungslos, erfuhr er.

Er hätte sich um die Papieren kümmern und Diktate, Laborresultate und patientenbezogene Beratungen des Arztes abzeichnen sollen. Der Signierkorb, wie er in seinem Computerprogramm hieß, quoll über. Das war eine öde Beschäftigung. Vielleicht ließ sie sich noch etwas aufschieben und notfalls am Montag vor der Abendbesprechung erledigen.

Da sah er, wer am anderen Ende des Korridors stand und ihn anschaute. Der Blick flog ihm zu und schlug wie ein Blitz in ihn ein.

Er schaute Richtung Personalküche, um diesem Blick auszuweichen.

Verdammt, dachte er. Was macht man gegen diesen Sog, gegen dieses heiße Begehren, das wie ein loderndes Feuer über einem zusammenschlägt?

Er ging in die Personalküche, trank ein Glas Wasser und hoffte, dass sie weg sein würde, wenn er wieder auf den Korridor trat.

26

Doch, Carl-Ivar war ein guter Mensch gewesen.

Annelie wartete darauf, dass er plötzlich die Tür öffnen und sich umständlich die Schuhe auf der Fußmatte abstreifen würde. Dann würde er laut und deutlich »Guten Morgen« sagen und das auch meinen: »Ich wünsche dir einen guten Morgen.«

Dann würde er seinen Computer einschalten und eine Runde machen, um seine Teppiche zu streicheln und zu glätten. Am Nachmittag würde er sie zu Nilssons schicken, damit sie etwas Gebäck holte. All das vermisste sie jetzt.

Er wollte immer Hefegebäck mit Vanillefüllung. Nie etwas Ungefülltes und nur selten Sachen ohne Puderzucker.

Aber heute wünschte sich niemand Gebäck.

Im Laden war es still. Vollkommen still.

Sie schüttelte den Kopf und dachte, dass das Wichtigste, was Carl-Ivar ihr mitgegeben hatte, vermutlich nicht das umfassende Wissen über Teppiche war, sondern die Erkenntnis, dass Dinge ihre Zeit brauchten. Er regte sich nie über Kleinigkeiten auf, und schon das war für jemanden wie sie regelrecht eine Befreiung.

Sie konnte sich an keine Situation erinnern, bei der sich Carl-Ivar sonderlich wichtig genommen hätte, so wie das bei einigen anderen Leuten immer der Fall war. Nicht einmal an seinem Sechzigsten. Er saß eher verlegen auf dem taubenblauen Sofa in seinem Wohnzimmer. Er trug einen roten Schlips mit Paisleymuster, und auf seinem linken Knie hatte eine Papierserviette gelegen. Er nippte an seinem Wein und nahm mit spitzen Fingern von den Kanapees, die Birgitta zubereitet hatte.

Die Ärmste! Jetzt war sie allein.

Carl-Ivar erwartete natürlich nichts Besonderes. Es wäre ihm auch nie eingefallen, etwas zu fordern. Menschen mit Ansprüchen zufrieden zu stellen macht nie Spaß, dachte sie. Ansprüche führten nur zu Trotz und Widerstand. Man will solchen Menschen einfach nur den Rücken zuwenden.

Wie ihrer Mutter.

Annelie presste die Lippen zusammen.

Als sie klein war, hatte sie sich gewünscht, Carl-Ivar wäre ihr Papa und Birgitta ihre Mama. Typische Überlebensträume eines Kindes, das es schwer hatte.

Sie sah vor sich, wie es bei ihnen an der Tür klingelte. Eine resolute Frau in Rock und Halbschuhen von irgendeiner Behörde, die sich mit Kindern befasste, die eintrat und sagte, dass ein sehr großer Fehler begangen worden war. Aber den wollte man jetzt korrigieren. Die imaginäre Dame lächelte und hatte Lippenstift auf den Zähnen, denn das hatten solche ordentlichen Damen, die etwas zu sagen hatten, immer im Unterschied zu ihrer eigenen Mutter, die sich in einem permanenten Dämmerzustand befand.

Sie sollte zu Birgitta und Carl-Ivar ziehen.

Aber es kamen nie irgendwelche Damen, die sie vor ihrer Mama retten wollten. Auch sonst kam niemand, nicht einmal Carl-Ivar und Birgitta. Sie musste also bei ihrer Mama bleiben.

Sie kam sich wie ein zerzaustes Eisbärenjunges vor, das sie einmal auf einem Foto gesehen hatte. Es hatte sich zitternd an die große Eisbärenmama gedrückt. Die Mama hatte erschossen auf dem Eis gelegen. Sie würde nie mehr aufstehen, um sich um ihr Junges zu kümmern.

Ihre eigene Mutter hatte immer gesagt, sie hätte keine Zeit für sie. Sie arbeitete in einem Café, oder sie hatte Kopfschmerzen und musste ruhen, oder sie war down und musste sich mit einem Tropfen trösten, wie sie das ausdrückte. Dann wurde sie komisch, torkelte herum, sang falsch und laut, bis ihr Annelie ins Bett half, damit sie nicht die Nachbarn weckte. Falls sie nicht schon vorher auf dem Boden zusammengesackt war.

Annelie dachte, dass sie eigentlich lernen müsste, wie man aufgab, denn das konnte sie nicht sonderlich gut. Die Sturheit war ein Teil ihrer Persönlichkeit geworden. Sie konnte weder ihre Mutter noch Christoffer aufgeben.

27

Christoffer Daun verließ den OP-Bereich und ging in die Notaufnahme, um sein Postfach zu leeren.

Er öffnete den letzten braunen Hauspostumschlag mit dem Zeigefinger. Ein weiteres Dokument über die patientenbezogene Beratung, das er unterzeichnete und auf den Stapel für das Archiv legte. Dann öffnete er einen weißen Umschlag. Reklame für ein neues Blutdruckmittel, die er direkt in den Papierkorb warf. Solche Medikamente verschrieb er ohnehin kaum. Er merkte sich den Namen. Seiner Allgemeinbildung konnte das nicht schaden. Wenn er mehr wissen wollte, konnte er in der Roten Liste nachschauen.

Ganz unten lag ein kleiner weißer Umschlag. Büttenpapier, auf den sein Name mit richtiger Tinte geschrieben war. Papiermanufaktur Lessebo, dachte er, öffnete den Umschlag und zog eine Briefkarte mit Wasserzeichen heraus. Alles war mit so großer Sorgfalt gemacht, dass es schon fast zu viel war, aber irgendwie fand er das rührend.

Jemand wollte ihm mit dem Bild einer Rose danken, naive Kunst, die Konturen in schwarzer Tusche, sonst rote Wachsmalkreide und grüner Stiel. Zwei Zeilen Text, was für ein fantastischer Arzt er war. Genau das, was er an einem Tag wie diesem brauchte.

Der Name sagte ihm nichts, er wusste nicht, um welche Patientin es sich handelte. Er musste das später am Computer überprüfen. Er steckte den Brief in die Tasche seiner Jeans und ging ins Treppenhaus. Er musste einen Patienten entlassen.

Als das erledigt war, fiel ihm der Brief wieder ein, und er rief am Computer die Krankenakte seiner Bewunderin auf. Plötzlich erinnerte er sich an sie, als wäre das alles erst gestern gewesen. Was für ein Fall!

Eine Frau, die zehn Jahre älter war als er, war beim Aussteigen mit dem Mantel in der Autotür hängen geblieben und dann etliche Meter mitgeschleift worden, bevor ihr Mann endlich angehalten hatte. Christoffer fragte sich, ob der Ehemann blind und taub war. Die Frau hatte sehr großes Glück gehabt, denn sie war nicht unter die Hinterachse geraten. Außerdem hatte sie sich nichts gebrochen, aber sie hatte unzählige Blutergüsse und eine leichtere Gehirnerschütterung davongetragen. Sie hatte unentwegt geweint – aus Dankbarkeit –, weil sie so nett zu ihr gewesen waren. Eine Schwester hatte ihre Blessuren behandelt und verpflastert. Vermutlich war sie es nicht gewohnt, dass andere Menschen nett zu ihr waren. Viele hatten sich damit abgefunden, an der kurzen Leine gehalten zu werden.

Anschließend hatte die Frau zu ihm gesagt, dass ihr Leben nicht so weitergehen würde wie bisher. Die Schwester und er kannten diese Reaktion. Wenn man dem Tode einmal so nahe war und ihm dann doch noch von der Schippe springen konnte, lag es auf der Hand, dass man die Zukunft verändern wollte. »Ich frage mich, wie lange sie noch mit diesem Mann zusammenleben will«, meinte die Krankenschwester lapidar. Es war Birgitta Olsson, wenn er sich recht erinnerte.

Er hätte gerne zum Telefonhörer gegriffen und gefragt. Aber er wurde mit so vielen Schicksalen konfrontiert, dass seine Neugier stark nachgelassen hatte. Obwohl er der »Erlösertyp« oder ein richtiger »Menschenjunkie« war, wie Veronika einmal im Scherz gesagt hatte, konnte er sich nicht auch noch nach der Entlassung um alle Patienten kümmern.

Es klopfte, er erhob sich und öffnete die Tür. Eine Patientin stand in kompletter Garderobe auf dem Korridor und fragte, ob sie nach Hause gehen könnte. Sie war dunkelhaarig, schlank, hübsch und trug modische weite Jeans und einen rosa Kaschmirpullover. Der Lippenstift hatte dieselbe Farbe.

Er riet ihr, in der ersten Zeit nicht schwer zu heben, und

stellte ihr dann ein Rezept für Schmerztabletten aus. Außerdem gab er ihr eine Krankschreibung für die nächsten Tage.

Dann schaute er zu ihr auf.

»Haben Sie noch weitere Fragen?«

Er sah ihr immer noch unverwandt in die Augen.

»Es war sehr nett hier«, sagte sie verlegen. »Kann ich mich nächstes Mal auch von Ihnen behandeln lassen? Ich meine, falls wieder etwas sein sollte.«

Sie wurde über und über rot. Er lächelte, um ihr die Sache etwas zu erleichtern.

»Natürlich, Sie wissen ja, wie ich heiße.«

»Und wenn ich mich noch länger krank schreiben lassen muss?«

»Dann lassen Sie sich einfach von der Vermittlung zu mir durchstellen.«

Er verzog den Mund, aber begann nicht zu flirten.

»Sind Sie sich sicher, dass so ein Leistenbruch nicht noch mal passiert?«

Sie wollte nicht gehen. Das merkte er. Sie wollte bei ihm bleiben.

»Ganz sicher kann man natürlich nie sein, aber ich glaube es nicht. Nicht, wenn Sie vorsichtig sind und aufpassen«, sagte er in vertraulichem Ton.

Sie lächelte ihn an und machte immer noch keine Anstalten zu gehen.

Er selbst ließ auch nicht erkennen, dass er es eilig hatte oder überlastet war.

Sein Handy vibrierte. Er schob die Hand in die Hosentasche und stellte es ab. Er hatte den Blick vor sich zum Leben erweckt und genoss es in vollen Zügen. Wie einen warmen Wind. Wie einen Frühlingstag. Das wachsende Zutrauen.

Das, wonach wir uns alle sehnen, dachte Christoffer Daun. Er freute sich, dieses Gefühl vermitteln zu können. Obwohl es ihm selbst nicht immer gelang, das auch anderen gegenüber zu empfinden. Das hatte mit den wenigen und schwachen Bindungen in seiner Kindheit zu tun, meinte Annelie.

Annelie wollte im Übrigen heute Abend noch zu Gabbis Geburtstagsfeier.

28

Annelie ging mit langsamen, federnden Schritten auf den weichen Teppichen im Geschäft auf und ab. Sie war aufgewühlt.

Etwas Bewegung tat gut. So konnte sie ihre Tränen besser in Schach halten. Kompliziert und neurotisch war ihr vierunddreißigjähriges Leben schon oft genug gewesen. Flüsse, die still dahinflossen, sagten ihr definitiv am meisten zu. Wie Carl-Ivar. Ein Fels in der Brandung.

Eine ganz andere Persönlichkeit als Magnus, von dem sie sich ebenfalls angezogen fühlte. Er erfüllte sie mit Zufriedenheit. Seltsamerweise war das schon immer so, obwohl nie davon die Rede gewesen war, dass sie beide eine festere Beziehung eingehen wollten. Davon hatte sie nur geträumt. Zeitweilig sogar sehr. Wovon Magnus träumte, wusste niemand, vermutlich nicht einmal er selbst.

Aber der Sex mit ihm funktionierte. Sie hatte aufgehört, sich zu überlegen, warum das so war. Sie brauchten sich nur zu berühren, dann konnten sie nicht mehr voneinander lassen. Sie glitten ineinander.

Ein zunehmendes Wohlbehagen erfüllte sie. Es kam vor, dass sie, wenn sie allein war, die Augen schloss und Magnus in ihrer Fantasie zu sich kommen ließ. Meistens klappte es. Aber sie konnte nicht an ihn denken, wenn sie mit Christoffer schlief. Dadurch hätte sie das, was sie mit Magnus verband, vollkommen zerstört.

Ihr fiel das blonde Haar in die Stirn, ihre Augen waren verweint, ihr Gesicht verquollen. Ihr Spiegelbild sah entsetzlich aus. Sie strich sich das Haar aus der Stirn und band es im Nacken zusammen, dann schob sie den Pony aus der Stirn. Anschließend warf sie einen raschen Blick auf Carl-Ivars Foto im Fenster. Sie begann von neuem zu schluchzen und hielt sich die Hände vors Gesicht.

Ein herzlicher Blick, schütteres Haar, leicht schlaffe Wangen, ein ernster, aber durchaus nicht mürrischer Mund. Er trug ein gestreiftes Hemd, keinen Schlips und eine weinrote Strickjacke. Birgitta kaufte seine Kleider. Er versuchte nicht, sich jünger zu machen als er war. Eitel war er nicht. Eher integer und bescheiden.

Und doch ahnte sie, dass er etwas für sich behalten hatte.

Es war ihr nie eingefallen, sich irgendwie einzumischen. Sie wollte Carl-Ivar etwas von der Freundlichkeit zurückgeben, die er ihr geschenkt hatte. Was ihr Leben anging, hatte er sie nie ausgehorcht. Das hatte er auch gar nicht nötig, er wusste ohnehin das meiste. Jedenfalls das, was von Bedeutung war, und das, wofür sie sich schämte. Es blieb ihr erspart, es ihm selbst zu erzählen.

Und er stellte auch keine Fragen.

Sie begann, sich über die gelegentlichen Anrufe Gedanken zu machen, die sie im Laden erhalten hatte. Sie hatte immer geglaubt, es handelte sich um Teppichhändler. Aus dem Iran, aus Pakistan, Afghanistan oder der Türkei. Es war aber fast immer dieselbe Stimme gewesen. Eine Frauenstimme. Vielleicht eine Sekretärin.

Carl-Ivar bat stets auf Englisch darum, zurückrufen zu dürfen. Dann teilte er Annelie mit, er wollte noch eine Besorgung machen, und verließ den Laden.

Vermutlich ging er nur um die Ecke und rief zurück. Oder er setzte sich in seinen Wagen. Sie sah ihn einmal mit seinem Handy in seinem Auto sitzen. Er wirkte damals recht aufgebracht.

Die Polizei würde alle Gespräche überprüfen, die vom Teppichgeschäft, von Carl-Ivars Haus im Holmhällevägen und von seinem Handy aus geführt worden waren. Es war nur eine Frage der Zeit, bis alle Listen vorlagen, hatte sie sich sagen lassen. Carl-Ivar hatte ein normales Handy ohne Prepaidkarte besessen, seine Gespräche ließen sich also zurückverfolgen.

Schon allein dieser Umstand deutete darauf hin, dass er nicht in kriminelle Machenschaften verwickelt war, meinte Christoffer. Die Abgebrühten hatten Prepaidhandys, die sie nach jedem Ding, das sie drehten, sofort wegwarfen.

Sie hatte ihre Mutter angerufen, um ihr von Carl-Ivars Tod zu erzählen, doch ihre Mutter hatte wie immer nur von ihren eigenen Problemen geredet. Annelie wunderte das nicht, aber trotzdem ärgerte sie sich, obwohl sie wusste, dass das reine Zeitverschwendung war.

Wie immer erging sich ihre Mutter darin, sie habe kein Geld, obwohl sie sich ihr ganzes Leben lang abgerackert habe, dass es ihr überall wehtue und dass ihr ihre Zähne ausfielen. Sie flehte Annelie an, nach Hause zu kommen und ihr zu helfen oder wenigstens den Zahnarzt bezahlen, wo sie doch mit einem Arzt verheiratet sei und in gesicherten Verhältnissen lebe.

»Das ist das Mindeste, was man von einer Tochter erwarten kann. So viel, wie ich mich um dich gekümmert habe«, sagte sie mit ihrer Rotweinstimme.

»Aber, Mama, kapierst du denn nicht, was ich sage!«, schrie sie schließlich.

»Bitte?«

Sie klang wie ein unschuldiges Kind.

»Dein kleiner Bruder ist tot! Begreifst du das nicht? Carl-Ivar ist ermordet worden.«

»Ja, ja, schlimm!«

Annelie hatte immer noch die Atemzüge ihrer Mutter am anderen Ende der Telefonleitung in den Ohren. Vermutlich wollte sie das ganz einfach nicht begreifen. Sie vertrug es nicht, wenn die Wirklichkeit zu ihr durchdrang. Sie hatte nicht die Kraft, sich mit anderen Menschen zu befassen, und war auf ewig in ihrem eigenen Unglück gefangen. Sie war in vieler Hinsicht ein Opfer, aber das war auch keine Rechtfertigung.

»Mein geliebter Bruder«, brachte ihre Mutter schließlich über die Lippen. »Keiner auf Erden war so gut wie er! Ist das wirklich wahr?«

»Ja, allerdings.«

»Carl-Ivar, er war doch die Gutheit in Person… meine Annelie, sag, dass das nicht wahr ist!«

»Mama, es steht in allen Zeitungen…«

»Carl-Ivar, mein geliebter Bruder! Was soll ich nur ohne ihn tun? Meine Annelie! Du weißt, dass sich deine kleine Mama immer nach dir sehnt. Du musst nach Hause kommen, jetzt, wo mir etwas so Schreckliches widerfahren ist. Mein geliiiebter Bruder ist tot…«

Annelie fühlte Eiseskälte in sich aufsteigen. Sie weigerte sich, am Küchentisch ihrer Mutter mit dem übervollen Aschenbecher zu sitzen und ihr beim Jammern zuzuhören. Dass sie sich ihre drei Schachteln Zigaretten am Tag nicht leisten konnte. Und jetzt brauchte sie sicher noch mehr, weil Carl-Ivar gestorben war. Ihr geliebter Bruder! Das war ja ganz was Neues.

Annelie hatte ein schlechtes Gewissen, nachdem sie aufgelegt hatte. Natürlich war das ein großer Verlust für ihre Mutter. Irgendwie hatten Bruder und Schwester immer zusammengehalten, wenn auch eher im Verborgenen.

Sie ging nach unten und hielt ihr Gesicht unter laufendes kaltes Wasser. Als die Glocke an der Ladentür klingelte, putzte sie sich rasch die Nase und ging die Treppe hoch. Noch ehe sie oben war, hörte sie die Ladentürglocke erneut.

Meine Güte, wie ungeduldig manche Leute sind.

Sie eilte erst an das eine Schaufenster, dann an das andere, um zu sehen, ob es ein Kunde war, den sie kannte. Vielleicht konnte sie ihm noch hinterher rufen und sich entschuldigen.

Aber der Bürgersteig war menschenleer mit Ausnahme eines jungen Paares mit weiten Kleidern und gefärbten Dreadlocks. Diese beiden waren mit Sicherheit nicht im Teppichgeschäft gewesen.

Sie drehte sich um und wollte gerade das Radio leiser drehen, da bemerkte sie, dass der Teppich, den sie noch auspacken wollte, verschwunden war.

Suchend sah sie sich im Laden um. Sie hatte den zusammengerollten Teppich doch an den Tisch gelehnt?

29

Endlich konnte Christoffer die Station verlassen. Er wollte nach Hause, aber schon im Treppenhaus begann sein Handy erneut in der Hosentasche zu vibrieren.

Ein erwartetes, aber nicht unbedingt erwünschtes Gespräch. Mit diesem Zwiespalt lebte er allerdings schon lange. Warum also nicht noch etwas länger?

Er hatte an diesem Tag, an dem er sich endlich wieder zur Arbeit geschleppt hatte, bereits einen Schlag verkraftet, das Zusammentreffen mit Ronny Alexandersson im OP-Trakt, das dann ja eher glimpflich verlaufen war. Er schob den Gedanken an die Patientin beiseite, die dann zu Hause gestorben war, zog sein Handy aus der Tasche und warf einen Blick auf das Display.

Doch, sie war es. Sie war stur. Und es gefiel ihm, trotz allem.

»Hallöchen«, sagte sie mit ihrem Stimmchen, so gedehnt und so zärtlich wie immer. Er bekam eine Gänsehaut. »Ich habe dich vorhin auf der Station gesehen.«

»Richtig, ich habe dich auch gesehen«, erwiderte er.

Das rote zusammengeknüllte Papier rollte vor seinem inneren Auge wieder über die Fußmatte im Auto. Leichte Panik ergriff ihn. Wo war es hingeraten? Das konnte ihm jetzt eigentlich egal sein, das Schlimmste hatte er an diesem Tag bereits hinter sich gebracht, die Konfrontation mit Ronny. Aber trotzdem ließ es ihm keine Ruhe.

»Bist du nach Hause unterwegs?«, fragte Tina. Er antwortete nicht. »Wie geht's?«, fragte sie mit zärtlicher Stimme.

»Gut.«

Ihre Milde brachte die Welt für einen kurzen Augenblick zum Stillstand.

»Wo bist du?«, fragte sie.

»Im Treppenhaus auf dem Weg nach Hause. Du weißt doch, dass du mich nicht anrufen sollst«, sagte er mit leiser, beschämter Stimme.

»Aber ich kann es einfach nicht lassen... ich liebe dich so sehr«, sagte sie fast flüsternd.

Er antwortete nicht mit ähnlichen Worten, das wäre an seinem momentanen Aufenthaltsort nicht ratsam gewesen. Also schwieg er.

»Wo bist du?«, fragte er schließlich.

»Ich habe mich in den Spülraum verzogen.«

»Okay.«

Ihm war klar, dass sicher gleich jemand die Tür aufreißen und sie dort ertappen würde.

»Du kannst mich vielleicht mitnehmen, dann muss ich nicht den Bus nehmen, und Pär kann noch etwas länger arbeiten, statt mich abzuholen? Die Kinder sind heute bei meiner Mutter.«

Freie Bahn mit anderen Worten. Ein Geschenk von ihr an ihn. Das konnte man nicht einfach übergehen.

Er antwortete jedoch nicht sofort. Er wollte nicht, dass jemand sah, wie sie in seinen Wagen stieg. Es wurde so viel geredet.

»Aber ich wollte jetzt gleich fahren«, sagte er und hoffte, dass sie noch nicht soweit sein würde.

»Wunderbar. Auf der Station ist es ruhig, ich kann Schluss machen. Treffen wir uns am Auto?«

Also gut.

Gerade als er sich umziehen wollte, rief Michael Strong an,

der die Hierarchie sehr wichtig nahm. Christoffer hatte schon oft gedacht, dass Michael an der Uni hätte bleiben sollen. Hier auf dem Land waren Hierarchien nicht so wichtig.

»Ich mache jetzt Feierabend«, sagte Michael. »Du musst noch drei Patienten entlassen, für die ich keine Zeit mehr habe«, sagte er, ohne zu fragen, ob das okay sei.

Christoffer wurde wütend.

»Ich bin auch auf dem Weg nach Hause und gleich am Auto. Das sind doch Patienten, die du selbst operiert hast. Dann kannst du sie auch entlassen.«

Er legte auf, ohne Michaels Erwiderung abzuwarten. Vor einem Jahr wäre er wieder auf die Station zurückgekehrt, hätte die Patienten entlassen und sich dann noch mehr über Michael aufgeregt, falls das überhaupt möglich war!

Auf dem Parkplatz standen nur noch wenige Autos. Die Ebereschen, die man dort gepflanzt hatte, trugen bereits grüne Blätter und kleine weiße Blüten in Dolden. Diese Blüten waren ihm noch nie aufgefallen, aber jetzt, während er auf Tina wartete, betrachtete er sie.

Sie wurde von allen nur Rosen genannt, weil sie Rosenkvist mit Nachnamen hieß. Sie war mit einem ziemlich rücksichtslosen Typen verheiratet, wie sie ihm selbst erzählt hatte.

Er kannte Pär bislang nur vom Sehen. Ein erfolgreicher Installateur, hieß es. Zu Anfang ihrer Affäre hatte sie recht viel über ihn geklagt und sich darüber ausgelassen, was für ein Idiot er war. Wahnsinnig eifersüchtig. Er fand jedoch, dass Pär ruhig wirkte. Ein breitschultriger, muskulöser Typ, das musste ihm Christoffer mit einem gewissen Neid zugestehen.

Warum blieb sie überhaupt bei ihm?

Auf diese Frage gab es nur selten eine einfache Antwort,

das wusste er aus eigener Erfahrung. Er würde auch nicht ohne Annelie leben wollen. Er blieb bei ihr, weil er es wollte. Alles andere war eigentlich bedeutungslos. Was nebenher geschah. Aber ohne das wäre das Leben so grau.

Ihm war bewusst, dass Tina nicht die Frau war, die ihn bis ans Ende seiner Tage glücklich machen konnte. Da gehörte schon etwas mehr dazu. Er war wählerisch. Brauchte zwischendurch etwas Widerstand. Vor allen Dingen war er ambivalent, wollte sich nie ganz auf eine Sache einlassen. Aber er brauchte Annelie. Sie war einfach da. Das mochte er an ihr. Sie war klug, und man konnte mit ihr auch über andere Dinge als nur über Liebe reden. Er hatte sie gern in seiner Nähe, obwohl ihm die Lust vergangen war, mit ihr zu schlafen.

Aber um etwas zu bekommen, musste man auch etwas geben. Das hatte er schon recht früh im Leben begriffen. Und an seiner Mutter praktiziert, die eine ziemlich harte Nuss gewesen war. Sie war kein besonders warmherziger Mensch gewesen, keine Schmusemutter.

Tina und er hatten einige Male über Pär gesprochen. Es war fast so gewesen, als hätte er sie vor ihm retten sollen. Anfänglich war ihm das ganz recht. Er sah sich gern als Ritter auf dem weißen Hengst und wollte es ihr verdammt noch mal ersparen, so leiden zu müssen. Ein Mann, der drohte und schlug, pfui Teufel!

Jetzt fühlte er sich nicht mehr ganz so motiviert. Tina sprach auch nicht mehr so viel davon, Pär zu verlassen. Als hätte der die Zügel gelockert und wäre vielleicht sogar netter geworden.

Sie wolle der Kinder wegen bei ihm bleiben, sie seien schließlich noch nicht so alt, sagte sie. Zumindest eine Weile wolle sie noch bei ihm bleiben, sagte sie zu ihm mit ihrer

Kleinmädchenstimme, um ihn um den Finger zu wickeln und Verständnis zu heischen. Währenddessen könnten sie ihre Beziehung weiter aufbauen. Schließlich seien sie wie füreinander geschaffen, meinte sie, und er widersprach nicht.

Aber die Zeit hatte sie beide verändert. Jetzt schienen sie sich auf einem anderen Niveau zu befinden als damals, als sie sich begegnet waren. Es war, als könnte ihre Beziehung wirklich beliebig lange so weitergehen. Vielleicht hatten sie eine Art Gleichgewicht erreicht, was eigentlich vollkommen und fantastisch war.

Jetzt saß er in seinem Auto und wartete auf Tina. Plötzlich hatte er das dringende Bedürfnis, mit Annelie zu sprechen. Vielleicht auch nur, um sich zu vergewissern, dass die Luft rein war, dass das Abendessen bei Gabbi nicht ausfiel.

Sie meldete sich sofort.

»Wie geht's?«

Ganz okay, erfuhr er.

»Ich wollte mich nur melden.«

»Es gibt also nichts Besonderes?«

Nein, das musste er zugeben. Ihre Stimme klang irgendwie seltsam, fand er, aber er fragte nicht, warum.

»Du kommst also heute Abend nicht nach Hause?«, fragte er stattdessen.

»Nein, ich fahre wie geplant zu Gabbi ... ist was Besonderes? Willst du, dass ich nach Hause komme?«

Sie klang etwas besorgt.

»Ganz und gar nicht«, beeilte er sich. »Viel Spaß heute Abend.«

Er beendete das Gespräch.

Was ging eigentlich in ihm vor? Litt er schon an Verfolgungswahn? Was war denn dabei, wenn er Tina Rosenkvist nach Hause brachte? Schließlich waren sie fast Nachbarn, und Nachbarn halfen einander auf dem Land nun mal.

Diese Einsicht beruhigte ihn wieder etwas, jedenfalls in dieser Sache. Es gab anderes, worüber er sich Sorgen machen musste. Man würde ihn anzeigen, und das war ganz allein seine Schuld. Er dachte eine Weile darüber nach, um sich an das Panikgefühl zu gewöhnen.

Oder Ronny würde das meiste abbekommen. Erst nach der Obduktion würden sie mehr wissen, hatte Ronny gesagt. Die Klinik würde die gesetzlich vorgeschriebene Selbstanzeige erstatten, um herauszufinden, ob alles mit rechten Dingen zugegangen war. Die Mühlen werden mahlen, dachte er. Aber alle wussten bereits, dass er leichtfertig gehandelt hatte und an der Sache etwas faul war.

Allein der Gedanke daran ermüdete ihn schon. Es stellte sich die Frage, ob ihm nicht am wohlsten sein würde, wenn er sich voll und ganz zu seiner Schuld bekannte. Das Kreuz auf sich nahm und natürlich um Entschuldigung bat. Dann war die Sache erledigt, und er konnte wieder nach vorn blicken. Das würde die Frau zwar nicht wieder zum Leben erwecken, und er rechnete auch nicht damit, dass ihm verziehen wurde. Aber dann konnte er wenigstens einen Strich unter die Sache machen.

Andererseits hätte es für die Patientin wahrscheinlich keinen so großen Unterschied gemacht, wenn er sich nach oben bequemt und sie angeschaut hätte. Was wussten die schon? Nichts, hatte Ronny gesagt. Nur, dass man sie nicht hätte nach Hause schicken dürfen, sondern weiter untersuchen sollen. Schließlich war es nur eine einfache Galle gewesen, und die Patientin hatte selbst bei der Anamnese angegeben, gesund zu sein und keine Medikamente zu nehmen.

Er sah Tina auf sich zukommen. Dann öffnete sie die Beifahrertür und ließ sich auf den Sitz fallen.

»Hallo«, sagte sie und sah ihn mit ihrem durchdringenden Blick an. Ein Blick, der wie Feuer loderte.

Er setzte zurück und fuhr vom Parkplatz, während er überlegte, ob sie jemand gesehen haben könnte.

Im Auto machte sich die Stille breit. Er hatte beide Hände am Lenkrad. Tina legte ihm eine Hand auf den Oberschenkel. Anfänglich irritierte ihn das, aber er schob sie nicht weg. Die Hand blieb reglos dort liegen. Als sie nach Kristdala abbogen, war die Atmosphäre im Auto derart elektrisiert, dass sie sich jeden Moment durch eine Explosion hätte entladen können.

30

Der Streifenwagen war von der Uferstraße am Marmarameer abgebogen und fuhr jetzt auf gewundenen Straßen durch ein dicht bebautes Stadtviertel am Hang.

Claesson saß schweigend auf der Rückbank und ließ diese unbeschreiblich vielfältige Welt auf sich wirken, die in einen bläulichen Nachmittagsdunst getaucht zu sein schien. Vielleicht handelte es sich aber auch nur um Abgase, die die Luft verdichteten und flimmern ließen.

Sie fuhren an einem langen schmalen Platz mit einer Rasenfläche in der Mitte und hohen Obelisken an beiden Enden entlang. Japaner, oder vielleicht waren es auch Chinesen, standen an den Blumenbeeten, die die Sockel der Obelisken umgaben. Sie hatten die Köpfe in den Nacken gelegt, um die Spitzen der Obelisken auch noch aufs Foto zu bekommen.

Touristenbusse standen an der Bordsteinkante geparkt. Jeder Neuankömmling sah sofort, dass dies ein historischer Ort war. Sieht wie eine Arena aus, dachte Claesson.

Der Mann am Steuer sagte etwas zu Özen, der wandte sich an Claesson.

»Das Hippodrom«, erklärte er. »Von den Römern vor Ewigkeiten für Pferderennen errichtet. Unter Kaiser Konstantin erweitert ... diesem Griechen, du weißt schon ... wann hat er gleich wieder gelebt?«

»Im 4. Jahrhundert«, entgegnete Claesson. »Ich habe mir das angelesen, während du geschlafen hast. Er hat die Stadt bauen lassen, deshalb wurde sie nach ihm benannt und hieß früher Konstantinopel. Wir im Norden haben sie in der Wikingerzeit Miklagård genannt.«

Er kam sich wie ein Volksschullehrer vor und wollte noch mehr über die byzantinische Periode erzählen, als Özen sagte:

»Hier haben wir die berühmte Blaue Moschee. Wie du siehst, ist sie nicht blau, aber innen ist sie mit blauen Kacheln gefliest. Man erkennt sie an ihren sechs Minaretten. So viele sind ungewöhnlich. Hier in Istanbul heißt sie nicht Blaue Moschee, sondern Sultan Ahmet Camii. Sie liegt etwas erhöht und ist vom Wasser aus zu sehen.«

Sie fuhren an Souvenirläden und großen und kleinen Bussen vorbei. Ihm fiel auf, dass die kleineren in der Regel weiß waren. Der Polizist fuhr routiniert und gelassen durch das Gewimmel und setzte seine Erklärungen fort, während Özen übersetzte.

»Dort ist die Hagia Sofia.« Özen deutete auf ein hohes, ziegelrotes Gebäude mit Kuppel und vielen Nebengebäuden. Es wurde von vier Minaretten flankiert, die wie gespitzte Bleistifte in den Himmel ragten.

»Sie ist die größte Touristenattraktion neben der Blauen Moschee und dem Topkapı-Palast, dort gibt es auch einen Harem. Die Sultane hatten also immer...« Özen grinste und hörte wieder seinem türkischen Kollegen zu. »Die Hagia Sofia wurde einst als christliche Kirche gebaut, aber das ist lange her... ich weiß nicht, wie lange...«

»Ich kann das nachschauen«, meinte Claesson und sah beeindruckt aus dem Seitenfenster.

Er rechnete nicht damit, Zeit für Sightseeing zu haben. Die Sehenswürdigkeiten würde er sich eben ein andermal ansehen. Er bekam auf einmal Lust, mit Veronika nach Istanbul zu fahren, obwohl sich die Stadt wohl kaum für eine Reise mit Kleinkindern eignete. Sie würden also noch ein paar Jahre warten müssen.

»Der Kollege sagt, dass Hagia Sofia ›Kirche der heiligen Weisheit‹ bedeutet«, fuhr Özen fort, der auf einmal professionell wie ein Fremdenführer sprach. »Heute beherbergt sie ein Museum mit unglaublichem Andrang. In der Kirche haben die Wikinger Runeninschriften hinterlassen. Der Kaiser beschäftigte Wikinger als Wachen und Soldaten, weil sie verlässlich und mutig waren.«

Wenig später bog der Streifenwagen in eine schmale Straße ein, in die kein Sonnenstrahl vordrang. Hier gab es Werkstätten, kleine Läden und winzige Lokale mit wackligen Plastiktischen davor.

Der Wagen hielt vor einem großen nostalgischen Gebäude, allerdings mit modernen Fenstern, wie Claesson feststellen konnte. Özen und er nahmen ihr Gepäck, das in Claessons Fall aus einem winzigen Rollkoffer und einer Schultertasche mit seinem Laptop und den Unterlagen über den Fall bestand.

Die Dienststelle bot keine Abkühlung, aber Claesson war

so gespannt, dass er das gar nicht bemerkte. Seine Stirn und seine Wangen fühlten sich heiß an, und seine Hände waren feucht.

Er trug ein kurzärmeliges Hemd mit kleinem Karomuster aus dünner Baumwolle und eine relativ neue, etwas schickere Baumwollhose. Einen Augenblick lang überlegte er, ob er sich nicht einen Anzug hätte anziehen sollen, da schon etliche Stunden vergangen waren, seit das Hemd einigermaßen frisch gebügelt ausgesehen hatte. Jackett und Hose mit Bügelfalte hätten vielleicht besser ausgesehen, waren aber auf einer Reise eher unbequem. Immerhin lag in seinem Rollkoffer ein gefaltetes dunkelblaues Leinenjackett, das er bei Bedarf anziehen konnte. Dieser Bedarf stellte sich allerdings selten ein, da er Jacketts neuerdings unbequem fand.

Mustafa Özen war ebenfalls leger gekleidet. Jeans und Polohemd. Das Polohemd war leuchtend rosa und hatte das Logo einer teuren schwedischen Marke auf der Brust. Es passte gut zu seinen dunklen Haaren. Außerdem kamen seine trainierten Oberarmmuskeln sehr gut zur Geltung.

Sie traten an einen hohen polierten Tresen mit hellgrauer Platte. Dahinter saß ein Mann in hellblauem Uniformhemd und Schnurrbart, dessen Enden traurig herabhingen. Er griff sofort zum Telefon, als Özen ihm erklärte, wer sie waren.

Wenig später erschien ein weiterer uniformierter Beamter, der sie eine Treppe hinauf und durch eine Tür führte. Sie befanden sich jetzt in einem Bürotrakt, der an jenen in Oskarshamn erinnerte, er war nur enger. Von draußen drang der Großstadtlärm herein.

Ein Mann und eine Frau kamen ihnen entgegen. Der Mann war relativ klein und glatt rasiert, hatte eine Halbglatze und graues Haar. Er hatte ein blaues und ein braunes Auge und wirkte gut durchtrainiert. Das war Kriminalkommissar Fuat Karaoğlu. Der Vorname war kein Problem, und Özen hatte Claesson im Flugzeug die Aussprache des Nachnamens beigebracht. Das G mit einem kleinen Dach darüber blieb stumm, das Dach bedeutete jedoch, dass der vorhergehende Vokal gedehnt wurde. Der Name wurde also »Karaoolu« ausgesprochen.

»Hos geldiniz«, sagte Karaoğlu und gab Claesson die Hand. »Welcome!«

Dass Merve ein Frauenname war, hatte Claesson erst im Flugzeug erfahren. Merve war jünger und höher gewachsen als ihr Chef und hatte große, freundliche Augen. Das glänzende, schwarze Haar trug sie zu einem Pferdeschwanz gebunden. Sie begrüßte sie mit denselben Worten wie ihr Vorgesetzter und stellte sich als Kriminalinspektorin Merve Turpan vor.

Im Unterschied zu Fuat Karaoğlu, der zivil trug, ein weißes, kurzärmeliges Hemd und weiße Hose, war die Inspektorin in eine Uniform mit dunkelblauer Hose und blauem Hemd mit dem Polizeiwappen auf der Brust gekleidet: weißer Halbmond und Stern auf rotem Grund. Beide sahen Mustafa Özen neugierig an. Eine ausführlichere Vorstellung war erforderlich, sie erfolgte auf Türkisch.

»Very good«, sagte Karaoğlu anschließend gut gelaunt zu Claesson, als deutlich geworden war, dass ihn ein schwedischer Kripobeamter türkischer Abstammung begleitete.

»Wir fangen besser gleich an. Wir müssen die Zeit nutzen, wo Sie schon diese weite Reise unternommen haben«, meinte Karaoğlu und schob sie durch den Korridor in einen Konferenzraum.

Sie setzten sich an den Tisch in der Mitte. An einer Schmalseite hing eine weiße Leinwand. Im Übrigen waren die Wände bis auf eine Karte des labyrinthartigen Straßennetzes von Istanbul und seiner unzähligen Vororte leer.

Kriminalinspektorin Turpan verließ den Raum. Sie würden ein paar Minuten warten, meinte Karaoğlu.

Worauf, erfuhr Claesson nicht, sah aber Mustafa Özen an, dass er wusste, was Sache war.

Karaoğlu ging ebenfalls aus dem Zimmer und kehrte mit Aktenmappen und einem Laptop wieder zurück. Währenddessen packte Claesson seine Tasche aus und legte seine Unterlagen, einen Block und einen Kugelschreiber vor sich auf den Tisch. Dann begann er den Kugelschreiber zwischen zwei Fingern zu drehen.

Sein Magen schmerzte und knurrte leise, obwohl er eigentlich etliche Stunden ohne Essen auskommen konnte.

Außerdem hatte er viel Übung darin abzuwarten, bis irgendwelche Kleinkinder eingeschlafen waren. Er dachte an Klara, die ein unfehlbares Gespür dafür hatte, wann er sie schnell ins Bett bringen wollte. Dann war sie sofort wieder hellwach, und er musste wieder ganz von vorne anfangen.

Plötzlich spürte er ihren kleinen weichen Körper ganz dicht neben sich. Wie es seiner Familie zu Hause wohl erging?

Özen riss ihn mit der Erklärung aus seinen Gedanken, dass jetzt Zeit für ein warmes Getränk sei, was in der Türkei fast immer Tee bedeutete.

Tee und Toastbrot waren Krankenkost, fand Claesson. Aber man passte sich natürlich an die Gepflogenheiten des Landes an.

Karaoğlu kehrte zurück und prüfte, ob sich vom Laptop ein gutes Bild an die Wand projizieren ließ. Jetzt mussten sie nur noch auf Merve Turpan warten.

Claesson konnte nicht so genau beurteilen, wie groß die Dienststelle war, aber zweifellos war sie größer als die seine in Oskarshamn. Die Büros, an denen sie vorbeigekommen waren, sahen winzig und eng aus. Außerdem standen immer mehrere Schreibtische darin. In Oskarshamn waren sie allerdings privilegiert. Die Dienststelle war in einer ehemaligen Zeitungsdruckerei untergebracht, geräumig und zentrale Lage.

Wie hoch wohl die Aufklärungsquote in der Türkei war? Aber danach konnte man kaum gleich zu Anfang einer Zusammenarbeit fragen. Außerdem hatten die türkischen Kollegen vermutlich mit den gleichen Rückständen zu kämpfen wie sie. Gewisse Fälle wurden aus Zeitmangel sofort abgeschrieben: Diebstähle, Einbrüche, sogar Raubüberfälle. Aber auf einen Mord verwendete man immer viel Zeit. Mordfälle waren ausgesprochen selten in Oskarshamn, es gab einen oder zwei im Jahr. Es konnte aber trotzdem vorkommen, dass sie mit einer Ermittlung nicht weiterkamen und sich die Spuren im Sand verliefen.

Jetzt gab es spezielle Cold-Cases-Gruppen in Schweden, die sich um unaufgeklärte Verbrechen kümmerten. Die Kriminaltechnik machte riesige Fortschritte und trug zur Lösung bislang unbeantwortbarer Rätsel bei.

Er dachte an die Angehörigen. Nicht nur für sie, sondern auch für einen selbst war es einfacher mit dem Gefühl der Leere fertig zu werden, wenn man zumindest einen ehrlichen Versuch unternommen hatte, den Täter zu finden. Es gab Angehörige, die ihn gelegentlich anriefen und sich erkundigten, was aus ihrem Fall geworden war. Im Fernsehen lief regelmäßig die Sendung »Efterlyst«, in der es um Verbrecher ging, die zur Fahndung ausgeschrieben waren. Das Bedürfnis nach Aufklärung war groß.

Er hatte Özen gebeten, je nach Bedarf den Stift oder das Tonband zu handhaben, da dieser sowohl Schwedisch als auch Türkisch und Englisch sprach und er daher der Unterhaltung folgen konnte. Oder jedenfalls fast.

Die Tür ging auf, und ein Mann brachte ein rundes Tablett mit Tee und rundem Sesamgebäck.

»Dieses Gebäck heißt Simit«, sagte Özen.

Claesson brach eine Ecke ab. Lecker.

Dann machten sie sich an die Arbeit. Sie waren nur zu viert: Kriminalkommissar Fuat Karaoğlu, Kriminalinspektorin Merve Turpan, Kriminalaspirant Mustafa Özen und Claesson.

Man konnte Karaoğlu wirklich nicht vorwerfen, dass er zögerlich zu Werk ging. Er legte frenetisch auf Englisch los. Natürlich hatte er einen Akzent, einen starken sogar, aber davon ließ er sich nicht beirren. Claesson stimmte das zuversichtlicher. Für seine eigenen Englischkenntnisse mit småländischem Akzent brauchte er sich zumindest nicht zu schämen.

»Um 16.23 Uhr wurden wir zum Fährterminal in Eminönü gerufen, etwa acht Minuten nachdem die Fähre dort angelegt hatte und alle Passagiere von Bord gegangen waren. Sieben Minuten später trafen wir dort ein. Einer der Offiziere an Bord hatte uns verständigt...«

Er wandte sich an Özen und sagte etwas auf Türkisch.

»Das heißt, glaube ich, Steuermann«, übersetzte Özen, und Claesson nickte.

Karaoğlu wandte sich dann an Merve, sie zeigte ihnen auf dem Stadtplan die Anlegestelle der Fähre. Claesson nahm sich vor, später mit Özen dort vorbeizuschauen, falls sie Zeit dazu fanden.

Dann warf Karaoğlu ein Foto auf die Leinwand. Ein junger Mann Anfang zwanzig mit leicht verschleiertem Blick und unbeteiligtem Gesichtsausdruck.

»Das ist der Zeuge, der Olsson gefunden hat. Er heißt Ilyas Bank«, sagte er.

Merve schrieb den Namen an ein Whiteboard, und Özen notierte sich ihn.

»Er verkauft Tee auf der Fähre. Er geht mit einem Tablett herum. Er arbeitet seit ein paar Monaten als Teeverkäufer, hofft jedoch auf eine andere Zukunft, sagt er. Als die Fähre anlegte und alle Passiere auf den Kai drängten, räumte er gerade die Teegläser ab.«

Claesson nickte, griff nach seinem Glas und trank einen Schluck.

»Er fand Olsson an der Reling auf der Backbordseite... stimmt das... das ist links in Fahrtrichtung gesehen. Jedenfalls auf der Seite zum Marmarameer, also nicht nach Istanbul und zur Galatabrücke hin.«

Ein neues Bild erschien auf der Leinwand.

Claesson und Özen zuckten zusammen. Das Farbfoto war hervorragend. Dieser rüstige Herr wirkte gleichzeitig rührend und grotesk, wie er mit gebeugtem Haupt dasaß, das Hemd blutgetränkt. Durch einen Riss im Stoff quollen die Gedärme.

Ein paar Sekunden lang war es still. Eine Art Ehrenbezeugung für diesen Schweden im vorgerückten Alter, der so brutal in Istanbul ums Leben gebracht worden war.

»So fand der Zeuge Olsson vor«, sagte Karaoğlu mit gedämpfter Stimme. »Er fühlte ihm den Puls am Handgelenk, ehe ihm der Ernst der Lage überhaupt bewusst geworden war. Die Leiche war noch nicht kalt, als wir eintrafen. Außerdem war es recht warm, so um die zwanzig Grad. Laut Gerichtsmediziner starb Olsson nur wenige Minuten, bevor man ihn fand, maximal eine halbe Stunde vorher. Wir haben jedoch den Verdacht, dass er ermordet wurde, als die Passagiere gerade von Bord gingen. Dann herrscht immer ein ziemliches Durcheinander«, fuhr Karaoğlu fort. »Wenn man jemanden ermorden will, ist das vermutlich der beste Zeitpunkt. Obwohl dann auch das Risiko recht groß ist. Jemand hätte den Täter bei der Tat beobachten können, beispielsweise von einer der entgegenkommenden Fähren, in der Nähe des Kais ist der Bootsverkehr rege. Aber ausgerechnet zu diesem Zeitpunkt kam offenbar keine andere Fähre vorbei. Wir haben uns umgehört, aber niemand scheint etwas gesehen zu haben. Er hatte jedenfalls noch seine Brieftasche bei sich. Führerschein und eine kleinere Geldsumme. Nicht genug, um einen Mord zu rechtfertigen… Wenn es sich bei dem Mann überhaupt um den Inhaber des Führerscheins handelt.«

»Die Ehefrau und seine beiden Kinder treffen heute Abend ein«, sagte Claesson.

»Dann können sie den Toten ja schon morgen identifizieren. Sehr gut! Können Sie ebenfalls dabei sein?«, fragte Karaoğlu und sah sie mit seinen verschiedenfarbigen Augen über den Rand seiner Brille hinweg an.

Claesson und Özen nickten.

»Merve kommt auch.«

Diese nickte, während Karaoğlu Luft holte.

»Haben Sie schon einmal von Waspknives gehört?«, wollte er wissen.

»Ich weiß ungefähr, was das ist, aber nicht sehr viel mehr«, antwortete Claesson und sah Mustafa Özen an. »Unser Kriminaltechniker hat von diesen Messern erzählt, wir sind aber mit den Folgen ihres Gebrauchs in unserer Stadt noch nie konfrontiert worden. Das ist vermutlich auch nur eine Frage der Zeit...«

»Ein Unding«, seufzte Karaoğlu und schüttelte den Kopf. »Dieses amerikanische Messer ist laut Hersteller konzipiert worden, um Angriffe von Haien und anderen wilden Tieren abzuwehren.«

Ein Foto des Messers mit einem Maßstab darunter tauchte auf der Leinwand auf. Der Handgriff war eher dick.

»Für zweibeinige Lebewesen lässt sich dieses Messer natürlich auch verwenden«, erläuterte Karaoğlu weiter. »Im Griff befindet sich eine Kohlensäurepatrone, die ausgelöst wird, wenn das Messer im Opfer steckt... dadurch entsteht dann ein...«

Er suchte nach dem Wort. Merve Turpan versuchte ihm zu helfen. Sie berieten auf Türkisch und wurden von Özen gerettet.

»Überdruck«, sagte er auf Schwedisch.

»Thank you. Im Körper hat das fatale Folgen«, fuhr Karaoğlu fort. »Die Kohlensäure verflüchtigt sich dann. Die Gerichtsmediziner bekommen Probleme, eine Substanz, die sich nicht nachweisen lässt, verursacht immer Probleme. Laut Obduktionsprotokoll ist Olsson an einer tiefen Bauchverletzung gestorben. Gedärme und größere Blutgefäße wurden an mehreren Stellen zerfetzt. Er verblutete sehr schnell. Aber jetzt haben wir diese Art von Verletzungen schon so oft gesehen, dass sich ein Muster ergibt und wir auf die Waffe schließen können«, erklärte Karaoğlu. »Wir haben den Verdacht, dass dieser Waffentyp verwendet worden ist, um Olsson zu ermorden. Das Messer tötet rasch und effektiv. Olsson konnte kaum einmal Luft holen, da war schon alles vorbei.«

Immerhin das war barmherzig, dachte Claesson.

»Außerdem haben wir sowohl in dieser Dienststelle als auch in anderen hier in Istanbul Kopien dieses Messers beschlagnahmt. Sie stammen aus russischer Fertigung und sind etwas handlicher. Man kann sie leichter bei sich tragen, und sie sind wahrscheinlich auch billiger. Die Vermutung liegt nahe, dass sie in erster Linie nicht gegen Tiere, sondern gegen Menschen zum Einsatz kommen.«

Ein weiteres Foto zeigte eine etwas kleinere Variante des Messers.

»Man kann das Messer im Internet bestellen und hoffen, dass der Zoll nichts merkt, oder man kann es fast überall hier in der Türkei kaufen. Ich weiß nicht, wie es in Schweden mit illegalen Waffen aussieht?«

»Das Gängige«, erwiderte Claesson kurz.

Karaoğlu holte Luft.

»Warum?«, fragte er dann, atmete aus und verstummte abrupt wie ein Amateurschauspieler. »Haben Sie irgendeine Idee?«

Mit anderen Worten, gab es ein Motiv?

»Nein, noch nicht«, antwortete Claesson.

Allmählich wurde er müde. Soweit er wusste, war Carl-Ivar Olssons Name nie im Zusammenhang mit irgendwelchen Ermittlungen aufgetaucht.

»Wir können Rauschgift nicht ausschließen«, sagte Karaoğlu.

»Drugs?«, wiederholte Claesson und sah Özen an.

Natürlich durfte man nichts von vornherein ausschließen, aber das wirkte dann doch zu weit hergeholt. Es war allerdings noch nicht so lange her, da hatten sie einen Sechzigjährigen, der als katholischer Geistlicher verkleidet gewesen war, mit Drogen am Zoll an der Öresundsbrücke festgenommen.

Er hatte behauptet, er wollte die mittelalterlichen Kirchen in Schweden besichtigen. In seinen doppelten Unterhosen hatte er jede Menge Heroin versteckt.

»Tja«, erwiderte Claesson unschlüssig. »Nichts deutet darauf hin, dass Olsson in Rauschgiftgeschäfte verwickelt war. Aber es gibt natürlich sehr vieles, wovon man nichts weiß. Allerdings verfügen wir über Informationen zu einem Teppich, genauer gesagt über das Fragment eines sehr alten und wertvollen Teppichs aus der Zentraltürkei. Das können wir auch später noch diskutieren.«

Karaoğlu nickte Merve Turpan zu, und sie setzte sich an den Computer. Ihre Finger flogen über die Tastatur, während sie den Blick auf die Leinwand gerichtet hielt. Schließlich tauchte eine detaillierte Karte des Bosporus auf.

»Hier liegt Yeniköy«, sagte sie. »Unser Zeuge Ilyas Bank meint, dass der Teppichhändler hier zugestiegen sein könnte. Auch weitere Zeugen sind dieser Annahme.«

Yeniköy lag auf der europäischen Seite ein Stück weiter stromaufwärts.

»Yeniköy is a very, very old place.« Ihr Blick hatte auf einmal etwas Träumerisches. »Hier lag schon in byzantinischer Zeit eine Siedlung. Hier stehen Yalin, schöne Häuser aus dem 19. Jahrhundert, direkt am Ufer. Very, very beautiful.«

Claesson wusste mittlerweile, wie Merve Turpan ihrer Begeisterung Ausdruck verlieh. Very, very nice, old, beautiful …

Sie weiß wirklich von ihrer Stadt zu schwärmen, dachte Claesson. Ein spürbarer Stolz und nicht diese abgestumpfte Selbstverständlichkeit, die einige Schweden in ihrer wunderschönen Heimat beschlich. Ob er auch so von Oskarshamn sprechen würde?

»Entschuldigen Sie, ich lasse noch einmal Tee kommen«, sagte Merve und verschwand.

Vielleicht wollte sie auch auf die Toilette, dachte Claesson. Er benötigte jedenfalls eine und stand etwas verlegen auf. Karaoğlu verstand und deutete Richtung Korridor.

Als Claesson wieder zurück war, erzählte Karaoğlu, dass die gesamte Besatzung der Fähre inzwischen vernommen worden war, allerdings konnte man nicht rekonstruieren, welche Passagiere sich an Bord befanden, da die Tickets nicht auf den Namen des Reisenden ausgestellt wurden.

»Der Mann vom Kiosk hat ausgesagt, dass ihm eine Person besonders aufgefallen ist.«

Claesson wischte sich mit der Hand über den Nacken. Niemand schlug vor, ein Fenster zu öffnen, weil das die Sache vermutlich auch nicht besser gemacht hätte.

Das Lichtbild aus dem Führerschein eines älteren Mannes wurde gezeigt. Er hieß Ergün Bilgin und stand in dem kleinen Kiosk der Fähre. Er hatte gesehen, wie sich alle Passagiere im Vorschiff zusammendrängten, um möglichst schnell von Bord zu gehen. Ganz hinten hatte ein Mann mit skandinavischem, amerikanischem oder deutschem Aussehen gestanden. Er hatte eine dunkle Tasche aus Segeltuch bei sich. Bilgin wusste nach einigem Zögern auch zu berichten, dass der Mann aus der Richtung gekommen war, in der später die Leiche gefunden wurde, also von Backbord, und zwar unmittelbar, bevor er das Schiff verlassen hatte. Von links also, wenn sie vom Vorschiff aus an Land gegangen sind.

»Konnte er die Person beschreiben?«, fragte Claesson.

Karaoğlu las vor. Etwa ein Meter achtzig groß, schlank, zwischen dreißig und vierzig, langärmeliger, breit gestreifter

Pullover mit Kragen, weiße Schirmmütze mit rotem Aufdruck, vermutlich jedenfalls.

»Wir haben Ilyas Bank noch einmal verhört, den Mann, der Olsson gefunden hat. Er glaubt auch, einen Mann gesehen zu haben, auf den diese Beschreibung passt. Und auch er glaubt, dass der Mann eine weiße Baseballmütze mit einem roten Text trug.«

»Tja«, meinte Karaoğlu und zuckte mit den Achseln. »Das ist nicht viel mehr als ein long shot ... aber immerhin.«

Merve Turpan kehrte zurück und wandte sich an Karaoğlu, der ihr zunickte.

Sie setzte sich wieder an den Computer. Sie erinnerte Claesson an eine der ersten Frauen, in die er sich verliebt hatte, obwohl diese blond und blauäugig gewesen war. Aber die runden, weichen Formen waren gleich gewesen, obwohl Merve durchaus noch als schlank gelten konnte. Wenn sie nicht aufpasste, konnte sie schnell rundlich werden. »Mit zunehmendem Alter wurde sie ziemlich fett«, wie sein Vater über Frauen zu sagen pflegte, die sich hinsichtlich des Kaffeegebäcks nicht zu mäßigen wussten. Männer hingegen waren mit zunehmendem Alter nur »stattlicher« geworden.

Merve Turpan war offenbar eine clevere Person. Das merkte man schnell an ihrer Körpersprache und am Ausdruck ihrer Augen. Einen »lebhaften Intellekt« hätte sein Vater das genannt. Sie entsprach in keiner Weise Claessons Vorstellung von Türkinnen als demütige Hausfrauen, deren Aufgabe vor allem darin bestand, zehn Kinder zu gebären und sich um ihren Haushalt und ihren Mann zu kümmern. Sie schien eine urbane Frau mit sehr guter Ausbildung zu sein, die die Karriereleiter noch weiter hochklettern würde. Wie Louise Jasinski zu Hause in Oskarshamn. Außerdem sprach sie das beste Englisch in ihrer kleinen Runde und verfügte über ein ausgesprochen gesundes Selbstbewusstsein.

Jetzt warf sie einen Schnappschuss an die Wand, der wahrscheinlich mit einem Handy aufgenommen worden war.

Ein Eindruck, der sich bestätigte. Ein Besatzungsmitglied hatte sein neues Handy ausprobiert. Er fand die Fassaden der Häuser so schön.

Auf dem Foto war eines jener bereits erwähnten Yalin zu sehen. Es war mehrere Stockwerke hoch, mit Säulen ausgestattet sowie mit Sprossenfenstern und hübschen Verzierungen. Es lag direkt am Wasser neben einem weiteren Gebäude im gleichen Stil, aber mit anderen Verzierungen. Auf dem nächsten Foto war dieses Haus im Hintergrund zu erkennen. Davor war wieder der Kai in strahlender Sonne zu sehen. Die Luft flirrte.

Insgesamt fünf Personen waren auf dem Kai auszumachen. Sie schienen nicht zusammenzugehören. Alle schauten aufs Wasser. Offenbar warteten sie darauf, dass die Fähre anlegte, um an Bord zu gehen.

Einer der Wartenden war Carl-Ivar Olsson. Zweifellos war er es, der ganz rechts im Bild stand. In einer Hand hielt er eine dunkle Tasche, entweder aus Stoff oder Leder, das war nicht klar erkennbar. Sein linker Arm und seine linke Schulter wurden vom Bild abgeschnitten.

»Eine typische Tasche zum Transport von Teppichen«, informierte Karaoğlu.

»Das muss dann aber ein sehr kleiner Teppich gewesen sein«, meinte Mustafa Özen, der jetzt zum ersten Mal etwas sagte. »The bag doesn't look full«, verdeutlichte er.

»Eines wissen wir mit Sicherheit«, fuhr Karaoğlu fort. »Die Tasche fehlte, als Olsson gefunden wurde. Der Mann, der ihn auf der Fähre fand, bemerkte keine Tasche neben der Leiche. Er könnte natürlich lügen, aber das glaube ich nicht.«

»Was hatte der Teppichhändler Olsson in Yeniköy zu suchen?«, fragte Claesson schließlich. »Wollte er dort vielleicht einen anderen Teppichhändler treffen?«

Karaoğlu setzte eine clevere Miene auf.

»Ja, es gibt in Yeniköy einen Teppichhändler. Aber der hat von Carl-Ivar Olsson aus Schweden noch nie gehört. Wir haben ihn nämlich befragt. Ein recht junger Mann, der das Geschäft vor einem halben Jahr von seinem an einem Herzinfarkt verstorbenen Vater übernommen hat. Es ist stressig, in einer Großstadt zu leben. Nicht gut fürs Herz.« Karaoğlu legte eine Hand auf die Brust.

Merve Turpan zeigte ein Passbild des jungen Teppichhändlers, der Anfang dreißig zu sein schien und angeblich nichts mit der Sache zu tun hatte.

Dann sprachen sie von dem Mann, der den toten Carl-Ivar Olsson gefunden hatte.

»Ilyas Bank behauptet, dass er weder mit Olsson noch mit Schweden etwas zu tun hat. Möglicherweise hat er dort Verwandtschaft, aber das haben viele Türken. Sie haben Verwandte in Schweden, in Deutschland oder sonst wo in Europa. Bank unterhält zu niemandem regelmäßigen Kontakt. Zwei Dinge irritieren uns jedenfalls etwas. Zum einen, dass die Tasche verschwunden ist, zum anderen das hier...«

Er klickte auf das nächste Bild, vermutlich vom selben Fotografen. Dieses Mal war Olsson komplett abgelichtet worden. Mit anderen Worten der Teppichhändler Olsson vom Scheitel bis zur Sohle.

Hier in Istanbul haben die Menschen wirklich Sinn für dramatische Effekte, dachte Claesson, denn links neben Olsson stand eine Frau.

Warum zeigten die Beamten ihnen dieses Bild nicht gleich? Aber das sagte er nicht, sondern fragte: »Wer ist sie?«

»Das wissen wir nicht«, sagte Merve Turpan.

Sie standen nicht Schulter an Schulter, ein gewisser Abstand lag zwischen Olsson und der fremden Frau, die bedeutend jünger war als er. Sie konnte natürlich eine Fremde sein, eine Person, die nichts mit ihm zu tun hatte, schließlich konnte jeder die Fähre nehmen. Oder aber sie war die klassische Geliebte. Irgendwie schien die Luft zwischen ihnen zu zittern, obwohl beide geradeaus blickten. Vielleicht war es ja auch gerade dieser Umstand, dass sie sich so offensichtlich anstrengten, einander nicht anzusehen.

Der Mund der jungen Frau war halb geöffnet, als hätte sie gerade etwas gesagt. Die einzige Person, mit der sie gesprochen haben konnte, war Olsson, falls sich nicht ein Bluetooth-Headset unter dem vollen Haar verbarg, das bis auf ihre Schultern reichte. Aber das war eher unwahrscheinlich.

Was sagte die Frau zu Olsson? In welcher Gemütsverfassung befand sie sich? Sie schienen beide auf der Hut zu sein. Oder war das nur Einbildung?

Sie mussten herausfinden, wer diese Frau war. Claesson dachte fieberhaft nach und stand derart unter Strom, dass er am Abend wahrscheinlich Mühe mit dem Einschlafen haben würde.

Er räusperte sich und zog das schwarz-weiße Foto hervor, das aus Olssons Geschäft in Oskarshamn stammte. Er hatte vorsorglich mehrere Abzüge machen lassen und teilte sie jetzt an Karaoğlu und Merve Turpan aus. Beide betrachteten die Fotos eingehend.

»A very, very old carpet«, sagte Merve Turpan. »Aber ich bin keine Teppichexpertin.«

Claesson referierte kurz das Treffen mit dem Teppichhändler Robert Karlgren in Kalmar, der ihnen den Namen des Teppichhändlers im Großen Basar genannt hatte. Karaoğlu bat Merve Turpan, den Namen zu notieren. Es wurde entschieden, dass die Schweden ihn zusammen mit einem türkischen Kollegen aufsuchen sollten. Merve meinte, sie hätte nichts dagegen, die Schweden zu begleiten.

»In Zivil«, meinte Karaoğlu. »Schließlich brauchen wir einen unbescholtenen Teppichhändler nicht unnötig nervös zu machen. Wir planen diesen Besuch für morgen Vormittag ein, bevor Sie zum Leichenschauhaus fahren. Dann kann ich vorher noch den Gerichtsmediziner anrufen.«

Claesson wusste, in welchem Hotel Familie Olsson zu erreichen war, und versprach, sich mit ihnen anlässlich der Identifizierung in Verbindung zu setzen. Die Ehefrau, die Angestellte im Teppichgeschäft und die beiden Kinder hätten sich zum Zeitpunkt des Mordes in Schweden aufgehalten, betonte er.

»Sie können Olsson unmöglich erstochen haben.«

Dann sprachen sie von dem Hotel, in dem Olsson mit seiner Frau gewohnt hatte. Es hieß Arkadia und lag auf derselben Seite des Goldenen Horns, auf der auch sie sich gerade befanden und von wo die Fähre ablegte.

»Am Abreisetag seiner Frau ist Carl-Ivar Olsson aus dem Arkadia ausgezogen«, sagte Karaoğlu und sprach seinen Vornamen überaus gedehnt aus.

»Wo hielt er sich dann auf?«, fragte er und sah erwartungsvoll in die Runde. »Vielleicht können Sie morgen mit Ihren Nachforschungen im Hotel Arkadia beginnen?«

Weder Rast noch Ruh, dachte Claesson. Er konnte es kaum erwarten, sich in die Ermittlungsarbeit zu stürzen. Das versprach, spannend zu werden! Er würde die Kollegen in Schweden bitten, bei der Bank nachzufragen, ob Olsson eine Übernachtung in einem anderen Hotel mit seiner Kreditkarte bezahlt hatte.

»Vielleicht ist er dann in gar keinem Hotel abgestiegen?«, meinte Claesson und wartete die Reaktion seiner türkischen Kollegen ab. Mutmaßungen über eine Geliebte waren in Schweden nichts Außergewöhnliches, aber hier?

Die beiden reagierten nicht. Sie würden im Gästebuch des Hotels überprüfen, wer zur gleichen Zeit dort gewohnt hatte.

»Es wäre das Einfachste, wenn Sie sich darum kümmern«, meinte Karaoğlu. »Sie tun sich mit den skandinavischen Namen leichter. Außerdem können Sie morgen die Ehefrau fragen.«

Sie sahen sich an. Keiner von ihnen rechnete damit, dass sie wissen würde, was ihr Mann für Pläne gehabt hatte.

Dann brachen sie auf.

31

Die Abendsonne fiel schräg durchs Küchenfenster auf die Spüle. Christoffer Daun schraubte den beharrlich tropfenden Wasserhahn fest zu, der in seinen Ohren Lärm wie auf einem Blechdach veranstaltete.

Er tropfte immer noch.

Er wollte schon seit langem die Dichtung auswechseln. Annelie hatte ihm damit in den Ohren gelegen. Natürlich. Aber sie konnte das schließlich auch selbst erledigen.

Tina stand auf dem altmodischen gestreiften Flickenteppich, den Annelie so mochte und den eine der Frauen aus dem Dorf gewebt hatte. Eigentlich hätte Annelie mit ihren flachen Schuhen auf diesem Teppich stehen sollen. Sie gehörte in diese Küche und nicht Tina. Er versuchte, Annelie aus seinen Gedanken zu verscheuchen. Er betrachtete Tina.

Annelie und Tina waren sich recht ähnlich. Sehr ähnlich sogar. Das halblange Haar, die runden Wangen und der füllige Hintern. Was zum Anfassen.

Offensichtlich wurde er immer vom selben Frauentyp angezogen, zumindest was das Aussehen betraf. Aber Tina bewegte sich flinker. Sie war es gewohnt, durch die langen Klinikkorridore zu eilen. Sie war effizient. Er wusste nicht, ob ihm das auf Dauer gefallen würde. Manchmal war es auch zu viel des Guten, so viel weibliche Kraft, die ihn anzog und ihn zu sich lockte. Ihn bemuttern und verzärteln wollte und erwartete, dafür uneingeschränkt wertgeschätzt zu werden.

Einige seiner Kolleginnen lachten ihn hinter seinem Rücken aus und bezeichneten ihn als verwöhnt. Sie erhielten wirklich nicht so viel Unterstützung von den Schwestern wie er. Sie mussten ohne Handreichungen auskommen und ohne roten Teppich, der die Karriere vorantrieb.

Er nannte die Kolleginnen eine Sammlung verbitterter Weiber. Der blanke Neid. Am schlimmsten war Fresia. Ihm war auch nichts geschenkt worden. Im Gegenteil. Er hatte es phasenweise auch sehr schwer gehabt. Er konnte also jede noch so kleine Aufmunterung gut gebrauchen.

Hingegen widerstrebte es ihm, lügen zu müssen, obwohl

er sich schon besser fühlte, weil er es sich selbst eingestand. Er genoss es fast, sich seine eigenen Fehler und Unzulänglichkeiten einzugestehen. Eine Art Masochismus ohne Verpflichtungen.

Jetzt versuchte er sich an den Gedanken zu gewöhnen, dass Tina in seiner Küche stand. Die Spannung, die er noch im Auto verspürt hatte, war verschwunden. Zumindest vorübergehend.

Tina biss sich auf die Unterlippe und wirkte unentschlossen.

Aber sie wollte noch nicht gehen. Wollte ihn jetzt nicht allein lassen.

Jetzt fühlte sie sich ihm näher, wo sie sich in seinem Haus befand und an seinem Alltag teilhaben konnte. Sie betrachtete das Bord mit dem hübschen Steingut, das Tischtuch mit modernem Druck und die sorgfältig gestrichenen Wände. Sie nahm die Präsenz einer anderen Frau in sich auf und fand das erregend. Sie hatte nicht die Absicht, sich ein schlechtes Gewissen zu machen, schließlich war es seine Idee gewesen, dass sie mit reinkommen sollte.

Christoffer bietet die Gelegenheit zu einem anderen Leben als das mit Pär, dachte sie, während sie sich umschaute. Im Namen der Liebe. Christoffer und sie liebten sich wirklicher. Sie hatte sich das Tausende von Malen überlegt. Immer wieder, bis sie zu dem Schluss gekommen war, dass man nur das eine Leben hatte und es so intensiv wie möglich leben sollte. Es war weder ehrlich noch echt, mit dem falschen Mann zusammen zu sein. Mit einem, den sie weder achtete noch schätzte. Sie war nur noch aus Gewohnheit mit ihm zusammen und weil sie zwei gemeinsame Kinder hatten. Irgendwie hing sie aber auch an ihm. Diese verdammte Unentschlossenheit. Vielleicht war es mit Christoffer letzten Endes doch recht ungewiss.

Außerdem hatte sie Christoffer nicht für sich allein. Viele Schwestern machten ihm den Hof, dem jungen, gut aussehenden Arzt, dem weder lange Operationen noch Nachtdienste etwas ausmachten.

Die Patienten waren ebenfalls begeistert. Vielleicht weil er so sensibel war. Manchmal war er allerdings auch schwermütig, aber trotzdem immer wahnsinnig einfühlsam, und er konnte zuhören, ohne gleichzeitig wie Pär immer an etwas anderes zu denken. Pär sah immer die Sportschau, wenn sie ihm etwas sagen wollte, und ergriff nie selbst die Initiative zu einem Gespräch.

Wenn Christoffer sie berührte, sie mit seinen warmen Händen anfasste, dann durchfuhr sie ein überwältigendes Glücksgefühl.

Zu Pär bin ich eigentlich nie durchgedrungen, dachte sie manchmal. Sie waren noch so jung gewesen, als sie sich kennen gelernt hatten, und hatten sich dann immer mehr aneinander gewöhnt. Sie hatten sich ihr Leben mit Kindern, Haus und Verwandtschaft eingerichtet. Sie waren loyal, aber das war nicht dasselbe, wie jemanden zu lieben.

Sie hätte sich gerne um Christoffer gekümmert und ihm das Leben leichter gemacht. Dieser Annelie schien das alles egal zu sein. Sie hatten sich auseinandergelebt, sagte er. Gott, wie viele Leute das sagten! Christoffer fand, dass sie ihn viel besser verstand und Annelie sich nur noch für Teppiche interessierte.

Trotzdem verließ er sie nicht.

Tina war durchaus aufgefallen, dass sein Eifer nachgelassen hatte, und das machte ihr sehr zu schaffen. Der ständige

Wechsel zwischen Hoffnung und Verzweiflung. Deswegen hatte sie ihm ein bisschen auf die Sprünge geholfen. Sie hatte eingesehen, dass sie das tun musste, weil sie die Stärkere war. Deswegen hatte sie ihm mitgeteilt, dass sie Pär und die Kinder nicht verlassen würde. Jedenfalls nicht jetzt. Dass sie warten wollte.

Sie hatte ihn zu einer Entscheidung zwingen wollen. Er sollte bloß nicht glauben, dass sie immer für ihn da sein würde. Sie hatte auch ihren Stolz.

Christoffer entschuldigte sich und verschwand auf die Toilette.

Tina sah sich weiter um. Das Licht aus dem größeren Zimmer fiel auf den Teppich in der Diele. Es war ein vielfarbiger Orientteppich, einer von denen, die Annelie verkaufte. Sie selbst fand sie ziemlich hässlich. Ihr gefielen helle, moderne, einfarbige Teppiche.

Sie hörte die Wasserspülung, und Christoffer kam wieder in die Küche.

»Willst du Kaffee oder Tee«, fragte er, »oder vielleicht ein Glas Wein?«

»Ein Glas Wein wäre jetzt nicht schlecht.«

»Roter oder weißer?«

»Gerne roten.«

Er öffnete die Speisekammertür, holte eine Flasche, stellte zwei Gläser auf den Tisch und schenkte ein. Er reichte ihr ein Glas, sie tauschten einen Blick und tranken einen Schluck.

»Ein Butterbrot oder Käse und Salzgebäck?«

»Ein Glas Wein genügt, vielen Dank.«

Sie würde später zu Hause essen, aber das sagte sie nicht. Ein warmes Abendessen mit Pär und den Kindern. Braten und Bier und mehr Wein für sie.

Christoffer schien zu zögern. Tina ließ ihren Blick weiterschweifen. Dann neigte sie den Kopf einladend zur Seite, wie nur sie das vermochte. Sie wusste, dass das seine Wirkung nicht verfehlen würde.

Er lehnte an der Spüle. Spürte den Stahl an seinem Gesäßmuskel, dem Musculus glutaeus. Ungewollt drängte sich ihm der lateinische Name des Muskels auf. Das schuf Distanz und Ordnung, wie bei der Arbeit.

Tina ließ den Arm sinken und ging ein paar Schritte auf ihn zu. Sie trat ganz nahe an ihn heran, ohne ihn zu berühren. Er ahnte ihren Atem, in dem Moment, als sie den Blick senkte. Eine ganze Weile standen sie so da.

Dann ließ sie den Kopf nach vorne sinken und legte ihre Stirn an sein Kinn und seinen Mund. Er blieb mit geschlossenen Augen stehen und küsste sie vorsichtig auf die Stirn. Dann spürte sie seine Zungenspitze. Nicht unerwartet war der Geschmack salzig und etwas bitter. Sein Blut pulsierte heftig. Die kühle Distanz, die manchmal zwischen einem Menschen und einem anderen entstand und in seltenen Fällen auch zwischen Tina und ihm, war mit einem Mal verschwunden.

Sie hob den Arm und legte ihn um seinen Hals. Sie zog ihn an sich, und er ließ es geschehen. Ihre Brüste schmiegten sich an ihn. Sie schob das Becken vor und drückte sich an ihn, als wollte sie sich in seinem Körper verkriechen. Mit rhythmischen Bewegungen rieb sie ihr Schambein an seinem Oberschenkel. Ihr Haar riecht nach einem Tag in der Klinik, dachte er.

Sie schob eine Hand unter seinen Pullover und ließ ihre Finger an seinem Rückgrat bis zum Nacken hinaufwandern. Ein herrlich wohliger Schauer durchfuhr ihn. Er schloss die Augen, als er ihre Fingernägel auf der Kopfhaut spürte. Mit der anderen Hand knöpfte sie seine Jeans auf, zog den Reißverschluss herunter und schob ihre Hand in seinen Slip.

Das Telefon klingelte.

»Ich muss drangehen«, sagte er ganz benommen.

Warum eigentlich? Eine Zwangshandlung, nichts anderes. Das schnurlose Telefon lag in der Diele. Keine Nummer auf dem Display. Er nahm den Anruf entgegen und stellte sich mit dem Rücken zur offenen Küchentür, damit Tina von dem Gespräch nicht so viel mithörte.

Eine fremde Männerstimme fragte, ob er nach draußen kommen und das bestellte Brennholz entgegennehmen könne.

Haben wir Brennholz bestellt?, überlegte er. Das muss Annelie gewesen sein.

»Ich bin gleich da«, sagte die fremde Stimme mit einem deutlichen Östergötlanddialekt. »Sie müssen uns nur zeigen, wo wir die Scheite abladen sollen... vermutlich da, wo Sie sie später auch aufstapeln wollen?«

»Natürlich! Vor der Scheune in diesem Fall. Wir haben keinen Brennholzschuppen... ich komme.«

Er ging in die Küche und sah Tina schuldbewusst an. Seine Erektion war verschwunden.

»Warte, ich bin gleich wieder da.«

Sie nickte und setzte sich auf einen der IKEA-Stühle, die sie benutzten, bis die Küchenstühle lackiert waren. Die Tageszeitung lag auf dem Tisch. Sie blätterte.

Er trat ins Freie. Der Himmel war klar. Es war warm genug für kurze Ärmel.

Er ging an den hohen Fliederbüschen, die die Grundstücksgrenze säumten, entlang zum Vorplatz. Bald würden sie blühen. Er versuchte, seine Beschämung abzuschütteln und sich nichts anmerken zu lassen. Schließlich wusste er nicht, wer das Brennholz abladen würde. Die Stimme hatte nicht gerade wie die eines alten Mannes geklungen.

Er hörte immer noch keinen Lastwagen. Warten war nie seine starke Seite gewesen, am allerwenigsten jetzt.

Er meinte Schritte zu hören und drehte sich um. Nein, das war doch nur der Wind in den Baumwipfeln.

Oder war Tina ihm gefolgt? Das wäre wirklich keine gute Idee. Er wollte zum Kücheneingang auf der Giebelseite des Hauses hinüberschauen, aber das alte Trockenklosett und der ehemalige Hühnerstall nahmen ihm die Sicht.

Aber sie tauchte nicht auf, und die Schritte waren nicht mehr zu hören. Vermutlich hatte er sich nur etwas eingebildet.

Christoffer sah den Mann nicht, der sich hinter der Hausecke versteckte und durch den Kücheneingang im Haus verschwand, als er außer Sichtweite war.

Tina schaute von der Zeitung auf und sah einen wildfremden Mann vor sich stehen. Sie hatte ihn nicht einmal hereinkommen hören.

»Wo ist er?«, fuhr er sie an. »Her damit!«

»Wovon reden Sie?«

Sie sprang auf.

»Tu nicht so. Der Teppich!«

»Was denn für einen Teppich?«, fragte sie, starrte den Fremden an und begriff im selben Augenblick, dass er sich in der Person geirrt hatte. Er glaubte, sie sei Annelie!

Ihr Puls raste, und sie bekam kein Wort über die Lippen. Sein Blick machte ihr Angst. Mit seiner Aggression war nicht zu spaßen. Sie musste ins Freie.

Sie versuchte, an ihm vorbeizukommen und die Küchentür zu erreichen, aber er war schneller. Er packte sie am Arm und zerrte sie zurück in die Küche. Der Schmerz war so stark, dass sie glaubte, er hätte ihr den Arm ausgekugelt.

»Was machen Sie da!«, schrie sie und hoffte, Christoffer würde sie hören.

Der Mann presste ihr eine Hand auf den Mund und hielt sie wie in einem Schraubstock fest. Sie konnte sich nicht bewegen und noch viel weniger um Hilfe rufen.

»Du erzählst mir jetzt ganz brav, wo ich den wertvollen Teppich holen kann. Du weißt sehr gut, wo er ist. Kapiert? Dann lasse ich dich in Ruhe, und du vergisst die ganze Sache. Wenn du schreist, schlage ich dich tot.« Er nahm die Hand von ihrem Mund, und sie starrte ihn an.

Er hatte sie gegen die Speisekammertür gedrückt. Sie spürte die Klinke im Rücken. Das tat verdammt weh. Zu beteuern, dass sie von nichts eine Ahnung hatte, würde alles nur noch schlimmer machen, so viel war ihr klar. Sie hatte es mit einem Verrückten, einem Psychopathen zu tun. Sein Blick war eiskalt, und sie hatte schon fast kein Gefühl mehr in den Armen. Auch wenn sie die Antwort gewusst hätte, hätte sie doch keinen Ton über die Lippen gebracht. Die Angst lähmte sie.

Da hörte sie ein Pfeifen. Er schlug ihr so fest ins Gesicht, dass sie glaubte, er hätte ihr den Kiefer gebrochen.

»Ich habe nicht ewig Zeit! Sag schon!«

»Weiß nicht«, sagte sie schwach und rammte ihm gleichzeitig ihr Knie in den Schritt. Sie hoffte, dass er sich vor Schmerzen krümmen würde.

Aber er wich ihr noch rechtzeitig aus. Sein Gesicht lief rot an und glich einer wutverzerrten Maske.

»Was soll das, du Schlampe«, fauchte er, schob sie an der Tür hoch und legte ihr eine Hand um den Hals. Er drückte zu.

Sie sah ihm in die Augen, die blank wie Stahl waren. Bemerkte die Handschuhe. Er trug ein Paar schwarze Lederhandschuhe. Er war ihr so nahe, dass sie seinen Geruch wahrnahm. Schweiß und zu viel Rasierwasser. Sie konnte nichts tun. Wo war Christoffer?

»Ich lasse erst los, wenn du mir gesagt hast, wo er ist! Stell dich nicht dumm!«

Sie öffnete den Mund, um ihm zu sagen, dass er die Falsche erwischt hatte, sie hatte nichts mit Teppichen zu tun. Er hatte es auf Annelie abgesehen.

Aber die Worte stauten sich, nur ein Gurgeln war zu hören, weil er sie würgte. Ihr war übel, und sie zuckte unkontrolliert. Er drückte mit seinen Daumen von beiden Seiten auf ihren Kehlkopf, und es fühlte sich an, als würde ihr der Kopf abgetrennt.

»Her mit dem Teppich, verdammt! Hörst du!«

Sie hörte ein Rauschen in den Ohren. Ihr wurde abwechselnd rot und schwarz vor Augen, und sie rang nach Luft. Ihre Knie wurden weich. Sie konnte nicht antworten. Nicht einmal eine Lüge kam ihr über die Lippen. Sie versuchte, seine Hände von ihrem Hals zu lösen, aber er ließ nicht los. Drückte fester zu, als würde ihm das Spaß machen. Ein Lächeln umspielte seine Lippen. Dann sah sie nichts mehr, spürte nur, wie sie langsam vom Fußboden abhob, und wusste nicht, ob sie fiel oder flog.

32

Veronika und Klara sangen während der Autofahrt. Nora schlief satt und zufrieden im Babysitz auf dem Beifahrersitz. Die Sonne stand noch recht hoch, obwohl es schon Abend war. Veronikas Busen schmerzte unter dem Sicherheitsgurt. Sie sang und merkte, wie falsch das klang. Aber Klara sang begeistert mit. Obwohl Klara noch klein war, traf sie die Töne einwandfrei. Wie konnte jemand, der so unmusikalisch war, ein Kind bekommen, das singen konnte?

Veronika nahm die Hauptstraße nach Bråbo, das ging am schnellsten. Dann fuhr sie die hübsche, schmale Straße nach Applekulla entlang. Felder, Gärten und Wäldchen wechselten sich an der kurvigen Straße ab. Schafe, Lämmer und Kühe weideten. Die Ackerfurchen glänzten. Die Tannen wurden wie in früheren Zeiten geschlagen, die Laubbäume ließ man stehen. Das Grün der Laubbäume war hell und frisch. Früher hatte man die Bäume im Frühjahr beschnitten und die Zweige und Blätter an das Vieh verfüttert. Das hatte Veronika von Else-Britts Mann Gösta gelernt.

Laubwälder gab es hier schon in der Steinzeit, meinte Gösta. Eiche, Ulme, Linde, Buche, Eberesche. Veronika versuchte sich die unterschiedlichen Blätter vorzustellen, war sich aber etwas unsicher. Sie wollte dazulernen. Die Natur ließ sich bewusster wahrnehmen, wenn man benennen konnte, was man sah.

Die Tanne kam relativ spät, vor circa tausend Jahren, das wusste sie jetzt. Dieser hoch aufragende Baum, den so viele Leute mit Småland verbanden, hatte erst vor relativ kurzer Zeit hier in der Gegend Wurzeln geschlagen. Ganz andere

Kräutlein und Blumen wuchsen dort, wo sich die Tanne nicht ausbreiten konnte und das Licht bis auf die Erde drang. Das Laub, das zu Boden fiel, machte die Erde außerdem fruchtbarer.

Weiden und Blumenwiesen. Das klang so schön, aber bedeutete auch harte Arbeit.

Die schwedischen Blumenwiesen, dort wo es sie noch gab und wo sie gepflegt wurden, zählten zu den artenreichsten Gebieten der Welt, sagte Gösta. Eine blühende Vorratskammer. Die Wiesen wurden hier noch mit der Hand gemäht, dann blieb das Heu liegen, sodass die Gräser ihre Samen ausstreuen konnten, ehe es zusammengerecht und getrocknet wurde, um als Winterfutter zu dienen.

Sie dachte an das alte Sprichwort, »Die Wiese ist die Mutter des Ackers«. Das Heu der Wiesen ernährte das Vieh im Winter, damit später der Acker mit seinem Mist gedüngt werden konnte, der Acker gab dann wieder eine gute Ernte. Einer der vielen Kreisläufe der Natur!

Sie näherte sich Bråbo, dem Eldorado der altmodischen Weidezäune. Nirgendwo sonst gab es so viele davon. Die ergrauten Holzzäune schmiegten sich an Weiden, Hügel und Ackerflecken.

Sie fuhr langsamer und bog in das Dorf ein. Die Leute waren in ihren Gärten. Einige winkten, andere nickten nur, wieder andere waren ganz in ihre Arbeit vertieft. Sie wusste, dass auch Christoffer Daun hier wohnte, und fragte sich, in welchem Haus.

Gerade als sie an ihn dachte, sah sie ihn an der Giebelseite aus einem Haus treten. Der klassische Kücheneingang. Sie fuhr noch langsamer und wollte ihm gerade zuwinken, aber da ging er schon mit zu Boden gerichtetem Blick Richtung Scheune.

Er wohnte in einem alten, hübschen, zweistöckigen Holzhaus, natürlich in klassischem Rot. Es lag ein Stück von der Straße entfernt. Dahinter erstreckte sich das Tal, auf das er sicher eine hübsche Aussicht von der Rückseite des Hauses aus hatte. Die weißen Hauspfosten und die Veranda waren frisch gestrichen. Alles wirkte sehr idyllisch und gepflegt.

An der einen Hausecke stand ein großer Flieder. Seltsamerweise bewegte sich jemand hinter diesem Busch. Ein recht großer Mann. Vielleicht wollte er durch den Kücheneingang das Haus betreten? Vermutlich hatte Christoffer jemanden, der ihm mit dem Haus half, vielleicht einen Polen. Eine ländliche Idylle instand zu halten, kostete Zeit, und die hatte man nicht, wenn man viel arbeiten musste.

Veronika musste einem dunkelgrünen Saab ausweichen, der zwischen zwei Grundstücken nachlässig am Straßenrand abgestellt war.

Anschließend bog sie links nach Applekulla ab.

33

Annelie Daun nahm vor dem Abschließen das braune Schutzpapier aus dem Schaufenster. Sie hätte das schon am Nachmittag tun sollen. Es sah wirklich nicht gut aus. Schon vor Stunden war die Sonne verschwunden. Sie entschuldigte ihr Versäumnis damit, dass ungewöhnlich viel zu tun gewesen war.

Ein regelrechter Ansturm, dachte sie zufrieden.

Sie hatte zwei Gebetsteppiche verkauft, erst einen persischen dicht geknüpften Keschan, klein gemustert in kräftigen

Farben, rot, blau und beige, dann einen türkischen Teppich aus Konya, er war heller, gelb, braun und blassrot.

Eine Weile waren vier Kunden im Laden gewesen, und die Stimmung war alles andere als von Trauer erfüllt, obwohl alle ihr Beileid bekundeten.

Zufriedene Kunden waren immer eine Ehre. Sie freute sich stets, wenn die Leute den Laden stolz und zufrieden mit einem aufgerollten Teppich unter dem Arm verließen.

Der Tag war aber auch noch in anderer Hinsicht ein Erfolg gewesen.

Außer zwei Teppichverkäufen, eine erfreuliche Tagesstatistik, hatte sie einen neuen Auftrag erhalten, den sie sich selbst erteilt hatte. Ihre Ungeduld, endlich aufbrechen zu können, war in Rastlosigkeit übergegangen. Nur noch ein Weilchen!

Sie rückte den Teppichstapel in der Ecke zurecht und strich mit der Hand über einen schönen, weichen Bachtiari mit einem Lebensbaum, Blumen und Büschen in verschiedenen Feldern. Sie musste einfach über die Teppiche streichen. Als streichelte man einen Hund, dachte sie. Oder Christoffer übers Haar.

Nachdenklich schüttelte sie den Kopf. Dass das Leben so kompliziert sein musste!

Plötzlich sah sie ein rotes Blatt Papier vor ihrem inneren Auge. Sie ließ es vorbeiflattern, sie hatte sich vorgenommen, nichts zu übereilen. Zu schweigen. So zu tun, als sei nichts. Das konnte manchmal genau den gewollten Effekt erzielen.

Die Geschäfte waren in den letzten Tagen glänzend gelaufen, und sie hatte wieder etwas Selbstbewusstsein zurückgewonnen. Es war jedoch erschreckend, dass der Tod so gut fürs Geschäft war. Ein ermordeter Teppichhändler war das Beste, was dem Laden in letzter Zeit passiert war. Das war eine sehr beklemmende Erkenntnis.

Betrüblich war auch, dass ihr ein Teppich abhanden gekommen war.

Sie biss sich auf die Unterlippe. Am liebsten wollte sie gar nicht daran denken. Ausgerechnet jetzt, wo alles so gut lief!

Der Zettel mit dem Namen und der Telefonnummer lag auf dem Tisch, aber es hatte ihr derart widerstrebt, davon zu erzählen, dass sie noch nicht angerufen hatte.

Was würde die Kundin wohl denken? Noch dazu eine Kollegin von Christoffer!

Dinge sprachen sich rasch herum, sie mochte das nicht, denn sie hatte ganz genaue Pläne, die noch geheim waren. Ihr war die Idee gekommen, die Nachfolge von Carl-Ivar anzutreten. Falls sie genügend Geld aufbrachte, um sein Warenlager übernehmen zu können. Vielleicht konnte sie einen Kredit aufnehmen.

Ein antiker Sivas war gestohlen worden. Er war schon stark abgenutzt, und der Flor der Gebetsnische war vom vielen Gebrauch ganz verschwunden. Wer konnte damit überhaupt etwas anfangen? Als die hochschwangere Kollegin von Christoffer den Teppich zur Reparatur abgab, hatte er sowohl Carl-Ivar als auch ihr sehr gefallen. Aber wer wusste außer ihnen beiden noch von dem Teppich? Im kleinen Oskarshamn? Oder jemand wollte ihr einfach nur einen Streich spielen.

Vielleicht hatte die Werkstatt in Stockholm den Teppich wieder zurückgenommen. Aber warum hatten sie ihn erst geschickt, wenn sie ihn anschließend wieder mitnahmen? Außerdem war der Mann in der Werkstatt die Ordnung in Person, das wusste sie. Sie wollte bis morgen warten und ihn dann anrufen. Die Kundin würde sie auch erst benachrichtigen, wenn sie sich halbwegs gewappnet hatte, ihr die Wahrheit zu sagen.

Der Teppich hatte zwar einen gewissen Wert, würde aber auf dem Markt keine größere Summe einbringen. Das konnten die Junkies schließlich nicht wissen, die rasch an Geld kommen wollten. Aber ließ man dann einen Teppich mitgehen? Gelegenheit machte Diebe.

Von dem Teppichtrick hatte sie außerdem schon gehört. Er wurde meist in den Großstädten praktiziert, aber üble Tricks breiteten sich früher oder später wie Blattläuse im ganzen Land aus. Sie hatte in der Zeitung von den Banden gelesen, die ihr Unwesen trieben. Man rief jemanden an und teilte ihm mit, er habe einen Teppich gewonnen. Dann wurde dem Opfer ein Besuch abgestattet. Während der Teppich in der Diele ausgerollt wurde, schlich ein Komplize ins Haus und sammelte alles ein, was nicht niet- und nagelfest war. Schmuck, Geld, alles, was sich leicht veräußern ließ. Oft suchten die Banden ältere gutgläubige Menschen heim, die nicht das Herz hatten, den Eindringlingen die Tür zu weisen. Vielleicht glaubten sie, ihre Erinnerung habe sie im Stich gelassen und sie hätten wirklich ein Los gekauft. Und sich zu einem schlechten Gedächtnis zu bekennen, war gerade für Ältere keine Selbstverständlichkeit.

Eigentlich musste Annelie die Polizei verständigen. Aber auch das widerstrebte ihr.

Sie drehte das Schild um. Geschlossen. Dann öffnete sie die Tür und trat auf die Treppe.

Sie hatte zwei Stunden Zeit. Das würde reichen. Um sieben Uhr war sie bei Gabriella Eklund eingeladen, ihrer ältesten und besten Freundin, die in Mysingsö in einem neuen, schönen Haus wohnte, mit großen Fenstern, die den Blick aufs Meer und auf die sagenumwobene Insel Blå Jungfrun freigaben, die wie eine Kuppel vor Oskarshamn aufragte.

Rückblickend betrachtete Annelie ihre Freundschaft mit Gabbi als einen der großen Glückstreffer ihres Lebens. Sie hätte bereits in der Grundschule in ganz andere, schlechte, Gesellschaft und auf die schiefe Bahn geraten können. Schließlich war sie als Kind schutzlos gewesen, und das ging ihr zum Teil heute noch so, weil sie das Gefühl, benachteiligt zu sein, nicht abschütteln konnte.

Gabbi war ein netter Mensch und gehörte nicht zu den Leuten, die andere unterbutterten. Sie hatte einen Hang zum Jammern, aber dann munterte Annelie sie auf. Im Großen und Ganzen war Gabbi jedoch ein glücklicher Mensch und konnte auf etwas in Annelies Augen sehr Ungewöhnliches zurückblicken, nämlich eine glückliche Kindheit und Jugend. Gabbis Eltern waren immer sehr nett zu ihr gewesen. Auch Birgitta und Carl-Ivar hatten ihr Gutes getan. Sie hatten stets etwas Unbekümmertes gehabt, wenn es nicht gerade um ihre eigenen Kinder und vor allen Dingen um Lotta ging, dachte Annelie voller Erbitterung. Sie hatte sich nie so recht mit ihr verstanden, nicht einmal, bevor Lotta mit Magnus zusammengekommen war und ihn dann später heiratete.

Gabbi war die einzige Person aus Annelies Freundeskreis, die ihr Umfeld kannte. Gabbi hatte das immer verschwiegen. Sie verlor über Annelies Mutter nie ein Wort, es sei denn, Annelie kam selbst auf sie zu sprechen. Sie fragte gelegentlich, wie es ihr gehe, und meinte damit vermutlich: Lebt sie noch?

Dafür hat man seine Freunde, dachte Annelie, die sich auf den Abend freute. Außerdem lag Mysingsö in der richtigen Richtung. Sie steckte ihre Hand in die Jackentasche, um sich zu vergewissern, dass sie den Schlüsselbund wirklich dabeihatte, obwohl sie das eigentlich wusste.

Die Schlüssel hatte sie durch Zufall gefunden. Oder hatte sie ausnahmsweise einfach nur Glück gehabt?

Der rote zusammengeknüllte Zettel gehörte in die andere Kategorie. Zu den Unannehmlichkeiten. Aber auch die waren für sie nichts Neues. Manchmal bezeichnete sie sich selbst als abgehärtet. Sie hatte als Kind einiges ertragen, und sie ertrug immer noch so manches. Vermutlich hatte sie ihn deswegen nicht verlassen. Noch nicht. Und weil sie tief in ihrem Innern Angst hatte.

Wovor eigentlich?

Im Grunde genommen wusste sie es. Angst vor Veränderung. Sie wünschte sich, dass alles wieder so wurde wie früher, als ihr Christoffer das verschwitzte Haar aus dem Gesicht pustete, als sie auf ihm lag und er ihr erzählte, sie sei das Beste, was ihm je passiert war. Nie zuvor war sie das Beste gewesen, was jemandem passiert war.

Sie war immer nur im Weg gewesen oder ungeschickt oder nicht schnell genug. Sie würde vieles in Kauf nehmen, um wieder das Beste zu sein, was jemandem passiert war. Wie früher, als sie sich richtig zusammengehörig und nicht nur durch einen Trauschein verbunden fühlten. Wie zwei Seelenverwandte, die sich für den anderen einsetzten. Fürsorge und Zärtlichkeit. Damals war sie sich nur selten schutzlos und einsam vorgekommen. Sie hatten ja einander gehabt. Es war etwas ganz Besonderes zusammenzugehören. Hatte man das einmal erlebt, sehnte man sich immer danach.

Es war nicht weit. Sie setzte ihre Sonnenbrille auf, schloss die Zentralverriegelung ihres kleinen erbsengrünen Fiat auf, warf ihre Tasche auf den Beifahrersitz und setzte zurück.

Auf dem Boden der Rückbank lag eine Flasche Rotwein in einer lila Tüte aus dem Systembolaget, die sie Gabbi, allerdings ohne Tüte, überreichen wollte. Mit den Jahren hatte sie gelernt, was sich gehörte.

Seit einiger Zeit hatte sie den Verdacht, dass Carl-Ivar noch ein weiteres Lager besaß, das sich aber nicht bei ihm zu Hause befand. Gelegentlich hatte er Schätze ins Geschäft mitgebracht, die er mit Sicherheit nicht zu Hause aufbewahrte. Sie kannte das Haus von Birgitta und Carl-Ivar sehr gut. Sie war in ihrer Kindheit und Jugend Tausende von Malen dort gewesen. Verschlossene Türen und geheime Lagerräume waren ihr dort nie aufgefallen. Das Haus war dafür gar nicht groß genug. Die meisten Dinge wurden im Übrigen im Kellergeschoss des Ladens gelagert.

Aber offenbar nicht alles!

Während sie Richtung Skeppsbron fuhr, ging ihr auf, dass Carl-Ivar immer darauf geachtet haben musste, dass sie nicht in der Nähe war, wenn er den Schlüsselbund unten aus der Kamelsatteltasche nahm.

Die Tasche, die eher einem Beutel glich, war sein Versteck gewesen. Vermutlich war das sicherer, als die Schlüssel bei sich zu tragen oder zu Hause aufzubewahren. Birgittas Augen entging kaum was. Sie war eine ordentliche Frau. Nicht übertrieben neugierig, aber aufmerksam.

Annelie hatte Carl-Ivar nie gefragt, ob er zusätzlich zu dem Lager im Keller noch ein weiteres hatte. Es gab keinen Grund, ihn mit solchen Fragen zu bedrängen, und er erwähnte so etwas nie.

Die Kamelsatteltasche hatte schon als Staubfänger am Geländer der Kellertreppe gehangen, als Annelie im Teppichgeschäft anfing. Sie war gestreift und aus kratziger Wolle gewebt, die an Rosshaar erinnerte, und mit Troddeln versehen. Sie schien dafür gemacht zu sein, Sonne, Regen und Sandstürmen zu trotzen. Leer und ausgebeult hing sie dort. Anneli hatte sie für einen reinen Ziergegenstand gehalten, der die Orientatmosphäre im Laden unterstreichen sollte. Die Atmosphäre von Dattelpalmen, Feigen, erlesenen Rosinen, starkem Kaffee und heißem Tee. Umgeben von Teppichen auf dem Fußboden und an den Wänden, der Wasserpfeife und dem kleinen Rauchtischchen. Dinge, die Carl-Ivar von einer seiner vielen Reisen mitgebracht hatte, beschworen Träume von einer fernen Welt herauf.

Einmal hatte sie ihn überrascht, das wurde ihr allerdings erst im Nachhinein klar.

Sie hatte wie immer nachmittags bei Nilssons Gebäck gekauft und dabei eingesehen, sich bald nur noch rollend fortbewegen zu können, wenn sie so weitermachte. Zimtschnecken und Hefegebäck mit Vanille- oder Marzipanfüllung oder mit Zucker bestreut. Mindestens ein Teilchen pro Tag, frisch, nicht aus der Plastikverpackung, das hätte Carl-Ivar verwerflich gefunden, da es eine so ausgezeichnete Bäckerei in der Nähe gab. Birgitta hätte der Schlag getroffen, wenn sie gewusst hätte, welche Mengen er an einem Tag verdrückte. Sie nahm es mit der Ernährung sehr genau.

An jenem Tag goss es in Strömen. Sie rannte also mit der Tüte in der Hand zum Geschäft zurück, riss die Eichentür auf und wirbelte wie das Herbstlaub in den Laden. Carl-Ivar ging gerade die Kellertreppe hoch. Er zuckte zusammen und sah sie erstaunt an.

Wenig später war alles wie immer. Sie tranken Kaffee und ließen sich das Vanillegebäck mit Puderzucker schmecken.

Natürlich war nicht sie es, die ihm einen Schrecken einjagte, sondern der Umstand, dass sie ihn auf frischer Tat ertappte. Aber erst heute hatte sie begriffen, wobei eigentlich.

Sie hatte gerade den türkischen Gebetsteppich aus Konya verkauft und wollte ihn in Packpapier wickeln. Da stieß sie zufällig mit dem Rücken an die Kamelsatteltasche, und sie fiel zu Boden. Es klirrte leise. Also musste sie einen Gegenstand aus Metall enthalten.

Sie ließ die Tasche liegen. Nachdem der Kunde gegangen war, hob sie sie auf und griff hinein. Ganz unten in der Tasche lag ein Schlüsselbund mit drei Schlüsseln. Sonst nichts.

Annelie zerbrach sich den Kopf darüber, zu welchen Schlössern diese Schlüssel wohl passten. Die Polizisten, die das Geschäft auf Hinweise durchsucht hatten, warum Carl-Ivar ermordet worden sein könnte, waren ebenso wenig wie sie selbst auf die Idee gekommen, dort nachzusehen.

Einen der Schlüssel meinte sie sofort wiederzuerkennen. Der Schaft hatte eine ungewöhnliche rechteckige Form, ein Schlüsseltyp, der ihr sehr vertraut war. Sie besaß sogar selbst so einen. Er hing an einem Haken hinter ihrer Küchentür. Für den Notfall. Dass Carl-Ivar auch einen Zweitschlüssel besessen hatte, war eigentlich nicht weiter verwunderlich.

Aber wozu passten die anderen beiden Schlüssel? Zu einem Speicher oder einem Keller? Sie hatte diese Schlüssel noch nie gesehen.

Es gab nur eine Möglichkeit: Sie musste sie ausprobieren!

Sie näherte sich dem Kreisverkehr am Bahnhof und sah links den Kai der Gotland-Fähre liegen. Am Bahnhof, der wie die Bahnsteige verlassen dalag, bog sie links ab. Züge fuhren hier schon seit Jahren nicht mehr, ein weiteres Indiz dafür, dass der Ort immer mehr in Vergessenheit geriet. Bedauerlich, dachte sie. Dann nahm sie die Verkstadsgatan am Gotlandsterminal vorbei, kreuzte die Gröndalsgatan und erreichte das Stadtviertel Gröndal mit seinen schönen Holzhäusern auf Granitfundamenten in schattigen Gärten.

Als sie erst in die Nitaregatan und schließlich in die Filaregatan einbog, änderte sich die Architektur. Ein Stück weiter lag die alte Werft mit ihren hohen Kränen und großen, düsteren Werkstatthallen mit Blechdächern. Früher hatten hier überwiegend Hafen- und Werftarbeiter gewohnt. Jetzt war es anders.

Die Filaregatan war sehr kurz. Ein aufblasbares Planschbecken stand verschmutzt und halb in sich zusammengesunken auf einer Wiese, die noch nicht wieder grün war. Plötzlich türmten sich dunkle Wolken im Norden auf und verstärkten die düstere Stimmung.

So war es nun einmal. Annelie wurde immer schwermütig, wenn sie hierher kam. Sie hasste und liebte diesen Ort zugleich. Heruntergekommen und grau, aber doch ihr Zuhause. Jedenfalls war es das einmal gewesen. Sie konnte immer noch die Geborgenheit spüren, die sich trotz allem einstellte, wenn sich die Haustür hinter ihr schloss, auch wenn das absurd war. Die Mauern schützten vor Wind und Wetter, die gluckernden Heizkörper gaben Wärme ab.

Wenn ihr nur die hysterische Unruhe erspart geblieben wäre, in welcher Verfassung sie wohl ihre Mutter vorfinden würde, wenn sie von der Schule nach Hause kam. Manchmal hatte sie auch Herrenbesuch und ließ Annelie nicht in die Wohnung, während sie »das« für eine kleinere Geldsumme oder eine Flasche Schnaps taten.

Manchmal brachte ihre Mutter sogar so etwas wie eine warme Mahlzeit zustande: gebratene Fleischwurst und Makkaroni in einem Meer aus Ketchup. Das war dann ein Fest.

Aber oft hatte sie keine Kraft. Oder kein Geld. Jedenfalls nicht für Lebensmittel.

Annelie wusste, wie man Eier kocht, ehe sie lesen konnte. Später interessierte sie sich dann nie sehr fürs Kochen. Während ihrer gesamten Schulzeit war sie dankbar dafür, dass in der Schule Mittagessen ausgegeben wurden, und zum Erstaunen ihrer Klassenkameraden verspeiste sie jeden Tag eine große Portion. Sie war der Meinung, dass die Leute, die über das Essen klagten, Idioten waren.

»Ein wahres Elend«, hörte sie einmal zufällig einen ihrer Lehrer sagen. Sie schämte sich dafür in Grund und Boden, obwohl der Lehrer nett war.

Sie roch schlecht, ohne es selbst zu merken. Wenn sie daran dachte, dass sie gestunken hatte, und das vielleicht schon als Baby, wurde sie heute noch rot. Sie hatte nicht nur nach Zigaretten und Essen gerochen, sondern auch nach ungewaschenen Kleidern, die selten gewechselt wurden und oft zu klein waren. Als Kind nicht gut zu riechen war unverzeihlich.

Erst als sie älter wurde, verstand sie das und duschte regelmäßig.

Sie vermied es, direkt vor dem Haus zu parken. Sie entdeckte eine Lücke auf der anderen Straßenseite, parkte ein und hoffte, dass das Auto dort weniger auffiel.

Der graue Putz der Fassade war rissig und stellenweise abgefallen. Das fiel ihr umso stärker auf, je seltener sie herkam. Sie starrte auf den Asphalt, als würde sie nach etwas suchen, während sie sich der braunen Haustür näherte. Sie war frisch gestrichen und hob sich von der heruntergekommenen Umgebung ab, als wollte sie frech behaupten, dass sich das Haus doch noch nicht ganz aufgegeben hatte.

Das Haus hatte sechs Mietparteien. Sein Geruch war nicht ganz so aufdringlich wie in ihrer Kindheit. Weniger Essensdünste. Die Dunstabzüge funktionierten inzwischen vermutlich besser oder alle machten sich nur noch Fertiggerichte in der Mikrowelle warm. Der Geruch nach Zigarettenrauch dominierte erst, wenn man sich dem zweiten Stock näherte. Annelie trat vorsichtig auf, schlich die Stufen hoch und hoffte, niemandem zu begegnen. Sie hörte Lärm hinter der bekannten Tür, auf der in weißen Plastikbuchstaben auf blauem Filz »K. Olsson« stand. Sie blieb stehen und hielt ein paar Sekunden lang den Atem an, während sie darauf wartete, dass es wieder still wurde.

Vermutlich war ihre Mutter mal wieder sturzbetrunken. Sie setzte ihren Aufstieg fort und passierte das nächste Stockwerk.

Dann kam der Speicher.

Hier oben war es immer trocken und warm, jedenfalls wenn die Sonne auf die Dachziegel schien. Sie hatte bereits den muffigen Speichergeruch in der Nase.

Sie unterließ es, das Treppenlicht anzumachen, und schob im Dunkeln einen Schlüssel nach dem anderen in das Schloss der Speichertür. »Hoffentlich, hoffentlich«, bat sie im Stillen, als nur noch ein Schlüssel übrig war. Der mit dem rechteckigen Schaft, der an den Schlüssel erinnerte, der zur Wohnung ihrer Mutter passte und den sie sich bis zuletzt aufgehoben hatte, um die Hoffnung nicht zu verlieren.

Er passte.

Sie drehte ihn um, drückte die Klinke hinunter und schob die Tür mit der Schulter auf. Dann blieb sie stehen, damit sich ihre Augen an die Dunkelheit gewöhnen konnten, während sie sich versicherte, dass sie allein war.

Dann knipste sie das Licht an, das ebenso gelblich und schwach war wie immer.

Langsam ging sie an den Speicherabteilen entlang, die mit Maschendraht unterteilt waren. In dem Speicher ihrer Mutter hingen Kleider auf Bügeln, über die Plastiksäcke gestülpt waren. Dass sie so ordentlich war? Auf den Kartons lag eine dicke Staubschicht. An einem Nagel hingen Annelies alte Schlittschuhe. Hier waren sie also! Gelegentlich hatte sie sich gefragt, wo sie abgeblieben waren, aber sie hatte dann nie Lust gehabt, zum Suchen zu ihrer Mutter zu fahren, weil sie sich ihr aufdringliches Gejammer nicht anhören wollte. Deswegen hatte sie neue gekauft, aber die waren so hart und unbequem, dass ihre Füße darin weh taten.

Durch ein kleines Giebelfenster drang ein wenig Licht. In manchen Abteilen herrschte ein fürchterliches Durcheinander. Eines war nicht zugesperrt. Eine fleckige Matratze und ein Schlafsack lagen auf dem Boden. Ein Unterschlupf, der teilweise von großen Umzugskartons kaschiert wurde. Ihr Herz pochte. Hier schlief also jemand!

Sie drehte sich um, weil sie dachte, es stünde jemand hinter ihr und beobachtete sie. Ein paar leere Bierdosen, eine zusammengedrückte Milchtüte und Zigarettenkippen lagen neben der Matratze. Sie hob die Milchtüte hoch und stellte sich ins Licht, um das Datum zu lesen. Vom vergangenen Jahr. Sie stieß einen Seufzer der Erleichterung aus. Vielleicht wurde der Unterschlupf nicht mehr verwendet.

Obdachlose lebten gefährlich. Vielleicht war er oder sie schon nicht mehr am Leben. Ihre eigene Mutter, die vermutlich gerade zwei Stockwerke unter ihr saß und sich eine Zigarette nach der anderen anzündete, hätte zu ihnen gehören können. Aber sie hatte es noch einmal geschafft. Eine eigene

Wohnung, die gelegentlich sogar recht ordentlich war, wenn sie nicht gerade jeden Tag volltrunken war.

Annelie hatte sich nie Gedanken darüber gemacht, wie das überhaupt funktionierte. Das Sozialamt konnte wohl kaum jahraus, jahrein die Miete zahlen? So war das in Schweden nicht mehr. Alkoholiker, Arbeitslose und psychisch Kranke mussten in recht großem Umfang ohne Unterstützung der Gesellschaft auskommen. Es gab die Diakonie und die Stadtmission. Es gab noch Wohlwollen. Und reiche Leute, denen es guttat, anderen zu helfen. Helfende Hände. Der ideelle Sektor nahm zu. Sie selbst hatte nie mit einer Krone zur Miete ihrer Mutter beigetragen. Manchmal gab sie ihrer Mutter ein paar hundert Kronen, wenn sie pleite war und lange bettelte und jammerte, bis sie sich das nicht länger anhören konnte.

Im Übrigen hatte sie von der manipulierenden Art ihrer Mutter mittlerweile genug. Diese flehende, zuckersüße und weinerliche Stimme: »Annelie, meine Kleine, vergiss nicht, was ich für dich getan habe. Sei nicht so undankbar!« Meist verließ sie daraufhin nur wortlos die Wohnung.

Während sie das Vorhängeschloss des Speichers mit einem der kleineren Schlüssel aufschloss, bemerkte sie die graue Decke. Sie lag ganz hinten in der Ecke über einem Gegenstand, der wie ein Amerikakoffer aussah. Sie griff erneut zum Schlüsselbund.

Noch ehe das stabile Vorhängeschloss des Koffers klickte, glaubte sie zu wissen, wer all die Jahre über die Miete ihrer Mutter bezahlt hatte.

34

Veronika und Else-Britt Ek standen am weißen Zaun der Koppel. Klara saß stumm vor Glück auf dem Pony, während einer der Söhne von Else-Britt sie langsam im Kreis führte.

Der Himmel verfärbte sich lila über den Baumwipfeln im Westen, der Abend war mild, aber die Luft noch glühend warm. In der Stille schlug das Herz ganz ruhig und kaum spürbar.

Veronika berührte ihre Brüste mit den Oberarmen. Sie schmerzten, aber sie freute sich, dass sie so viel Milch hatte. Sie wusste aber auch, dass sie bald ermüden würden, leer und schlaff würden sie herabhängen, wenn sie mit dem Stillen aufgehört hatte.

Klara warf ihrer Mama einen Blick zu. Veronika lächelte strahlend. Ihre Tochter konnte kaum zurücklächeln, da sie Mühe hatte, mehrere Dinge gleichzeitig zu tun: sich im Sattel halten, ein Lächeln erwidern und dann noch das Vergnügen genießen.

»Gut machst du das!«, rief Veronika. Sie erfreute sich an der stolzen Miene ihrer Tochter.

Else-Britt hatte ihnen angeboten, bei ihr zu übernachten. Veronika hatte sich noch nicht entschieden, aber vermutlich würden sie bleiben. Sie wollte den Frieden länger genießen. Nicht aufbrechen. Außerdem wartete zu Hause niemand.

In der Ferne hörten sie Sirenen.

Veronika und Else-Britt sahen sich fragend an.

Dann nickten sie.

»Klingt wie ein Wagen von uns«, meinte Veronika.

»Das kommt aus Richtung Bråbovägen«, vermutete Else-Britt.

»Da wohnt übrigens Christoffer Daun. Er ging gerade über den Hof, als ich vorbeifuhr.«

Else-Britt nickte.

»Ein Mann stand hinter einem Fliederbusch, das fand ich irgendwie komisch. So als wollte er sich verstecken, aber dann kam er dahinter zum Vorschein. Vermutlich ein Pole, der Christoffer beim Renovieren seines Hauses hilft«, sagte Veronika.

»Bist du sicher, dass es keine Frau war?«, fragte Else-Britt.

Veronika sah ihre Freundin fragend an.

»Angeblich hat er eine Affäre mit Tina Rosenkvist«, sagte Else-Britt. »Sie wohnt mit ihrer Familie ein paar Häuser weiter. Und Daun hat es wirklich raus, für Chaos zu sorgen. Vermutlich ist er der unzuverlässigste Ehemann, den man sich vorstellen kann. Aber das ist schließlich nicht unsere Sache.«

Mehr wurde nicht gesagt. Nora regte sich in ihrem Wagen, sie hatte Hunger.

35

Die Ärztin Fresia Gabrielsson hatte Dienst.

Sie eilte durch den kurzen Gang der Notaufnahme und ließ sich im Schwesternzimmer erschöpft auf den Schreibtischstuhl fallen. Sie war ziemlich übergewichtig und war so wenig wie möglich auf den Beinen. Die Stunden am OP-Tisch reichten ihr schon. Die Nacht, die vor ihr lag, war lang, und sie hatte dicke weiße Stützstrümpfe aus Baumwolle angezogen.

Noch besser wäre es natürlich, sie würde fünfzehn Kilo abnehmen. Mindestens. Das dachte sie jeden Tag. Aber der

Gedanke allein half nichts, dessen war sie sich schmerzlich bewusst.

Dann, irgendwann in der Zukunft, wenn das Leben ruhiger war, würde sie etwas unternehmen. Eine bewusste Diät war ihr neben Arbeit, Kindern und einem recht unengagierten Mann einfach zu viel. Vielleicht würde sie, wenn sie schlanker war, häufiger schmachtende Blicke auf sich ziehen. Etwas mehr Glamour wäre ihr schon recht statt des Gefühls, immer nur Mutter zu sein. Eine Mutter, die alle umsorgte und als Schublade diente, in die alle ihre Einzelsocken warfen.

Sie fischte das Telefon aus der Tasche. Eigentlich hätte sie vom Tresen in der Anmeldezone aus telefonieren können, aber sie wollte ihre Ruhe haben. Eine Schwester hatte ihr nämlich mit herablassendem Blick bedeutet, dem Bereitschaftsdienst Bescheid zu geben. Das irritierte sie.

Aber sich zu ärgern kostete Kraft.

Sie zog den Zettel mit Ronny Alexanderssons Privatnummer aus der Kitteltasche und wählte. Zufälligerweise war es auch ihr sehr recht, wenn Ronny erschien, aber aus ganz anderen Gründen als den rein medizinischen.

Es hätte schlimmer kommen können: Jemand hatte versucht, eine Frau zu erdrosseln, aber das Opfer hatte überlebt. Die Aufregung in der Notaufnahme rührte daher, dass es sich bei der Frau um ihre Kollegin Rosen, Tina Rosenkvist, von Station 6 handelte.

Ronnys atemlose Stimme drang durch den Hörer. Er war gerade nach Hause gekommen.

»Ich bin gleich da, ich beeile mich«, sagte er ohne Zögern.

Fresia mochte ihn wirklich! Die Frau, die ihn zum Mann hatte, konnte sich wirklich glücklich schätzen.

»So eilig ist es gar nicht«, meinte sie. »Die Sanitäter haben gerade angerufen ... die Atmung ist stabil, es besteht keine größere Gefahr. Tina ist natürlich ziemlich aufgelöst. In einer Viertelstunde sind sie wahrscheinlich hier. Sie kommen aus Bråbo, aber du weißt ja, wie das ist, das kann eine halbe Stunde oder länger dauern. Sie fahren ohne Blaulicht.«

»Ich komme trotzdem gleich, umso eher kann ich wieder fahren und noch etwas Zeit mit meiner Familie verbringen«, meinte er.

Er klingt tatsächlich glücklich, dachte sie sehnsuchtsvoll. Ronny erzählte oft mit Wärme von seiner Familie. Frau und vier Kinder, die mehr waren als nur ein Rahmen für sein Berufsleben als Arzt.

Sie kehrte ins Behandlungszimmer zurück, um einem Mann, der behauptet hatte, in eine Tür gelaufen zu sein, eine große Platzwunde auf der Stirn zu nähen. Der Grund war ihr egal, genäht werden musste jedenfalls.

Sie dachte an ihre eigene bessere Hälfte. Er war Kernenergieingenieur und bisweilen recht unsensibel. Es war, wie es war, und hätte schlimmer sein können. Sie kam gut mit ihm aus. In gewissen Lebenslagen jedenfalls.

Sie zog das Betäubungsmittel aus einem Glasfläschchen auf, das ihr die Pflegehelferin mit dem Boden nach oben hinhielt.

Nur wenige Dinge waren so anziehend wie Engagement und Nähe. Seufz!

Sie spritzte die einprozentige Carbocain-Adrenalin-Lösung an mehreren Stellen in die Wunde und wartete. Der Mann auf der Pritsche war mit einem grünen, sterilen Tuch bedeckt, in das eine Öffnung für die Verletzung geschnitten war. Er lag reglos da, biss vermutlich die Zähne zusammen und hatte größere Angst, als er zugeben wollte.

»Ich lasse Sie jetzt allein. Das schaffen Sie auch sehr gut selbst«, sagte die Pflegehelferin anerkennend.

Fresia starrte sie an. Noch ehe sie ein Wort herausbringen konnte, war die Pflegehelferin bereits verschwunden.

Das Lob schmeckte bitter. Vermutlich wollte die Pflegehelferin nur eine Zigarette rauchen. Sie nutzte die Gelegenheit, weil sie wusste, dass sie selbst, Mutter dreier Kinder und Ärztin, schon klarkommen würde. Hätte es sich um Christoffer Daun gehandelt, dann wäre die Pflegekraft sicher geblieben! Sie hätte ihren kleinen Liebling nicht im Stich gelassen. Für ihn wurde immer der rote Teppich ausgerollt.

Fresia schob die bösen Gedanken beiseite. In Christoffers Haut zu stecken, war im Augenblick sicher alles andere als angenehm... vielleicht konnte man sogar sagen, dass er seine gerechte Strafe bekommen hatte?

Alle in der Klinik wussten Bescheid. Alle, die Augen im Kopf hatten, zumindest. Untreue war nur selten unsichtbar, auch wenn sich das verliebte Paar das einbildete.

War Christoffer oder ihr Ehemann über Rosen hergefallen? Mit Sicherheit wurde diese Frage so lange diskutiert, bis alle die Antwort wussten.

Fresia zog mit dem Nadelhalter die gebogene Nadel aus der Verpackung. Sie kam mit Faden zum Vorschein. Sie setzte den ersten Stich. Die Betäubung hatte gut gewirkt.

Eine vorschriftsmäßig durchgeführte, gerichtsmedizinische Untersuchung nahm ziemlich viel Zeit in Anspruch. Aus diesem Grund hatte sie eigentlich beschlossen, Ronny anzurufen. Deswegen und weil es um Tina Rosenkvist ging. Sie mussten so viel Beweismaterial wie möglich auf ihrem Körper sicherstellen. Beweise, die sich dann hoffentlich vor Gericht verwenden ließen.

Fresia hatte noch ein Jahr bis zum Facharztexamen vor sich, und das war das erste Mal, dass sie es mit einem Fall zu tun hatte, der gerichtliche Konsequenzen haben würde. Eventuell musste sie später vor Gericht über die Verletzungen und ihre Ursache aussagen. Darauf war niemand besonders erpicht.

Ronny zählte außerdem zu den Ärzten, die das Verfassen von Gerichtsgutachten gelernt hatten. Früher hatten sich alle Ärzte damit beschäftigen müssen, aber jetzt hatte die Rechtsmedizinalbehörde die Voraussetzungen für diese Kompetenz erheblich erhöht. Nach Möglichkeit sollten Rechtsmediziner die Gutachten verfassen, aber die nächste Gerichtsmedizin lag in Linköping, und es verstand sich von selbst, dass man von dort aus keinen so großen Bezirk abdecken konnte.

Der Mann unter dem Tuch reagierte immer noch nicht. Schweigend nähte sie weiter. Sie setzte Einzelstiche, verknotete den Faden und schnitt ihn dann ab. Das Resultat konnte sich sehen lassen. Die Wundränder waren erstaunlich klar abgegrenzt.

Die Türkante, mit der er kollidiert war, musste sehr scharf gewesen sein!

»Jetzt sind Sie fertig«, sagte sie und zog das grüne Tuch beiseite.

Der Mann lächelte erleichtert.

»Das haben Sie richtig gut gemacht. Zarte Frauenhände!«

Das tat gut. Sie erwiderte sein Lächeln, bat den Mann, noch liegen zu bleiben, und ging zur Anmeldung.

»Du kannst jetzt reingehen und den Verband legen«, sagte

sie zu der Pflegehelferin als kleine Rache dafür, dass sie sich dünn gemacht hatte.

Dann ging sie ins Arztzimmer, suchte nach der entsprechenden Patientennummer in der Datenbank und begann zu diktieren, während sie aus dem Fenster schaute.

Dann musste die Diagnoseziffer eingegeben werden, stets ein Hemmschuh, wenn man gerade so richtig in Fahrt gekommen war. Sie blätterte im Verzeichnis, fand »Stirnverletzung« und gab die entsprechende Ziffer ein. Jetzt fehlte nur noch die Ziffer für die Ursache. Sie blätterte weiter. Natürlich war »aus freien Stücken mit einer Tür kollidiert« nicht vorgesehen. Aber sie fand »Sturz auf gleicher Höhe« und nahm das, obwohl es nicht ganz stimmte. Dann brauchte sie noch eine Ziffer für eine Behandlung und entschied sich für »Wundreinigung und Sutur«.

Sie erhob sich und kehrte zum Tresen der Anmeldung zurück.

Inzwischen brodelte die Gerüchteküche. Sie hörte sowohl die Namen Christoffer und Rosen und konnte ein Lachen nicht unterdrücken. Sie sah Christoffer Dauns geschmeidige Gestalt vor sich. Ständig heischte er nach Bestätigung.

Dieser Mann konnte ein paar Ratschläge von einem gestandenen Mannsbild wie Ronny wirklich gut brauchen! Er hatte den richtigen klinischen Mentor.

»Er will von allen Patienten geliebt werden und so viele wie möglich an sich binden«, hörte sie eine der Schwestern grinsend sagen.

»Aber nur die Frauen. Früher oder später wird ihm das noch zum Verhängnis!«, meinte eine andere. »Wie diesem Arzt in Skåne, den sie wegen Missbrauchs angeklagt haben.«

»Sei dir da nicht so sicher, Daun passt auf«, meinte die Sekretärin, die plötzlich aufgetaucht war.

»Aber es ist ihm wohl kaum zuzutrauen, dass er jemanden erwürgt. So durchgeknallt ist er dann auch wieder nicht«, meinte die Pflegehelferin.

»Stille Wasser sind tief«, erwiderte Gunnel.

Womit auch das gesagt war.

In diesem Augenblick trafen sowohl der Krankenwagen als auch Ronny Alexandersson ein. Wenig später erschienen ein Polizist und eine Polizistin.

Die Trage wurde in ein Untersuchungszimmer gerollt. Der Zustand der Patientin war stabil.

Ronny hatte die Gerichtsmedizin in Linköping angerufen, um zu fragen, wie er vorgehen musste. Sets für gerichtsmedizinische Untersuchungen gab es in der Notaufnahme mit Stäbchen für Abstriche, Maßband, Kamm, Holzstäbchen, um etwa Hautreste unter den Fingernägeln zu sichern. Weiterhin enthielten sie eine Checkliste, Formulare und Körperskizzen, auf die man die Verletzungen eintragen konnte. Die Verletzungen am Hals waren mit bloßem Auge zu erkennen.

Gunnel hatte alles vorbereitet, inklusive Kamera, um die sichtbaren Verletzungen zu dokumentieren. Schon sehr tüchtig, dachte Fresia und kam sich großzügig vor.

»Vielleicht bleibst du besser«, meinte Ronny zu Fresia. »Vier Augen sehen mehr als zwei.«

Der Beamte reichte ihnen braune Papiertüten für Tinas Kleider, die die Kriminaltechniker untersuchen wollten. Sie hatten bereits ein weißes OP-Hemd für Tina geholt.

»Wo habt ihr den Mann, der über sie hergefallen ist?«, wollte Ronny wissen.

»Er ist in der Polizeistation beim Verhör«, gab der Beamte zurück.

Mehr sagte er nicht. Ronny nickte. Die beiden Beamten wollten nach der Untersuchung mit Tina sprechen und fragten, wo in der Klinik das möglich sei.

»Sie können das gern hier machen«, meinte Gunnel. »Sie bekommen eine Tasse Kaffee von mir, während Sie warten.«

Sie gingen ins Untersuchungszimmer. Tina sagte nicht viel, war aber erleichtert, als sie Ronny sah. Sie war heiser. Sagte, sie würde sich an kaum etwas erinnern. Sie weinte. »Es ist unheimlich, wenn man sich nicht erinnern kann! Da passieren Sachen, und später weiß man davon überhaupt nichts.«

»Bevor man ohnmächtig wird, kommt es zu einem Gedächtnisverlust. Vielleicht handelt es sich nur um einen sehr kurzen Zeitraum«, tröstete Ronny, und dann wurde darüber nicht mehr geredet.

Retrograde Amnesie, dachte Fresia. In gewissen Zusammenhängen war das eine Gnade.

Ruhig und methodisch und von oben nach unten begann Ronny seine Untersuchung. Er nahm ein Haar und legte es in einen Umschlag, dann befühlte er die Kopfhaut. Links war eine schmerzende Beule mit einem Durchmesser von drei Zentimetern. Die Ohrmuscheln hatten nichts abbekommen. Er machte einen Abstrich der Gesichtshaut, Wangen und Stirn, dann von Mundschleimhaut und Zähnen. Er hob die Lider und untersuchte die Augen.

»Kannst du notieren, dass Petechien vorliegen«, bat er Fresia, die die Rolle der Sekretärin übernommen hatte. Winzige Blutungen der Bindehaut waren ein klassisches Indiz für die versuchte Strangulation. Die Venen verengten sich, und das Blut staute sich darüber.

Dann machte Fresia ein paar Aufnahmen. Die Kamera glich einem Schutzschild zwischen ihr und Rosen. Genauer gesagt zwischen ihr und allen blauroten Schwellungen und Abdrücken von Fingern auf Rosens Hals. Fresia machte sich Notizen und fotografierte. Einige Blutergüsse würden nach ein paar Tagen erst deutlicher werden. Sie würden sie dann noch einmal untersuchen und weitere Fotos machen.

Ein Körperteil nach dem anderen wurde in Augenschein genommen. Arme, Rumpf, Beine. Mit einem Holzstäbchen pulte Ronny unter Tinas Fingernägeln. An Kopf, Hals und Armen gab es Spuren von körperlicher Gewalt.

Darüber, dass es zu einer Vergewaltigung gekommen sein könnte, wusste Tina nichts. Auch dazu, wie der Mann ausgesehen hatte, konnte sie nichts sagen. Oder ob es sich um einen Fremden gehandelt hatte. Vielleicht brachte sie auch alles durcheinander. Vielleicht war es ja...

Christoffer Daun?

Sie würde später mit einem Psychologen sprechen. Die Beamten fragten, ob Tina Rosenkvist über Nacht in der Klinik bleiben könne. Man wollte sie aus Sicherheitsgründen nicht nach Hause schicken.

»Der Ehemann?«, wollte Ronny wissen.

»Das wissen wir noch nicht. Aber schließlich wurde sie nicht in ihren eigenen vier Wänden angetroffen.«

Ronny und Fresia nickten. Eine üble Sache, aber glücklicherweise nicht ihr Problem.

36

Annelie Daun hielt die Türklinke fest, damit niemand hörte, wie die schwere Feuertür zum Speicher hinter ihr zufiel. Dann schlich sie ganz leise die Treppe hinunter. Sie wollte schnellstmöglich das Haus verlassen, in ihr Auto springen und irgendwo hinfahren, wo sie sich ungestört den vielversprechenden Inhalt der Tasche ansehen konnte. Am liebsten sofort. Sie wollte nicht bis nach dem Abend bei Gabbi warten.

Sie schlug die Fahrertür zu und setzte in einem weiten Bogen zurück. Dann legte sie den ersten Gang ein, schaute blinzelnd in den dunstigen Sonnenuntergang, der den Asphalt golden färbte, und ließ die trostlose Filaregatan hinter sich. Sie hatte jedoch vor zurückzukommen.

Mama und Carl-Ivar. Sieh einmal einer an!, dachte sie. Die starken Bande der Geschwisterliebe. Eine gemeinsame Nabelschnur. Verständnis, aber auch Hass konnte aus dem gemeinsamen Ursprung hervorgehen. Ihre Mutter musste davon gewusst haben. Sie hatte regeren Kontakt zu ihrem Bruder gehabt, als sie dachte. Sie selbst würde Geschwisterliebe nie erleben können. Sie besaß weder einen Bruder noch eine Schwester und wusste daher auch nicht, was ihr möglicherweise entgangen war.

Dann dachte sie nicht mehr an ihre Beziehung zu ihrer Mutter, sondern wieder an den Speicher. Wie sie den großen Koffer entdeckte, die Decke herunterriss und fand, wonach sie suchte. Noch ehe sie den Deckel hochgehoben hatte und der Inhalt zum Vorschein gekommen war, war ihr klar, dass sie das, was sie jetzt erlebte, noch Tage und Wochen und vielleicht noch länger beschäftigen würde.

Hier hatte er also die Teppiche geholt! Sie bekam eine Gänsehaut. Sie lächelte, während sie die kaum befahrenen Straßen des Abends entlangfuhr.

Die graue Mappe, die ganz oben lag, bot jedoch eine vollkommene Überraschung. Sie hatte vermutlich schon lange dort gelegen. Sie war aus grauem marmoriertem Karton und wurde von einem schwarzen Gummi zusammengehalten, das nicht mehr elastisch war und wie eine vertrocknete Ringelnatter an einem heißen Sommertag auf einer Landstraße auf der Pappe lag.

Wusste ihre Mutter davon?

Dass Carl-Ivar ihren Speicher genutzt hatte, wusste sie natürlich, aber vielleicht glaubte sie, dass dort oben nur Plunder verwahrt wurde, Schaufensterdekorationen und unverkäufliche Teppiche, die Carl-Ivar nicht hatte wegwerfen, aber auch nicht in Birgittas und seinem ordentlichen Einfamilienhaus hatte lagern wollen.

Im nächsten Augenblick sah sie vor sich, wie die begehrenswerten Teppiche ausgerollt wurden. Sie wünschte sich so sehr, sie zu besitzen, dass es sie am ganzen Körper schmerzte. Augen, Bauch, Herz wollten alle dasselbe: sie besitzen. Wegen ihrer Schönheit – den harmonischen Farben, die genau auf die Muster abgestimmt waren –, aber auch, weil sie so wertvoll waren.

Und darüber konnte man einfach nicht hinwegsehen, so viel war ihr klar.

Sie hatte nie viel Geld besessen, aber immer genug, um gut über die Runden zu kommen, und mehr verlangte sie auch gar nicht. Aber jetzt sahen die Dinge anders aus. Endlich hatte sie ein Ziel vor Augen. Sie wollte Teppichhändlerin werden und benötigte ein Startkapital.

Wenn Carl-Ivar den Speicher auf den Namen ihrer Mutter gemietet hatte, dann konnte er auch als der ihrer Mutter gelten.

Wenn dem wirklich so war.

Annelie hielt das für wahrscheinlich. Die Polizisten, die die Akten abgeholt hatten, hatten sich nicht nach einem weiteren Lager erkundigt. Also ging weder aus Kontoauszügen noch aus Quittungen hervor, dass Carl-Ivar einen Speicher gemietet hatte. So etwas ging schließlich in der Regel auf Kosten der Firma. Besitz, von dem niemand etwas wusste, konnte wohl kaum Teil des Nachlasses werden.

Hier witterte sie ihre Chance. Sie musste ihre Mutter ausfragen. Und vielleicht in ihre Pläne einweihen. Sie konnten an einem Strang ziehen und sich den Gewinn anschließend teilen.

Nein, überlegte sie schon im selben Augenblick. Das würde die Sache nur unnötig komplizieren. Sie sah bereits ihre Mutter vor sich, wie sie ihr damit drohte, Birgitta, der Cousine, dem Cousin oder der Polizei etwas zu erzählen, sobald sie auf Widerstand stieß und ihren Willen nicht durchsetzte. Und was sie wollte, konnte sich von einem Augenblick auf den nächsten ändern. Sie war genauso wechselhaft wie ein schwedischer Sommer.

Annelie war rechts an den Mietshäusern von Kristineberg vorbeigefahren. Dann ließ sie ein Viertel mit Einfamilienhäusern hinter sich zurück. Dahinter begann der Wald, links lag das Meer. Sie fuhr auf den Parkplatz vor der Brücke zum Strandbad und Campingplatz auf der Insel Gunnarsö.

Jetzt, dachte sie, öffnete die Tasche und nahm die grau marmorierte Mappe heraus. Immer mit der Ruhe, ermahnte sie sich und öffnete sie langsam und andächtig. Sie hatte das deutliche Gefühl, dass der Inhalt der Mappe sie der Wahrheit ein ganzes Stück näher bringen würde.

Die Briefe und Fotos waren chronologisch geordnet. Die ältesten Briefe lagen zuunterst. Die Fotos waren auf der Rückseite datiert und auf drei Umschläge verteilt.

Die Mappe war mindestens dreißig Jahre alt. Sie war ein Schatz, der wie eine kostbare Perle in einer Muschel gelegen hatte, die sie jetzt mit Gewalt öffnete. Was Carl-Ivar wohl dazu gesagt hätte, dass sie es sein würde, die sein Geheimnis lüftete?

Plötzlich empfand sie eine große Zärtlichkeit. Er hätte vermutlich nichts dagegen gehabt. Vielleicht rechtfertigte sie damit auch nur ihr Unterfangen vor sich selbst, aber irgendjemand wäre früher oder später ohnehin darauf gekommen, warum also nicht sie? Er hätte schließlich auch alles verbrennen und sein Geheimnis mit ins Grab nehmen können.

Aber das hatte er nicht getan.

Sie trug eine große Verantwortung, das wurde ihr deutlich, während sie in den Briefen blätterte und die Umschläge mit den Fotos öffnete. Sie würde entscheiden müssen, wie es weiterging.

Das schwindende Tageslicht fiel durch die Windschutzscheibe. Es war Viertel vor sieben, und sie brauchte höchstens zwei Minuten, um zu Gabriella zu fahren. Sie hatte nicht mehr allzu viel Zeit, aber noch genug, um sich einen Überblick zu verschaffen. Sie fasste die Blätter vorsichtig an der Ecke an. Ich bräuchte Baumwollhandschuhe, dachte sie, wie alle, die empfindliches Material handhaben und es vermeiden wollen, Spuren zu hinterlassen. Alle Briefe waren auf Englisch verfasst. Ein ganzes Leben lag vor ihr. Eine zweite Existenz an einem weit entfernten, fremden Ort mit einer anderen Frau und einem gemeinsamen Kind. Einem Mädchen.

Die Fotos waren sowohl in Schwarzweiß als auch farbig, die meisten waren bei blendender Sonne gemacht worden, die Fotografierten blinzelten, die Schatten waren tiefschwarz. Die Bilder waren vor Restaurants oder in Straßencafés aufgenommen worden, mit Palmen und anderen exotischen Bäumen im Hintergrund, die auf südliche Breitengrade schließen ließen.

Annelie nahm ein Foto und betrachtete es eingehender. Eine im Freien aufgenommene Amateurfotografie mit schwacher Sepiafärbung. Annelie sah abwechselnd Carl-Ivar und die Frau neben ihm an. Schließlich blieb ihr Blick bei Carl-Ivar hängen. Es rührte sie, ihn als jungen Mann zu sehen, und sie erinnerte sich daran, wie er in ihrer Kindheit gewesen war.

Sie selbst hatte kein Fotoalbum aus ihrer Kindheit, mit dem sie ihrer Erinnerung auf die Sprünge helfen könnte. Ihre Mutter hatte so etwas natürlich auch nicht, aber sie verwahrte einige wenige Fotos in einem abgegriffenen weißen Briefumschlag. Es passierte nicht oft, dass Annelie sie anschaute. Gabbi ließ sie manchmal in ihren gediegenen Fotoalben blättern, in denen gelegentlich auch sie auftauchte. Hin und wieder wurden sie dann nostalgisch. In der Regel wurde Annelie jedoch missmutig, wenn sie sich alte Fotos von sich selbst anschaute. Deswegen hatte sie sich auch nie einen Fotoapparat zugelegt. Sie wollte die Zeit nicht festhalten, sie hatte bislang nicht verstehen können, was das für einen Sinn haben sollte. Christoffer besaß natürlich eine Kamera und fotografierte viel, aber auch diese Fotos sah sie sich nicht sonderlich oft an.

Auf dem Bild musste Carl-Ivar ungefähr dreißig sein. Sein Körper wirkte weniger steif, und er sah zufrieden aus. Vielleicht sah er auch stolz aus? Er war schlanker und hatte volles Haar, weizenblond und nach hinten gekämmt. Seine Stirn glänzte. Er trug eine helle Hose, ein weißes Hemd mit aufgekrempelten Ärmeln und an den Füßen dieses uralte Sandalenmodell, das er immer noch gerne im Sommer getragen hatte. Seine Unterarme waren braungebrannt.

Sie hatte ihn als Kind immer als lustig und unbekümmert empfunden. Ob wohl alle Menschen mit den Jahren schwermütiger wurden? Oder kam ihr da wieder ihre eigene Kindheit in die Quere? Dass der Unterschied zwischen ihrer eigenen dürftigen Existenz und seinem freien erwachsenen Leben so extrem sein konnte. Oder wirkte er nur wegen der Frau, die neben ihm stand, so fröhlich?

Sie betrachtete die Frau eingehender. Sie war klein und schlank und trug ihr schwarzes Haar hochgesteckt. Ihr ovales Gesicht hatte sanfte Züge, und ihre Brauen waren kräftig und dunkel. Sie trug große Ohrringe, wie Birgitta sie nie im Leben getragen hätte. Sie sahen fein und filigran aus.

Die Frau blickte mit freundlichen Augen direkt in die Kamera. Ihr Mund war ernst, und deswegen ließ sich kaum sagen, in welcher Gemütsverfassung sie sich befand. Es war ein Mona-Lisa-Lächeln.

Aber die beiden gehörten zusammen, sie fühlten sich miteinander wohl – daran konnte kein Zweifel bestehen. Annelie wurde warm ums Herz, und ein immer größeres Wohlbehagen breitete sich in ihr aus, während sie weiterblätterte. Na, na, Carl-Ivar, dachte sie. Du hast wirklich nichts anbrennen lassen und ziemlichen Mist gebaut!

Sie wurde von Neid, aber auch von einer stimulierenden Spannung erfüllt, und zwar nicht nur, weil sie ein Geheimnis enthüllt hatte, sondern weil sie jetzt wusste, dass sich Carl-Ivar etwas getraut hatte. Er schien stolz und glücklich auf sein zweites Leben gewesen zu sein. Er war jedoch auch feige, denn er hatte sich nie zur Ganzheit bekannt. Er hatte in ständigem Zwiespalt gelebt.

Während die Dämmerung hereinbrach, überschlugen sich ihre Gedanken. Sie musste los. Sie blätterte schneller. Die Frau war auf vielen der Fotos zu sehen, sie hatte sich im Laufe der Jahre kaum verändert. Ihr Haar war ergraut, und sie hatte es kürzer geschnitten.

Dann war da noch das Mädchen. Erst Babyfotos, dann Bilder einer immer erwachsener werdenden Frau, die nur das dunkle Haar von ihrer Mutter geerbt hatte. Die Jahre waren verstrichen, und sie war größer als ihre Mutter geworden. Ähnelte sie Carl-Ivar? Schwer zu sagen.

Annelie versuchte, mit Hilfe der Daten auf der Rückseite der Fotos auszurechnen, wie alt das Mädchen in etwa war. Sie kam zu dem Ergebnis, dass sie ein paar Jahre jünger war als sie. Mit einer gewissen Zufriedenheit konstatierte sie, dass sie sich ein bisschen ähnlich sahen. Das Grübchen im Kinn, das auch Carl-Ivar und ihre Mutter hatten, die Cousine und der Cousin jedoch nicht. Ein Familienmerkmal.

Sie überflog einige Briefe. Liebesbeteuerungen, wie sie sie so nicht kannte und die sie verlegen machten. Aber schön waren diese Briefe. »Mein geliebter und stattlicher Schwede, wie ein…« Hier wurde ein Gewächs oder Tier genannt, dessen Namen Annelie nicht kannte. Eine poetische Sprache ergoss sich über die Seiten. Liebe wie Honig, weich wie Aprikosen oder wie warme Winde, und Küsse, die nach Pinienkernen schmeckten und süß waren wie frische Trauben. Die Briefe waren von einer Frau verfasst worden, die sich nicht auf die karge, nordische Art ausdrückte. Sie waren romantisch und wunderschön. Sie erzeugten eine unglaubliche Nähe. Lange

Sätze, durch Kommata in einen Rhythmus gebracht, ganz anders als das E-Mail- und SMS-Gestammel.

Annelie traten Tränen in die Augen.

Die Frau hieß Tülüp, ihre Tochter Ayla.

Sie schlug die Mappe wieder zu, legte sie in die Tasche, denn sie wollte sie nicht im Auto und in der Feuchtigkeit zurücklassen. Sie ließ den Motor an und fuhr ein kurzes Stück zurück. Dann bog sie in den Amerikavägen ein und weiter Richtung Süden nach Mysingsö.

Während sie an umgebauten Fischerhäusern und Wohnhäusern vorbeifuhr, die direkt auf den grauen Granitfelsen standen, wurde ihr bewusst, dass ihre Verwandtschaft soeben um zwei Personen größer geworden war. Um eine gewissermaßen eingeheiratete Tante und eine waschechte Cousine.

Wenn sich alles so verhielt, wie sie vermutete. Sie hätte gerne gewusst, was wohl in den Briefen von Carl-Ivar stand. Waren sie ebenso warmherzig, liebevoll und offen gewesen, was die Gefühle anging, wie die von Tülüp?

Die Schatten waren länger geworden, das frische Grün der Bäume hob sich vom dunkel gewordenen Meer ab. Die Uhr am Armaturenbrett verriet ihr, dass sie sich nicht um viele Minuten verspäten würde.

Was jetzt?, dachte sie.

Abwarten, lautete natürlich die Antwort. Jedenfalls würde sie Birgitta nichts davon erzählen. Noch nicht. Schließlich mochte sie sie.

Das war Carl-Ivars Lüge, aber die Wahrheit betraf nicht nur ihn. Seine Feigheit hatte ihn zu seinen Handlungen veranlasst. Vielleicht hatte er unbewusst die Eigenschaft der Menschen ausgenutzt, sich mit dem meisten abzufinden. Birgitta hatte nichts sehen wollen, und er hatte gelogen.

Sie war an ihrem Ziel, parkte am Straßenrand, stieg aus und ging an den Fahrrädern vorbei, die auf dem Gartenweg standen.

Mit der Weinflasche in der Hand klingelte sie.

37

Der Abend war mild.

Claesson hatte gerade mit Louise Jasinski telefoniert. Laut Informationen von Carl-Ivar Olssons schwedischer Bank hatte er den Aufenthalt im Hotel Arkadia mit seiner Visa-Karte bezahlt. Er hatte am Abreisetag seiner Frau ausgecheckt. Es war anzunehmen, dass er kein Doppelzimmer mehr benötigte. Claesson erfuhr, dass es im Arkadia zum fraglichen Zeitpunkt gar kein freies Einzelzimmer gab.

»Wo ist er dann hin, zum Teufel noch mal?«, sagte er zu Mustafa Özen, nachdem er das Gespräch beendet hatte.

Özen zuckte mit den Achseln. »Istanbul ist eine große Stadt.«

Dem war nichts hinzuzufügen.

»Dieser Lennart Ahl«, fuhr Claesson fort, »der bei der Witwe Birgitta Olsson angerufen hat. Der ist unauffindbar. Vielleicht ein Bluff... Louise lässt dich übrigens grüßen.«

Sie standen vor ihrem Hotel und warteten auf Merve Turpan. Sie wollten zusammen essen gehen. Fuat Karaoğlu konnte sie leider nicht begleiten, er hatte sich mehrmals entschuldigt, familiäre Gründe. Claesson konnte das gut verstehen.

Eine Autotür schlug zu, und Merve kam auf sie zu. Aber nicht allein. Ein junger Mann mit Lockenkopf begleitete sie.

Wahrscheinlich braucht sie einen Beschützer, wenn sie fremde Schweden trifft, dachte Claesson. Oder er war ihr Freund. Er bemerkte, dass sich Mustafa Özens Haltung etwas versteifte.

Sie gingen zwei Blöcke weiter und setzten sich in einer autofreien Straße an einen runden Plastiktisch mit einem Wachstuch darauf. Der junge Mann war ihnen als Kriminaltechniker Cem vorgestellt worden. Eigentlich sei er Chemiker, erzählte er, und kümmere sich nun um den Mord an dem Teppichhändler.

»A lot of blood«, sagte er. »Wir glauben, dass das Messer irgendwo auf dem Meeresgrund liegt. Die Schnittwunde war so tief, dass der Pathologe meint, es müsse sich um ein sehr scharfes Messer handeln. Und irgendwie wurden die Eingeweide vollkommen zerfetzt... von der Theorie, dass es sich um ein Waspknife gehandelt haben könnte, habt ihr gehört?«

Claesson und Özen nickten. Özen war fast peinlich wortkarg, fand Claesson. Er erzählte kurz von dem Telefonanruf, den er gerade erhalten hatte. Das Hotel wurde mit der Visa-Karte einer schwedischen Bank bezahlt.

»Es fragt sich, wo er dann hingegangen ist.«

»Haben wir Glück, dann ist er in ein anderes Hotel umgezogen«, meinte Claesson. »Und mit noch mehr Glück in ein seriöses Hotel mit Gästebuch, das Geld für das Zimmer sehen und irgendwann das Gepäck loswerden will. Früher oder später werden sie von sich hören lassen«, meinte er voller Überzeugung und schenkte sich Bier nach.

Sie aßen die Meze, die Vorspeisen, die den Appetit auf das Hauptgericht anregen. Die Auswahl war gigantisch. Özen hatte auch für Claesson bestellt, Dolma, mit Reis gefüllte Weinblätter, Blätterteiggebäck mit einer Bohnenfüllung und Joghurt mit

Knoblauch. Alles gar nicht übel. Anschließend wollten sie gegrillten Fisch und Salat essen, der hauptsächlich aus klein gehackten Tomaten, glatter Petersilie und Zwiebeln bestand.

»Wunderbar und sehr typisch«, erklärte Özen auf Schwedisch. »Meist mit ein wenig Zitrone und Olivenöl.«

Merve verschwand auf die Toilette, und Cem rauchte ein paar Schritte entfernt eine Zigarette.

»Kannst du gut kochen?«, fragte Claesson an Özen gewandt.

»Ja, allerdings«, erwiderte Özen ohne Bescheidenheit.

»Dann kriegen wir ja bald eine Kochmannschaft auf der Dienststelle zusammen. Gotte, auch wenn er jetzt bald in Rente geht, Lennie Ludvigsson, der einen Kochwettbewerb nach dem anderen gewinnt, und jetzt noch du und dann natürlich noch... tja...«

Er zuckte mit den Schultern und schaute auf den Tisch, konnte seine zufriedene Miene aber nicht ganz vor Özen verbergen.

»Du auch?«

»Tja. Veronika kocht nicht gern, deswegen habe ich das übernommen. Aber es macht mir Spaß«, sagte Claesson begeistert.

Merve und Cem nahmen wieder Platz. Merve erzählte, Kriminalkommissar Fuat Karaoğlu habe eine schwerkranke Ehefrau, die er im Rahmen seiner Möglichkeiten selbst pflege. Deswegen konnte er heute Abend nicht dabei sein.

»Das ist aber bedauerlich«, meinte Claesson. »Hoffentlich wird sie bald gesund.«

»Leider stehen die Chancen dafür schlecht«, erwiderte Merve. »Sie ist schon lange krank. Ein Leiden, das den ganzen Körper befällt. Sie kann sich kaum noch bewegen.«

Claesson trank einen großen Schluck Efes, das würzige Bier. Er spürte, wie ihm der Alkohol in den Kopf stieg und seine Müdigkeit noch verstärkte. Er würde an diesem Abend sofort einschlafen, so viel war sicher, und nicht daliegen und an die Decke starren, wie er erst geglaubt hatte. Keine Kinder würden in seinem Bett liegen, sich hin und her wälzen und im Schlaf murmeln.

Wie es wohl Veronika ging? Auf ein schlechtes Gewissen legte er jetzt aber keinen Wert.

»Worum geht es eurer Meinung hier?«, fragte Merve.

Özen schwieg. Claesson zuckte nur mit den Achseln.

»Keine Ahnung. Wir können nur Mutmaßungen anstellen. Teure Teppiche, Rache oder Vergeltung für etwas, was wir noch nicht herausgefunden haben? Oder vielleicht ist ganz einfach der Falsche ermordet worden? Istanbul ist eine Großstadt… dort gerät man leicht mal jemandem in die Quere… Wenn wir diesen Fall lösen können, dann ist das gut. Mehr können wir nicht tun«, meinte er. »Jedenfalls ist es schön, hier zu sein. *Skål*, wie wir auf Schwedisch sagen!«

Sie hoben ihre Gläser. Merve trank Wasser. Mustafa Özens Augen funkelten. Insbesondere, wenn er Merve ansah, stellte Claesson fest und grinste.

Ihr Handy klingelte. Sie wandte sich ab, während sie sprach. Die Stimme klang abwechselnd ruhig und verärgert. Ihr Freund?, überlegte Claesson.

Sie beendete das Gespräch und sagte: »Meine Mutter.« Dann lächelte sie ironisch. »Sie wollte wissen, ob ich einen netten Abend habe.«

»Und?«, fragte Claesson.

»Allerdings.« Sie lächelte die schwedischen Gäste an, und die Stimmung am Tisch wurde noch ungezwungener.

»Dann holen wir euch morgen ab«, sagte sie, als es Zeit zum Aufbruch war. »Erst Hotel Arkadia, dann der Große Basar und die Teppichhändler. Ist das in Ordnung?«

»Ja«, antwortete Claesson. »Stimmt es, dass wir um 14 Uhr zur Identifikation in der Gerichtsmedizin sein sollen? Diese Uhrzeit habe ich der Witwe am Telefon genannt. Wir müssen sie im Hotel abholen.«

»Gib mir ihre Handynummer, dann kümmere ich mich darum«, sagte Merve Turpan.

»Ich weiß nicht genau, wie viel Englisch sie spricht«, meinte Claesson.

»Ruf mich an, dann rufe ich anschließend die Witwe an«, schlug Özen vor und schrieb Merve seine Handynummer auf. Sie lächelte ihn strahlend an.

Claesson und Özen entschieden, zu Fuß zum Hotel zu gehen. Der dunkle Nachthimmel wölbte sich über ihnen.

Es war fast ganz still.

38

Johan und Lotta, dachte Annelie im Auto auf dem Weg von Gabbi nach Hause. Wie stehen sie zum Tod ihres Vaters?

Sie sah Johans Gesicht vor sich. Mit ihm gab es nie Streit, er war harmlos. Vielleicht war er auch einfach nur anpassungsfähig?

Sie hatte in ihrer Kindheit und Jugend nicht viel mit Johan zu tun gehabt. Sie kannte ihn nicht so gut. Nicht so wie Lotta. Sie war von einem anderen Schlag, härter, aber nicht so etwas Besonderes, wie Annelies Mama, Lottas Tante, dachte.

Lotta war eher unsicher, aber Annelie hatte viele Jahre gebraucht, um das zu begreifen. *Etwas Besonderes* war sonst das Schlimmste, was man im småländischen Oskarshamn sein konnte. Wie Lotta sowohl überheblich als auch etwas Besonderes hatte werden können bei diesen Eltern...

Annelie dachte an die vielen Diskussionen, die sie mit Christoffer darüber gehabt hatte. Rezessive Vererbung, meinte er in seinem Ärztejargon. Lotta war noch eingebildeter geworden, seit sie eine »gute Partie« gemacht und nach Östermalm gezogen war. Dieser Ansicht war nicht nur ihre Tante, dachte Annelie, sondern Christoffer und sie selbst auch.

Lotta wollte sich natürlich nur anpassen. Wer wollte das nicht? Annelie merkte durchaus, wie sie kämpfte und sich die richtigen Möbel, Kleider und Schulen für die Kinder aussuchte, weil sie glaubte, nur auf diese Weise beweisen zu können, dass sie etwas taugte. Seinen eigenen Weg zu gehen erforderte Mut. Oder ein gewisses Maß an Verrücktheit.

Als Christoffer und sie noch in Stockholm wohnten, hatten sie sich gelegentlich zu viert getroffen. Aber das funktionierte nie. Obwohl auch Christoffer aus besseren Verhältnissen stammte. Annelie war klar, warum das so war, und das hatte weder mit Hochmut noch mit Herkunft zu tun. Magnus war sich dessen vermutlich ebenfalls bewusst. Magnus und sie sprachen natürlich nie darüber. Sie tauschten einen Blick und ließen die Sache auf sich beruhen.

Sie seufzte. Im Radio wurde eine Serenade auf den Vollmond gespielt. Eine schamlose Zufriedenheit erfüllte sie.

Genug davon, dachte sie im nächsten Augenblick. Endlich gelang es ihr, nicht mehr bei jedem Gedanken an Magnus jedes Mal einen Stich zu verspüren. Jedenfalls nicht mehr so oft.

Hatte er sich verändert, oder war sie nicht mehr dieselbe?

Sie hatte den Lebensweg von Magnus, dem Jungen des ewigen Sommers, im Auge behalten und gesehen, wie er in die Fußstapfen seiner Eltern trat, anfangs ruhig und gelassen und mit souveräner Selbstverständlichkeit. Aber dann wurde seine Haltung immer forcierter, seit seine von den Steuerbehörden gejagten Eltern mit dem Geld und den Papieren ins Ausland verschwinden mussten.

Das war nicht Magnus' Schuld. Aber sie erkannte den früher verborgenen Hang zur Unzuverlässigkeit immer deutlicher. Er war immer noch unterhaltsam und eitel, und sie hatte immer noch eine Schwäche für ihn. Aber vielleicht war ihr die Verliebtheit inzwischen wichtiger als er selbst.

Zu einem ausgedehnten und langweiligen Abendessen in Lottas und Magnus' Wohnung in Östermalm kam es jedenfalls, als Christoffer und sie ein Jahr in Stockholm lebten. Die Wohnung lag in der Sibyllegatan. Hohe Räume und Sprossenfenster, schwere Vorhänge und fantastische Teppiche. Sie waren wirklich exklusiv mit ausgeklügelten Mustern und unzähligen Knoten, außerdem groß und wirklich nicht billig. Natürlich hatte Carl-Ivar sie besorgt.

Dazu war er gut genug gewesen!

Es versetzte ihr einen Stich, selbst jetzt tat ihr Carl-Ivar noch leid. Carl-Ivar, der Nette, der sich bemüht hatte, alle zufrieden zu stellen.

An jenem Abend hatte sie vermieden, Magnus in die Augen zu sehen.

Die braven und etwas nichtssagenden Kinder gingen gehorsam zu Bett, nachdem sie ihren Eltern einen Gutenachtkuss gegeben hatten. Annelie fragte, ob sie ihnen eine Gutenachtgeschichte vorlesen könne, sie hatte sich etwas absentieren wollen. Aber das hätte gegen die Zubettgehregeln verstoßen. Daraus wurde also nichts. Anschließend aßen sie sehr gut. Annelie erinnerte sich jedoch kaum noch daran, was es gab. Die Stimmung war angespannt, was alle Anstrengungen in der Küche so gesehen zunichte machte. Sie tranken teuren Wein und unterhielten sich höflich.

Danach schlief der Kontakt ein, was natürlich daran lag, dass dies allen Beteiligten recht war. Wäre sie jünger gewesen, hätte sie sich vermutlich mehr Mühe gegeben. Sie erinnerte sich verlegen an ihre Bemühungen, sich mit Lotta anzufreunden, als sie noch Kinder waren. Annelie bewunderte Lotta, die so hübsch war, außerdem noch ein Jahr älter und unter so guten Bedingungen lebte, wie eine grünende Pflanze in einem Gewächshaus.

Sogar als sie mit Magnus zusammenkam, bewunderte Annelie sie noch, obwohl ihr vor Eifersucht beinahe übel wurde. Es gab nur wenige Menschen, um die sie sich so bemüht hatte, wie um Lotta. Außer ihrer Mutter. Diese Mühe hätte sie sich auch sparen können.

Jetzt war die ganze Familie in Istanbul versammelt, um sich von Carl-Ivar zu verabschieden. Sie selbst würde sich damit begnügen, bei der Beerdigung eine Rose auf den Sarg zu legen, vielleicht auch ein letztes Vanillegebäck von Nilssons.

Bei diesem Gedanken musste sie lächeln.

Sie schaltete runter und fuhr die letzte Anhöhe hinauf. Dann bremste sie und ließ den Wagen auf dem Vorplatz ihres Hauses ausrollen.

Der rote Passat stand da, aber im Haus war es dunkel. Christoffer war nicht aufgeblieben.

Die Tür war abgeschlossen. Sie suchte nach ihrem Schlüssel, trat ein und dachte, dass es recht selten vorkam, dass einer von ihnen abschloss, wenn er zu Hause war.

Sie hängte die Tasche an den schmiedeeisernen Kleiderhaken in der Diele vor der Küche, und warf dann ihre Jacke darüber, damit nicht auffiel, wie sehr sie ausbeulte. Dann trat sie in die Küche, machte Licht und blieb wie angewurzelt stehen.

Wo war der Teppich aus der Küche?

Die grau lackierten Dielen waren nackt. Sie runzelte die Stirn und begann, unruhig im Haus herumzuwandern. Christoffer war nicht zu Hause, aber sein Auto stand da. War er irgendwo hingeradelt?

Sie zog sich aus und den Bademantel an, ging ins Bad, wusch das Gesicht und trug Nachtcreme auf. Da hörte sie unten von der Straße ein Auto. Es hielt auf dem Vorplatz.

Sie ging in die Diele im Obergeschoss und schaute aus dem Fenster. Christoffer stieg aus einem Streifenwagen. Was war, um Gottes willen, passiert?

Gerade als sie in die Küche kam, trat er ein. Er war vollkommen bleich.

»Annelie, ich muss dir was erzählen.«

39

Es war kurz nach Mitternacht und sternenklar.

Conny Larsson und Jessika Granlund fuhren mit dem Streifenwagen im Schneckentempo die Kyrkoallén Richtung Södra Långgatan entlang. Sie hatten eine Runde über den Friedhof gedreht. Ein Anwohner hatte gemeldet, dass er auf dem Friedhof Stimmen gehört hatte, aber die Beamten hatten dort keine Menschenseele angetroffen. Sie leuchteten den

Friedhof bis zum Stadtpark hinauf aus, jedoch ohne etwas Auffälliges zu bemerken.

Ehe sie in die Slottsgatan einbogen, sahen sie eine Gestalt den Hang auf der anderen Seite der Södra Långgatan hinauftorkeln.

»Halt mal an«, sagte Larsson, und Jessika fuhr an die Bordsteinkante.

Sie waren allein auf der Straße, kein anderes Fahrzeug war zu sehen. Der stark schwankende Mann hatte ganz offensichtlich Schwierigkeiten vorwärtszukommen.

»Den kenne ich«, sagte Conny Larsson.

»Ach?«

Sie stellte den Motor ab und wartete auf die nächste Anweisung von Larsson. Sie betrachtete den volltrunkenen Mann, der sich mühsam vorwärtsbewegte. Er tat ihr leid. Natürlich kannte Conny ihn, denn hier kannten sich alle, genau wie in ihrem Heimatort Nybro. Der Mann musste nach den Kleidern zu urteilen recht gut situiert sein.

»Wer ist es denn?«, fragte sie, um die Unterhaltung in Gang zu halten. Sie war müde.

»Ich überlege, ob wir ihm nach Hause helfen sollen... aber...«

»Aber was?«

»Er wohnt um die Ecke in der Besvärsgatan, hat es also nicht mehr weit. Er schafft das schon.«

»Soll ich weiterfahren?«

»Warte noch einen Moment.«

Jessika fand es recht unsinnig, einfach nur dazusitzen und zuzuschauen. Sie hätte den Mann lieber nach Hause gebracht. Damit wäre die Sache erledigt gewesen.

Jetzt blieb der Mann stehen. Er stützte sich mit einer Hand

an der Hauswand ab, beugte sich vor und übergab sich mehrmals.

»Pfui Teufel«, sagte Conny Larsson. »Jetzt will ich ihn wirklich nicht mehr im Auto haben… Er war vermutlich in der Kneipe im A. Peterssonska Huset. Eine ganz schöne Steigung für jemanden, der so betrunken ist. Ich frage mich, ob er morgen arbeiten kann.«

»Hat er eine Arbeit?«

»Ja. Er ist Arzt.«

»Das ist nicht dein Ernst! So jemandem sollte verboten sein, eine derartige Verantwortung zu tragen!«

»Lange Phasen hält er sich nüchtern und soll recht fähig sein. Er heißt Göran Bladh.«

»Trotzdem!«

Entrüstet verzog sie das Gesicht, nahm die Mütze ab und fuhr sich mit der Hand durch ihren Zehnmillimeterschnitt. Conny sah sie rasch von der Seite an. Ihre Ohrläppchen waren mit Monden, Sternen und Nieten dekoriert, die seiner Ansicht nach noch das weiblichste ihrer Attribute darstellten.

Der Mann schleppte sich weiter bis zur Östra Torggatan und verschwand um die Ecke.

Jessika Granlund ließ den Motor an und fuhr ein kurzes Stück in die entgegengesetzte Richtung. Dann bog sie von hinten in die Slottsgatan.

Als sie sich der Dienststelle näherten, sahen sie, dass Bladh etwas weiter vorne über die Straße torkelte. Es war ihm also gelungen, am Hotel Post vorbeizukommen.

»Jetzt muss er nur noch an der Zeitungsredaktion vorbei, du weißt schon, da wo die *Oskarshamnstidningen* und *Oskarshamns Nyheter* sitzen, und dann ist er im Prinzip zu Hause«, sagte Larsson.

»Gut«, erwiderte Jessika Granlund, die immer noch bezweifelte, dass der Mann in diesem Zustand nach Hause kommen würde, selbst wenn es nur noch ein Häuserblock entfernt war.

»Er schafft das schon«, meinte Larsson grinsend. »Aber jetzt müssen wir wirklich was essen.«

In der Morgendämmerung kroch Nilla Söder aus ihrer vorübergehenden Nachtherberge, dem Keller eines Mietshauses in der Bäckgatan. Sie fühlte sich in allerhöchstem Grade ungewaschen und unausgeschlafen. Eigentlich war das kein ungewohnter Zustand, er bereitete ihr aber trotzdem immer noch Unbehagen. Als wollte sich ihr Körper nicht daran gewöhnen.

Sie zerrte an Andreas neben sich und bekam ihn schließlich auf die Beine.

Der Zeitungsbote hatte sie nicht gesehen, aber er kümmerte sich auch nicht um sie. Andreas und sie waren wie die Enten im Stadtpark, man fütterte sie, wenn man Zeit und Lust hatte, und ignorierte sie im Übrigen. Das war besser, als von anderen Leuten beschimpft zu werden oder ihre Hunde und die Polizei auf den Hals gehetzt zu bekommen.

Sie steckte die Hand in die Tasche, um sich zu vergewissern, dass er noch da war. Andreas wusste nichts davon, und sie war sich auch nicht sicher, ob sie ihm erzählen sollte, dass sie gestern wieder einen ganzen Hunderter von einer Frau bekommen hatte. Sie musste aus irgendeinem Grund ein sehr schlechtes Gewissen gehabt haben. Sie hatte sich ordentlich bedankt und den Geldschein entgegengenommen. Sonst bekam sie mit Glück etwas Kleingeld oder bestenfalls einen Zwanzigkronenschein.

Jetzt sehnte sie sich nach einer Dusche. Sie wünschte sich, auf solch menschliche Bedürfnisse verzichten zu können. Das hätte ihr vieles erleichtert. Der Hunderter brannte wie Feuer in ihrer Hosentasche. Sie hatte bereits geplant, den Eintritt für das neue Hallenbad damit zu bezahlen und dort eine Ewigkeit die warme Dusche auf sich herabrieseln zu lassen. Sie wollte mehrere Stunden dort bleiben und es genießen. Äußerlich und innerlich sauber werden.

Dann konnte sie vielleicht ein neues Leben beginnen. Zum Arbeitsamt und Sozialamt gehen und um Hilfe für einen Neubeginn zu bitten.

Ihr fehlte Snäll. Warum war er nur auf die Straße gelaufen? Sie hätte ihr Gesicht in seinem wuscheligen Fell vergraben können. Weich und warm. Und seine Augen hatten ihr gesagt, dass sie die wichtigste Person in seinem Hundeleben war.

Andreas sagte, dass Snäll Flöhe hatte. Aber das wollte sie nicht hören.

Nein, er würde nichts von dem Geld abbekommen, beschloss sie. Das gehörte ihr.

Sie gingen langsam Richtung Hafen und von dort weiter die vielen Stufen zum Besväret hinauf, das oben auf dem Berg lag. Sie keuchte vor Anstrengung.

Alle hübschen Häuser schliefen, als sie mit ihren Rucksäcken, Taschen und sonstigen Habseligkeiten an ihnen vorbeitrotteten. Sie musste einen Moment innehalten, um Atem zu schöpfen.

Währenddessen betrachtete sie die Idylle, hörte die Vögel. Die schmale Besvärsgatan mit ihrem Kopfsteinpflaster und ihren kleinen Holzhäusern war ihrer Meinung nach der schönste Ort in Oskarshamn. Hier hätte man wohnen sollen, wenn man mit anderen Voraussetzungen zur Welt gekommen wäre.

Bald blühte hier sogar der Flieder.

»Verdammt, wenn man doch nur hier wohnen könnte«, sagte sie schließlich.

Andreas würdigte das keiner Antwort, und sie setzten ihren Weg langsam Richtung Östra Torggatan fort.

Als sie fast dort angelangt waren, hielten sie inne. Zwei Beine ragten hinter zwei Müllcontainern hervor.

»Scheiße. Wer hat sich hier vor das Shalom gelegt?«, fragte Andreas.

Sie kamen vorsichtig näher und standen nun vor dem Café. Es gehörte einer Freikirche und hieß Shalom. Jetzt war es natürlich geschlossen um vier Uhr morgens.

»Lebt er?«, fragte Nilla mit angeekelter Stimme und beugte sich vor. »Er ist ja vollkommen blau.«

Andreas kniete sich hin, aber statt nach dem Puls zu fühlen oder zu kontrollieren, ob der Mann noch warm war oder atmete, durchsuchte er ihm rasch sämtliche Taschen.

»Jemand hat ihn bereits ausgenommen. Wir verschwinden«, sagte er.

Plötzlich hustete der Mann. Sie warteten, bis er wieder aufhörte. Andreas betrachtete die Teppichrolle, die unter seinem Kopf lag. Er zog sie hervor, und der Kopf fiel schwer auf die Pflastersteine.

»Der Ärmste«, sagte Nilla, während Andreas versuchte, einen Blutfleck von der Unterseite des Teppichs zu wischen. Der Mann war vermutlich irgendwann im Laufe der Nacht hingefallen und hatte sich verletzt. Sein Haar war blutig. »Was willst du damit, können wir den nicht zurücklegen?«

Andreas antwortete nicht. Er klemmte sich den Teppich

unter den Arm und zog Nilla hinter sich her Richtung Stadtpark.

»Den kann man super verwenden«, sagte er, als sie am Hotel Post vorbeikamen.

»Wozu?«, fragte Nilla zweifelnd. Sie schleppte nur ungern unbrauchbare Dinge durch die Gegend. Sie hatten auch so schon genug dabei.

»Vielleicht fällt mir was ein«, erwiderte Andreas grinsend. »Hast du noch nie von dem Teppichtrick gehört?«

Hatte sie nicht.

Im Stadtpark rollte er den Teppich aus. Er starrte enttäuscht auf das abgetretene Stück.

»Es ist allerdings zweifelhaft, ob er auch mit einem so abgenutzten Teppich funktioniert. Wirklich Pech. Er hätte ruhig etwas hübscher sein können... Vermutlich haben sie den Plunder deswegen weggeschmissen«, meinte er und zuckte mit den Achseln. »Aber versuchen kann man es trotzdem.«

Die Uhr im Armaturenbrett zeigte 6.25 Uhr. Der Streifenwagen fuhr Schritttempo. Conny Larsson gähnte so ausgiebig, dass ein Lastwagen zwischen seinen Kiefern Platz gehabt hätte.

»Das ist wirklich eine ungewöhnlich zähe Nacht. Aber jetzt ist sie bald zu Ende.«

Er trommelte mit den Fingern auf die Oberschenkel. Jessika Granlund sagte nichts. Sie war zu müde, um überhaupt den Mund zu öffnen.

Sie waren gerade beim Clublokal der Marine gewesen, das jemand anzünden wollte. Ein aufmerksamer Nachbar hatte gemeldet, dass ein paar Jugendliche Unfug anstellten, aber die

Schuldigen waren natürlich bei Eintreffen des Streifenwagens verschwunden.

Sie fuhren den Kråkerumsbacken herunter. Der Lilla Torget war wie ausgestorben. Jessika fuhr langsam an der Abzweigung zur Besvärsgatan vorbei.

»Schau mal, liegt da nicht einer?«, fragte sie und bremste, setzte ein paar Meter zurück und bog in die Straße ein.

Sie sprangen aus dem Wagen. Neben zwei großen Müllcontainern gegenüber vom Café Shalom lag jemand.

»Shit!«, entfuhr es Conny. Vor ihm lag Göran Bladh.

»Wir hätten ihm nach Hause helfen sollen«, meinte Jessika missbilligend.

»Jedenfalls lebt er noch.«

Jessika rief einen Krankenwagen. Jetzt mussten sie die Angehörigen informieren.

Conny Larsson und Jessica Granlund klingelten an der Tür von Kajsa Bladh. Göran und sie waren nicht geschieden, lebten aber getrennt, sagte sie.

Sie rief die Intensivstation an und erhielt den Bescheid, sie könne in einer Stunde vorbeikommen. Man vermutete einen Herzinfarkt und daraus resultierenden Kollaps. Vielleicht handelte es sich auch um einen kleineren Schlaganfall.

»Laut Krankenschwester hatte er viel Alkohol im Blut«, erzählte die Ehefrau. »Am besten sage ich gleich, wie's ist. Es kommt früher oder später ohnehin zur Sprache. Er war oder ist Alkoholiker. Deswegen bin ich auch bei ihm ausgezogen. Ich habe es nicht mehr ausgehalten, aber ...«

Sie brach in Tränen aus.

»Ich habe immer noch daran geglaubt, dass er sich irgendwann am Riemen reißt. Unrealistisch, aber... schließlich liebe ich meinen Mann.«

»Wie traurig«, sagte sie im nächsten Augenblick, »dass er einfach so dalag und ihm keiner geholfen hat.«

Conny wich Jessikas Blick aus. Diese Musterschülerin wird früher oder später auch mal was versieben, dachte er.

Aber sie sagten nichts, weder Conny noch Jessika. Wie zwei Hauskatzen saßen sie still auf dem Sofa, bis Conny die Brauen hob. Es war Zeit aufzubrechen.

Schweigend gingen sie die Treppe hinunter zum Wagen.

Ihre Schicht war zu Ende.

40

Claes Claesson zuckte in seinem Hotelbett zusammen. Ohrenbetäubender Lärm vor dem Haus hatte ihn geweckt.

Er machte die Nachttischlampe an. Es war erst fünf, er knipste das Licht also wieder aus und ließ den Kopf erneut auf das Kissen sinken. Er hörte eine monotone Stimme.

Meine Güte, dachte er, klingen die Muezzin so?

Er schloss die Augen. In der Morgendämmerung geweckt zu werden, um zu Allah zu beten, passte zwar hierher, aber er war froh, dass er sonst nicht auf diese Weise geweckt wurde. Jeder soll nach seiner Fasson selig werden, dachte er, wie sein Vater immer gesagt hatte. Er drehte sich auf die andere Seite, legte den Arm über das freie Ohr und schlief wieder ein.

Als ihn sein Handy um halb sieben mit einem diskreten metallischen Ton weckte, fühlte er sich recht ausgeschlafen. Er setzte sich im Bett auf. Der Regen trommelte auf das Dach und schoss die Fallrohre hinab.

Tja! Und er hatte weder Regenjacke noch Regenschirm dabei!

Er stellte sich vor den Badezimmerspiegel. Während er sich mit der Rasierklinge methodisch über das Kinn fuhr, dachte er über theologische Fragen nach. Woher kam das menschliche Bedürfnis nach Religion überhaupt? Keine kleine Frage für sein schlaftrunkenes Gehirn zu so früher Morgenstunde, aber die Gedanken ließen sich nicht aufhalten.

Man müsse zwischen Religion und Tradition unterscheiden, meinten viele. Dieser Meinung war er nicht. Die Repräsentanten des Glaubens hatten es ungeachtet der Konfession zu leicht, fand er. Sie beriefen sich auf Schriften, die alles andere als taufrisch waren. Ein Teil ihres Inhalts war allgemeingültig, aber sehr viel war es nicht, sondern eher überholt. Eigentlich müssen sie sich zu ihrer Verantwortung bekennen und dafür sorgen, dass die Traditionen mit dem Streben der Gesellschaft nach Demokratie und Gleichberechtigung in Einklang gebracht werden. Wozu war Religion überhaupt gut? Sie war ein blasser Ersatz für das Streben des Menschen nach bedingungsloser Liebe, hatte einmal jemand gesagt. Er erinnerte sich nicht, wer das gewesen war, aber das hatte sich ihm eingeprägt, denn es leuchtete ihm ein. Dieselbe bedingungslose Liebe, die eine Mutter ihrem Säugling schenkt. Eine Art Verliebtheit, aber für ewig.

Gotte sprach oft über das Bedürfnis nach Geborgenheit und Zugehörigkeit. »Wir sind soziale Wesen, vergiss das nie«, predigte er, und damit hatte er natürlich Recht. Viel Elend folgte aus seelischer Misshandlung und großer Einsamkeit. Wohin das führte, sahen sie bei der Arbeit.

Draußen goss es immer noch. Claesson zog sich an und ging ins Frühstückszimmer hinunter. Dort saß bereits ein etwas bleicher Mustafa Özen.

»Hast du nicht geschlafen?«

»Doch«, erwiderte Özen lahm und ließ goldgelben Honig auf eine Brotscheibe tropfen.

Claesson sprach dem himmlisch guten Joghurt zu, der sicher sehr fett war, aber das sollte ihn jetzt nicht kümmern.

»Ich habe versucht, die Besprechung gestern zu protokollieren«, meinte Özen. »Genauso gut, das gleich zu erledigen, bevor man alles durcheinanderbringt. Oder vergisst. Und das hat dann ziemlich gedauert.«

»Du hast mit anderen Worten einen Aufsatz geschrieben«, sagte Claesson.

»Ja, das kann man so sagen.« Özen grinste.

Die Gewandtheit in der schwedischen Sprache war bei Polizisten mitunter begrenzt, das konnte auch Claesson nicht verhehlen. Die Berichte waren wichtig und mussten in einem eventuellen Prozess verwendbar sein. Viele Kollegen hatten jedoch Mühe, sich schriftlich auszudrücken. Kaum einer schlug vermutlich eine Polizeilaufbahn ein, weil er Klassenbester in Schwedisch war. Wie es bei Özen aussah, wusste Claesson nicht. Einige waren allerdings Naturtalente und könnten mühelos dicke Bücher und wissenschaftliche Abhandlungen verfassen. Peter Berg ließ sich dieser Gruppe zuordnen. Der Kriminaltechniker Benny Grahn ebenfalls. Er war wortgewandt und treffsicher und würzte seine Berichte gerne mit einer Prise Humor. Er schrieb stets die Reden, wenn ein runder Geburtstag gefeiert wurde, und diese zeichneten sich durch die richtige Dosis Ironie aus und waren wahnsinnig lustig.

»Du kannst das später durchlesen«, meinte Özen.

Claesson nickte. Er hatte Schafskäse, schwarze Oliven und ein Brötchen vor sich liegen. Dazu schwarzen Kaffee.
»Zum Glück gibt es Kaffee«, sagte er.
Ein Morgen ohne Kaffee war eine Enttäuschung.

Wenig später stiegen sie in den Streifenwagen, in dem Merve Turpan vor dem Hoteleingang auf sie wartete, sodass sie nur wenige Schritte durch den Platzregen zurücklegen mussten. Sie hatten vor, zum Hotel Arkadia zu fahren. Merve Turpan war dazu ausersehen worden, sich zusammen mit den Schweden um den Mord an dem Teppichhändler zu kümmern. Fuat Karaoğlu hatte dagegen nichts einzuwenden. Sie hatte dafür die Morgenbesprechung ausfallen lassen.
»Dann legen wir mal los«, meinte Claesson.
Merve war in Zivil und trug eine schicke Jeans und einen ziegelroten Pullover. Die Scheibenwischer arbeiteten unermüdlich. Die Straßen glänzten im Regen, die Leute blieben in den Häusern.
Vor dem Arkadia stand ein Taxi mit offenem Kofferraum, mit einer Hand hob ein Mann Koffer hinein, in der anderen hielt er einen Regenschirm. Sie eilten durch das Foyer. Vor dem Tresen war eine kürzere Schlange, unglücklicherweise waren sie gerade eingetroffen, als alle bezahlen wollten. Merve stellte sich an das andere Ende des Tresens und winkte einen uniformierten Mann heran. Er wirkte etwas verärgert, als er sich erhob und auf sie zukam. Merve lächelte nur, zeigte ihm ihren Dienstausweis und brachte ihr Anliegen vor, zumindest vermutete Claesson dies. Die kurze Unterredung schien die Laune des Mannes nicht zu bessern. Er nickte und bat sie mit einer Handbewegung in die Büros hinter dem Tresen.
Eine Weile unterhielt man sich auf Türkisch.

»Alle Hotelgäste sind in der EDV erfasst«, dolmetschte Özen. »Sie haben versprochen, uns eine Liste mit sämtlichen Namen auszuhändigen.«

»Frag ihn, ob er in Erfahrung bringen kann, wer gearbeitet hat, als Olsson ausgezogen ist. Laut seiner Ehefrau muss dies nach ihrer Abreise geschehen sein. Aber sie ist bereits recht früh am Morgen mit dem Taxi zum Flugplatz Atatürk gefahren.«

Merve und Özen ließen sich die Liste der Hotelgäste aushändigen. Außerdem brachten sie in Erfahrung, wann genau Olsson das Hotel verlassen hatte, nämlich um 10.30 Uhr. Zu diesem Zeitpunkt hatte derselbe Mann an der Rezeption gearbeitet wie auch an diesem Tag.

Claesson bekam einen Tee. Ihm gefielen die kleinen, handlichen Gläser auf einem kleinen Teller mit einem Löffel und einem Stück Würfelzucker. Er würde als Teetrinker nach Schweden zurückkehren.

Nun hatte der Mann am Tresen Zeit. Er betrachtete das Foto von Olsson und schüttelte den Kopf.

Nein, er erkenne diesen Mann nicht wieder. Claesson erstaunte das nicht, denn Olsson sah wirklich wie ein sehr durchschnittlicher, älterer Schwede aus. Oder Nordeuropäer. Vermutlich kamen viele Leute wie er nach Istanbul, Rentner, die es sich leisten konnten zu reisen.

Sie nahmen das Verzeichnis der Hotelgäste an sich und stiegen wieder in den Streifenwagen.

Der Wind hatte aufgefrischt, und die Passanten flüchteten sich in Läden und Restaurants. Die Scheibenwischer flogen noch rascher über die Windschutzscheibe, die Gummikante quietschte. Der uniformierte Polizist am Steuer blieb jedoch gelassen. Özen blätterte die Liste durch.

»Da stehen etliche schwedische Namen. Scheint eine ganze Gruppe gewesen zu sein. Sie sind alle gleichzeitig einen Tag nach Olsson abgereist«, sagte er auf Schwedisch zu Claesson.

»Also an dem Tag, als er ermordet wurde.«

»Ja. Aber sie haben das Hotel bereits um 9.15 Uhr verlassen.«

»Es fragt sich, ob alle nach Hause oder in ein anderes Land geflogen sind. Wir müssen unsere Kollegen in Schweden bitten, sie zu befragen und anhand von Passagierlisten in Erfahrung zu bringen, ob sie wirklich nach Hause gefahren sind. Kannst du das übernehmen?«

»Klaro.«

Der Große Basar erstreckte sich über mehrere Blöcke, erfuhr Claesson von Merve, die bereits wusste, durch welches der unzähligen Tore sie ihn betreten mussten. Das östliche.

»Der erste Besuch des Großen Basars ist ein beeindruckendes Erlebnis«, meinte sie. »Dort gibt es alles. Läden, Cafés, Restaurants, Banken, Postämter, ein kleines Polizeirevier und sogar eine Moschee. Aber das schaffen wir jetzt nicht alles. Nicht weit von hier liegt der Kräuterbasar, dorthin gehen wir aber auch nicht.«

Fünf Minuten später hielt ihr Wagen im Halteverbot neben einem mittelalterlichen Torbogen und inmitten von Menschen, die sich in einem unbeschreiblichen Chaos auf der regennassen Straße drängten.

Sie sprangen aus dem Auto und suchten rasch Schutz in den Basarstraßen. Özen war früher schon dort gewesen, aber Claesson war überwältigt. Der gesamte Basar war überdacht, blaue und weiße Mosaike zierten die Wände, ein Laden löste den anderen ab, wie ein bunter Reigen aus Seide, Wolle, Glas und funkelnden Steinen. Ein historisches Einkaufszentrum, das viel angenehmer war als die gleichförmigen Neubauten, die wie Pilze vor den meisten schwedischen Städten aus dem Boden schossen.

Merve übernahm das Kommando. Sie durchpflügten eine der breiteren Basarstraßen, bogen dann in eine schmalere ein und passierten ein kleineres Gebäude, das mitten in einer Fußgängerzeile lag, den orientalischen Kiosk. Dahinter gelangten sie durch die nächste schmale Gasse auf einen kleineren Platz unter freiem Himmel. Das war der Zincirli Hanı, ein berühmter Platz mit einigen Handelshäusern, unter anderem einem bekannten Teppichgeschäft, das es dort schon lange gab. Der Regen schlug mit solcher Wucht auf die Pflastersteine, dass es spritzte. Merve rannte an einer rosaroten Hauswand und an ein paar verschlossenen grünen Türen entlang zu einem offenen Tor. Ein Schild darüber verriet, dass man zu Şişko Oman gekommen war und dass hier »TAPIS – KILIMS – CARPETS« feilgeboten wurden.

Mit anderen Worten ein ordentliches Teppichgeschäft. Und kein x-beliebiges, wie Claesson erkannte, als er in dem großen Raum mit unzähligen Teppichen auf dem Fußboden und an den Wänden stand. Der Teppichhandel wurde von einer Familie in fünfter Generation betrieben. Das ließ sich in einem Zeitungsausschnitt nachlesen, der an der Tür hing. Laut dem Teppichhändler aus Kalmar handelte es sich um ein sehr seriöses Unternehmen.

Ein jüngerer Mann empfing sie etwas erstaunt, als sie mit ihren regennassen Kleidern in den Laden traten. Er verbeugte sich und griff sofort nach seinem Handy, um seinen Vater, vielleicht war es auch sein Onkel, zu rufen, der den Teppichhändler Olsson aus Schweden sehr gut kannte.

Während sie warteten, nahmen sie auf bunten Kissen Platz.

Es wurde Tee serviert, wieder in tulpenförmigen Gläsern. Der freundliche Mann verbeugte sich ein weiteres Mal und bedauerte das Schicksal des Teppichhändlers Olsson. Er runzelte die Stirn und sah geradezu verzweifelt aus.

Claesson hielt sein Teeglas in der Hand und betrachtete den Mann. Er erinnerte ihn an Herrn Omar. Teppiche besaß er ebenfalls genug. Möglicherweise fehlte ihm das Sahnemandelgebäck, das in dem Kinderbuch immer verspeist wurde.

Er fragte sich, ob Teppiche nach Kamel rochen. Er erinnerte sich daran, dass Ture Sventon versucht hatte, den Preis des fliegenden Teppichs zu drücken, weil er nach Kamel roch und in der Mitte ganz abgenutzt war.

War es nicht Tante Hilda gewesen, die Sventon das Geld zum Kauf des fliegenden Teppichs gegeben hatte? Sie brauche ihn, weil es auf dem Fußboden ziehe, und mit Zugluft kannte sich Tante Hilda aus. Dann feierten sie den Kauf bei Kaffee und Sahnemandelgebäck. Ture Sventon hatte es schockiert, dass in Herrn Omars Heimat in der arabischen Wüste kein Sahnemandelgebäck gegessen wurde. »Was isst man dann?«, fragte er. »Manchmal essen wir Chepchouka, ein leckeres und leichtes Gemüsegericht, das sich besonders für heiße Tage eignet, wenn der Wüstenwind weht, und das ist fast immer der Fall«, antwortete Herr Omar.

Claesson konnte das Buch fast auswendig.

Aber jetzt war er nicht in der arabischen Wüste, sondern bei einem verängstigten Teppichhändler in der Türkei. Er lächelte den Mann höflich an und befeuchtete die Lippen mit etwas Tee.

Vielleicht war der freundlich lächelnde Mann ja ein Schurke, der sich als Teppichhändler verkleidet hatte? »Immer dieser Vessla«, hätte Ture Svensson gesagt, der in allen

Lebenslagen die Machenschaften seines Widersachers witterte.

Er wurde aus seinen Erinnerungen gerissen, als ein distinguierter Herr mit vollem grauem Haar und wachen Augen den Laden betrat. Er war sehr betroffen, als er hörte, Teppichhändler Olsson habe das Zeitliche gesegnet. Und dann noch auf diese makabre Art! Er brauchte einige Sekunden, um die Fassung wiederzugewinnen. Was ihn so erschütterte, war der Umstand, dass es in seiner eigenen Stadt, in Istanbul, passiert war.

»Das einzig Tröstliche, das sich erwähnen ließe, ist die Tatsache, dass Herr Olsson unsere Stadt sehr geschätzt hat. Aber hier zu sterben…« Er schüttelte den Kopf und sah noch düsterer aus.

Mehr muss nicht gesagt werden, dachte Claesson.

Der Mann sprach wie sein jüngerer Verwandter ein sehr leicht verständliches Englisch.

Claesson holte tief Luft.

»Wann haben Sie Carl-Ivar Olsson zuletzt getroffen?«, fragte er dann.

»Lassen Sie mich nachdenken«, erwiderte der Mann und strich sich über sein bartloses Kinn. Er hatte markante Gesichtszüge und war vermutlich bedeutend älter, als er aussah. Er wandte sich an den jüngeren Teppichhändler und sagte etwas auf Türkisch. Merve und Özen hörten zu, aber offenbar berieten sie nur Tage und Daten. Sie kamen zu dem Ergebnis, dass Carl-Ivar Olsson seinen türkischen Freund zwei Tage vor seinem tragischen Tod besucht hatte.

»An einem Donnerstag.«

»Einem Donnerstag«, wiederholte Claesson.

»Ja, genau. Das war exakt vor einer Woche«, sagte der Teppichhändler.

»Darf man fragen, worum es bei dem Treffen ging?«

»Wir tranken Tee und unterhielten uns.«

»Darf man fragen, worüber?«

»Über Teppiche natürlich«, sagte der Mann und sah sehr erstaunt aus.

»Also nichts Besonderes?«, fuhr Claesson fort.

Der Mann starrte auf einen auffällig gemusterten Teppich vor seinen Füßen und schüttelte langsam den Kopf.

»Nein. Nichts Besonderes«, sagte er dann leise.

»Könnten Sie uns vielleicht hiermit weiterhelfen?«

Claesson zog das Foto des schadhaften Teppichs hervor, das sie im Teppichgeschäft in Oskarshamn gefunden hatten.

Der Mann setzte eine Brille mit Metallgestell auf, und der junge Mann stellte sich neben ihn, um sich das Foto ebenfalls anzusehen. Merve Turpan sagte etwas auf Türkisch, und beide Männer betrachteten das Bild eingehend, aber es war ihnen anzumerken, dass auch ein hastiger Blick genügt hätte.

»Ja, das kann ich«, sagte der ältere Teppichhändler. Der andere nickte. »Es handelt sich um das Fragment eines …« Dann sagte er etwas, was Claesson nicht verstand.

Der Mann erklärte es noch einmal auf Türkisch.

»Einer dieser weichen Teppiche«, sagte Mustafa Özen und suchte nach dem passenden Wort, während er mit der Hand durch die Luft fuchtelte und nach einem Exemplar dieser Sorte in dem Laden suchte. »Wie der da«, sagte er und deutete auf einen geknüpften Teppich, keinen glattgewebten.

»Der Teppich ist sehr alt, aus dem 14. oder 15. Jahrhundert. In der Borte sind kufische Schriftzeichen zu erkennen.«

»Kufisch?«, fragte Claesson.

»Das ist eine altarabische Schrift, die in Kufa vor sehr langer Zeit entwickelt wurde, irgendwann im achten Jahrhundert, glaube ich. Kufa ist eine Ruinenstadt im mittleren Irak am Euphrat.«

»Der Teppich stammt also von dort?«

»Wahrscheinlich nicht. Die Menschen waren in unserer Region immer sehr mobil. Der Teppich stammt aus dem anatolischen Hochland.«

»Aus der Zentraltürkei also«, warf Özen ein.

Das wusste Claesson bereits, etwas war trotz allem hängen geblieben.

»Er wurde in einer Moschee in einem kleinen Dorf in Kappadozien gefunden, das im Übrigen Ayvali heißt«, fuhr der Teppichhändler fort, und Claesson und Özen warfen sich einen Blick zu. Langsam bewegte sich etwas! Das war die gleiche Geschichte, die ihnen auch die junge Frau, die sich um das Teppichgeschäft in Oskarshamn kümmerte, geschildert hatte.

»Und Sie kennen diesen Teppich also?«, fragte Claesson.

»Ja, sehr gut«, sagte der ältere Mann, und der jüngere nickte. »Herr Olsson hat mir diesen Teppich im Auftrag eines sehr anspruchsvollen Kunden abgekauft.«

In der Stille, die eintrat, hätte man eine Stecknadel fallen hören können, wenn nicht überall dicke Teppiche gelegen hätten.

»Entschuldigen Sie, aber wissen Sie, wo sich dieser Teppich jetzt befindet?«, fragte Claesson.

»Nein, das weiß ich leider nicht. Ist er auf Abwege geraten?«

»Das wissen wir nicht.«

»Aber Olsson hat ihn bei uns am folgenden Tag abgeholt.

Ich habe ihm den Teppich leider nicht persönlich übergeben, sondern ein Cousin.«

Immer diese Cousins, dachte Claesson genervt.

»Und wo finden wir diesen Cousin?«

»Das bin ich«, sagte der bedeutend jüngere Mann, der sie empfangen hatte. »Ich ging davon aus, dass er anschließend nach Hause fliegen würde, aber wir haben nicht darüber gesprochen. So teure Teppiche lässt man nur ungern in einem Hotelzimmer liegen. Schließlich sind sie sehr begehrt… Die meisten, die einen teureren Teppich kaufen, lassen das Taxi auf dem Weg zum Flughafen am Teppichgeschäft vorbeifahren und holen den Teppich ab.«

»War der Teppich groß?«

»Man konnte ihn in einer mittelgroßen Teppichtasche verstauen, wir halten solche Taschen für unsere Kunden bereit. Da es sich um einen alten Teppich handelt, hatten wir ihn in ein Flanelltuch eingeschlagen, damit es keine scharfen Knicke gibt. Die Tasche konnte Olsson als Handgepäck mitnehmen«, sagte der jüngere Teppichhändler.

Erstaunlich!

In Claessons Kopf herrschte plötzlich Leere. Er sah Özen an.

»Habe ich etwas vergessen?«, fragte Claesson auf Schwedisch.

»Vielleicht solltest du noch fragen, wie viel das gute Stück wert ist.«

Genau! Der ältere Mann, der inzwischen seine Brille in der Hand hielt, ergriff das Wort.

»Es war kein ganz billiger Teppich. Ich würde sagen, dass es sich im Gegenteil um ein recht wertvolles Exemplar handelte.«

Der Mann lächelte, und Claesson meinte seinen Ohren nicht zu trauen. Es war, als hätte Herr Omar persönlich gesprochen.

Der Mann nannte eine Summe in Dollar, bei der Claesson und Özen der Atem stockte. Sie sahen sich an, während sie die Summe in Kronen umrechneten.

»Eineinhalb Millionen. Eher noch darüber.«

41

Veronika saß mit der Zeitung vom Donnerstag in der Küche. Endlich! Dazu eine Tasse starker Kaffee.

Klara war im Humlan, und Nora schlief satt und zufrieden im Korb im Wohnzimmer. Der ganze Morgen war nach einer chaotischen Nacht unruhig gewesen. Sie hatte sich zusammennehmen müssen, während sie beide Kinder angezogen hatte und dann das kurze Stück zur Kita gefahren war. Ihre Stimme überschlug sich manchmal, wenn sie müde oder gestresst war. Dann bekam sie einen harten Klang, und das führte nur dazu, dass Klara zu weinen begann, und dann konnte es ewig dauern, bis sie sich wieder trösten ließ.

Nein, da war es besser, sich zusammenzureißen!

Ihr fiel eine Meldung ins Auge. Eine Frau war am Vortag gegen 18 Uhr in Bråbo misshandelt und ins Krankenhaus gebracht worden. Nach dem Täter wurde gefahndet. Sachdienliche Hinweise nahm die Polizei entgegen.

Sollte sie anrufen? Wäre Claes zu Hause gewesen, hätte sie ihn zuallererst gefragt, um sich nicht lächerlich zu machen.

Sie sprach mit jemandem von der Vermittlung, der sie weiterverbinden wollte. Ein Mann meldete sich. Sie nannte ihren Namen und teilte mit, was sie am Vorabend beobachtet hatte. Er bat sie zu warten. Sie bekam eine weitere Person an den Apparat. Es war Louise Jasinski.

Sie sagte: »Es wäre gut, wenn du herkommen würdest, um eine offizielle Zeugenaussage zu machen.«

»Bitte nicht. Erspar mir das. Ich bin allein mit zwei Kindern zu Hause.«

»Ich weiß.«

»Die eine schläft, und die andere muss ich spätestens um elf abholen. Könnt ihr nicht jemanden schicken, dann machen wir das hier?«

Louise dachte nach.

»Wir könnten dich natürlich auch abholen, aber ...«

»Ich höre schon, dass das zu kompliziert wird. Außerdem habt ihr vermutlich keine Kindersitze für ein kleines Ferkel und einen Säugling. Entweder komme ich jetzt gleich oder heute Nachmittag, aber dann müsst ihr in Kauf nehmen, dass ich zwei Kinder dabeihabe.«

Eine halbe Stunde später saß sie im Präsidium Martin Lerde gegenüber, der etwas nervös war, weil er die Frau des Chefs vor sich sitzen hatte.

Sie fand selbst, dass sie die Fragen korrekt und knapp beantwortete. Sie hatte Christoffer Daun auf dem Vorplatz gesehen. Da gab es keinen Zweifel, sie kannte ihn gut, denn schließlich war er ein Kollege.

Sie fühlte sich jedoch nicht mehr so überzeugend, als sie von dem Mann sprach, der hinter dem Flieder herumgeschlichen war und von dem sie dachte, er hätte Christoffer geholfen. Was konnte sie über diesen Mann sagen? Nicht viel.

Er hatte sich eher wie ein Vierzigjähriger als ein Siebzigjähriger bewegt. Mittelgroß, weder dick noch dünn. Vermutlich braune Haare. Mehr nicht.

Und dann war da noch das Auto gewesen. Ein dunkelgrüner Saab.

»Sind Sie sich sicher?«

Nora regte sich. Veronika nahm sie aus dem tragbaren Autositz.

»Ja«, antwortete sie schließlich.

Veronikas Eltern fuhren auch so einen Saab, ein älteres Modell.

Nora begann zu schreien, aber Veronika wollte sie nicht vor den Augen des jungen Beamten stillen.

»Kann ich jetzt gehen?«

»Öh ... doch, natürlich. Wir sind eigentlich fertig. Ich lasse, falls nötig, von mir hören.«

»Jederzeit.«

Sie erhob sich mit Nora auf dem Arm. Wo sollte sie sich hinsetzen? Ungern auf die Bank im Korridor, wo sie von allen angestarrt wurden. Sie kam an Claes' Büro vorbei.

Veronika setzte sich nicht hinter den Schreibtisch, sondern auf den Besucherstuhl mit Armlehnen. Ruhe breitete sich in ihr aus, als sie Nora an die Brust legte. Die Tür war geschlossen. Schritte waren auf dem Gang zu hören, ein paar Autos fuhren unten auf der Straße vorbei. Sonst war es still.

Sie sah sich um, während Nora trank. Sie scheint die Präsenz ihres Vaters zu spüren, obwohl er nicht da ist, dachte sie. Claes, weit weg und trotzdem da. Sie sehnte sich nach ihm und war in Gedanken bei ihm.

Sie war früher schon in seinem Büro gewesen, aber immer nur sehr kurz. Jetzt hatte sie Muße, seinen Alltag aus der Perspektive einer Besucherin auf sich wirken zu lassen. Ein großes Zimmer mit einem Fenster, das die gesamte Nordwand einnahm. Gefüllte Bücherregale und Schränke unterschiedlichen Alters. Es war deutlich, dass einige später angeschafft worden waren.

Sie dachte, dass es schön war, mit einem Mann verheiratet zu sein, auf den man stolz sein konnte. Er hatte einen guten Ruf, hauptsächlich weil er so zuverlässig und vernünftig war. Unvorstellbar, mit jemandem verheiratet zu sein, der allgemein nur als Trottel, Griesgram oder Miesepeter galt! Aber es gab natürlich auch Frauen, die mit solchen Männern verheiratet waren.

Da entdeckte sie die Beschriftung »T-fall« auf dem Rücken eines Aktenordners.

T-fall?

Todesfall natürlich, verstand sie und verzog den Mund.

Tina Rosenkvist hatte ein Einzelzimmer bekommen und schämte sich nicht dafür, da es viele freie Betten gab. Sie war schließlich nicht wirklich krank und nahm das Personal kaum in Anspruch. Sie hatte geduscht und ein neues Nachthemd angezogen. Ihre Mutter wollte ihr frische Kleider bringen. Was sie am Vortag getragen hatte, hatte die Polizei beschlagnahmt, um es auf DNA-Spuren des sogenannten Täters zu untersuchen. Haare, Fasern, Speichel und alles andere Erdenkliche. Sie war nicht vergewaltigt worden. Immerhin das nicht.

Die geliebte Soffan kam mit einem Tablett mit Tee und Butterbroten herein. In einer Kanne aus rostfreiem Stahl war Saft mit Eiswürfeln.

»Wirklich nett von dir«, sagte Tina und lächelte schwach.

So blieb es ihr erspart, sich mit ihrem geschwollenen Hals im Aufenthaltsraum zu zeigen.

»Ich finde, dass Kollegen ein Anrecht auf Sonderbehandlung haben«, sagte Soffan.

Effizientere Pflege sei eigentlich der einzige Vorteil ihres Berufs, scherzte sie gelegentlich. Während der Arbeitszeit konnte man einen der Ärzte um ein Rezept bitten oder sich einen Untersuchungstermin geben lassen. Später, im Rentenalter, würde das dann nicht mehr so einfach gehen. Sie erinnerte sich an den älteren Mann, der stundenlang mit einer Hüftfraktur auf dem Gang liegen musste, weil es kein freies Bett gab. Es dauerte ewig, bis er überhaupt geröntgt werden konnte.

Dann war die Ehefrau gekommen. Sie hatte nichts gesagt, aber sie hatten sie erkannt. Der Mann war früher Arzt an der Klinik gewesen und hatte die Abteilung zu dem gemacht, was sie jetzt war, aber das zählte nicht mehr.

Soffan zog das Rollo hoch und öffnete das Fenster einen Spalt. Tina blinzelte und hielt sich die Hand vor die Augen.

»Entschuldige, ist das zu hell?«, fragte Soffan.

»Nein, es geht schon.«

Netterweise stellte Soffan keine weiteren Fragen. Sie schien nicht einmal neugierig zu sein. Nichts deutete darauf hin, dass sie sie gerne ausgefragt hätte.

»Sag Bescheid, wenn du was brauchst«, sagte sie nur und ging wieder.

Nachdem Soffan gegangen war und Tina auf der Bettkante gefrühstückt hatte, setzte sie sich mit einer zwei Jahre alten *Svensk Damtidning* auf den Sessel. Sie betrachtete zerstreut eine Doppelseite, auf der die festlich gekleidete Königsfamilie abgebildet war. Ihr Leben erschien ihr verglichen mit ihrer eigenen Situation so künstlich, bunt und oberflächlich, auch wenn das natürlich nicht immer so war. Denn auch eine Königsfamilie hatte schließlich ihre Probleme. Es erwischt jeden mal, sagte Birgitta Olsson immer, aber ohne Verbitterung.

Wie es ihr wohl ging, der Ärmsten?

Aber ihr Interesse an Birgitta verging wieder. Sie hatte nicht die Kraft, an jemand anderen zu denken. Sie hatte genug mit sich zu tun.

Ein Polizist hatte ihr viele Fragen gestellt. Er hatte am Vorabend auf diesem Sessel gesessen, und seine Anwesenheit hatte beruhigend gewirkt. Er hatte es offenbar nicht eilig, und deshalb ging die Befragung schnell über die Bühne. Es ging immer alles schneller, wenn man nicht stresste, sondern ruhig und methodisch vorging. Sie kannte das von ihrer eigenen Arbeit. Stresste man, dann ging alles schief, und man fand die Vene nicht oder die Infusionsschläuche verhedderten sich. Dann fragten die Patienten unablässig, ob wirklich alles in Ordnung sei, bis man vollkommen verrückt wurde.

Darüber, was mit Christoffer passiert war, verlor der Beamte kein Wort. Man würde ihn natürlich auch verhören, davon ging sie aus. Der Polizist wollte wissen, warum sie bei ihm zu Hause gewesen war. Sie sagte, sie würden beide an der Klinik arbeiten, er hätte sie nach Hause gefahren, und sie hätten sich bei ihm noch eine Weile unterhalten.

»Sie haben sich nur unterhalten?«

Was bildete er sich eigentlich ein? Betroffen überlegte sie, welche Gerüchte wohl zirkulierten.

»Ja. In der Tat. Wir haben ein Glas Wein getrunken. Aber ich hatte es noch nicht einmal leer getrunken.«

Natürlich waren der Polizei die Gläser aufgefallen. Vielleicht wurden sie sogar auf Speichelspuren untersucht. Das würde ohnehin ergeben, dass Christoffer und sie daraus getrunken hatten.

Christoffer...

Ihr Puls beschleunigte sich, und eine Welle heißer Glut strömte bei dem Gedanken an ihn durch ihren Körper. Sie schloss die Augen, lehnte den Kopf im Lehnstuhl zurück und gab sich dem Gefühl hin.

Sie spürte überall ein Kribbeln. Christoffer nahm sie in die Arme, wiegte sie und drückte sie so fest an sich, dass es beinahe wehtat. »Wie sehr ich dich liebe, es ist nicht zu fassen«, flüsterte er ihr ins Ohr. »Ich verspreche, ich kümmere mich um dich, mein Kleines. Ich werde dich vor allem beschützen. Was passiert ist, ist ein Zeichen dafür, dass wir zusammengehören.«

Verdammt, dass Christoffer nicht begriff, dass sie verschwisterte Seelen waren! Dass er nicht mutiger war, es nicht wagte sich hinzugeben. Dass er nicht einsah, was im Leben wichtig war, und seine Frau endlich verließ. Das schmerzte und erfüllte sie mit Verbitterung.

Und wenn er sich einfach nicht traute?

Sie stand auf und goss sich von dem hellroten Saft ein. Der Hals schmerzte nur leicht beim Trinken. Sie verspürte aber ein Brennen hinter den Augen, hauptsächlich deswegen, weil Christoffer nicht sie am meisten begehrte. Und weil sonst noch einiges im Argen liegen musste. Dieser Schluss drängte sich nach den Ereignissen des Vortags geradezu auf.

Was war da eigentlich los gewesen? Der Verrückte hatte etwas von einem Teppich geschrien. Es musste etwas mit dem Job von Christoffers Frau zu tun haben.

Tina wurde von Panik erfüllt, sie litt Höllenqualen, und es kribbelte am ganzen Körper, wenn sie nur daran dachte.

Wenn Christoffer in irgendwelche zweifelhaften Geschäfte verwickelt war, war es vielleicht sogar besser, dass er sie nicht begehrte...?

Trotz erfüllte sie.

Er sollte bloß nicht glauben, dass sie sich zierte!

Sie wischte sich mit dem Handrücken über den Mund. Der Polizist hatte wissen wollen, wer in der Küche über sie hergefallen war. Sie erinnere sich nicht, gab sie zurück. Er fragte, ob sie sich an die Stimme erinnere. Manchmal war das Gehör besser als die Augen, meinte er. Doch, vielleicht erinnere sie sich, antwortete sie.

Er wollte ihr natürlich die Worte in den Mund legen, er wollte natürlich wissen, ob es eine Stimme gewesen war, die sie kannte.

Das war nicht der Fall.

Aber das sagte sie nicht. Sie benötige mehr Zeit zum Nachdenken, sagte sie stattdessen.

»Meist erinnert man sich besser, wenn man nicht lange nachdenkt«, wandte der Beamte ein und sah sie durchdringend an.

Er durchschaute sie wahrscheinlich, weil sie sich weigerte zu sagen, dass es nicht Christoffer war. Merkte er, dass sie den Verdacht noch eine Weile in der Luft hängen lassen wollte? Diesen Gefallen wollte sie Christoffer verdammt noch mal nicht tun. Jedenfalls nicht jetzt, wo er sie nicht mehr wollte.

Die Tür ging auf, und Pär stand mit einer Papiertüte in der Hand da. Ihr wurde es plötzlich eiskalt. Ihre Mutter hatte sie doch abholen und Kleider mitbringen wollen. Das war so ausgemacht.

»Hallo«, sagte er und wich ihrem Blick aus. »Hier.«

Er hielt ihr die Tüte mit den Kleidern hin. Sie nahm sie entgegen und öffnete sie.

»Danke«, murmelte sie und zog einen Slip, einen BH, eine Jeans, die eigentlich zu eng war, und einen zu warmen Pullover heraus. Er hatte sich vermutlich Mühe gegeben.

Sie fragte sich, wo die Kinder waren. Er sagte, sie seien bei seiner Mutter. Sie könnten die Kinder ja später abholen.

Tina mochte Pärs Mutter nicht, aber darüber zu streiten, war jetzt der falsche Zeitpunkt. Jedenfalls misshandelte sie die Kinder nicht, obwohl sie nicht viel Geduld hatte und schnell verärgert war.

Tina spürte instinktiv, dass sie sich nicht vor Pärs Augen umziehen wollte. Bei diesem Gedanken genierte sie sich seltsamerweise, obwohl sie schon so lange verheiratet waren und sich so lange das Schlafzimmer geteilt hatten! Wortlos verschwand sie auf die Toilette und zog sich um.

Dann winkte sie Soffan auf dem Korridor zu und verließ die Station. Schweigend fuhren Pär und Tina im Fahrstuhl nach unten. Sie schwiegen auch auf dem Weg zum Auto. Eine bauschige, düstere schwarzgraue Wolke schob sich vor die Sonne, als sie in den Volvo einstiegen.

Er machte Musik an, sie hatte Kopfschmerzen, aber ertrug den Lärm einfach. Das war immer noch besser, als zu reden.

Als sie nach Bråbo abbogen und fast schon zu Hause waren, bekam sie Herzklopfen. Sie presste eine Hand auf die Brust und schluckte.

»Was ist?«, fragte er.

»Ach, nichts«, sagte sie, schluckte erneut und nahm die Hand weg.

Wahrscheinlich standen viele im Ort hinter den Gardinen und beobachteten, wie sie nach Hause kamen. Sie fand, dass das Haus kalt wirkte. Aber die Blumen in den Beeten blühten. Sie hatte viel Zeit auf die Petunien in verschiedenen Farbschattierungen verwendet, die sie in großen Töpfen gezogen hatte. Kinderspielzeug lag auf dem Rasen verstreut.

Pär öffnete den Briefkasten und nahm die Zeitung heraus. Hatte er sie noch nicht geholt?

Ob etwas drinstand? Sie erschauerte.

Er schloss auf und hielt ihr die Tür auf. Sie kam sich in ihrem eigenen Zuhause wie eine Fremde vor.

Sie schnäuzte sich. Als sie das Papiertaschentuch in den Mülleimer unter der Spüle warf, entdeckte sie dort eine leere Wodkaflasche. Pär musste am Vorabend ziemlich tief ins Glas geschaut haben.

Auf dem Tisch standen Blumen. Er hatte Tassen gedeckt und setzte Kaffee auf. Das war ungewöhnlich, denn sonst tat sie das. In der Luft lag eine Spannung, als könne die Welt jeden Augenblick explodieren.

Als sie sich gegenübersaßen, kam es.

»Was hattest du bei diesem Daun zu suchen?« Pär sah finster aus.

Sie schwieg.

»Na sag schon, verdammt noch mal. Hier wissen alle Bescheid. Was glaubst du denn?«

Sie sagte immer noch nichts. Er sprang auf, ging um den Tisch, packte sie am Pullover und zerrte sie auf die Füße.

Dann hagelten die Schläge. Wangen, Kopf, Zähne knackten, Brustkorb, wieder der Kopf. Sie versuchte wegzulaufen, aber er folgte ihr, schlug sie nieder, packte ein Bein und schleifte sie über die Schwelle in die Kleiderkammer.

»Sag was, verdammte Schlampe!«, brüllte er und begann sie zu treten. Die Kleider fielen von den Bügeln auf sie herab. Er drückte ihre Beine auseinander und trat ihr in den Unterleib. Dann zog er ihr die Jeans aus, und obwohl sie wild um sich schlug, zerriss er ihren Slip, nahm einen ihrer spitzen Pumps und schob ihr die Schuhspitze in die Scheide. Sie wand sich, schrie, und er drückte immer weiter, bis der größte Teil des Schuhs verschwunden war. Sie spürte, dass etwas in ihr zerriss. Sie versuchte, den Schuh zu packen, um ihn wieder herauszuziehen, aber da drehte er ihr den Arm um, und etwas brach. Dann schlug er ihr wieder ins Gesicht.

Als Pär sich ausgetobt hatte, schloss er die Tür der Kleiderkammer hinter sich ab.
»Das hast du dir verdammt noch mal selbst zuzuschreiben!«, brüllte er.
Dann ging er in die Küche und spülte die Kaffeetassen.

42

Es regnete nicht mehr. Die schwarzen Wolken waren von einem böigen Wind weggeblasen worden, der sich dann unvermittelt gelegt hatte. Jetzt schien die Sonne, und es wurde richtig warm. Klassisches Küstenwetter, dachte Claesson, wie in Oskarshamn.

Merve hatte ein winziges, einfaches Restaurant ausgesucht, von denen es unzählige in Istanbul gab. Sie bestellten an der Theke, und Claesson dachte beim Anblick der dampfenden Töpfe daran, was Janne Lundin gesagt hätte. Iss dort, wo die Lokalbevölkerung isst, dann bekommst du keine Probleme mit der Verdauung.

Das taten sie jetzt. Aber warum sollten die Köche verdorbene Lebensmittel verwenden, bloß weil die Gäste Touristen waren?

Sie wählten Reis mit Huhn und Paprika und setzten sich mit ihren Tellern an einen wackligen Plastiktisch auf dem Bürgersteig. Alle hatten Hunger. Die Autos hupten, und ständig drängten sich Passanten an ihnen vorbei. Der Große Basar lag nur eine Straße weiter, und dieselbe Stimmung herrschte auch dort. Es gab Verkäufer, die mit lauter Stimme ihre Waren anpriesen. Auf der einen Seite des Lokals lag ein kleiner Lebensmittelladen, auf der anderen ein Trödler, dahinter kamen ein paar Teppichgeschäfte. Claesson sah, dass einer der Teppichhändler eine große, korpulente Frau mit aschblondem, kurz geschnittenem Haar anlächelte.

»Where are you from?«, rief er.

»Sweden«, erwiderte die Frau lächelnd.

Dacht' ich's doch, dachte Claesson. Diese Leinenkleider gibt es nur in Schweden.

»Ah! Markaryd and Gnosjö«, rief ihr der Teppichhändler fröhlich hinterher. Sie war weitergegangen, ohne stehen zu bleiben.

Hat man Markaryd und Gnosjö gesehen, dann hat man Schweden gesehen, dachte Claesson.

In diesem Augenblick fiel ihm auf, dass sich Mustafa Özen und Merve tief in die Augen schauten, und das nicht zum ersten Mal.

Claesson trat ihm gegen das Schienbein.

»Vergiss nicht, dass du schwedischer Polizist bist und wieder mit nach Hause fährst«, sagte er leise.

Özen grinste ihn verlegen an. Merve konterte mit etwas auf Türkisch, und Özen antwortete mit zuckersüßer Stimme in ihrer gemeinsamen Sprache und schüttelte den Kopf. Merve lächelte, legte den Kopf schief und funkelte Claesson durchdringend an.

»Worüber habt ihr gesprochen?«, wollte er auf Schwedisch wissen und fuhr sich mit der winzigen Papierserviette über den Mund.

»Ich habe nur gesagt, dass du sie umwerfend hübsch findest«, lächelte Özen.

Auch das noch, dachte Claesson und senkte seine hochgezogenen Augenbrauen wieder.

Ihr nächstes Ziel war die Pathologie, wo Carl-Ivar Olssons Leiche in einem Kühlraum verwahrt wurde. Mit gewisser Mühe hatten sie den Termin mit der Witwe und den beiden Kindern koordiniert. Claesson war diesen drei Personen bislang noch nicht begegnet, ein Treffen war wirklich überfällig. Die Familie sollte Carl-Ivar Olsson jetzt identifizieren.

Merve trat auf die Straße und winkte ein gelbes Taxi heran.

Das Institut für Gerichtspathologie lag neben einem größeren Krankenhaus. Claesson fragte nicht, wo genau, sondern stieg einfach ein. Sie fuhren durch enge und kurvige Straßen und Gassen, dann weiter eine stark befahrene Ausfallstraße entlang, auf der unablässig gehupt wurde.

Der Taxifahrer hatte sich den Sicherheitsgurt über die Schulter gelegt, um den Schein zu wahren, ihn aber nicht eingeklinkt. Claesson erinnerte sich an die Zeit, als Gurttragen in den siebziger Jahren in Schweden gesetzlich vorgeschrieben war und viele, vor allen Dingen Männer, es genauso machten, weil sie glaubten, ein guter Fahrer sei unsterblich.

Auf dem Rücksitz war es übertrieben still. Claesson drehte sich um. Merve und Özen saßen wie zwei entgegengesetzte

Pole eines magnetischen Kraftfeldes da. Claesson ahnte, dass sie sich anstrengen mussten, so zu tun, als wäre nichts, während sie geistesabwesend vor sich hin starrten.

Glauben die, ich bin blöd?, dachte er und sah durch die Windschutzscheibe, wie ein magerer Mann mit einer schwer beladenen Holzkarre dem Verkehr auszuweichen suchte.

Gleichzeitig beschlich ihn ein unbehagliches Gefühl des Ausgeschlossenseins, vielleicht gemischt mit etwas Neid. Er kam sich vor wie das fünfte Rad am Wagen. Nimm dich zusammen!, ermahnte er sich. Und das Gefühl verschwand in demselben Augenblick, in dem er sich dessen bewusst wurde. Er hatte seinen Hafen gefunden. Er war nicht nur ein verheirateter Mann mit Kindern, sondern ein Mann, dem es gefiel, verheiratet zu sein und Kinder zu haben.

Das Taxi verlangsamte und fuhr durch ein offenes Tor. Dann blieb es vor einem würfelförmigen Gebäude stehen. Ein anderes Taxi hatte vor ihnen gehalten. Drei Personen stiegen aus, nein vier. Die Angehörigen.

Merve Turpan erhielt einen Anruf auf ihrem Handy. Sie schaute auf das Display und unterdrückte den Anruf. Die Mutter?, überlegte Claesson. Sie hatte ab und an angerufen, und Merve hatte gemeint, die Fürsorge ihrer Mutter für ihre Tochter kenne keine Grenzen.

Merve betrat das Gebäude als Erste und wandte sich an eine dickliche Frau in grüner Krankenhauskleidung. Ihre Hose spannte und auch das weiße Hemd war zu eng. Das war die Gerichtsmedizinerin. Sie verschwand hinter einer Tür mit einer Milchglasscheibe, während Familie Olsson ungeduldig wartete.

Claesson begrüßte sie nacheinander. Die Gattin, Birgitta Olsson, war eine zierliche und vergleichsweise gut erhaltene

Frau. Sie wirkte nett, aber aus verständlichen Gründen recht erschöpft. Die Tochter, Lotta Öberg, starrte auf den Fußboden und fuhr sich unablässig mit der Zungenspitze nervös über die Lippen. Der Sohn, Johan, grüßte mit festem Händedruck, und der Schwiegersohn, wie immer er hieß, hinterließ überhaupt keinen Eindruck.

»Ich bin sehr dankbar, dass Sie die weite Reise hierher unternommen haben, um herauszufinden, was Carl-Ivar zugestoßen sein könnte«, sagte die Witwe mit leiser Stimme.

»Wir tun unser Möglichstes«, erwiderte Claesson. »Es wäre uns sehr recht, wenn wir Ihnen anschließend noch ein paar Fragen stellen dürfen... ich meine, nachdem wir dort drinnen waren und...«

Die grün gekleidete Gerichtsmedizinerin kehrte mit einem Assistenten, einem bedeutend jüngeren Mann mit stark behaarter Brust zurück. Er führte sie in einen winzigen Raum mit kahlen Wänden, in dem die Person, von der sie vermuteten, es handle sich um Carl-Ivar Olsson, bis zum Kinn mit einem Laken zugedeckt lag.

Birgitta Olsson verlor sofort die Fassung. Also wirklich ihr Mann, dachte Claesson. Ein ganz normaler, typischer Schwede.

Alle weinten, ausgenommen der Schwiegersohn, der mit steinerner Miene seiner Frau einen Arm um die Schultern legte. Sie war eine kleine Frau mit dickem, kurz geschnittenem, flachsblondem Haar, das sie sportlich und jugendlich erscheinen ließ. In ihren Ohrläppchen funkelten Edelsteine.

Die drei Polizisten verließen den Raum, damit die Familie in Ruhe den letzten Abschied nehmen konnte. Merve zog ihr Handy aus der Tasche und bestellte zwei Wagen, die sie und die trauernde Familie zur Dienststelle bringen sollten.

Sie warteten auf dem Gang, bis die Familie kam. Sie setzten sich in einen winzigen Warteraum, in dem es heiß wie in einer Sauna war.

Dann trafen die Wagen ein.

Fuat Karaoğlu empfing sie.

»Wie geht's?«, fragte er.

»Gut«, antwortete Claesson und meinte das auch. Das hieß jedoch nicht, dass sie der Lösung des Falles näher gekommen waren, nur dass die Sache ihren vorschriftsmäßigen Verlauf nahm, mit dem Unterschied, dass sie sich in der Türkei und nicht in Schweden befanden.

»Und ihr seid mit Kriminalassistentin Turpan zufrieden?«, wollte Karaoğlu wissen.

Claesson war nicht klar, ob die Augen vor Spott oder Wärme funkelten.

»Sehr sogar«, erwiderte er mit Nachdruck.

»Das kann ich mir vorstellen«, meinte Karaoğlu. »Sie gehört zu unseren besten Kräften«, fuhr er fort und klopfte sich mit der Faust an den Schädel.

Dann stellte er noch einige höfliche Fragen und entschuldigte sich dafür, dass er sich nicht aktiver an der Ermittlung beteiligen konnte. Claesson seinerseits dankte für die Hilfe, die der Polizei von Oskarshamn gewährt wurde, und nicht zuletzt für das Zustandekommen der Zusammenarbeit und dass man so umfassend in die Ermittlung mit einbezogen wurde. Jetzt würde es viel einfacher sein, die Ermittlung zu Hause in Schweden fortzusetzen. Der Informationsaustausch mit der Türkei funktioniere hervorragend, meinte er.

»Können Sie schon sagen, wann Sie die Leiche zum Transport nach Schweden freigeben werden?«

»Jederzeit. Unsere gerichtsmedizinische Untersuchung ist abgeschlossen.«

»Danke, dann werde ich der Familie das mitteilen.«

Es war Zeit, Familie Olsson zu vernehmen. Claesson fühlte sich müde und hatte das Gefühl, Watte im Kopf zu haben. Aber es war genauso gut, es hinter sich zu bringen. Je rascher sie fertig waren, desto eher war er wieder zu Hause.

Sie begannen mit Birgitta Olsson. Claesson bat Özen, bei der Vernehmung ebenfalls anwesend zu sein. Sie wollten Merve Turpan später die Ergebnisse vortragen. Genauer gesagt hatte Özen versprochen, diese Aufgabe zu übernehmen.

Birgitta Olsson war damit einverstanden, dass sie die Befragung auf Tonband aufnahmen. Özen nahm daher das kleine Diktaphon zur Hand, das sie aus Oskarshamn mitgebracht hatten. Sicherheitshalber hatte er außerdem noch einen Block vor sich liegen. Er war gewissenhaft, das war gut. Man wusste nie, was die Technik anging.

Sie saßen in Merve Turpans Büro. Es war warm dort, aber nicht unerträglich warm, schließlich hatte es den halben Tag lang geregnet, und die Luft war kühl. Deswegen hatte Claesson den Tischventilator auch nicht angeknipst.

Er teilte der Witwe zunächst mit, dass der Tote zur Überführung freigegeben war.

»Vielleicht hätte er lieber in türkischer Erde beigesetzt werden wollen«, sagte sie spontan mit tränenerstickter Stimme.

Claesson wartete ein paar Sekunden.

»Wie kommen Sie auf diesen Gedanken?«

Sie zuckte mit den Achseln.

»Ich hatte immer den Eindruck, dass er sich hier wohl gefühlt hat.«

»Er hat also nie den Wunsch geäußert, in der Türkei beigesetzt zu werden?«

»Nein. Überhaupt nicht. Das liegt vielleicht nur an mir, weil ich so aus den Fugen bin und weil wir jetzt hier sind... und weil er hier gestorben ist. Aber ich will ihn nach Hause holen... natürlich will ich das.«

Sie schüttelte den Kopf, als wollte sie ihren Kummer abschütteln, vor dem es jedoch kein Entkommen gab.

Claesson bat sie zu erzählen, was ihr durch den Kopf ging, als sie die Nachricht vom Tode ihres Mannes erhielt. Ahnte sie etwas, als sie ihn am Tag zuvor in Istanbul zurückließ? Das war natürlich nicht der Fall. Carl-Ivars Tod war wie ein Blitz aus heiterem Himmel gekommen.

»Der Gedanke daran ist so schrecklich, dass es mich die ganze Zeit schaudert«, sagte sie mit gedämpfter Stimme und presste immer wieder die Lippen zusammen, als sei ihr übel.

»Ihr Mann hat ein langes Leben als Teppichhändler gearbeitet«, sagte Claesson daraufhin. Das war etwas zu gefühlvoll, denn Birgitta Olsson brach in Tränen aus, und er musste warten, bis sie sich geschnäuzt hatte. »Ich frage mich, wie gut Sie über die Teppichgeschäfte Ihres Mannes Bescheid wissen?«, fuhr er fort.

»Überhaupt nicht. Ich habe mich nie sonderlich für Teppiche interessiert, obwohl ich mir im Laufe der Jahre natürlich die einen oder anderen Kenntnisse angeeignet habe«, sagte sie und lächelte wehmütig. »Ich bin Krankenschwester, aber das wissen Sie ja. Carl-Ivars Aushilfe, oder wie man sie nennen will, kennt sich besser aus. Sie heißt Annelie Daun, und Sie haben vielleicht schon mit ihr gesprochen. Sie ist seine Nichte.«

Sie sah auf. Claesson schwieg und überlegte, ob die Ehefrau bewusst oder unbewusst von sich ablenken wollte.

»Sie wissen also nichts davon, dass Ihr Mann einen eher kostbaren Teppich an einen anspruchsvollen Kunden in Schweden vermittelt hat?«, fragte er.

Sie zerknüllte ihr Papiertaschentuch.

»Nein. Wer sagt das überhaupt? Annelie?«

Claesson hätte diese Frage nicht zu beantworten brauchen, aber er wählte einen anderen Weg.

»Wir haben einen der Teppichhändler getroffen, die Ihr Mann hier in Istanbul kannte. Einen sehr seriösen Teppichhändler.«

»Aha«, erwiderte sie, und es war ihr anzumerken, dass sie ihm nur mit halbem Ohr zuhörte. »Und wer soll dieser Kunde gewesen sein... für den dieser Teppich gedacht war?«

Sie sah ihn an. Ihre Augen waren hellblau wie gefrorenes Eis.

»Ich fürchte, dass wir das nicht wissen. Wissen Sie es vielleicht?«

»Nein«, erwiderte sie und schüttelte nachdrücklich den Kopf.

»Haben Sie eine Vorstellung davon, wo dieser Teppich abgeblieben sein könnte?«

»Nein, aber ich weiß nicht, was Carl-Ivar nach meiner Abreise getan hat. Jetzt überlegt man sich das natürlich... wenn man bedenkt, was ihm zugestoßen ist!«

»Dem türkischen Teppichhändler zufolge holen Kunden, die teure Teppiche kaufen, diese erst am Tag der Abreise ab und fahren dann mit dem Taxi vom Teppichgeschäft direkt zum Flugplatz, damit sie nicht in einem Hotelzimmer liegen, aus dem sie leicht gestohlen werden können. Aber das wussten Sie vielleicht bereits?«

Sie nickte schweigend.

»Wir wissen, dass Ihr Mann diesen Teppich ungefähr zu dem Zeitpunkt Ihrer Abreise, um genau zu sein am Abend davor, abgeholt hat. Was wissen Sie darüber?«

»Nichts«, sagte sie sofort und schüttelte den Kopf. »Ich bin vom Hotel zum Flughafen gefahren, Carl-Ivar hat mir die Taschen nach unten getragen und mir hinterhergewunken, aber von einem Teppich weiß ich nichts. Haben Sie schon im Hotel gefragt, ob der Teppich vielleicht noch dort liegt? Oder ob ihn jemand genommen hat? Schließlich sind Diebstähle in Hotels nichts Ungewöhnliches.«

Claesson entgegnete nichts. Er zeigte ihr das Foto von dem Teppich. Sie betrachtete es genau.

»So einen habe ich noch nie gesehen.«

»Was haben Sie am Vorabend Ihrer Heimreise gemacht?«

Sie starrte an die Wand.

»Wir waren essen. Dann sagte Carl-Ivar, er hätte noch etwas zu erledigen, und ich ging ins Hotel und zu Bett. Ich las noch eine Weile, aber als er ins Hotel zurückkam, schlief ich schon.«

»Haben Sie gesehen, ob er eine Tasche dabeihatte?«

»Nein. Ich schlief, das habe ich doch gesagt.«

»Und am Morgen? Haben Sie da eine Tasche bemerkt?«

»Und wie soll diese Tasche ausgesehen haben?«, erwiderte sie und schien sich darüber zu freuen, dass ihr eine Gegenfrage eingefallen war.

»Wissen Sie, wie die Taschen aussehen, in denen Teppiche transportiert werden?«

Sie wirkte verlegen.

»Doch, grober, dunkler Stoff. Man kann sie ziemlich vollstopfen.«

»So eine haben Sie nicht gesehen?«

»Nein. Er kann sie ja irgendwo hingestellt haben, wo ich sie nicht gesehen habe. Beispielsweise in einen Schrank. Ich hatte genug mit meinem eigenen Gepäck zu tun.«

»Haben Sie und Ihr Mann an diesem Morgen zusammen gefrühstückt?«

»Ja, vermutlich schon.«

»Was?«

»Ja, das taten wir, aber nur ein schnelles Frühstück, mein Taxi wartete bereits.«

Das müssen wir überprüfen, dachte Claesson, ob es einen Zeugen gab, der gesehen hatte, dass die beiden zusammen frühstückten. Vielleicht hatte der Ehemann die Tasche ja auch bewacht.

»Wissen Sie, ob Ihr Mann außer dem Teppichhändler im Großen Basar noch andere Kontakte in der Türkei hatte?«

»Er kannte mehrere Teppichhändler, auch einen, der etwas außerhalb wohnt, aber ich weiß nicht, wie er heißt. Er kannte auch einen in einer anderen Stadt. Ich weiß da nicht so genau Bescheid.«

»Er kannte also nur Teppichhändler?«

Claesson und Özen vermieden es sich anzusehen. Dann nahm Claesson das Foto vom Kai in Yeniköy aus seiner Mappe, das von einem aus der Besatzung aufgenommen worden war. Carl-Ivar in heller Sommerhose, hellblauem Hemd und dünner, offener Popelinjacke. In der Hand hielt er eine dunkle Stofftasche. So sah es zumindest aus.

»Meinen Sie diese Tasche?«, fragte sie. »Nein, die habe ich nicht gesehen. Jedenfalls nicht auf dieser Reise. Er kam gelegentlich mit solchen Taschen ins Hotel, aber dieses Mal nicht.«

»Okay«, meinte Claesson. »Schauen Sie sich die Frau an, die neben ihm steht.«

Sie beugte sich über das Foto, und Claesson bemerkte, dass sie errötete, ein stets gleichermaßen entlarvendes Zeichen.

»Wer ist das?«, fragte sie.

»Das fragen wir uns auch.«

»Ich habe sie noch nie gesehen«, sagte Birgitta Olsson und sah Claesson durchdringend an. »Aber das kann schließlich irgendjemand gewesen sein, eine Frau, die einfach auf die Fähre wartete.«

Plötzlich klang sie müde und erschöpft.

Sie vertraten sich die Beine und ließen sich Tee bringen.

Anschließend riefen sie den Sohn Johan Olsson herein. Er hatte zu den Ermittlungen nur wenig beizutragen. Ihm war kaum einmal bewusst gewesen, dass sich sein Vater in Istanbul aufhielt. Er lebte sein eigenes Leben, beschrieb sein Verhältnis zu beiden Eltern jedoch als gut.

»Aber jeder von uns ist mit seinen eigenen Dingen beschäftigt«, meinte er.

Die Tochter Lotta Olsson wusste ebenfalls kaum über das Leben ihres Vaters Bescheid. Sie hatte eine Arbeit, zwei Kinder und wohnte in Stockholm. Ein hektisches Leben, hatte es den Anschein. Sie wusste allerdings, dass ihre Eltern in Istanbul gewesen waren und dass ihre Mutter wie geplant einige Tage vor ihrem Vater nach Hause gekommen war, denn sie hatte mit ihrer Mutter telefoniert.

»Wie oft telefonieren Sie?«

»Recht oft... vielleicht jeden zweiten Tag, das ist etwas unterschiedlich.«

Das Übliche, dachte Claesson, Mütter und Töchter halten das soziale Gefüge zusammen. Er dachte an Veronika und Cecilia, die viel miteinander telefonierten.

Aber er würde einiges verändern. Er gedachte selbst, den Kontakt zu seinen Mädchen zu bewahren! Außerdem kümmerte er sich hauptsächlich um seine senile Mutter. Aber das lag daran, dass sie in Oskarshamn wohnte. Er würde sie besuchen und ihr von Nora erzählen. Sobald er wieder zu Hause war, musste er das erledigen. Obwohl sie nicht verstand, was er sagte. Er würde sie in den Arm nehmen oder ihr die Hand halten, damit sie sich sammelte. Sagen: »Mama, ich bin das, Claes. Du hast ein neues Enkelkind. Ein Mädchen. Sie heißt Nora.« Er würde nicht wissen, ob die Nachricht zu ihr durchdrang, aber er wollte sie ihr trotzdem überbringen, und wenn es seiner selbst wegen geschah.

Die Antworten des Schwiegersohns Magnus Öberg waren kurz, fast dürftig. Er war nicht einmal in Stockholm gewesen, als sein Schwiegervater Carl-Ivar Olsson tot auf der Bosporusfähre aufgefunden wurde. Er befand sich auf Geschäftsreise in Deutschland, was seine Ehefrau bereits bezeugt hatte.

»Wenn das so ist«, meinte Claesson. »Dann können Sie uns ja nicht viel helfen.« Er nickte Magnus Öberg zu, um ihm zu bedeuten, dass er gehen könne.

Als dieser sich erhob, um das Büro zu verlassen, räusperte Claesson sich.

»Richtig, wo in Deutschland waren Sie eigentlich genau?«

Magnus Öberg sah verwirrt aus.

»An verschiedenen Orten, unter anderem in Lübeck und München«, antwortete er. »Spielt das irgendeine Rolle?«

»Wir nehmen es unter solchen Umständen mit allem recht genau. Wir hätten gerne Beweise dafür, dass Sie sich an diesen Orten in Deutschland aufgehalten haben, und wüssten gerne, wen Sie wann dort getroffen haben. Wir wären Ihnen sehr dankbar, wenn Sie die Unterlagen bei der Polizei in Oskarshamn einreichen könnten.«

Ob sich seine Haltung versteifte oder nicht, war nicht zu sagen. Vielleicht erblasste er nur deshalb, weil er an die ganze Arbeit dachte, die diese Forderung mit sich brachte.

»Natürlich. Kein Problem. Was brauchen Sie genau?«
»Flugtickets vielleicht...«
»Ich bin aber mit dem Auto gefahren.«
»Okay, dann die Namen der Personen, die Sie getroffen haben, und...«
»Ich verstehe. Ich erledige das, sobald ich wieder zu Hause bin.«

»Sehr gut«, erwiderte Claesson. »Wir überprüfen das natürlich bei Ihrem Arbeitgeber, aber das ist reine Routine«, sagte er mit derselben unbeteiligten Stimme.

»Das wird kein Problem sein«, meinte Magnus Öberg und wirkte sicherer. »Ich bin selbstständig.«

43

Wir haben hier vermutlich nicht mehr viel zu tun«, sagte Claesson und reckte sich.

Es war gegen sechs. Er war müde und hatte vor allem Heimweh, wenn sich ihm die Gelegenheit bot, einen klaren Gedanken zu fassen.

Mustafa Özen nickte. Claesson merkte, dass er sich anstrengen musste, um seine Enttäuschung zu verbergen. Er ließ den Kopf hängen wie ein trauriger Hund.

Özen trug auch heute wieder ein hübsches kurzärmeliges

Hemd und war nicht so leger gekleidet wie sonst immer in Oskarshamn. Da ist nichts dabei, dachte Claesson.

»Man würde sich natürlich gerne mehr von der Stadt ansehen, aber schließlich sind wir nicht deswegen hier«, fuhr er gleichmütig fort.

»Eine Bootsfahrt auf dem Bosporus wäre eigentlich gar nicht so schlecht gewesen«, meinte er träumerisch und quälte damit den armen, verliebten Özen. Der wurde plötzlich munter. Sie hatten bereits darüber gesprochen, die gleiche Fahrt zu machen wie Olsson, aber dann kam ja doch immer alles anders. Man musste flexibel sein, wie es heutzutage oft hieß.

»Sollten wir nicht schon allein der Ermittlungen wegen eine Tour machen?«, meinte Özen. »Wir können doch nicht nach Schweden zurückkehren, ohne den Tatort in Augenschein genommen zu haben.«

»Das wäre vermutlich sinnlos. Die Istanbuler Kollegen haben schon alles Nötige erledigt. Noch dazu sehr gründlich«, wandte Claesson ein.

Özens leuchtende Augen erloschen quälend rasch.

»Vielleicht wären sie sogar beleidigt, wenn wir ihr Terrain betreten. Als würde ihre Arbeit nichts taugen.«

Özen ließ jetzt wirklich den Kopf hängen.

»Kannst du dich nicht erkundigen, wann wir morgen fliegen können?«

»Klar«, erwiderte Özen dumpf und verschwand, um sich Merves Computer zu leihen. Claesson machte sich darauf gefasst, eine Weile warten zu müssen. Er ging auf den Korridor und lauschte am offenen Fenster dem Lärm der Stadt.

Nach einer Weile kam Özen mit den Abflugzeiten zurück.

Eine Maschine ging um 8.50 Uhr vom Flughafen Atatürk.

In aller Herrgottsfrühe aufstehen mit anderen Worten. Dann waren sie früh zu Hause. Sehr gut.

»Sag Bescheid, wenn du gebucht hast«, sagte Claesson und schickte Özen und Merve nicht sehr höflich weg.

In diesem Augenblick erschien ein magerer Polizist in einem hellblauen Uniformhemd. Er hielt ein Blatt Papier in der Hand und sah sie an. Schließlich entschied er sich dafür, sich auf Türkisch an Özen zu wenden.

»Kaum zu glauben!«, sagte Özen. »Sie haben Olssons Pass gefunden.«

»Und wo?«

»Ein Hotel hat sich gemeldet, wenn ich das richtig verstanden habe.«

Claesson schwieg und starrte auf den Fußboden. Er wollte sich seine Enttäuschung nicht anmerken lassen. Er würde wohl doch nicht die frühe Maschine am nächsten Tag nehmen können.

»Tja«, sagte er, als er sich wieder einigermaßen gefasst hatte. »Dann fahren wir da wohl mal hin.«

»Es liegt auf der anderen Seite des Goldenen Horns«, sagte Merve.

»Wie machen wir das jetzt?«, fragte Özen ratlos.

»Womit?«

»Mit den Tickets?«

»Wir buchen nicht«, sagte Claesson.

Özen nickte zufrieden und lächelte breit.

Sie stiegen in einen Streifenwagen, um zu dem Hotel zu fahren, in dem der Pass gelegen hatte. Es sei keines der größeren oder bekannteren Hotels, erklärte Merve, die sie begleitete. Sie war ihr ständiges türkisches Alibi in der Welt der Polizei.

Das kriegen wir noch hin, dachte Claesson. Wenn sie alles an diesem Abend erledigten, dann konnten sie am nächsten Tag einen späteren Flug nehmen. Das ging sicher.

Sie wollten über die Galata-Brücke auf die andere Seite nach Beyoğlu fahren. Das Goldene Horn war von großen, graugrünen Wellen bedeckt. Der Wind hatte aufgefrischt, aber der Himmel war immer noch klar. Die Sonne ging allerdings bereits unter.

Merve und der Polizist am Steuer waren sich unsicher, wo genau die Straße mit dem Hotel lag. Suchend fuhren sie ganz langsam durch eine weitere schmale Gasse und bemühten sich die Schilder zu lesen.

»Nicht weit von hier liegt übrigens eines der berühmteren Hotels, das Pera Palas«, sagte Merve. »Es wurde in der Epoche des Orient-Express gebaut und ist fantastisch, allerdings etwas heruntergekommen. Zur Zeit wird es renoviert und ist wohl bald wie neu. In diesem Hotel gibt es eine Agatha-Christie-Suite, die man besichtigen kann. Da soll sie geschrieben haben, heißt es. Atatürk hat auch dort gewohnt.«

Claesson nickte.

»Es gibt Leute, die viel Geld an Morden verdient haben«, meinte sie grinsend. »Vielleicht sollte man das mal ins Auge fassen, statt sie in der Wirklichkeit aufzuklären. Das ist nicht so einträglich.«

»Solange man schreiben kann«, sagte Claesson. »Die Menschen haben Bluttaten, Katastrophen und Verrückte immer faszinierend gefunden. Sie scheinen davon nicht genug zu bekommen.«

»Nein«, sagte Özen. »Wir auch nicht.«

Sie hielten an. Das Hotel hieß Galata New Hotel und war weder neu noch groß. Sie stiegen aus. Es war inzwischen Abend und kühl.

Die kleine Hotellobby war leer. Sie gingen zu dem Tresen aus dunklem Holz und klingelten. Irgendwo weiter hinten schien jemand zu telefonieren.

Die Lobby, die Visitenkarte des Hotels, machte einen guten Eindruck, fand Claesson. Es war die Sorte Hotel, in der er selbst auch gern wohnte. In den protzigen und luxuriösen fühlte er sich nicht wohl, sondern kam sich nur dumm und linkisch vor.

Er sah sich um. Auf einem Tisch in der Ecke stand ein großer Computer, den die Gäste zum Surfen verwenden durften. Dieser Service war gratis, wie einem Schild auf Englisch zu entnehmen war. Er öffnete eine Tür einen Spalt breit und erblickte einen Wintergarten in einem hübschen Hinterhof, der als Frühstückszimmer diente. Er schloss die Tür wieder und sah sich im Entree um. Ihm fiel auf, dass die Teppiche sehr schön waren. Seine Kenntnisse in Sachen Teppiche waren sehr rudimentär, aber jetzt nahm er sie immerhin wahr und lief nicht nur auf ihnen herum. Ohne lange nachzudenken konnte er inzwischen sagen, dass zwei der Teppiche geknüpft waren, vermutlich in klassischen türkischen Mustern. Der dritte, kleinste, war ein gewebter sogenannter Kelim. Er hatte sehr helle Farben, überwiegend rot. Der gefiel Claesson am besten.

Nun tauchte eine Frau hinter dem Tresen auf und sagte etwas auf Türkisch.

»Womit kann ich dienen?«, wiederholte sie dann auf Englisch.

Sie war Anfang sechzig und sah charmant aus. Ihr kräftiges

Haar in der kalten grauen Farbe, die sehr dunkelhaarige Menschen bekommen konnten, reichte bis zu den Ohrläppchen. Sie trug einen dunkelroten, hochgeschlossenen Pullover und eine schwarze Hose.

Während Merve ihr Anliegen vorbrachte, schob sich die Frau die Ärmel hoch. Ihre Fingernägel waren blutrot lackiert. An beiden Handgelenken trug sie schwere goldene Armbänder. Merve bat sie darum, Englisch zu sprechen, falls ihr das nicht zu schwer fiele. Das war nicht der Fall.

Sie erfuhren, dass diese Frau die Polizei verständigt hatte. Sie drehte sich um und nahm eine Plastiktüte von der Ablage hinter dem Tresen. Der Inhalt bestand aus Carl-Ivar Olssons Pass und einem Schlüsselbund, aber keinem Handy.

»Wir haben das Zimmer von Herrn Olsson erst gestern ausgeräumt. Wir wussten nicht, wo er sich aufhielt, und warteten erst einmal einen Tag ab. Vielleicht taucht er ja wieder auf, dachten wir. Das Hotel war ohnehin nicht voll, es spielte also keine Rolle.«

Ihr Lächeln war verschwunden. Ihre braunen Augen sahen sie ernst an. Claesson beschlich das Gefühl, dass sie Olsson besser gekannt haben musste, als es zwischen Hotelier und Gast sonst üblich war.

»Normalerweise erhalten die Gäste ihre Pässe nach der ersten Nacht zurück, aber dazu kam es in diesem Fall nicht«, fuhr sie fort. »Herr Olsson hat seinen Zimmerschlüssel nicht hier am Empfang abgegeben ... also bei mir oder bei meinem Bruder. Er hatte den Schlüssel dabei und konnte gehen und kommen, wie ihm beliebte. Das macht er immer so ... Er hätte den Pass natürlich beim Auschecken zurückbekommen.«

Ihr Blick wanderte erneut von Özen zu Merve und blieb schließlich auf Claesson ruhen.

»Gehe ich recht in der Annahme, dass etwas Ernstes vorgefallen ist?«, sagte sie schließlich leise.

»Ja. Herr Olsson ist tot. Er wurde ermordet«, sagte Claesson.

»Oh!«, rief sie und schlug die Hand vor den Mund. Ihre Pupillen verengten sich. »Wie furchtbar.«

Sie holte Luft. »Seine Sachen sind hier hinten«, meinte sie. »Wir haben sie aus dem Zimmer geräumt, um dort putzen zu können. Das war vielleicht dumm? Wir haben auch versucht, ihn auf seinem Handy zu erreichen, aber er antwortete nicht. Wir haben eine Nachricht auf seiner Mailbox hinterlassen.«

»Olsson hat also auch schon früher hier gewohnt?«, fragte Claesson.

»Oh, yes. Many times.«

»Wie oft ungefähr?«

Sie drehte sich zur Seite, starrte an die Wand und überlegte.

»Genau kann ich das nicht sagen, aber mindestens einmal im Jahr und auch schon damals, als meine Eltern das Hotel führten. Leider sind sie tot; ich kann sie also nicht mehr fragen. Vor über zwanzig Jahren haben sie meinem Bruder und mir das Hotel überlassen, und in all diesen Jahren war Herr Olsson unser Gast. Manchmal mehrmals im Jahr. Er war fast so etwas wie ein Freund der Familie.«

»Wohnte er allein hier?«

»O ja. Er kam immer allein.«

»Hatte er denn nie seine Frau dabei?«

»Ich wusste nicht einmal, dass er verheiratet war. Danach fragen wir unsere Gäste nicht.«

»Haben Sie eine Vorstellung, was er machte, wenn er hier war?«, fragte Claesson.

»Wir kümmern uns nicht um die Pläne unserer Gäste«,

sagte sie mit Nachdruck. »Herr Olsson zahlte und war ordentlich, das allein zählt. Er bezahlte meist im Voraus.«

»Wie zahlte er?«

»Mit Karte vermutlich, ich kann das überprüfen.«

»Wie lange wollte er dieses Mal bleiben?«

Sie schaute im Computer nach.

»Eine Woche.«

Claesson nickte. Olsson wollte vier Tage länger bleiben als seine Frau.

Özen sollte sich bei der Ehefrau erkundigen, ob das hin und wieder vorgekommen sei.

Sie besichtigten das Zimmer, in dem Olsson gewohnt hatte und das auf den nächsten Gast wartete. Ein schönes Zimmer, dachte Claesson. Ein winziger Schreibtisch, ein stabiler Nachttisch aus dunklem Holz, weinrote Vorhänge und ein Fernseher, der über dem Fußende des breiten Bettes in die Wand gedübelt war. Auf dem Bett lag ein Überwurf mit Tulpenmuster, das sich in der Tapete wiederholte. Es gab überhaupt viele Tulpen in der Türkei. Die Türkei war das Herkunftsland der Tulpe, hatte Claesson gelesen. Sie blühten in Parks, aber auch an den Straßenrändern. Die Straße vom Flughafen Richtung Zentrum wurde von hohen Tulpen in allen möglichen Farben gesäumt.

Das Zimmer war für einen Kriminaltechniker nicht gerade eine Goldgrube. Es hatte zwar nach Olsson niemand mehr darin gewohnt, aber das Zimmermädchen hatte ganze Arbeit geleistet, und Bettwäsche und Handtücher waren bereits aus der Wäscherei zurückgekehrt.

Sie durchsuchten die Reisetasche.

»Etwas fällt mir auf«, sagte Claesson, nachdem sie den Inhalt betrachtet hatten. »Der Kulturbeutel fehlt.«

Merve ging zu ihrem Kollegen im Streifenwagen und bat ihn, das Zimmer zu versiegeln. Die Hoteldirektorin hatte nichts dagegen einzuwenden. Merve versprach Claesson, einen Techniker zu verständigen, und ließ sich das Gästebuch aushändigen, das sie an Özen weiterreichte.

»Wonach soll ich denn nun suchen?«

Er zuckte mit den Achseln.

»Nach allem! Wenn du auf einen Gast aus Schweden oder aus Skandinavien stößt, wäre das gut. Vielleicht auch aus Deutschland.«

»Einen Deutschen?«, fragte Özen. »Warum das?«

»Weiß nicht. Fiel mir einfach so ein und ist vermutlich auch falsch«, sagte Claesson und lächelte Merve an, die sich Notizen auf ihrem Block machte. Die hat wirklich Ausstrahlung, dachte er. Ihre Ohren standen ein wenig ab, das sah etwas speziell aus und wurde dadurch unterstrichen, dass sie ihr dickes schwarzes Haar zu einem Pferdeschwanz zusammengebunden trug.

Womit beschäftigte sich Olsson, wenn er allein in Istanbul Urlaub machte? Sah er sich Teppiche an?

Nein, dachte Claesson.

Das Foto vom Kai in Yeniköy, auf dem sich alle schönen Häuser im gekräuselten Wasser gespiegelt hatten, ging ihm nicht aus dem Sinn. Das Foto, auf dem Olsson auf die Fähre zu warten schien. Mit einer Frau an seiner Seite.

Sie konnte eine x-beliebige Person sein, die auf die Fähre wartete. Vielleicht war sie aber auch genau das nicht.

44

Veronika schloss ihren BH und ließ Nora auf ihrer Schulter ein Bäuerchen machen. Ein nasser Milchfleck breitete sich auf ihrem Pullover aus. Sie legte ihre Tochter in die Babytragetasche und ging nach oben, um einen frischen Pullover zu holen.

Sie schaute auf die Uhr. Sie musste gleich in der Kita sein.

Als sie dort eintraf und gerade das Gebäude betreten wollte, klingelte ihr Handy. Es war Cecilia.

»Hallo«, sagte sie. »Kann ich dich gleich zurückrufen? Ich muss Klara abholen.«

Sie unterbrach die Verbindung, noch ehe Cecilia Zeit zum Antworten hatte. Danach machte sich jedoch eine leise Unruhe bemerkbar.

Und wenn es sich um etwas Wichtiges handelte? Klang Cecilia nicht irgendwie aufgeregt?

Sobald es ihr gelungen war, Klara aus der Gruppe zu lösen, und sich die Tür der Tagesstätte Humlan hinter ihnen geschlossen hatte, rief sie Cecilia an. Es klingelte. Veronika schob den Kinderwagen mit einer Hand, Klara ging mürrisch nebenher. Cecilia antwortete nicht.

Sie überquerten den Kolbergavägen und betraten den Coop. Klara hatte die Kita inzwischen vergessen, und ihre Stimmung hellte sich auf. Sie half beim Einkaufen. Sie tat das gern und begleitete Claes immer beim Großeinkauf. Veronika kaufte nur etwas Dickmilch und Brot zum Mittagessen. Sie hatte keine Lust, noch mehr nach Hause zu schleppen. Sie hoffte, Claes würde anrufen und verkünden, er sei auf dem Heimweg.

Nachdem sie den Supermarkt verlassen hatten, versuchte sie Cecilia erneut anzurufen. Keine Antwort. Klara quengelte, sie hatte Hunger. Aber Nora schlief. Dieses Kind war unglaublich!

Cecilia ging Veronika nicht aus dem Sinn. Sie versuchte es wieder. Sie musste sie erreichen. Was hatte sie nur gewollt?

Veronika wusste, dass sie sich oft voreilig Sorgen machte, wenn sie ihre Tochter nicht erreichte. Diese unbeschreibliche Unruhe, die sie damals erfüllt hatte, als sie Cecilia nicht erreicht hatte, kehrte zurück. Sie hatte schwer verletzt und bewusstlos dagelegen, und niemand hatte gewusst, wo sie war. Andererseits rief Cecilia meist nur an, um sich zu unterhalten. Immer mit der Ruhe, sagte sie sich.

Zu Hause eingetroffen, stellte sie Teller für die Dickmilch auf den Tisch. Klara kletterte selbst auf den Kinderstuhl, machte das Müslipaket auf und begann, Müsli auf die Dickmilch zu kippen. Veronika war nicht schnell genug, es war viel zu viel, was vermutlich auch beabsichtigt war. Sie lächelte Klara an, die zufrieden begonnen hatte, Rosinen und Nüsse mit den Fingern zu essen.

»Bitte auch Dickmilch, Herzchen!«, sagte sie zu ihrer Tochter, legte ihr einen Löffel neben den Teller und strich ihr über ihr weiches Haar. Klara warf ihr einen blauen Blick zu und fuhr unverdrossen fort, das zu essen, was sie am liebsten mochte.

Veronika griff wieder zu ihrem Handy und tippte Cecilias Nummer.

Jetzt meldete sie sich.

45

Es war Freitagmorgen in Istanbul, und ein kühler Wind wehte durch das einen Spalt weit geöffnete Fenster in die Dienststelle. Vermutlich würde es wieder ein warmer Tag werden, aber um diese Jahreszeit wisse man das nie so genau, hatte Merve Turpan gemeint. Schließlich sei noch Mai, und Regen und kältere Winde könnten die sonnigen Tage ablösen. Im Juli und August sei es jedoch richtig warm. Oder heiß, nach schwedischen Maßstäben heiß wie in der Hölle, dachte Claesson. Aber in Istanbul war es immer eine Spur kühler, schließlich war die Stadt auf allen Seiten von Wasser umgeben.

Claesson hatte in dieser Nacht bleiern geschlafen und nicht einmal den Muezzin gehört. Am Vorabend hatte er sich von Özen und Merve getrennt, sie hatten noch irgendwohin gewollt, er hatte da nicht so genau hingehört, schließlich waren sie erwachsene Menschen. Er war ins Hotel gegangen und hatte sich ins Bett gelegt. Morgen würden sie früh aufstehen und nach Hause fliegen. Das hatte Claesson entschieden, als er allein gefrühstückt hatte, Kaffee, Joghurt, Brot, Schafskäse, Oliven, Tomaten und Gurke. Er hatte seinem jüngeren Kollegen noch nichts von seinem Entschluss mitgeteilt. Özen ahnte die Reisepläne vermutlich schon. Bald war es mit den guten Tagen vorbei, mit dem Geturtel und dem Turkish Delight.

Özen kam nicht zum Frühstück. Er wird ja wohl so viel Verstand haben, pünktlich in der Dienststelle einzutreffen, dachte Claesson. Sonst muss ich ihn eben anrufen und wecken.

Özen war rechtzeitig da, Merve kam wenig später, aber mit

ausreichend großem zeitlichem Abstand, um den Schein zu wahren, sie seien aus verschiedenen Richtungen zur Dienststelle gekommen. Viel Schlaf hatten die beiden vermutlich nicht bekommen, aber trotzdem strahlten sie, wie Claesson auffiel, als er einen Blick auf ihre übernächtigten Gesichter warf.

Er lächelte, als Fuat Karaoğlu durch die Tür trat. Er wolle an der Morgenbesprechung teilnehmen, da er erfahren habe, dass die Schweden am nächsten Tag nach Hause zurückkehren würden. Claesson habe ihn angerufen und ihm mitgeteilt, er glaube, die weitere Zusammenarbeit könne auch von Schweden aus erfolgen.

Özen sah aus, als hätte ihm jemand einen Kinnhaken verpasst, aber er würde sich wie ein Mann damit abfinden müssen.

»Die Zusammenarbeit wird weitergehen. Ihr könnt zu Hause in ...«, jetzt sagte Karaoğlu etwas, was wie Oskarshamn klingen sollte, »...viele Spuren weiterverfolgen. Ihr habt ja auch euren türkischen Kontaktmann«, er nickte Özen freundlich zu. »Das vereinfacht die Dinge erheblich. Der Prozess, falls es zu einem solchen kommt ... falls wir also einen Tatverdächtigen finden ... wird ja hier in Istanbul stattfinden. Dem sehe ich bereits entgegen. Es werden die türkischen Gesetze gelten«, sagte er, und Claesson nickte.

Ein Verbrechen wurde immer in dem Land geahndet, in dem es verübt worden war.

»Unsere Gefängnisse sind allerdings bereits voll ... wie sieht das denn bei euch aus?«, wollte Karaoğlu wissen.

Claesson musste zugeben, dass es in Schweden genauso war. In den Gefängnissen war es eng.

Eine weitere Diskussion über mehr oder weniger humane

Gefängnisse fand glücklicherweise nicht statt. Claesson war der dezidierten Meinung, dass der Strafvollzug oder die Gefangenenpflege, wie es in Schweden hieß, in der Türkei völlig anders aussah als in Schweden. Er konnte sich aber auch irren.

Der eintretende Kriminaltechniker Cem, dessen Nachnamen er sich nicht hatte merken können, riss ihn aus seinen Überlegungen. Er erzählte von Spuren oder genauer dem Mangel an richtig deutlichen Spuren. Er berichtete, der Schuhabdruck auf dem Schiffsdeck stamme von einem sehr verbreiteten Turnschuh einer internationalen Marke, die in Taiwan hergestellt wurde. Dieser konnte mit anderen Worten sowohl in der Türkei als auch in Schweden erworben worden sein. Es war ihnen außerdem nur gelungen, den halben Abdruck sichtbar zu machen. Vermutlich handelte es sich um Schuhgröße 44.

»Ist das eine verbreitete Größe in Schweden?«

Claesson und Özen sahen sich an.

»Ich habe dreiundvierzig«, meinte Claesson. »Ich bin für schwedische Verhältnisse durchschnittlich groß. Es gibt viele Männer in Schweden, die größer sind als ich, aber auch kleinere. Schuhgröße 44 ist also nichts Ungewöhnliches.«

»Die Klinge war wahrscheinlich schon wieder herausgezogen und der Täter verschwunden, noch ehe das Blut in größeren Mengen aus dem Körper treten konnte«, fuhr Cem fort.

Claesson dachte, dass es sich um das reinste Blutbad gehandelt haben musste. Er sah wieder vor sich, wie Olsson schläfrig und unbekümmert an der Reling saß und ihm ein schwacher Wind um die Nase wehte. Es war Nachmittag. Vielleicht machte Olsson ein Nickerchen, wie auch er selbst es gerne tat, wenn er die Möglichkeit dazu hatte? In solchen Fällen kippte Claesson den Schreibtischstuhl zurück, legte die Füße auf die herausgezogene Schreibtischschublade und verschwand für fünf Minuten, auch schon mal für fünfzehn, aber nie länger, im Land der Träume. Der Täter, der sich mit seinen Schuhen in Größe 44 an Olsson herangeschlichen hatte, um ihn zu erstechen, erledigte das so schnell, dass dieser nicht einmal mehr blinzeln konnte. Dann griff er sich die Tasche, die Olsson am Kai von Yeniköy schon in der Hand gehalten hatte, zog das Messer wieder heraus, warf es über Bord und ging unbeschwert und gelassen an Land.

Ein Profi, dachte er.

»Ein Mensch mit Eis im Bauch«, sagte er laut auf Englisch.

An den ratlosen Mienen Karaoğlus und Merves war abzulesen, dass dieser Ausdruck nur im Schwedischen gebräuchlich war. Er formulierte es um.

»Der Täter muss besessen sein«, sagte er.

»Menschen ohne Hemmungen pflegen Nerven aus Stahl zu haben«, sagte Karaoğlu.

Cem verabschiedete sich, und sie besprachen die Ereignisse des Vortages. Sie begannen mit dem Hotel Arkadia, in dem das Ehepaar Olsson gewohnt hatte. Es gab noch nicht genügend Zeit, um die Liste der anderen Hotelgäste durchzugehen, die ebenfalls dort gewohnt hatten. Merve und Özen wollten das später erledigen.

Anschließend sprachen sie über den Besuch im Galata New Hotel.

»Ein Durchbruch in der Ermittlung«, sagte Karaoğlu, die anderen nickten, und die Temperatur stieg um ein paar Grad an.

»Ich habe die anderen schwedischen Namen aus dem Hotel zur Überprüfung gestern Abend nach Oskarshamn geschickt. Es sind zehn Stück, um genau zu sein«, sagte Özen.

Tüchtiger Junge, dachte Claesson. Er ist effektiv.

»Vielleicht können wir uns heute noch in den Hotels in der Nähe des Galata New Hotel umsehen?«, schlug Özen vor.

Und vielleicht würden sie es wenigstens noch schaffen, die Blaue Moschee zu besichtigen, dachte Claesson. Oder die Hagia Sofia. Vielleicht konnten sie auch nach Eminönü runterfahren, um Meeresluft zu schnuppern und den Fähren hinterherzuschauen.

Dann erzählte er von dem Besuch bei dem Teppichhändler im Großen Basar. Ein angenehmes Erlebnis, dachte er. Sich die Existenz des teuren Teppichs bestätigen zu lassen. Olsson hatte ihn am Tag vor der Heimreise seiner Frau abgeholt, aber diese hatte offenbar keine Ahnung, um was für einen Teppich es sich handelte. Er fasste die Vernehmung der Witwe vom Vortag zusammen.

»Ihr ist auch kein Teppich in einer klassischen Teppichtasche aufgefallen, behauptet sie«, sagte Claesson.

»Hattest du den Eindruck, dass sie die Wahrheit sagt?«, fragte Karaoğlu.

»Schwer zu sagen«, erwiderte Claesson. »Aber es scheint zu stimmen. Olsson hält auf dem Foto vom Kai in Yeniköy eine solche Tasche in der Hand, und das Bild wurde am Tag nach der Abreise seiner Frau aufgenommen. Sie ist vielleicht nie in die Nähe der Tasche gekommen. Olsson hat sie eventuell über Nacht in den Schrank des Hotelzimmers gestellt und sie mitgenommen, als er ins Galata New Hotel umgezogen ist. Aber dort war sie nicht mehr bei den Sachen, die er dort zurückließ... Eines haben wir jedenfalls festgestellt... es gab eine

Reisetasche mit Kleidern und ein paar Taschenbüchern, aber keinen Kulturbeutel.«

Karaoğlu nickte.

»Vielleicht hat er in Yeniköy übernachtet«, schlug er vor.

»Wer weiß«, meinte Claesson und zuckte mit den Achseln. »Wir haben die Familie nach der Identifizierung befragt. Wir saßen hier, wie ihr wisst, aber es ergab sich nichts Neues, außer dass die Ehefrau nicht wusste, wer die Frau auf dem Foto ist. Aber ich finde trotzdem, dass sie reagiert hat.«

»Ach?«

»Sie ist zusammengezuckt und rot geworden«, sagte Claesson und fuhr sich mit der Hand über sein Gesicht.

Karaoğlu nickte wissend.

»Jemand, den der Ehemann kannte ... eine Frau, außerdem jung. Für die Ehefrau ist das natürlich nicht schön«, sagte er.

Es bestand aber immer noch die Möglichkeit, dass es sich um eine vollkommen Fremde handelte, die nichts mit Olsson zu tun hatte.

»Und was haltet ihr von dem Teppich?«, fragte Karaoğlu. »Wer hat ihn bezahlt?«

»Wir schauen uns Olssons Konten in Schweden an«, entgegnete Claesson. »Es geht um viel Geld. Der Teppichhändler vom Großen Basar hat sich die Summe überweisen lassen, sagt er. Das lässt sich schließlich überprüfen.«

»Wir kümmern uns darum«, bestimmte Karaoğlu.

»Weder die Mitarbeiterin Annelie Daun noch der Teppichhändler im Großen Basar wussten, wer den Teppich bei Olsson bestellt hat«, fuhr Claesson fort. »Danach fragt man offenbar nicht. Es gibt eine gewisse Diskretion, was Teppiche betrifft.«

»Könnte er ihn nicht für sich selbst gekauft haben?«, wollte Karaoğlu wissen.

Claesson und Özen sahen sich an.

»Er ist vielleicht ein echter Teppichsammler«, meinte Karaoğlu. »Die sind zu fast allem fähig... genau wie alle anderen passionierten Sammler. Wenn sie reich sind, zahlen sie Riesensummen.«

»Aber diesen Eindruck hatten wir in Schweden nicht«, meinte Claesson. »Weder dass Olsson Sammler noch dass er reich war... Aber es gibt vieles, was nicht an die große Glocke gehängt wird. Olsson hatte zwar ein Lager in seinem Laden, und es ist möglich, dass dort ein Vermögen an Teppichen ruht, von dem niemand etwas weiß. Nicht einmal die Frau, die dort arbeitet... Das ist natürlich ausgezeichnet, wenn man keine Diebe anlocken will. Wir werden jemanden beauftragen müssen, den Wert der Teppiche zu schätzen.«

Er rieb sich den Nacken, wie er das immer tat, wenn er nachdachte.

»Wir können sicher jemanden in Stockholm ausfindig machen, der das Lager schätzen kann.«

Er dachte an die Fernsehsendung »Antiquitätenrunde«. Einer von diesen Fachleuten kannte sich bestimmt mit Teppichen aus.

Sie trennten sich und vereinbarten, sich um drei Uhr wieder zu treffen.

Claesson erteilte Özen und Merve den Auftrag, noch einmal in den Hotels wegen der anderen Hotelgäste nachzufragen und ihre Erkenntnisse dann auch mit Schweden abzugleichen. Er hätte ihnen kein schöneres Geschenk machen können. Zusammenarbeiten zu dürfen. Nur sie beide. Ohne den Chef.

Sie würden sich bei einem Glas Tee oder einem Teller Köfte tief in die Augen sehen. Falls sie sich überhaupt die Zeit nahmen, etwas zu essen. Wäre die Witwe noch im Land gewesen, hätte er sich noch einmal mit ihr unterhalten können. Er hatte das Gefühl, das sei nötig, aber sie war bereits am Morgen nach Schweden abgereist.

Es blieb ihm nur eines übrig: die Sehenswürdigkeiten.

Warum nicht das Nützliche mit dem Angenehmen verbinden?

Claesson schlenderte durch die geschäftigen Stadtviertel hinunter zum Wasser. Er schob sich durch die Menschenmenge wie durch eine zähflüssige Masse. Auf beiden Seiten der Straße waren Läden. Unterwäsche, Handtücher, Bettwäsche, Ledergürtel, Taschen, Schuhe aus Plastik, Nylon und Leder, die unbequem aussahen. Dazwischen Lokale. Es duftete verführerisch. Er bekam Hunger, wagte es jedoch nicht, etwas mitzunehmen. Er wollte sich schließlich nicht noch am letzten Tag den Magen verderben.

Er gelangte auf einen großen Platz mit einer imposanten Moschee. Auf der anderen Seite lag ein Park mit mehreren hübschen Restaurants. Er hatte jedoch nicht genug Muße, sich niederzulassen, sondern setzte seinen Weg zu dem breiten Kai nahe der Galata-Brücke fort. Dort war das Gedränge womöglich noch größer. Hier mussten offenbar alle vorbei, oder sie verabredeten sich hier.

Straßenbahnräder kreischten im Hintergrund. Vereinzelt waren Schiffssirenen zu hören. Die Fähren lagen dicht an dicht. Sie verkehrten in alle Richtungen auf verschiedenen Routen in diesem Wasserreich. Der Anblick gefiel ihm. Sehr sogar.

Er zog sein Handy aus der Tasche und bat Özen herauszufinden, wo die Fähren anlegten, die durch den Bosporus fuhren. Er hörte Özen mit Merve reden.

»Du musst zu Kai Nummer drei. Willst du eine Fähre nehmen?«

Es war Özen anzumerken, dass er auch gern mitgefahren wäre.

»Ja. Wenn gerade eine kommt.«

»Aber für eine ganze Rundfahrt fehlt dir die Zeit.«

»Ich wollte nur bis nach Yeniköy fahren.«

Er hörte, wie sich Özen wieder mit Merve beriet.

»Okay. Dort kannst du dir ein Taxi nehmen oder Dolmus fahren.«

»Und was ist ein Dolmus?«

»Ein Sammeltaxi mit Festpreis. Meist handelt es sich um weiße Minibusse. Du siehst sie dann schon. Der Bus fährt erst dann ab, wenn er voll ist, oder er nimmt auf der Fahrt noch andere Fahrgäste auf. Das ist ein Erlebnis, wenn man Zeit hat. Nimm dir ein Dolmus nach Taksim und von dort ein Taxi. Im Übrigen kostet ein Taxi nicht viel.«

»Gut. Danke.«

»Merve sagt, dass man Backwaren und Süßigkeiten an Bord kaufen kann, aber kein richtiges Essen. Nur damit du das weißt.«

Er sah sich nach dem Kai Nummer drei um, bahnte sich seinen Weg und stolperte beinahe über einen Mann, der Fisch grillte. Jetzt konnte er sich nicht länger beherrschen, er kaufte einen frisch gebratenen Fisch in einem Stück Weißbrot und eine Cola. Er aß und trank, während er sich weiter durch die Menschenmassen vorarbeitete. Es schmeckte lecker.

Junge Männer versuchten, ihn zu Bootsausflügen zu überreden, an denen er nicht interessiert war. Er fragte sich durch, bis er zu einem Häuschen kam, in dem Fahrkarten verkauft wurden. Er hatte Glück: Die Fähre sollte in zehn Minuten ablegen.

Als er an Bord ging, las er den Namen der Fähre und glaubte, ihn wiederzuerkennen. Konnte er wirklich derartiges Glück haben?

Er aß den letzten Rest von seinem Fischbrot, oder wie man dieses Fastfood wohl bezeichnen mochte, zog sein Handy aus der Tasche und rief Özen an, um zu fragen, wie die Fähre hieß, auf der Olsson seine letzten irdischen Augenblicke so unglückselig verbracht hatte.

»Merve sagt, sie heißt Tirowor.«

»Danke!«

Treffer.

Claesson hatte beim Kauf seiner Fahrkarte eine Broschüre erhalten. Der englischen Übersetzung war zu entnehmen, dass die Fähre in der Hauptsaison dreimal täglich ablegte. Yeniköy lag am mittleren Bosporus. Die Fähre legte bis zum Schwarzen Meer insgesamt sechsmal an. Dann machte sie kehrt und fuhr dieselbe Strecke zurück. Yeniköy war der dritte Halt von Istanbul aus gerechnet und lag auf der europäischen Seite. Die Fähre verkehrte in der Meerenge zwischen den Ufern im Zickzack.

War Olsson mit der Fähre auch nach Yeniköy gefahren, oder hatte er sie nur für die Rückfahrt benutzt? War er vielleicht mit einer Fähre bis zur Endstation gefahren und hatte in Yeniköy die Fahrt nur unterbrochen? Eine Fahrtunterbrechung war erlaubt, wollte man mehrmals unterbrechen, musste man eine neue Fahrkarte lösen. Laut Karaoğlu war die Besatzung vernommen worden, auch die der anderen Fähren, aber darüber, wie Olsson nach Yeniköy gekommen war, hatten sie nichts in Erfahrung gebracht. Es gab nur das Foto vom Kai in Yeniköy und die Aussagen des Tee- sowie des Kioskverkäufers.

Die Fähre legte ab. Die Motoren dröhnten, der Bug schnitt schäumend durchs Wasser.

Es waren viele Passagiere an Bord, aber nur wenige von ihnen waren Touristen. Vor dem Kiosk stand eine Schlange. Claesson hatte den Mann hinter dem Tresen bereits wiedererkannt. Es war der Mann von dem Foto, das Karaoğlu und Merve an seinem ersten Abend in Istanbul auf die Leinwand projiziert hatten.

Er erinnerte sich nicht an seinen Namen. Irgendetwas mit E. Er griff jetzt nicht zu seinem Handy, um Özen anzurufen. Der Mann sah nett aus. Gutmütig, braungebrannt, glatzköpfig, Haare, die sich über den Ohren kräuselten.

Als er an der Reihe war, deutete er auf das Plakat mit den Eissorten. Der Mann lächelte, ihm fehlten ein paar Backenzähne. Seine Schneidezähne waren kräftig, die Eckzähne ebenfalls, die man im Übrigen ganz zuletzt verlor. Das hatte er von einem Gerichtsmediziner gelernt. Der Mann nickte zum Zeichen, dass er ihn verstanden hatte, öffnete die Tiefkühltruhe und nahm ein Eis in Silberpapier heraus.

Ergün.

Der Name fiel Claesson erst ein, als er dem Mann wieder den Rücken gekehrt hatte. Ergün und ein Nachname mit B. So war es! Aber er hatte für diesen Namen keine Verwendung. Er würde ihn nicht ansprechen. Er hatte weder das Bedürfnis noch die Befugnis. Er genoss es, einfach nur Betrachter zu sein.

Claesson flanierte an Deck, während er sein Eis verzehrte. Er betete ein stilles Gebet, dass sein Magen das Eis vertragen würde. Eier und Sahne, ein idealer Nährboden für Bakterien!

Dann stellte er sich an die Reling, betrachtete die Stadt und sah sie allmählich kleiner werden und verschwinden. Ein großartiger Anblick. Es gab einfache Holzbänke für die Leute, die die frische Luft vertrugen. Er betrachtete die lange Bank auf dem Heck der Fähre. Wo sie endete, waren die Rettungsinseln festgezurrt. Sie steckten in einer Plastikkapsel, an die man sich anlehnen konnte. Dort gab es freie Plätze. Genau dort, wo Olsson gesessen hatte.

Er drängte sich an ein paar Deutschen vorbei, die natürlich keine Ahnung davon hatten, dass sie sich an einem Tatort befanden. Aber Claesson stellte das auf eine fast feierliche Art fest. Im Laufe der Jahre hatte er einiges gesehen, aber vermutlich war diese Vorgehensweise zur Bewusstwerdung vonnöten, da er bislang nicht hier gewesen war. Er war nicht wie sonst einer der Ersten am Tatort gewesen, sondern hatte sich mit Fotos und seiner eigenen Vorstellungskraft, seiner Fantasie, begnügen müssen.

Ein schwacher Geruch von Tang und Diesel stieg ihm in die Nase, als er sich auf die Bank sinken ließ. Gischt spritzte ihm auf die Wange. Er wischte sie ab und lehnte sich an die Wand des Achtersalons. Ihm wurde klar, dass Olsson, als er an derselben Stelle gesessen hatte, auf das Marmarameer geblickt haben musste, da die Fähre Richtung Istanbul unterwegs gewesen war. Es war ein seltsames Gefühl, dass keiner der Passagiere ahnte, was sich vor weniger als einer Woche hier zugetragen hatte. Die Spuren waren weggewaschen worden. Die Menschen lachten und ließen sich den Wind durchs Haar wehen.

Die Fähre legte in Paşa an, auf der europäischen Seite. Die Bebauung setzte sich ununterbrochen fort und bildete unzählige Vororte. Dicht bei Paşa lag der Ortsteil Beşiktaş, wie Claesson seinem Stadtplan entnahm. Diesen Namen hatte er schon einmal gehört. Beşiktaş war eine der besseren Fußballmannschaften der Türkei. Sie spielten in schwarz-weiß gestreiftem Trikot.

Sie glitten unter der Bosporus-Brücke hindurch, die den europäischen Teil Istanbuls mit dem asiatischen verband. Ein Schuhputzer war an Bord gekommen und pries seine Dienste an, aber Claessons Turnschuhe eigneten sich weder für Cremes noch für Bürsten. Prächtige Gebäude waren auf beiden Seiten des Bosporus zu sehen: Paläste, Moscheen, Festungen, Türme. Er war vollauf damit beschäftigt, sich alles anzusehen.

Dann kam ein junger Mann mit einem runden Tablett auf ihn zu.

»Tea?«

Claesson sah ihn an und nickte, dann suchte er in seiner Hosentasche nach Lira. Der junge Mann war Anfang zwanzig. Schwarzes, ordentlich geschnittenes Haar, etwas traurige, braune Augen. Das Gesicht war bleich. Er scheint in letzter Zeit nicht viel an der Sonne gewesen zu sein, dachte Claesson. Vielleicht hat er auch schlecht geschlafen? Schlechtes Gewissen? Der junge Teeverkäufer heißt Ilyas Bank, ging es Claesson durch den Kopf. An diesen Namen erinnerte er sich.

Vor knapp einer Woche hat dieser Mann, der gerade einen Geldschein von mir in Empfang genommen und mir ein Glas Tee überreicht hat, die Überraschung seines Lebens erlebt. Hier an diesem Platz, dachte Claesson, hat er einen Toten gefunden oder einen Halbtoten, der noch warm war und dem das Blut noch aus dem Bauch rann.

Claesson sah Ilyas Bank hinterher, als dieser scheinbar vollkommen unberührt mit seinem Tablett in den Achtersalon zurückkehrte.

Während sie sich Yeniköy näherten, streifte Claesson der

Gedanke, dass Olsson vielleicht einfach nur deswegen die Fähre genommen haben könnte, weil er gerne Boot fuhr, so einfach war das. Es war nett und entspannend, die Stadt mit all ihren schönen Gebäuden vom Wasser aus zu sehen.

Diese vielen schönen Yalin, dachte er. »They are very, very beautiful«, hätte Merve Turpan gesagt.

Sie waren wirklich schön, diese verzierten, mehrstöckigen Holzvillen aus dem 19. Jahrhundert. Dicht gedrängt spiegelten sie sich mit ihren Veranden im Wasser des Bosporus.

Der Kai lag in der Sonne. Die Hitze schlug Claesson entgegen. Es nahm ihn jedoch keine schöne Türkin in Empfang, als er die Fähre verließ.

Um drei trafen sie sich wieder in der Dienststelle. Sie waren alle recht müde. Unerbittlich würden sie am nächsten Tag die Maschine nach Schweden nehmen. Die frühe. Claesson erinnerte Özen auf Schwedisch daran.

»Daran wird jetzt nichts mehr geändert«, sagte er.

Karaoğlu war nicht da, ließ aber durch Merve ausrichten, dass er alle abends gern in ein von ihm sehr geschätztes Restaurant einladen wolle, um ihnen die osmanische Küche näher zu bringen.

»Leider wird dort kein Alkohol serviert, nur damit ihr euch schon darauf einstellen könnt«, sagte Merve und erwartete, dass sie enttäuscht sein würden. »In osmanischer Zeit waren die meisten hier Moslems, und die Moslems trinken keinen Alkohol, jedenfalls nicht die gläubigen.«

»Das macht überhaupt nichts«, sagte Claesson und bat sie, Karaoğlu zu grüßen und ihm für die Einladung zu danken.

Mohammed wusste, was er tat. Will man ein großes Volk in

der Zucht und Vermahnung zum Herrn aufziehen, dann ist es unabdingbar, auf Alkohol zu verzichten.

Merve verabschiedete sich, und Özen und Claesson unterhielten sich wieder auf Schwedisch.

»Wir könnten mit dem Galata New Hotel anfangen, in dem Olsson bis zu seinem Tod wohnte«, schlug Özen vor. »Zur Tatzeit wohnten dort nicht weniger als zehn weitere Schweden, aber die haben vermutlich nichts mit der Sache zu tun.«

Er legte ein Papier mit den Namen aller schwedischen Gäste und ihren Heimatadressen vor Claesson auf den Tisch.

»Hast du die Angaben so schnell aus Schweden besorgt?«

»Yes!«, sagte Özen nicht ohne Stolz.

Claesson überflog die Liste. Alle waren zwischen 1937 und 1955 geboren.

»Sie blieben nur eine Nacht und gehörten zu einer Gruppe, die nach Usbekistan weiterreisen wollte, meinte die Hotelbesitzerin. Und das stimmt«, sagte Özen. »Ich habe mit dem Reiseveranstalter gesprochen. Die Hotelbesitzerin, das ist die ältere Frau, die wir getroffen haben, hat mir den Namen des Reisebüros gegeben.« Er blätterte und legte Claesson ein weiteres Blatt Papier vor. »Hier stehen Name und Adresse in Stockholm. Ich habe mir das natürlich im Internet angesehen. Reisen für kleinere Gruppen an besondere Orte auf der ganzen Welt. Man kriegt richtig Lust, da mal mitzufahren! Sie reisen die Seidenstraße von Istanbul nach Peking und werden einen Monat lang unterwegs sein, wie man mir aus Stockholm mitteilte. Eine lange Reise mit Zügen und Bussen, Flugzeug durch Zentralasien und ganz China. Sie sind von heute an gerechnet erst in drei Wochen wieder zu Hause.«

»Und du glaubst nicht, dass einer von ihnen unterwegs Gelegenheit hatte, einen Mord zu begehen?«, meinte Claesson.

Özen schüttelte den Kopf.

»Stockholm hat auf meine Bitte hin die schwedische Reiseführerin angerufen. Sie sind offenbar bereits irgendwo in China. Ich habe dann auch mit der Führerin gesprochen. Sie meinte, die Gruppe sei in Istanbul zwar nicht ständig gemeinsam unterwegs gewesen, da an solchen Reisen eingefleischte Individualisten teilnähmen, aber niemand hätte genug Zeit gehabt, eine Fähre durch den Bosporus zu nehmen.«

»Dann können wir diese Gruppe vorläufig ausklammern«, sagte Claesson. »Sie werden sich vermutlich den Rest der Reise über misstrauisch beäugen«, meinte er munter.

»In dem Hotel, das dem Galata New Hotel gegenüber liegt, wohnten zur Tatzeit zwei schwedische Gäste«, fuhr Özen fort und reichte Claesson weitere Aufzeichnungen.

»Karl Öberg und Bengt-Ove Nordin«, las Claesson laut. »Hast du die überprüft?«

»Nein, das erledige ich, wenn wir wieder zu Hause sind.«

Es war, als wäre ihnen plötzlich die Luft ausgegangen.

»Wir hören auf«, sagte Claesson. »Wir kommen nicht weiter. Wir bleiben weiterhin mit Istanbul im Gespräch ... darum kannst du dich dann kümmern«, sagte er und grinste Özen an, der auf die Tischplatte starrte.

Sie gingen ins Hotel, um sich einen Moment auszuruhen. Claesson war froh, dass er ein Jackett mitgenommen hatte. Er hatte es auf einen Bügel gehängt, und es war wieder einigermaßen glatt. Das würde er zum Abschiedsessen anziehen.

Eines ist sicher, dachte er, ehe er einschlief, hierher werde ich zurückkehren.

46

Es war fast vier Uhr an diesem Tag, der gar nicht vergehen wollte, und Martin Lerde saß in seiner Dienststelle in Oskarshamn. Vor ihm hatte ein Mann Platz genommen, der behauptete, seine Ehefrau sei verschwunden. Am liebsten wäre Martin nach Hause gefahren. Es war Freitag. Ein paar Bier und etwas Gutes zu essen in aller Einsamkeit, ein paar Filme und dann ausschlafen. Nicht schlecht! Es hätte aber auch besser sein können. Ein weicher Körper, den man beim Fernsehen auf der Couch im Arm halten könnte...

Martin hatte bereits zwei sogenannte Fantasten in der Leitung gehabt, Anrufer, die vollkommen haarsträubende Sachen erzählt hatten. Der eine hatte einen grünen, fluoreszierenden Mann gesehen, der sich anschließend in Luft aufgelöst hatte, ungefähr so wie Christus auf seiner Himmelfahrt. Als der Anrufer Lerdes Skepsis bemerkte, legte er noch mit Lichtstrahlen aus dem Weltraum nach, vor denen er alle Oskarshamner oder besser gleich alle Schweden warnen wollte.

Der andere Anrufer hatte von einem Nachbarn erzählt, der geruchloses Gas durch das Schlüsselloch strömen ließ. Vor einer Woche hatte einer angerufen, bei dem Schlangen aus der Toilette gekrochen waren. Solche Wahnvorstellungen müssen fürchterlich sein, dachte Lerde. Trotzdem hatte er genug für heute.

Und nun war also eine Gattin abhanden gekommen. Das war schon greifbarer. Damit konnte man leichter umgehen. Für verschwundene Personen gab es bestimmte Vorgaben.

Seine Frau habe sich bislang noch nie aus dem Staub gemacht, beteuerte der Mann.

Martin Lerde fiel es schwer sich zu konzentrieren. Er hatte zwar den Ehrgeiz, im Vergleich mit den anderen immer die Nase vorn zu haben, aber er hatte in letzter Zeit viel zu wenig geschlafen.

Er hatte einen Korb bekommen. Er meinte, die gefühlsmäßige Befindlichkeit seines Gegenübers zu verstehen, jedenfalls anfänglich. Manchmal ging eben alles den Bach runter, aber diese Deutung behielt er für sich. Er sah alle Indizien vor sich. Das fettige Haar, die hängenden Schultern. Da halfen auch die kräftigen Oberarmmuskeln nichts.

Etwas an dem Mann irritierte Martin Lerde. Seine Müdigkeit verstärkte seine Verärgerung noch. Der aggressive Ton und die aggressiven Gesten. Gleichzeitig verhielt sich der Typ so verdammt demütig, dass es fast schon gespielt wirkte. Der Kautabak unter der Oberlippe schien vor lauter Verzweiflung mit ihm verwachsen zu sein.

Nicht dass Martin sonderlich moralisch gewesen wäre, aber er fand, dass es sich nicht gehörte, sich eine Prise unter die Oberlippe zu schieben, wenn die Frau abgehauen war, die einem zwei Kinder geboren hatte. Jedenfalls nicht, wenn sie einem wirklich etwas bedeutete. Das hatte sie nicht verdient, fand er, und hörte nur mit halbem Ohr, wie der Mann morgens, also am Freitag, aufgewacht war, um genau zu sein, um 8.15 Uhr, und feststellte, dass seine Ehefrau nicht neben ihm lag. Er konnte sie nirgends finden. Er suchte im Garten und in der Garage und im Brennholzschuppen. Sie war in ganz Bråbo nicht auffindbar, behauptete er. Auch nicht in Kulltorp, Bjälebo oder Saxtorp. Oder in Applekulla, aber dort lagen ja nur wenige Höfe, dort war er nur rasch durchgefahren. Sogar in Krokshult hatte er gesucht.

»Ich habe heute nichts Vernünftiges tun können«, klagte er.

Nach einer verschwundenen Ehefrau zu suchen, war in den Augen seines Gegenüber offenbar keine vernünftige Tätigkeit, konstatierte Lerde kritisch.

»Haben Sie die Anwohner gefragt, oder wie sind Sie bei Ihrer Suche vorgegangen?«, wollte er wissen.

»Nein, ich bin die meiste Zeit mit dem Auto rumgefahren, um es einmal so auszudrücken. Hätte ich fragen sollen? Bei den Leuten anklopfen also? Ist das nicht die Aufgabe der Polizei?«

»Und Ihre Kinder?«

»Die sind bei meiner Mutter. Wir wollten uns einen gemütlichen Abend machen, meine Frau und ich. Deswegen sollten die Kinder auch bei meiner Mutter bleiben, deswegen konnte ich auch mit dem Auto rumfahren und suchen... Die Sache ist wirklich verdammt peinlich!«

»Und hatten Sie es... gemütlich?«

Der Blick des Mannes wurde eine halbe Sekunde lang vollkommen ausdruckslos. Lerde übersah das nicht und legte es in einem Fach seines gut sortierten Oberstübchens ab.

»Doch, natürlich. Aber das war gestern Abend. Und heute früh war sie unauffindbar.«

»Es gab keinen Streit?«

»Nein, warum hätten wir streiten sollen?«

Martin zuckte mit den Achseln.

»Das kommt schließlich vor. Und heute Morgen haben Sie entdeckt, dass sie weg war?«

»Ja.«

»Wann, sagten Sie noch gleich, ist Ihnen das aufgefallen?«

»Gegen neun, glaube ich.«

Eben hat er noch Viertel nach acht gesagt, dachte Lerde.

»Glauben Sie? Haben Sie nicht auf die Uhr geschaut?«

Der Mann verlor einen Moment lang den Faden.

»Ich wache immer recht früh auf. Gegen sechs. Ich fange ja immer schon so früh zu arbeiten an. Um sieben. Aber ich hatte den Kollegen mitgeteilt, dass ich später komme.«

»Sie hatten sich also einen halben Tag frei genommen?«

»Ja. Ich bin ja selbstständig tätig... wahnsinnig viel zu tun, Installateur, Sie wissen schon...«

»Sie sagten, Sie haben sich frei genommen. Was hatten Sie für Pläne?«

»Eigentlich wollten wir uns nur einen ruhigen Vormittag machen, meine Frau und ich.«

»An einem Freitagvormittag?«

»Und?«

»Am Donnerstag haben Sie also wie immer gearbeitet?«

»Ja... Nein, eigentlich nicht.«

»Nicht?«

»Ich habe meine Frau etwas früher abgeholt.«

»Wo arbeitet Ihre Frau?«

»In der Klinik.«

»Sie haben Sie also dort abgeholt?«

»Ja.«

»Haben Sie dort nachgefragt? Ob sie jemand gesehen hat?«

Der Mann, der gesagt hatte, er hieße Pär mit ä, verstummte plötzlich.

»Soll ich die Frage noch einmal wiederholen?«, fragte Martin Lerde.

Das stinkt zum Himmel, dachte Martin und wurde munter.

Er warf einen Blick auf den Namen der verschwundenen Ehefrau. Tina Rosenkvist. Ihm fiel irgendwie besonders auf, dass sie in Bråbo wohnte.

War da nicht etwas vorgefallen?

Ach du Scheiße!

47

Birgitta Olsson saß beim Bestattungsunternehmer, einem höflichen und sensiblen Mann, den sie flüchtig kannte. Eine seiner Töchter hatte mit Lotta zusammen die Grundschule besucht. Aber darüber sprachen sie jetzt nicht. Sie hatte ihn sofort angerufen, nachdem er geöffnet hatte. Doch, sie könne vorbeikommen, obwohl Samstag sei, kein Problem.

Johan begleitete sie. Bei Lotta war in Stockholm so viel Arbeit liegen geblieben, dass sie sich nicht die Zeit hatte nehmen können. Birgitta hatte es nicht übers Herz gebracht, ihr zu sagen, dass ihr das wirklich nichts ausmache. Sie hätte am liebsten allein beim Bestattungsunternehmer gesessen, alles selbst entschieden und auf die Wünsche ihrer Kinder keine Rücksicht genommen. Es war hauptsächlich Lotta, die Wünsche hatte.

Auf eine seltsame Weise kam sie Carl-Ivar näher, wenn sie nicht so viele Leute um sich herum hatte. Sie sehnte sich nach Ruhe und Einsamkeit.

Broschüren, in denen von den Dienstleistungen des Bestatters mit Vokabeln wie *Empathie* und *Würde* die Rede war, lagen am Tischende.

Sie fühlte sich seltsamerweise stark. Vielleicht war sie auch nur abgestumpft und wollte sich ihren Gefühlen nicht stellen. Sie hatte nicht das Gefühl, im Augenblick sonderlich viel Beistand zu benötigen.

Die Beerdigung wurde für den Freitag in zwei Wochen angesetzt, ein Zeitpunkt, den der Mann in dem dunkelgrauen Anzug angemessen fand. Drei Wochen also, nachdem Carl-Ivar tot in Istanbul aufgefunden worden war. Der Trauerakt sollte in der Waldkapelle auf dem Westlichen Friedhof stattfinden. Anschließend würde es Kaffee im Gemeindehaus am Alten Friedhof geben.

Johan sagte nicht viel, sondern brummte nur zustimmend. Als es aber um die Wahl des Sarges ging, räusperte er sich und deutete auf ein schlichtes, stilvolles Modell, das in dem Ordner abgebildet war. Eines der billigeren aus Hartfaserplatten und nicht aus Massivholz.

Meine Güte, dachte Birgitta, was sollen denn die Leute denken?

»Warum ausgerechnet der?«, fragte sie mit leiser Stimme, weil der Bestatter das nicht hören sollte.

»Ich gehe solange raus, dann können Sie sich alles in aller Ruhe ansehen«, sagte er rücksichtsvoll.

»Der wird doch verbrannt«, meinte Johan. »Papa hätte sicher gefunden, dass so einer übertrieben gewesen wäre«, sagte er und blätterte zu der Seite mit den Massivholzsärgen weiter.

Die jüngere Generation hat eine andere Sicht auf die Dinge, dachte sie. Das war vielleicht gut so. Sie ahnte, dass Johan kein schlechtes Gewissen seinem Vater gegenüber hatte. Er hatte keine gemischten Gefühle, nichts musste mit einer übertrieben teuren Beerdigung kompensiert werden. Johan hatte sich immer gut mit seinem Vater verstanden.

Dass der Leichnam kremiert werden sollte, stand fest. Das war einer der wenigen Wünsche, die Carl-Ivar selbst geäußert hatte. »Wenn ich sterbe, will ich verbrannt werden, nur damit ihr das wisst!« Sie hatten beide noch seine Worte im Ohr.

Dann kamen sie zur Traueranzeige. Sie hätten sie vielleicht schon früher aufgeben sollen, aber das hatte ihnen widerstrebt, außerdem war so vieles unklar.

Jemanden zu begraben, der erstochen worden war, war etwas anderes, als einem Ehegatten unter die Erde zu helfen, der an einer Krankheit oder an hohem Alter gestorben war.

Der Bestatter meinte, dass es für eine Anzeige durchaus nicht zu spät sei. Es komme recht oft vor, dass einige Zeit verstreiche. Darüber, woran sie alle drei dachten, verlor er kein Wort: dass mit oder ohne Todesanzeige ohnehin alle Bescheid wussten. Man musste nur die Zeitung aufschlagen. Täglich gab es etwas über den Mord zu lesen.

Birgitta hatte das Gefühl, dass die Anzeige gerade deswegen umso wichtiger war. Sie würde den Verlust von Carl-Ivar ernsthafter und greifbarer machen. Sie kam nach allen Spekulationen der Abendzeitungen einer Art Rehabilitierung gleich. Es ging nicht nur um einen plötzlichen, unerwarteten Todesfall, um Blut, funkelnde Messerklingen und mystische Umstände in einem fremden Land, um Dinge, die die Fantasie mehr anregten als die zuverlässige und somit nicht sonderlich spannende Person, die Carl-Ivar gewesen war. Er war wirklich ein Svensson, ein Durchschnittsschwede gewesen, obwohl er Olsson geheißen hatte, und damit war er zufrieden gewesen.

Sie stutzte bei diesen Überlegungen. Ein Unbehagen beschlich sie. Vielleicht stimmte das ja nicht so ganz, aber das brauchte niemand zu erfahren.

Sie begann, unkonzentriert in den Illustrationen zu blättern, die man für Todesanzeigen wählen konnte.

»Was meinst du?«, fragte sie Johan, aber er zuckte nur mit den Achseln.

»Einen Teppich vielleicht?«, meinte er schließlich, und sie war sich nicht sicher, ob er das ironisch meinte.

Der Bestatter nahm diese Bemerkung jedoch ernst. Er

hatte schon Schlimmeres erlebt. Er beugte sich über den Ordner und half suchen. Sie stellte sich einen Orientteppich mit Fransen vor, der durch die Luft zu schweben schien.

Sie schmunzelte. Damit kann Carl-Ivar fliegen, wohin er will, dachte sie. Vielleicht bis in den Himmel. Dort findet er endlich Frieden. Sie wusste mehr, als er geahnt hatte ...

Aber einen Teppich gab es nicht.

»Es tut mir furchtbar leid«, sagte der Bestatter. »Ich kann vielleicht die Zeitung bitten, eine Illustration zu besorgen.«

Das seien unnötig viele Umstände, fanden Johan und sie. Schließlich einigten sie sich auf ein schlichtes, schwarzes Kreuz.

»Das kennen schließlich alle«, meinte sie. »Prägnant und *würdevoll*.«

Auf der Rückfahrt im Auto, einen halben Mandelkranz in einer Tüte neben sich, überlegte sie, was sie mit dem Teppichgeschäft machen sollte. Und nicht weniger wichtig: was sie mit Annelie machen sollte. Birgitta mochte sie, und das Geschäft lief momentan ganz gut. Katastrophen lieferten gute Publicity.

Sie hatte seit ihrer Rückkehr aus Istanbul nicht mit Annelie gesprochen. Ein Beschluss konnte noch warten, zumindest, bis über das Erbe entschieden war. Die Kinder würden ebenfalls mitzureden haben. Sie fragte sich, was aus ihren Finanzen werden würde. Carl-Ivar hatte sich um die Geldsachen gekümmert. Eine Witwen- und Krankenschwesternrente reichten nicht weit. Aber jetzt hatte sie zumindest eine Reserve. Das war immerhin tröstlich. Sie dankte Gott für die schwarze Stofftasche ... Sie lächelte in sich hinein und fand, das sei eine angemessene Entschädigung für Carl-Ivars zahlreiche Ausflüge in die ferne Türkei.

Als sie auf ihrem Grundstück parkte, regnete es nicht mehr. Sie nahm die Tüte, warf die Autotür zu und ging ins Haus. Kaum hatte sie ihre dünne Sommerjacke aufgehängt, klopfte es. Es wurde nicht geklingelt. Sie wusste, wer das war, öffnete, und er stand tatsächlich vor ihr. Sven hatte nach Carl-Ivars Tod schon einmal in der vergangenen Woche vorbeigeschaut.

Jetzt hatte er natürlich nach ihr Ausschau gehalten.

Sie ließ ihn ins Haus und fragte nicht nach Agneta oder Nettan, wie er seine Frau nannte. Sie war vermutlich bei der Arbeit, Birgitta ging zumindest davon aus, aber sie wollte die Nachbarin nicht einmal durch die Erwähnung ihres Namens im Haus haben. Nicht, wenn es nicht nötig war. Sven trug selbst die Verantwortung dafür, wie er sich seine Tage als Pensionär vertrieb.

»Willst du einen Kaffee?«

Doch, das wollte er. Sie ging in die Küche und füllte den Kaffeefilter. Er stützte sich mit den Händen auf dem Küchentisch ab, beugte sich vor und schaute aus dem Fenster. Ein großer Volvo-Kombi fahre vorbei, teilte er mit.

»Ein Cross Country, die kosten ein Vermögen«, sagte er.

Sie hörte nicht zu und schnitt den Mandelkranz auf.

»Weißt du, was denen passiert ist?«, fragte er dann.

»Wem?«

»Den Nachbarn mit der Rundumrenovierung weiter unten zum Wasser hin. Er starb, als du in Istanbul warst. Er auch.«

Sie hielt inne und drehte sich um. Dass es keine schöne Geschichte war, ahnte sie sofort.

»Haarsträubend. Er hatte auf seinem Rasentraktor einen Herzinfarkt. Er hatte nicht mehr die Kraft abzusteigen, und seine Frau hörte sein Rufen nicht«, fuhr Sven fort.

Birgitta starrte ihn an.

»Er war noch gar nicht alt, erst Anfang vierzig. Aber er hat vermutlich ungesund gelebt. Zu viel Stress... Man muss im Leben Entscheidungen treffen.«

Er sah sie an.

»Was ist mit dir los? Habe ich etwas Unpassendes gesagt?«

Sie öffnete den Mund, aber schloss ihn dann wieder. Konnte sie zu allem Überfluss auch noch hellsehen? Sie schluckte.

»Bedauerlich«, erwiderte sie stattdessen lahm, enthielt sich aber der Frage, ob er etwa in den Pool seines Nachbarn gefahren sei. Sven würde sie für verrückt halten. Wäre es wirklich so gewesen, hätte er es bestimmt gesagt. So etwas sprach sich schnell herum.

Sie deckte den Kaffeetisch im Wohnzimmer, das zum Garten hinaus lag und kaum einzusehen war.

Das Telefon klingelte. Eine Männerstimme. Sie habe einen Teppich gewonnen. Sie spitzte die Ohren. Klang der Anrufer nicht ziemlich konfus?

»Gewonnen? Wie das?« Sie hatte keine Lose gekauft, aber die letzten Tage waren so chaotisch gewesen, dass sie kaum noch wusste, was sie getan oder nicht getan hatte. Noch dazu einen Teppich! »Ich habe schon genug Teppiche«, antwortete sie.

Aber der Mann blieb beharrlich. Er wolle vorbeikommen und ihr die Teppiche zeigen, damit sie sich einen aussuchen könne.

Gute Güte, dachte sie. »Dann tun Sie das halt«, sagte sie schließlich, um ihn loszuwerden, und legte auf.

»Wer war das?«, fragte Sven.

»Ach, nichts Besonderes.« Sie hatte keine Lust, von dem Anruf zu erzählen. Sie wollte sich auch nicht zu ihrer Ohnmacht bekennen, dazu, dass sie im Moment zu allem Ja und Amen sagte. Sowohl zu männlichen Nachbarn als auch zu Vertretern.

Der halbe Mandelkranz lag in dünne Scheiben aufgeschnitten verführerisch im Brotkorb. Derart ungesunde Sachen aß sie für gewöhnlich nicht, aber jetzt schien ohnehin alles aus den Fugen geraten zu sein, die Kontrolle über die Versuchungen und über ihren Körper verschaffte ihr im Augenblick nicht mehr dieselbe Befriedigung. Verglichen mit Carl-Ivar war sie immer die gesunde und fitte gewesen. Vielleicht hatten sie mehr miteinander konkurriert, als sie hatte einsehen wollen. Er, der Besondere mit den fundierten Kenntnissen und dem Gefühl für Qualität und Stil. Sie, die Praktische und Gesunde.

Das spielte jetzt alles keine Rolle mehr. Sie labte sich an Svens Gelassenheit. Seine Wärme war spürbar, ohne dass sie ihn berührte.

Als er sich ein Stück von dem Mandelkranz nehmen wollte, klingelte es. Sie entschuldigte sich und ging öffnen. Vor der Tür stand ein Mann mit einem aufgerollten Teppich unter dem Arm, der ungeniert eintrat. Er war in Begleitung einer Frau. Zerzauste Haare, ahnte Birgitta, konnte die Person aber kaum sehen.

Dann ging alles ganz schnell. Der Mann, der ziemlich ungepflegt aussah, rollte den Teppich aus und hielt ihn hoch.

Ein mottenzerfressener, alter Gebetsteppich! Was sollte das?

Die Frau, von der sie nur einen Schatten gesehen hatte, war im Haus verschwunden.

»Sven!«, rief sie. »Geh ins Schlafzimmer!«

Der Mann mit dem Teppich zögerte, senkte die Arme, hielt die Teppichkante aber immer noch in den Händen. Da sah sie, dass ihm an der rechten Hand ein Finger fehlte. Das lenkte sie ab.

Plötzlich tauchte die Frau wieder in der Diele auf, blieb wie angewurzelt stehen und starrte Birgitta Olsson an.

»Nilla?«, rief Birgitta und war selbst erstaunt, dass sie sich noch an den Namen der Patientin erinnerte, die sie vor ein paar Tagen behandelt hatte.

Schnell wie der Blitz hatten sie das Haus wieder verlassen, der Mann, dem ein Finger fehlte, und ihre Patientin Nilla.

Birgitta rannte ihnen nach, aber Sven, der Feigling, zeigte sich nicht. Durchtrainiert und leichtfüßig wie ein Reh lief sie die Straße hinunter, aber die Trickdiebe waren schneller. Birgitta sah den aufgerollten Teppich um die Ecke zum Strandvägen verschwinden und gab auf.

Sie ging langsam zurück, um wieder zu Atem zu kommen. Und um ihren Zorn verrauchen zu lassen.

Sven stand in der Diele.

»Du musst bei der Polizei anrufen«, sagte er.

»Und was soll ich denen sagen? Die glauben mir ja doch nicht.«

»Ach was.«

Aber der Anruf war bei der Polizei bereits registriert worden. Sie überwachten alle Telefongespräche, um so vielleicht Carl-Ivars Mörder auf die Schliche zu kommen.

Nachdem Sven etwa eine Stunde später wieder rübergegangen war, überlegte Birgitta, ob er Agneta erzählen würde, was passiert war.

Wahrscheinlich nicht, denn dann musste er ihr sagen, dass er sie manchmal besuchte. Aber der Vorfall war schon ziemlich unglaublich!

Nillas verhärmtes Gesicht fiel ihr wieder ein, als sie später vor dem Fernseher in Johans altem Zimmer saß und die frühen Nachrichten, gefolgt von den Lokalnachrichten, anschaute. Sie wollte sehen, ob noch andere mit dem Teppichtrick belästigt worden waren.

Der große Fernseher im Wohnzimmer wirkte wie ein blank polierter Altar. Nur Carl-Ivar konnte das Ungetüm in Gang setzen. Teuer, mit Aufnahmefunktion und mit drei Fernbedienungen, die in einer bestimmten Reihenfolge benutzt werden mussten, weil sonst überhaupt nichts funktionierte. Diese Reihenfolge hatte Carl-Ivar nirgendwo aufgeschrieben. Sie musste vermutlich jemand kommen lassen, vielleicht würde sich Johan ja auch opfern, aber eigentlich funktionierte der alte genauso gut. Ihr genügte er jedenfalls.

Sie wickelte die Angoradecke fester um sich. Von Betrügern mit einem Teppich war nicht die Rede. Diese verdammten Drogen, dachte sie. Die bringen die Leute um ihren Sinn und Verstand und richten sie körperlich zugrunde.

Wer war dieser Mann? Sie dachte nach. Wieder sah sie den Jungen vor sich, den sie einmal gepflegt hatte. Das war lange her. Blau geschlagen und mit gehetztem Blick versuchte er, sich in dem viel zu großen Krankenhausbett zurechtzufinden. Bewegte Arme und Beine. Versuchte eine Stellung zu finden, in der seine Blutergüsse am wenigsten schmerzten. War er damals vier oder fünf gewesen?

Sie erinnerte sich, dass sie die Pflegehelferin ablöste, die am Bett saß. Das Licht der Nachttischlampe war gedämpft, die Dämmerung grau. Der Junge zuckte ab und zu und warf seinen Kopf auf dem Kissen hin und her. Vielleicht hatte er Alpträume. Sie hatten ihm ein Schmerzmittel gegeben. Vermutlich Albyl für Kinder, das hatte man damals hauptsächlich verwendet. Recht wirkungslos, aber man hatte eine im Grunde unberechtigte Angst vor zu starken Schmerzmitteln. Die Kleinen hatten sich stattdessen quälen müssen.

Schließlich kam er zur Ruhe. Die verbundene Hand lag weiß wie Schnee auf dem Kissen neben dem Kopf. Ihm fehlte ein Finger. Die Kneifzange hatte ganze Arbeit geleistet. Wie hatte er das nur tun können? Noch dazu der Vater!

Sie strich ihm über die Stirn, beugte sich vor und gab ihm einen Kuss auf die Wange. Sie musste das einfach tun.

Niemand sah, was sie tat, dass sie ein schlafendes Kind küsste, das nicht ihr eigenes war. Das hätte man unpassend gefunden. Aber bereits damals ahnte sie, dass sie diesen kleinen Patienten so bald nicht vergessen würde. Vielleicht würde sie sich immer an ihn erinnern.

Jetzt war er groß. Der Kuss, den sie ihm gegeben hatte, war natürlich nutzlos gewesen. Das Leben war nicht nett zu ihm gewesen.

Sie holte tief Luft. Wie ungerecht!

Aber wer sagte schon, dass es Gerechtigkeit gab?

48

Cecilia wirkte ungewöhnlich energisch. In ihrer Stimme lag Elan.

Klang ihre Tochter nicht fast so wie früher? Dieses muntere Geplauder, das sie schon fast vergessen hatte? Sie erkannte erst jetzt, wie sehr es ihr gefehlt hatte. Veronika spürte, wie sich ihre Mundwinkel verzogen, wie eine Welle der Freude über sie hinwegspülte.

Ähnliches hatte sie bei ihrer Arbeit im Krankenhaus unzählige Male erlebt. Dass Krankheiten und Qualen Menschen nicht nur zu Opfern machten, sondern Kampfgeist oder Dankbarkeit über das, was ihnen geblieben war, wach riefen. Einen neuen Lebensfunken. Allen Widrigkeiten zum Trotz. Nicht selten galt das für die Menschen, bei denen man es am allerwenigsten vermutete.

Sie trug ihr Bluetooth-Headset im Ohr, das Telefon steckte in der Tasche, und sie hängte im Keller Wäsche auf. Nora schlief im Kinderwageneinsatz im Obergeschoss, und Klara saß auf einem alten, ausgewaschenen Flickenteppich auf dem Zementboden der Waschküche und sortierte Wäscheklammern.

Cecilia hatte einige Male in der Gerda-Halle trainiert. Das habe ihr Leben verändert, erzählte sie. Ein netter Krankengymnast half ihr dabei, und jetzt hatte sie mit Krafttraining begonnen.

»Weißt du noch, Mama, der Krankengymnast hat gedacht, dass ich nur das normale Training schaffe, aber nicht das ganz schnelle... mit den vielen Sprüngen und Wechseln und so. Ich sollte lieber noch etwas warten, fand er. Damit ich nicht die Lust verliere, weil ich nicht mitkomme. Außerdem bin ich ja ziemlich untrainiert. Ich meine, ich habe keine Kondition. Jetzt gehe ich solange in den Kraftraum, da gibt es viel zu sehen!«

Cecilia kicherte. Vielleicht eine Idee zu laut, fand Veronika, aber verdrängte diesen Gedanken sofort. Ihrer Tochter fehlte manchmal die Fähigkeit, den richtigen Ton zu treffen, und ihre Satzmelodie war ein wenig zu starr. Aber nur geringfügig, verglichen mit vorher. Veronika war sich nicht einmal sicher, ob es überhaupt jemand merkte.

Heute war es wie durch ein Wunder viel besser. Keine schrittweise Veränderung, sondern ein Sprung.

»Ach wirklich«, sagte sie zärtlich.

Ihre Tochter sprach vermutlich von Männern. Sie musste sich beherrschen, nicht zu viel zu fragen. Es würde sie wirklich freuen, wenn Cecilia wieder so viel Selbstvertrauen aufbrachte, sich auf einen Freund einzulassen.

Diese Angst, dass die Kinder allein bleiben und niemanden finden, mit dem sie zusammenleben konnten... Vor dem Unglück hatte sie nie derartige Gedanken. Cecilia hat immer viele gute Freunde besessen. Aber dann. Die Fäden zur Umwelt waren nach ihrer Kopfverletzung dünn geworden. Vielleicht würde sich das jetzt wieder ändern.

Sie beendeten das Telefonat. Veronika und Klara verließen den Keller. Ihre Tochter verschwand ins Wohnzimmer in die Höhle, die sie sich dort mit Veronikas Hilfe aus Sofakissen und einer alten Decke gebaut hatte. Veronika ging in die Küche und stellte sich ans Fenster.

Es war Spätnachmittag, und Trägheit ergriff sachte von ihrem Körper Besitz. Sie wagte nicht sich hinzusetzen, weil sie Angst hatte einzuschlafen. Ihre Augen brannten, Arme und Beine waren schwer.

Einige Stunden musste sie sich noch auf den Beinen halten. Dann konnte sie versuchen, Klara zu Bett zu bringen.

Claes hatte angerufen, er war auf dem Heimweg. Sie spürte bereits, wie erleichternd es sein würde, die Kinder bei ihm abladen zu können. Er hatte Abenteuer in einem fremden und aufregenden Land erlebt, während sie hier herumgewankt war, Tag und Nacht ans Haus gefesselt, jawohl!

Vor Bitterkeit und Neid presste sie die Lippen aufeinander. Gab sich den Gefühlen hin.

Sie war wirklich sehr, sehr zu bemitleiden.

Dann fiel ihr auf, dass sie hätte einkaufen sollen. Wie eine gute und fürsorgliche Ehefrau. Ein paar Koteletts, gelagerten Käse und neue Kartoffeln für ein Willkommensmahl, aber sie hatte mit den Kindern so viel zu tun, dass ihr allein schon der Gedanke an einen Supermarktbesuch zu viel war.

Aber an diesem Abend würden sie nicht verhungern. Sie brauchten auch nicht nur Butterbrote essen. Sie hatte in den Kühlschrank geschaut und gesehen, dass es noch ein Paket Bacon gab. Außerdem gab es Bandnudeln und ein Stück guten Parmesan. Das würde also kein Problem sein.

Da sah sie ein Taxi vor der Gartenpforte halten. Claes stieg aus. Die rosa Pfingstrosenknospen in den Beeten glichen schweren Bällen, einige waren bereits aufgeblüht, aber das bemerkte er vermutlich nicht.

Da geht mein Mann, dachte sie, und ein Feuer brannte in ihrer Brust. Mein Mann, der mich stark und glücklich macht.

Sie ging ihm in die Diele entgegen. Er trat ein. Sie vergrub ihren Kopf an seiner Brust, und er umarmte sie.

»Wie schön, wieder zu Hause zu sein.«

Klara hüpfte auf einem Bein um sie herum.

Sie waren mit dem Essen fertig. Pasta mit Bacon und Parmesan. Claes hatte mit eifriger Unterstützung von Klara das Essen zubereitet.

Veronika stillte Nora. Draußen war es immer noch sehr hell, wie es nur zu dieser Jahreszeit der Fall war.

Claes stand auf, um abzudecken.

»Ich mache das später. Geh mit Klara hoch und lies ihr vor«, sagte Veronika.

Die beiden verschwanden ins Obergeschoss. Klara tanzte

neben ihrem Papa her. Veronika hörte sie ins Badezimmer gehen, um Zähne zu putzen. Claes beantwortete Klaras Fragen, scherzte mit ihr.

Sie hatte Nora in den Wagen gelegt und die Teller in die Spülmaschine gestellt, als es an der Haustür klopfte. Sie öffnete. Ein Mann stand vor ihr. Er wirkte desorientiert und ungepflegt.

»Ich komme wegen diesem Teppich, den Sie aussuchen sollten, gnädige Frau.«

Vollkommen absurd. Niemand sagte heutzutage noch gnädige Frau. Diese Zeiten waren doch wohl vorbei.

Jetzt erinnerte sie sich, dass irgendein Irrer am Nachmittag angerufen und erzählt hatte, sie hätte einen Teppich gewonnen und er würde vorbeikommen. Sie hatte mit Nachdruck gesagt, dass sie dann nicht zu Hause war, und geglaubt, dass das Missverständnis damit geklärt sei.

Jetzt stand dieser Irre also mit einem kleineren, aufgerollten Teppich vor ihr, der ihr irgendwie bekannt vorkam. Ihr klinischer Blick verriet ihr außerdem, dass der Mann nicht zu dem Teil der Bevölkerung gehörte, der ein geregeltes und gesundes Leben führte. Offenbar ein Junkie.

»Wollen Sie mich nicht eintreten lassen, damit ich Ihnen die Kostbarkeit zeigen kann?«

Veronika hielt die Türklinke ganz fest. Diesen Mann würde sie wirklich nicht reinlassen. Aber sie wollte sich den Teppich gern ansehen.

»Können Sie mir den Teppich nicht hier draußen zeigen?«

Eine Frau zwischen zwanzig und dreißig, die ziemlich mitgenommen aussah, sodass sich ihr Alter schlecht schätzen ließ, tauchte plötzlich aus dem Nichts auf. Sie hatte vermutlich hinter der Hausecke gelauert. Sie hatte streichholzdünne

Beine in schwarzer Jeans und trug einen viel zu weiten Parka. Ihr Haar fiel ihr strähnig auf die Schultern.

»Es ist vermutlich das Beste, wenn wir ins Haus gehen, verstehen Sie, gnädige Frau. Das hier ist meine Assistentin«, beharrte er, begann aber gleichzeitig unruhig zu werden. Er schaute sich nach allen Seiten um und machte nervöse Bewegungen, als hätte er Angst, entdeckt zu werden.

Veronika hörte, dass die Treppe hinter ihr knarrte.

Dann stand Claes in der Tür.

»Was ist hier los?«

Seine Stimme klang barsch. Ehe sich der Mann umdrehen konnte, hatte ihn Claes am Oberarm gepackt. Die Frau rannte so schnell den Gartenweg entlang, dass der Kies aufspritzte.

Claes zog den Mann unsanft in die Diele. Klara war die Treppe heruntergekommen und hielt das Geländer so fest umklammert, dass die Knöchel weiß hervortraten.

»Mach die Tür zu und schließ ab«, befahl er Veronika, während er versuchte, den Mann zu Boden zu ringen.

»Mama«, jammerte Klara.

Veronika nahm sie auf den Arm, holte Nora, die immer noch in der Küche schlief, und ging mit beiden Kindern ins Wohnzimmer.

Sie hörte Claes mit einer Stimme sprechen, die sie noch nie von ihm gehört hatte. Nicht laut, nur kurz angebunden und mit Nachdruck.

»Ruf die Polizei«, rief er aus der Diele, und Veronika nahm das Telefon vom Couchtisch.

»Welche Nummer?«, fragte sie zurück.

»112«, schrie er, und sie biss sich auf die Unterlippe. Wie dumm durfte man eigentlich sein?

Die Frau in der Notrufzentrale sprach gelassen und deutlich.

Plötzlich überkam sie ebenfalls eine große Ruhe. Kurz und bündig erzählte sie, was geschehen war, dass sich der Eindringling in ihrem Haus befand, Adresse, Stadt, eilig.

Man würde einen Wagen schicken.

Als sie auflegte, hörte sie, wie es in der Diele krachte. Sie nahm ihre ängstliche Tochter auf den Schoß und fragte sich, was wohl dort draußen geschehen war.

»Und wo haben Sie den Teppich her?«, hörte sie Claes fragen.

»Was? Der? Der stammt von meiner Mutter.«

»Unsinn. Ich weiß, dass Sie lügen.«

Veronika nahm einen Bamse-Comic vom Couchtisch und begann vorzulesen. Aber das hatte keinen Sinn, denn ihre verängstigte Tochter konzentrierte sich vollkommen auf die Geschehnisse in der Diele und Küche.

»Ist Papa wütend?«, fragte Klara mit kindlich erkämpfter Gelassenheit.

Das konnte man wirklich sagen. Veronika strich Klara beruhigend übers Haar, hielt sie in den Armen. »Das ist nicht gefährlich. Papa wartet nur darauf, dass jemand kommt und diesen Mann abholt, der plötzlich aufgetaucht ist.«

»Warum das? Ist er gemein?«

»Ja, ein bisschen.«

»Aber nicht gefährlich«, sagte Klara mit Nachdruck.

»Nein, nicht gefährlich. Alles wird gut, glaub mir.«

Der Streifenwagen kam, und zwei Beamte in Uniform traten in die Diele. Sie kannten den Gauner natürlich. Er hieß Andreas Gustavsson.

»Jetzt bist du wirklich an die falsche Adresse geraten«,

scherzte Lennie Ludvigsson, ein korpulenter, rothaariger Typ, dessen größtes Interesse, wie Veronika wusste, das Kochen war. Das war seiner Körperfülle anzusehen.

»Komm schon, Andreas«, meinte sein Kollege. Er hieß Conny Larsson und stammte aus Värmland. Neben ihm hatte Veronika einmal auf einem Fest gesessen. Er klang väterlich und nahm den Spitzbuben am Arm. »Es hat keinen Sinn, Ärger zu machen, das weißt du ... vermutlich ist es genauso gut, wenn wir den Lumpen mitnehmen«, hörte Veronika ihn sagen. »Hör mal, Andreas, hättest du nicht einen hübscheren finden können?«, scherzte er.

»Der Teppich kommt dann zu mir zurück«, sagte Claes. »Er gehört uns.«

Ein fast lautloser Pfiff war zu hören.

»Hast du jetzt auch noch angefangen, alte Teppiche zu sammeln?«, scherzte Conny Larsson unbeeindruckt.

Dann gingen sie.

49

Claes stieg aus seinem warmen Bett. Die Luft war stickig, obwohl das Fenster die ganze Nacht weit aufgestanden hatte. Er musste auf die Toilette. Es war kurz vor sieben.

Mustafa Özen und er hatten beschlossen, sich am Wochenende zu erholen. Nach der schönen, aber anstrengenden Reise mussten sie viele Eindrücke verarbeiten. Am Montag würden sie bei der Morgenbesprechung referieren, was sie in Istanbul erlebt hatten. Dann würden sie überlegen, welche Fäden sie ziehen wollten.

Er kam ins Schlafzimmer zurück und betrachtete die Schlafenden in dem breiten Doppelbett. Veronika hatte den Rücken der Bettmitte zugekehrt, als bitte sie darum, zumindest noch eine Weile in Ruhe gelassen zu werden. Klara trug das Nachthemd mit den rosa Herzen, ihre Stirn war verschwitzt, und sie hatte die Beine in seine Hälfte des Bettes gestreckt. Sie hatte ihn im Laufe der Nacht getreten. Ihr Kopf ruhte an Veronikas Kreuz. Die kleine Nora hatte sich ebenfalls einen Platz im Kreis der Familie erobert und schlummerte ein Stück über ihrer Schwester hinter ihrer Mutter, die Decke hatte sie abgestrampelt. Claes fasste an ihre Beine, sie waren warm.

Er ging nach unten und kochte Kaffee. Die Apfelbäume verloren ihre Blüten, die auf die Erde rieselten. Schöner kann die Welt nicht werden, dachte er und stellte Butter, Käse und Brot auf den Küchentisch. Dann stellte er eine Tasse aus dünnem Porzellan mit Rosenmuster auf den Tisch, die er mit in die Ehe gebracht hatte und aus der der Kaffee, wie er fand, am allerbesten schmeckte. Veronika bekam eine schwerere Tasse aus Höganäs-Keramik. Er wollte den ganzen Tag Elternurlaub nehmen. Die Anzahl der Tage, die ihm noch zustanden, war geschrumpft.

Er machte sich zwei Butterbrote, setzte sich, goss sich den starken Kaffee ein und griff nach dem Stapel mit den Zeitungen der vergangenen Woche. Er fing mit der neuesten an, sie war vom Vortag. Eine Frau aus der Gegend um Bråbo war verschwunden, las er. Darüber würde er morgen vermutlich mehr erfahren. Veronika hatte anlässlich einer Körperverletzung in derselben Gegend als Zeugin ausgesagt, das hatte sie ihm am Vorabend erzählt. Sie hatte das Opfer, das sie im Übrigen kannte, es war eine Krankenschwester aus der Klinik, allerdings nicht gesehen, aber eventuell Verdächtige. Wozu auch immer das führen sollte.

Er blätterte weiter. Nach einer Weile kam Veronika nach unten.

»Schläft Klara noch?«, fragte er.

Sie nickte und gähnte ausgiebig.

»Nora auch. Ich habe sie in die Babytragetasche gelegt, damit Klara sie nicht versehentlich aus dem Bett schubst.«

Nora hatte sich verändert. Claes hatte das sofort gesehen. Die Konturen waren deutlicher, klarer definiert. Bei einem Säugling war eine Woche eine lange Zeit. Sie sträubte sich, wenn er sie auf den Arm nahm. Sie hatte sich völlig an den Geruch ihrer Mutter gewöhnt, aber er würde seinen Platz zurückerobern. Würde dafür sorgen, dass sich die Kleine wieder an ihn erinnerte.

Veronika holte tief Luft und starrte noch etwas schlaftrunken auf den Tisch.

»Wirklich schön, dass du wieder zu Hause bist!«, sagte sie dann und schaute zu ihm auf.

Er lächelte. Er fühlte sich wohl.

»Kaffee?«

Sie nickte. Sie trug ein weites T-Shirt mit dem Aufdruck Better Bodies. Er füllte ihre Tasse und goss sich ebenfalls noch eine halbe Tasse ein.

Er betrachtete seine Kaffeetasse, die er immer mit der Hand spülte. Sie stammte von seiner Großmutter aus einem bürgerlichen Heim mit Silberbesteck und handbemaltem Porzellan. Er hatte es fast lächerlich gefunden, dass seine Mutter, als sie noch klar im Kopf gewesen war, ausgerechnet ihm das Kaffeeservice aufgedrängt hatte. Das passt zu einem Kriminalkommissar, hatte sie gesagt. Er wusste immer noch nicht, ob sie das damals ironisch gemeint hatte oder nicht. Seine Geschwister waren damals nicht interessiert gewesen, er hatte den Karton also mitgenommen und die dünnen Tassen und Untertassen in seine Junggesellenwohnung gestellt. Das Service war von einer renommierten schwedischen Porzellanfabrik hergestellt worden und repräsentierte eine ganze Epoche. Zu diesem Service gehörten eigentlich eine Tischdecke mit Spitze, sieben verschiedene Plätzchensorten und eine Sahnetorte auf einer Tortenplatte aus Pressglas mit Fuß.

Es war kurz vor elf, das heißt es war an der Zeit.

Claesson verabscheute die Besuche bei seiner Mutter eigentlich. Abscheu war ein so starkes und auch unpassendes Wort, dass es ihm nie über die Lippen gekommen wäre. Selbst es zu denken widerstrebte ihm.

Nicht einmal Veronika hatte er seine weniger respektablen Gefühle anvertraut, aber vermutete, dass sie ohnehin wusste, wie es sich verhielt.

Seine Mutter war eine dünne Frau, die immer sehr viel Wert auf ihr Äußeres gelegt hatte, angefangen bei der Frisur über die Kleidung bis hin zum Schmuck. Er konnte sich nicht entsinnen, dass sie je leuchtendere Farben als Taubenblau und Altrosa getragen hatte. Meist Grau, Weiß oder Naturfarben, immer diskret und unauffällig, aber von ausgezeichneter Qualität. Während seiner gesamten Kindheit und Jugend hatte sie immer eine Kette mit rosa schimmernden Perlen getragen, sowohl zu Pullovern als auch zu Blusen.

Klara wollte mitkommen. Er setzte die beiden Kinder ins Auto, schnallte sie an und fuhr zum Gullregnets Demensboende, parkte, half Klara beim Aussteigen und hob die schlafende Nora samt Autositzschale vom Beifahrersitz.

Er trat ein, und eine der Angestellten kam ihm entgegen, in gestreifter Schürze mit Rüschen, wie Carl Larsson sie auf seinen Aquarellen gemalt hatte. Sie war schon älter, beugte sich über den Sitz und sagte etwas in Kleinkindsprache, während Klara finster zu ihr hochschaute.

»Ester hatte einen ruhigen und angenehmen Tag«, teilte sie mit.

Er nickte und ging mit den Kindern ins Zimmer seiner Mutter. Wie immer beschlich ihn eine leichte Depression.

Sie saß im Ohrensessel und schlief. Klara starrte ihre Großmutter mit trotziger Miene an. Claes zog einen Stuhl heran und setzte sich neben seine schlafende Mutter. Der Kopf mit dem grauen gekräuselten Haar war auf ihre Brust gesackt. Er legte ihr eine Hand auf den mageren Unterarm, sie zuckte zusammen, nickte dann aber wieder ein.

»Mama«, sagte er recht laut.

Sie hob den Kopf und starrte ihn schlaftrunken an.

»Wie du mich erschreckt hast!«, sagte sie. »Bist du das, Ulf?«

Fast richtig, dachte Claes. Sein jüngerer Bruder. Nicht schlecht!

»Nein, ich bin's, Claes.«

»Gute Güte, was machst du hier?«

»Mama, schau mal, ich habe Klara mitgebracht«, sagte er und legte seiner Tochter einen Arm um die Schultern. »Deine Enkelin.«

»Ach? Wo hast du die auf einmal her?«

»Ich bin nicht das erste Mal mit Klara hier. Erinnerst du dich nicht?«

Seine Mutter starrte ins Leere.

»Nein, ich glaube nicht.«

»Und dieses kleine Mädchen heißt Nora. Sie ist eben erst zur Welt gekommen und auch deine Enkelin.«

Er hätte ihr fast erzählt, dass das Mädchen auch Kanonenkugel genannt wurde, aber das hätte vermutlich nirgendwo hingeführt.

Seine Mutter beugte sich zu dem Mädchen hinunter, Nora bewegte sich, öffnete vorsichtig die Augen und schaute ernst in die Runde.

Ihre Großmutter sah sie an.

»Von wem ist das Kind?«, fragte sie erstaunt.

»Sie ist auch von mir«, sagte er und fühlte sich wahnsinnig stolz, obwohl seine Mutter nicht mehr in der Lage war, diese Freude mit ihm zu teilen.

»Was sagst du da?«, fragte sie müde und ließ sich auf die hohe, gepolsterte Rückenlehne zurücksinken.

Claes fuhr mit seinen beiden Töchtern wieder nach Hause. Die Kanonenkugel schrie unablässig. Sie hatte Hunger.

»Kommst du anschließend mit einkaufen?«, fragte er Klara.

»Jaaa!«, jubelte sie.

Sie liebte diese Großeinkäufe. Schwer nachvollziehbar, aber so war es.

Er fuhr nach Hause, lud seine untröstliche Tochter ab und fuhr dann mit seiner anderen Tochter zum Supermarkt, um für die nächste Woche einzukaufen.

Als er ein paar Stunden später das Auto auslud, die schlafende Klara ins Haus trug und anschließend die großen Papiertüten neben die Spüle stellte, bemerkte er erst, was auf den Tüten stand: rote Buchstaben auf weißem Grund: »ICA«.

Konnte es wirklich so einfach sein?, überlegte er, während

er die Waren in Kühlschrank und Gefrierschrank verstaute. Es war jedenfalls einen Versuch wert.

Es war halb vier, als er endlich Gelegenheit hatte, Mustafa Özen anzurufen. Der war sofort am Apparat. Claesson entschuldigte sich kurz dafür, dass er ihn am Wochenende störte.

»Weißt du, ob ICA weiße Basecaps mit rotem Schriftzug verteilt hat?«

Özen schwieg einen Augenblick.

»Ich weiß nicht ... aber das lässt sich rauskriegen. Ich kümmere mich heute noch drum.«

»Ich meine, nur wenn du nichts anderes vorhast«, sagte Claesson in einem Ton, der deutlich machte, dass Özen das sofort erledigte.

»Ich kann dann ja Merve ein Foto von der Mütze schicken, dann kann sie die Zeugen von der Fähre fragen, ob sie sie wiedererkennen«, meinte Özen, und Claesson hörte, wie angetan er von der Aussicht war, in Istanbul anzurufen.

»Tu das! Bist du übrigens zu Hause?«

»Nein. Ich bin im Büro. Ich muss ja noch ein paar Berichte schreiben. Und ein paar andere Sachen. Ich hatte ohnehin nichts Besseres zu tun.«

So war es, jung zu sein, Claesson konnte sich erinnern. Jetzt blieb nur abzuwarten, ob der Bursche wirklich schreiben konnte!

»Ruf mich an, wenn du auf irgendwas Wichtiges stößt«, sagte er.

Als er einige Stunden später mit der Kanonenkugel auf der Brust auf dem Sofa lag und die Abendnachrichten sah, klingelte das Handy in seiner Jackentasche in der Diele. Veronika badete gerade Klara, die sich Preiselbeermarmelade in die

Haare geschmiert hatte. Er hatte seinen Damen ganz bodenständig Speckpfannkuchen serviert. Klara liebte Speckpfannkuchen, er selbst liebte sie auch, und Veronika fand dieses Gericht ganz passabel.

Er ließ das Handy klingeln. Aber als Veronika mit der frisch gebadeten Klara wieder nach unten kam, bat er sie, sich um Nora zu kümmern, und holte sein Handy. Özen hatte ihn angerufen.

Ihm ging auf, dass es eigentlich unklug war, sich den Sonntagabend zu verderben, während er darauf wartete, dass sein jüngerer Kollege abhob.

Özen antwortete.

»Ich habe Karl Öberg und Bengt-Ove Nordin überprüft, die beide im Hotel gegenüber vom Galata New Hotel gewohnt haben«, sagte er. »Gegen sie liegt bei uns nichts vor. Mir sind jedoch Zweifel gekommen, ob sich dieser Öberg wirklich Karl nennt. Laut Melderegister heißt er Karl-Magnus, aber das ist natürlich ein etwas umständlicher Name für den alltäglichen Gebrauch.«

»Vielleicht hat er ja Karl weggelassen...«, meinte Claesson.

»Vielleicht?«

»Magnus Öberg. Dazu gibt es ein Gesicht«, sagte Claesson. »Gut! Jetzt müssen wir uns nur noch überlegen, wie wir ihn überprüfen. Es geht vermutlich um diesen teuren Teppich... Steckt der Schwiegersohn in finanziellen Schwierigkeiten?«

»Keine Ahnung!«

Er entnahm Özens Stimme, dass es Grenzen dafür gab, was man an einem Tag herausfinden konnte.

»Ich habe hier die Liste aller Gespräche, die Olsson in den letzten Monaten von zu Hause und von seinem Geschäft aus geführt hat. Die Kollegen sind sie schon einmal durchgegangen, wirklich eine Heidenarbeit. Die Handynummer Öbergs oder die seiner Firma ist aber nicht dabei.«

»Und was ist dabei?«

»Seine Festnetznummer. Jemand hat von seiner Privatnummer in Stockholm bei Olsson zu Hause angerufen, sowohl vor als auch nach seinem Tod, aber auch im Teppichgeschäft und bei einer Menge anderer Personen. Beispielsweise auf Annelie Dauns Handy.«

»Es können sich auch Mutter und Tochter unterhalten haben. Damit lässt sich nichts beweisen«, sagte Claesson. »Gab es irgendwelche SMS-Mitteilungen?«

»Nein.«

»Erinnerst du dich, dass Magnus Öberg in der Gerichtsmedizin in Istanbul gesagt hat, er sei auf Geschäftsreise in Deutschland gewesen, als der Teppichhändler gestorben ist?«

»Ja, daran erinnere ich mich.«

»Das kam mir da schon spanisch vor. Er sollte uns beweisen, dass er sich wirklich in Deutschland aufgehalten hat, und das hat er bislang nicht getan... aber es ist ja auch erst ein paar Tage her, und wir haben ihn noch nicht unter Druck gesetzt. Vielleicht sollten wir mal nach Stockholm fahren?«, dachte Claesson laut nach. »Vielleicht sollten wir damit auch bis nach der Beerdigung warten? Aber das könnte dauern. Morgen müssen wir die Witwe fragen, wann sie stattfindet.«

»Es gibt hier ein Foto«, sagte Özen dann, »das du dir als Chef mal ansehen solltest, bevor ich es nach Istanbul schicke.«

»Was für ein Foto? Hat das nicht bis morgen Zeit?«

»Doch schon, aber...«

Claesson sah ein, dass ihm nichts anderes übrig blieb, als sein häusliches Glück zu verlassen, so ungern er das auch tat.

»Ich bleibe nicht lange weg«, sagte er kleinlaut zu Veronika, ehe er die Haustür hinter sich schloss.

Er nahm das Auto, parkte in der Tiefgarage des Präsidiums und ging die Treppe hoch. Der Korridor der Kriminalpolizei war ausgestorben, nur ganz hinten in einem kleineren Büro leuchtete das Lämpchen des Fleißes.

Mustafa Özen hatte rasch einen eigenen Schreibtisch in Claessons Dezernat bekommen. Er saß im Büro von Erika Ljung, die vorübergehend in Malmö arbeitete. Claesson hatte sich sagen lassen, dass ihre Arbeit ziemlich anstrengend war, aber dass sie vermutlich trotzdem nicht zurückkehren würde. Sie stammte genau wie Özen aus einem der Stadtteile Malmös mit einem hohen Migrantenanteil und hatte weder zu Småland noch zu Oskarshamn einen Bezug.

Er stellte sich in die Tür.

»Schau dir das mal an«, sagte Özen und hielt das Foto in die Höhe.

Es handelte sich um ein vergrößertes und bearbeitetes Passbild eines dunkelhaarigen, jüngeren Mannes, der eine weiße Schirmmütze trug, auf der in Rot »ICA« stand.

Claesson zog die Brauen hoch und sah Özen an.

»Gut! Du kennst dich also mit Photoshop aus, sehe ich«, sagte Claesson.

»Man tut, was man kann.«

Claesson nickte und betrachtete das Foto.

»Wo hast du die Schirmmütze her?«

»Ich habe bei ICA angerufen. Dort ist sonntags geöffnet. Dann habe ich einfach ein Exemplar abgeholt. Diese Reklamemützen gibt es schon eine ganze Weile. Für Golfspieler, du weißt schon.« Er setzte sich die weiße Mütze auf, die auf seinem Schreibtisch lag.

»Spielst du Golf?«

»Nein. Aber ich kann mir vorstellen, dass sich diese Werbefuzzis so was gedacht haben. Der neue ICA-Mann!«

Claesson hatte keine Ahnung, wie Reklameleute dachten.

»Natürlich sollst du das Foto an Merve schicken, und zwar sofort! Dann kann sie die beiden Männer von der Fähre befragen, im besten Fall schon morgen.«

»Das dachte ich auch«, meinte Özen, lächelte verlegen und schaute auf die Schreibtischplatte. Wollte sich nicht in die Karten schauen lassen. Merve und Özen.

Ich sage kein Wort zu niemandem, beschloss Claesson. Liebe ist ein empfindliches Pflänzchen.

50

Es war Montagmorgen, Claesson hängte seine Jacke in sein Büro und fuhr den Computer hoch. Es dauerte immer eine Weile, bis alle Sicherheitsprogramme gebootet waren. Dann fiel ihm der Papierstapel ins Auge, das Ergebnis von Özens Fleiß. Er blätterte. Das meiste, was sie in Istanbul unternommen hatten, war aufgezeichnet und die türkischen Passagen ins Schwedische übersetzt. Er warf einen gründlichen Blick auf den Text. Sehr flüssig.

Im Korridor stieß er auf Mustafa Özen, der Ringe unter den Augen hatte.

»Ehe ich es vergesse, du schreibst gute Berichte«, sagte Claesson.

Özen lächelte verlegen.

»Danke.«

»Hast du Merve das Foto geschickt?«

»Yes.«

»Gut.«

Sie gingen die Treppe runter zur Morgenbesprechung. Etwa fünfzehn Leute saßen im großen Saal im Untergeschoss.

»Hallo, schön, dass ihr wieder da seid! Wie war es in der Türkei?«

»Im Großen und Ganzen wie bei uns«, beantwortete Claesson Janne Lundins Frage und hatte plötzlich das Gefühl, Fuat Karaoğlu und Merve Turpan befänden sich ebenfalls im Raum. »Neue Eindrücke sind immer anregend.«

Der große Fernseher lief. Die Dienststellen aus dem Bezirk Kalmar-Oskarshamn berichteten ausführlich über die Ereignisse der letzten vierundzwanzig Stunden. Alle Anwesenden sahen und hörten zu.

Dann war Oskarshamn an der Reihe. Peter Berg berichtete von einem Einbruch in einen Kiosk. Nicht schon wieder, dachten alle, dieser Kiosk war bei den Einbrechern besonders beliebt. Es war unbegreiflich, wie der Besitzer das aushielt. Dann kam die Vermisstenanzeige, die Frau aus Bråbo, schließlich die Meldung von dem beschlagnahmten Teppich.

Ein Teppich! Warum hielt sich Berg mit dieser Bagatelle auf?

»Außerdem so ein hässlicher, alter Lumpen«, meinte Conny Larsson, aber nicht vor laufender Kamera und obwohl er wusste, wer der rechtmäßige Besitzer des Teppichs war. »Andreas Gustavsson hatte ihn eingesackt, weil er glaubte, es handelte sich um eine Kostbarkeit.«

»Und wem gehört der Teppich?«, wollte Janne Lundin wissen.

Claes blieb nichts anderes übrig als einzuräumen, dass er der Besitzer war.

»Aber wie zum Teufel ist Gustavsson zu deinem Teppich gekommen? Handelt es sich um einen fliegenden Teppich?«, scherzte Lundin.

Die Stimmung war ausgelassen und angenehm.

»Gustavsson behauptet, den Teppich auf der Besvärsgatan gefunden zu haben«, sagte Conny Larsson in seinem freundlichen Värmland-Dialekt. »Neben irgendwelchen Mülltonnen, aber wer ihn da hingeworfen hat, das wissen die Götter. Gustavsson hatte von diesem Teppichtrick gelesen, den ein paar Kleinkriminelle in der Gegend von Stockholm ausprobiert haben...«

Er erzählte detaillierter, worauf die Sache hinauslief.

»... und da dachte Gustavsson, dass er denselben Trick zusammen mit seiner Assistentin anwenden könnte, einer gewissen Nilla Söder, ihr wisst schon, diese Junkiebraut, deren Mutter sich am Hafen prostituiert hat, aber die ist inzwischen tot... also die Mutter.«

»Und wo ist der Teppich jetzt?«, mischte sich Jasinski ein.

»Benny hat ihn an sich genommen, um ihn näher zu untersuchen. Er könnte Blutspuren aufweisen«, sagte Conny Larsson.

»Blut? Gustavsson ist doch nie gewalttätig. Er ist eine Nervensäge und klaut wie ein Rabe... wie die meisten Junkies«, sagte Jasinski.

»Stimmt, aber es war trotzdem Blut auf der Rückseite des Teppichs«, beharrte Conny Larsson.

»Das stimmt«, sagte Benny Grahn. »Ich schaue mir das mal näher an. Der Bewusstlose, den ihr Samstagmorgen gefunden und zur Notaufnahme gefahren habt, lag neben dem Teppich. Die DNA schicken wir nach Linköping zur Analyse.«

»Dann wird es also dauern, bis wir den Teppich wieder zu sehen kriegen«, sagte Conny Larsson an Claesson gewandt. »Er wird in der Asservatenkammer vergammeln. Aber mach dir keine Sorgen, Johanna wird ihn mit Argusaugen bewachen, er wird dir also nicht wieder abhanden kommen«, meinte er grinsend.

Johanna Huaryd war die zivile Angestellte, die die verschiedenen Asservatenkammern verwaltete.

Claesson stellte fest, dass sich in seiner Abwesenheit einiges ereignet hatte. Was war das für ein Bewusstloser, den sie zur Notaufnahme geschafft hatten?

Aber er verfolgte den Gedanken nicht weiter. Er hatte genug anderes um die Ohren.

Dann referierte Martin Lerde weitere Details über die Vermisste, über Tina Rosenkvist aus Bråbo. Ihr Ehemann hatte sie Freitagnachmittag gegen 16 Uhr als vermisst gemeldet.

Claesson hörte erst nur mit halbem Ohr zu, bis zur Sprache kam, dass die Vermisste wegen einer schweren Verletzung stationär behandelt werden musste und dass es bei dem Übergriff auch um einen Teppich ging.

»Es ist nicht ausgeschlossen, dass diese Verletzung als Mordversuch rubriziert wird«, meinte Lerde.

Schon wieder ein Teppich? Es schien eine regelrechte Teppichinflation in der Stadt zu geben.

»Die Tat wurde am Mittwoch gegen 18 Uhr zu Hause bei einem Mann begangen, der wie sie in der Klinik arbeitet«, sagte Peter Berg, der das Referat übernahm, da er zum Tatort gefahren war. »Dieser Mann hatte sie im Auto mitgenommen. Sie wohnen nur ein paar Häuser voneinander entfernt. Was sich in der Küche eigentlich ereignete, weiß niemand so recht, aber sie hatten jedenfalls Wein getrunken... Laut Aussage des Opfers kam der Täter ins Haus und würgte sie, um Angaben zum Verbleib eines Teppichs zu erzwingen. Wer diese Person war, wissen wir nicht. Tina konnte sich kaum an etwas erinnern. Wir haben sie am Abend in der Klinik vernommen, wo sie über Nacht zur Beobachtung war... Darauf komme ich später noch zurück.«

Er holte tief Luft und schaute in seine Unterlagen, ehe er fortfuhr:

»Wir wissen also nicht, ob es sich bei dem Täter um den Mann handelte, in dessen Küche sie saß und dessen Wein sie trank. Aber das ist nicht sonderlich wahrscheinlich. Wir haben ihn vorläufig wieder auf freien Fuß gesetzt. Er wartete zu dem Zeitpunkt vor dem Haus, weil eine Brennholzlieferung telefonisch angekündigt wurde. Er wusste zwar nichts von einer Brennholzbestellung, vermutete aber, dass seine Frau die Lieferung veranlasst hatte.

Ich habe den Eindruck, dass er nach draußen gelockt wurde... Es könnte also ein bislang Unbekannter gewesen sein, der sie angegriffen hat. Das Opfer behauptet, sie erinnere sich nur ungenau, sie hatte schließlich das Bewusstsein verloren, und das, was unmittelbar vor dem Übergriff geschah, kann sie nicht mehr rekonstruieren. Vielleicht hat sie es auch verdrängt.« Berg zuckte mit den Achseln. »Schließlich war es alles andere als eine schöne Erfahrung, fast hätte sie es nicht überlebt. Ja... und jetzt ist sie also verschwunden.«

Er blickte in die schweigende Runde.

»Es gibt eine Zeugin, die vorbeifuhr und gesehen hat, dass der Hausbesitzer tatsächlich vor dem Haus stand. Ob das vor oder nach der Körperverletzung war, wissen wir natürlich nicht. Die Zeugin sah auch noch einen weiteren Mann um die Hausecke kommen«, fuhr er fort. »Außerdem sah sie ein Fahrzeug, das möglicherweise von diesem Mann gefahren wurde... einen dunkelgrünen Saab, von dem wir allerdings kein Kennzeichen haben. Die Zeugin kennen wir übrigens alle... es ist Veronika Lundborg.«

Peter Berg sah Claesson an, und dieser nickte.

»Vielleicht war es dein Teppich, hinter dem der Täter her war«, meinte Berg und grinste.

»Es gibt auch noch andere Teppiche«, meinte Claesson. »Carl-Ivar Olsson war kurz davor, ein Geschäft zu machen, bei dem es um einen Teppich im Wert von mindestens eineinhalb Millionen ging. Es dreht sich zwar nicht um Hundert-Millionen-Deals, wie sie dem Dezernat für Wirtschaftsstrafsachen zufallen, aber immerhin doch um eine beachtliche Summe.«

»Man kauft doch wohl kaum einen Teppich für so eine Riesensumme«, warf Janne Lundin ein.

»Es gibt vieles, was wir nicht verstehen«, erwiderte Claesson. »Ich würde gern die Fortsetzung hören.«

»Diese Tina Rosenkvist verlor also auf dem Küchenfußboden ihres Nachbarn das Bewusstsein und musste mit dem Krankenwagen in die Klinik gebracht werden, dort blieb sie über Nacht, also bis Donnerstag. Ihr Hals wies Würgemale auf, aber es ging ihr den Umständen entsprechend gut. Dann hat sie offenbar ihr Mann am nächsten Tag von der Station abgeholt, was ganz und gar nicht den Vorschriften entspricht. Vereinbart war, dass sie sich für ein Gespräch ins Frauenhaus Kvinnofriden begeben sollte. Das Opfer, der Arzt, die Krankenschwester und ich hatten das so ausgemacht. Aber ihr wisst ja, wie das ist. Die Leute machen einfach, was sie wollen, und wir müssen das dann ausbaden...«, sagte Peter Berg und holte Luft. »Jedenfalls kam offenbar ihr Mann am nächsten Tag, also am Donnerstag, einfach auf die Station spaziert.«

»Inzwischen war natürlich Schichtwechsel«, meinte Jasinski trocken.

»Vermutlich. Dass Informationen nicht weitergegeben werden, ist ja ein bekanntes Problem. Außerdem kannte man den Ehemann auf der Station, denn das Opfer arbeitet dort. Man kann sich vorstellen, in was für einer Gemütsverfassung er sich befand... Die eigene Frau bei einem anderen Mann entdeckt... außerdem noch bewusstlos, fast tot.«

Berg betrachtete erneut die Versammelten.

»Was ihm durch den Kopf ging, ist schwer zu sagen, aber sonderlich froh dürfte er kaum gewesen sein. Er hätte sie auch nicht allein abholen dürfen... Es ist hoffnungslos, egal was man versucht, geht es doch immer den Bach runter.«

Das war die Schlussbemerkung.

Martin Lerde machte weiter: »Jedenfalls behauptet der Ehemann mit Nachdruck, seiner Frau kein Haar gekrümmt zu haben. Sie sei irgendwann am Freitagmorgen verschwunden, noch bevor er aufgewacht war.«

Lerde berichtete, dass die Personenbeschreibung an die anderen Polizeibezirke versandt wurde. »Das wisst ihr ja aus dem Bericht... jetzt heißt es, die Augen offen halten.«

Benny Grahn war mit zwei weiteren Technikern nach Bråbo rausgefahren. Sie hatten sich das Haus der Vermissten genauestens angesehen.

»Wir waren jetzt schon zwei Mal innerhalb einer Woche zur Spurensuche in dieser Gegend. Lex duplicata oder wie immer das heißt. Also dass Dinge immer zweimal hintereinander eintreffen... Jedenfalls stimmt da irgendetwas nicht«, meinte

Grahn. »In Teilen des Hauses stinkt es nach Schmierseife. Eine der Abstellkammern ist besonders verdächtig... aber auch die Diele und die Küche. Sauber geschrubbt. Der Mann meinte, seine Frau, also die Vermisste, hätte in den Tagen vor ihrem Verschwinden ein Großreinemachen veranstaltet. So etwas wie einen Frühjahrsputz. Ich dachte immer, das ist bei den jüngeren Leuten aus der Mode gekommen. Für sein Auto hatten wir noch nicht die Zeit.«

Louise Jasinski nickte Roger Lindström zu, der von allen nur Rogge genannt wurde. Er war Hundeführer und ergriff jetzt das Wort.

»Wir haben die Umgebung in einem Radius von zwei Kilometern abgesucht.«

Dann sagte er nichts mehr. Rogge war kein Mann vieler Worte, das wussten alle.

»Und?«, sagte Jasinski.

»Nein. Wir haben sie nicht gefunden. Sie scheint sich in Luft aufgelöst zu haben, oder er hat sie ganz tief vergraben.«

Mehr würden sie von ihm nicht erfahren. Claesson mochte Rogge. Geradlinig und zuverlässig. Einfach ein guter Mann.

»Wir müssen noch eine ganze Reihe von Personen vernehmen«, stellte Martin Lerde fest. »Nachbarn hören und sehen normalerweise immer einiges. Dieses Mal scheint ihnen aber nichts aufgefallen zu sein. Wir bleiben trotzdem dran.«

»Dieser Arbeitskollege, bei dem sie war...?«, fragte Claesson.

»Er hat ein Alibi, das ihm seine Ehefrau, die übrigens in einem Teppichgeschäft arbeitet, für den Vormittag gibt. Vermutlich hatte der Verrückte es auf sie abgesehen. Sie könne sich keinen Reim darauf machen, sagt sie. Also auf die Sache mit dem Teppich. Allerdings war ihr sofort klar, dass ihr Mann eine sogenannte ›Freundin‹ zu Besuch gehabt hatte... so viel hat sie immerhin mitbekommen. Sie wirkte ziemlich clever. Annelie Daun heißt sie. Wir haben sie übrigens mit Alarm ausgerüstet. Wir halten sie allerdings nicht für derart gefährdet, dass sie Personenschutz braucht oder in einer sicheren Wohnung untergebracht werden muss.«

Claesson und Özen sahen sich an.

»Andauernd diese Teppiche, könnte da nicht ein Zusammenhang bestehen?«, meinte Louise Jasinski und zog die Brauen hoch.

»Weiß nicht, aber ich hätte gerne, so schnell es geht, sämtliche Berichte auf meinem Tisch«, sagte Claesson, der das Gefühl hatte, die linke Hand wusste mal wieder nicht, was die rechte tat.

Berg, Lerde und Grahn nickten.

»Geben sich Annelie Daun und ihr Mann für den Zeitpunkt von Tina Rosenkvists Verschwinden ein Alibi?«, fragte Claesson.

»Ja«, meinte Peter Berg. »Aber wir werden sehen... Wir sind mit ihnen noch nicht durch.«

»Jetzt wollen wir alles über Istanbul hören!«, unterbrach sie Louise Jasinski.

Irgendwie hatten Claesson und Özen keine Lust dazu. Sie wollten arbeiten, nicht reden. Aber Claesson berichtete dann doch pflichtschuldig über ihre Erkenntnisse.

»Wie arbeiten die da?«, wollte Conny Larsson wissen.

»Im Großen und Ganzen wie wir«, meinte Claesson. »Recht interessant, dass einem in einem fremden Revier fern von zu Hause so vieles vertraut vorkommen kann. Wir haben hier jedenfalls noch allerhand zu tun. Mal sehen, ob das was hergibt. Wir brauchen heute vermutlich einen Wagen. Können wir einen zivilen aus dem Pool haben?«

Jasinski nickte.

»Wo wollt ihr hin?«

»Vielleicht nach Stockholm. Mal sehen.«

51

Claesson und Özen verbrachten die Vormittagspause mit den anderen in der Kantine. Özen trank Tee.

Dann gingen sie in Claessons Büro. Er schloss das Fenster, das einen Spalt offen gestanden hatte.

»Wie gehen wir jetzt am geschicktesten vor?«, sagte Claesson. »Sollen wir auf Gedeih und Verderb nach Stockholm fahren und diesen Öberg unter Druck setzen oder ...«

»Tja«, meinte Özen unschlüssig. »Und die Frau aus dem Teppichgeschäft?«

»Gut! Dann fangen wir mit ihr an.«

Claesson schaute auf die Uhr. Fast halb elf.

»Wenn wir Glück haben, hat sie um zehn Uhr aufgemacht.«

Auf der Slottsgatan merkte er, dass seine Jacke zu dünn für das Wetter war. Als sie den Lilla Torget überquerten, sah er ein paar junge Frauen, vermutlich Gymnasiastinnen, die ihnen bibbernd entgegenkamen. Sie trugen knallenge Hosen, die nur bis zu den Knöcheln reichten, und keine Socken in ihren Ballerinas. Vermutlich wollten sie nicht einsehen, dass der Sommeranfang gerade eine Pause eingelegt hatte. Wie in dem alten Kinderlied über das Leberblümchen in den Hügeln, das dasteht, knickst und sagt: »Jetzt ist Frühling.«

Sie waren angelangt, erklommen die Stufen auf der Ecke und öffneten die Tür. Annelie Daun schreckte auf. Sie brauchten gar nicht erst zu fragen, ob sie ihr einen Schrecken eingejagt hatten.

Claesson stellte sich und Mustafa Özen vor. Sie nickte und meinte, sie könne sich durchaus noch an sie von ihrem letzten Besuch im Teppichgeschäft erinnern. Sie lächelte gezwungen und misstrauisch.

»Meine Frau hat hier einen Teppich zur Reparatur abgegeben«, begann Claesson. »Sie heißt Veronika Lundborg.«

Annelie Daun entschuldigte sich sofort. »Das tut mir furchtbar leid«, stammelte sie. »Aber bei der Werkstatt in Stockholm hat es eine Verzögerung gegeben. Er ist leider noch nicht fertig!«

Offenbar wusste sie nicht, was vorgefallen war. Claes wartete eine Weile, um ihr die Möglichkeit zu geben, es sich noch anders zu überlegen. Er sah, wie ihre Gesichtsfarbe rasch von einem kleidsamen Frühsommerbraun ins Hochrote changierte, das bis zum Hals herunterreichte und mit ihrem hellgrünen Pullover mit einem tiefen V-Ausschnitt kontrastierte.

»Der Teppich liegt im Augenblick in unserer Dienststelle«, meinte er und wartete ihre Reaktion ab.

Sie riss die Augen auf, schluckte, ihr Blick irrte verunsichert umher, bis er schließlich auf einem Loribaft, Mahal, Ingelas, Kaschan oder wie die Teppiche auch immer hießen, zur Ruhe kam. Ihm fiel auf, dass sie kleine Schilder aufgehängt hatte, auf denen Namen und Herkunftsregion der Teppiche standen. Sie dachte sich Verbesserungen aus. Vermutlich verfolgte sie damit eine bestimmte Absicht.

»Also«, sagte er schließlich.

»Mein Gott, wie dumm ich war...«

Sie ließ sich auf den Stuhl hinter dem Tresen sinken, stützte die Ellbogen auf die Tischplatte aus Kirschbaumholz und legte das Gesicht in die Hände. So saß sie eine ganze Weile da.

Özen blieb neben der Ladentür stehen, und Claesson setzte sich auf einen Lehnstuhl, vermutlich eine Antiquität, der mit einem Stoff mit Tigermuster bezogen war.

Annelie Daun hatte sich gefasst und hob langsam den Kopf.

»Ein Mann hat den Teppich gestohlen«, sagte sie schließlich. »Ich glaube das zumindest. Ich habe mich nicht getraut, zur Polizei zu gehen... das war dumm, das sehe ich jetzt ein. Die Wahrheit kommt ja doch immer ans Licht. Aber ich dachte, dass der Teppich vielleicht wieder zurückkommt. Ich hatte Angst, dass das Geschäft einen schlechten Ruf bekommen könnte. Jetzt nach dem Mord an Carl-Ivar und so! Das ist schon schlimm genug... obwohl ich in den letzten Tagen sehr viel Kundschaft hatte.«

Claesson sah sie fragend an.

»Die Geschäfte liefen ungewöhnlich gut.« Sie zuckte mit den Achseln. »Vielleicht weil die Leute neugierig sind.«

Claesson bat sie, noch einmal zu erzählen, wie ihr der Teppich abhandengekommen war. Sie berichtete, dass der aufgerollte Teppich in eine Plastikfolie verpackt war. Sie hörte die Ladentür, war aber nicht mehr rechtzeitig aus dem Keller nach oben gekommen. Der aufgerollte Teppich war seither wie vom Erdboden verschluckt!

Sie erzählte auch, ein Mann habe sie ein paar Tage zuvor im Laden aufgesucht und nach Carl-Ivar gefragt. Diesen Mann hatte sie auf dem Gehsteig beobachtet, als sie zur Post ging, um Claes' und Veronikas Teppich abzuholen.

»Ein so hübscher anatolischer Gebetsteppich«, meinte sie

und lächelte. »Natürlich ist es wichtig, dass Sie den zurückbekommen!«

Er nickte. Das hätten die Burschen auf der Dienststelle mal hören sollen. Das Gutachten einer Expertin. Ihr Teppich war *hübsch*. Na also!

»Wahrscheinlich hat mich der Mann verfolgt, als ich zur Post gegangen bin und ihn abgeholt habe«, mutmaßte sie, und Claesson merkte ihr an, dass sie die Angelegenheit genau durchdacht haben musste.

Sie entschuldigte sich und rannte die Treppe runter zur Toilette, um sich die Nase zu putzen.

Aber er hat den falschen Teppich erwischt, dachte Claesson. Also hat er ihn in einen Müllcontainer geworfen, der vor einem großen Einfamilienhaus an der Besvärsgatan stand. Niemand in diesem Haus hatte einen Teppich weggeworfen, danach hatten sich die Kollegen bereits erkundigt.

War das der nächstgelegene Müllcontainer gewesen? Wohnte der Mann in der Nähe oder war er nur zufällig dort vorbeigegangen? In diesem zentralen Stadtviertel liegen nicht viele Wohnungen, dort gibt es überwiegend Läden, dachte er. Falls der Mann also nicht in einem der idyllischen Häuschen in Besväret wohnte.

Eigentlich hätte er jetzt zusammen mit Özen sämtliche Personen im Viertel befragen sollen, schreckte jedoch davor zurück. Die Zeiten, zu denen er solche fundamentalen und zeitraubenden Aufgaben selbst erledigt hatte, waren vorbei. Sie machten aber durchaus Sinn. Systematisches Vorgehen lohnte sich immer, davon war er überzeugt. Vielleicht konnte Özen das übernehmen, oder er konnte Louise bitten, ein paar Kollegen dazu abzustellen.

Annelie Daun kam zurück, und er bat sie, den Mann zu

beschreiben, während er sich Notizen machte. Etwa fünfunddreißig, durchschnittlich, aber mit recht großem Oberkörper, kurzen Beinen, mit anderen Worten, o-beinig, irgendwie nettes Aussehen, angenehm, vielleicht Vertreter, meinte sie.

Seufz, dachte er. Diese Beschreibung passte wirklich auf fast jeden!

»Er klang, als käme er aus Norrköping«, sagte sie dann.

Das war immerhin etwas.

»Offenbar hat er den falschen Teppich erwischt. Auf welchen hatte er es Ihrer Meinung nach eigentlich abgesehen?«, fragte er und richtete seine – wie er hoffte – scharfsichtigen blauen Augen auf ihre ebenfalls blauen Augen.

Annelie Daun hatte wieder Platz genommen und ihre Hände zwischen die Knie gelegt.

»Ich habe keine Ahnung.«

»Laut Angaben des Teppichhändlers in Istanbul hatte ihm Olsson ein gutes, altes Stück abgekauft, und zwar den Teppich von dem Foto, das uns bei unserem ersten Besuch hier auffiel. Ein sehr schadhaftes Teppichfragment. Erinnern Sie sich?«

»Ja, ich glaube.«

Claesson zog das Foto hervor, und sie nickte.

»Der, natürlich.«

»Glauben Sie, dass der Mann, der meinen Teppich entwendete, eigentlich diesen hier nehmen wollte?«

»Wie soll ich das wissen? Dann müsste er ja davon ausgegangen sein, dass ihn jemand aus Istanbul mitgebracht hat. Hier ist er jedenfalls nicht, das kann ich Ihnen versichern... Carl-Ivar hätte ihn wohl selbst mitbringen wollen, aber er... Oder...«

»Oder?«, fragte Claesson.

»Oder jemand anders, aber ich habe diesen Teppich nicht

zu Gesicht bekommen... niemand ist mit diesem Teppich hier erschienen, er muss also unterwegs verschwunden sein. Vielleicht hat ihn jemand in Istanbul gestohlen?«

»Aber wer außer Carl-Ivar Olsson selbst hätte ihn nach Schweden bringen können?«, beharrte Claesson.

»Jemand, der ebenfalls in Istanbul war, vermute ich. Aber es ist nicht meine Aufgabe, diese Frage zu beantworten, vielleicht hat ihn Birgitta mitgebracht, was weiß ich?«, sagte sie und zuckte mit den Achseln.

»Können Sie uns etwas über diesen Teppich erzählen? Wir haben ihn schließlich nie gesehen.«

»Ich ja auch nicht, aber... ich weiß jedenfalls, dass es sich um ein Fragment handelt, das man in einer alten Moschee in der Türkei, in Kappadozien, gefunden hat. Tja, was lässt sich ganz allgemein sagen? Der Teppich ist sicher in Blau- und Rottönen gehalten. Im alten Kunsthandwerk in Zentralasien wurde sehr viel Blau und Rot verwendet, so ist es teilweise immer noch. Die Farben symbolisieren unter anderem Himmel und Erde. Für jene Nomadenvölker, die immer noch dem alten Weltbild anhängen, ist die Erde eine Zwischenebene zwischen dem Himmel und einigen Welten unterhalb von uns. Eine kosmische Weltachse, könnte man sagen. Oder ein Weltenbaum, der Himmel und Erde vereinigt. Das findet sich auch in den Mustern wieder.«

Sie verstummte und sah Claesson besorgt an.

»Das gehört, vermute ich, nicht hierher«, meinte sie verlegen. »Aber ich weiß nicht, wie dieses Teppichfragment in der Realität aussieht. Ich habe schließlich nur ein Schwarzweißfoto gesehen. Aber... es gibt jedenfalls einen Sammler, dem Carl-Ivar diesen Teppich versprochen hatte.«

»Und wie heißt dieser Sammler?«

»Das weiß ich nicht.« Einen Moment lang wurde es still. »Das ist die Wahrheit, ich würde Ihnen den Namen nennen, wenn ich ihn wüsste... Aber irgendwie war es ganz angenehm, nicht über alle Unternehmungen Carl-Ivars Bescheid zu wissen.«

»Woran denken Sie da genau?«

»Ach, nichts Besonderes!«

Sie schien ihre Worte zu bereuen.

»Ich war hier ja nur die Aushilfe... Carl-Ivar war immer nett zu mir. Ich half mit. Das war alles.«

»Können Sie mir sagen, wer seit Olssons Tod sonst noch im Laden war?«

»Ganz normale Kunden natürlich! Ich weiß nicht, wie sie heißen... aber die meisten haben mit Karte gezahlt, das lässt sich also herausfinden...«

Claesson nickte.

»Sonst niemand? Irgendwelche Freunde von Ihnen oder von Carl-Ivar?«

»Nein.«

Sie starrte auf die Tischplatte.

»Keiner aus der Familie Olsson?«

»Nein.«

»Die Ehefrau auch nicht?«

»Nein, wir haben uns seit ihrer Rückkehr aus Istanbul nicht gesehen. Aber vermutlich treffen wir uns bei der Beerdigung... dann müssen wir auch darüber sprechen, was aus dem Laden werden soll.«

Claesson nickte aufmunternd.

»Ich würde den Laden gerne weiterführen, aber das geht nicht so einfach. Um das zu tun braucht man schließlich Kapital, um das Warenlager zu übernehmen...«, sagte sie und biss sich dann auf die Unterlippe, als hätte sie sich verplappert.

Claesson kommentierte das nicht.

»Ich wiederhole meine Frage: War sonst niemand hier? Denken Sie nach!«, sagte er. Er saß mit übergeschlagenen Beinen bequem auf dem Sessel.

Claesson ließ sie nicht aus den Augen. Er war sich bewusst, dass er eine gewisse Ruhe ausstrahlte, vielleicht sogar eine verräterische Ruhe. Er wusste aber auch, dass seine Gelassenheit manche Menschen verunsicherte. Oder sie derart in Sicherheit wiegte, dass sie mehr sagten, als sie beabsichtigt hatten.

»Nein«, sagte sie schließlich und schüttelte den Kopf. »Sonst niemand.«

Das ist nicht wahr, dachte er. Der Hals, der seine normale Farbe zurückgewonnen hatte, lief wieder hochrot an.

Aber wen deckte sie?

Claesson und Özen diskutierten, während sie bei schneidendem Wind den Lilla Torget überquerten.

War es jetzt angezeigt, nach Stockholm zu fahren und sich mit Öberg herumzuschlagen, oder sollten sie lieber den Versuch unternehmen, die Person zu finden, die Claessons Teppich geklaut hatte, um ihn dann neben einem Schwerverletzten wegzuwerfen, der sich nur zehn Meter von seiner Wohnung entfernt auf dem Pflaster gewunden hatte.

Diese Geschichte wurde ihnen zum Vormittagskaffee serviert. Conny Larsson machte eine schuldbewusste Miene. Die neue Kollegin Jessika Granlund besaß jedenfalls so viel Loyalität, dass sie ihren Kollegen nicht durch den Kakao zog. Man wurde eben mit den Jahren etwas bequem, und das war auch bei Larsson der Fall.

Sie einigten sich darauf, in Oskarshamn weiterzurecherchieren. Sie waren einfach etwas erschöpft und spürten die Folgen der Reise in den Knochen. Özen wollte sich in den Häusern am Lilla Torget umhören, während Claesson auf seine eigene Art und Weise ermitteln wollte.

Sie trennten sich auf der Östra Torggatan. Özen lenkte seine Schritte Richtung Kråkerumsbacken, um sich dort die Anwohner vorzunehmen. Claesson blieb einen Augenblick stehen und blickte zu den Wohnungen hinauf, die über den Läden lagen. Auf der einen Seite ging es weiter in die Fußgängerzone Flanaden, auf der anderen führte die gepflasterte Besvärsgatan mit dem Café Shalom am oberen Ende zum Hafen hinunter.

Er schlug diese Richtung ein.

Shalom war eine christliche Sekte, über die er kaum etwas wusste. Er wusste, dass sie ein Segelboot besaßen, mit dem sie die Ostküste entlangsegelten und auf dem sie predigten und Bibelstudien oder Ähnliches betrieben. Nicht allzu weit von seinem eigenen Haus entfernt lag das Tagungsheim der Sekte.

Hinter dem Shalom standen ein paar idyllische Holzhäuser. Gegenüber dem Café hatte es auf einem Eckgrundstück einen Parkplatz gegeben. Jetzt lag dort ein recht protziges Einfamilienhaus. Das Eckgrundstück zeigte mit der sogenannten guten Seite auf die Östra Torggatan.

Die beiden schwarzgrauen Müllbehälter des Hauses standen jedoch an der Besvärsgatan dem Café gegenüber. Claesson ging auf sie zu. Er hob die Deckel hoch. Es waren die gleichen Müllcontainer, die auch bei ihm zu Hause standen. Nichts Besonderes.

Hier war also der Teppich von Andreas Gustavsson gefunden worden. Er hatte neben dem bewusstlosen Radiologen auf den Pflastersteinen gelegen. Der Arzt lebte – wie er erfahren hatte – zwar, lag aber immer noch auf der Intensivstation. Gustavsson hatte beteuert, dass weder er noch die Frau, seine Assistentin Nilla Söder, den Verletzten berührt hatten.

Claesson wusste natürlich sehr gut, wer Andreas Gustavsson war, ein stadtbekannter Junkie, der ganz unten angekommen war. Viele hatten im Laufe der Jahre den Versuch unternommen, ihn zu retten. Er war ein Mensch, der trotz seiner elenden Lebensumstände Beschützerinstinkte weckte. Vielleicht weil der Bursche eine behutsame, zurückhaltende Art hatte, vor allen Dingen dann, wenn er halbwegs clean war. Ihm fehlte ein Finger. Man erzählte sich, Gustavssons bösartiger Vater habe ihm den Finger mit einer Kneifzange abgeknipst, als er klein war. Es schauderte ihn, als er an diesen Akt der Grausamkeit dachte. Besonders, da er jetzt eigene Kinder hatte. Einen von Klaras kleinen Fingern abzuknipsen! Vollkommen undenkbar!

Andreas Gustavsson hatte keinen Schutzengel gehabt. Inzwischen wirkte er ziemlich heruntergekommen, und kaum jemand nahm ihn ernst. Die Straftaten, die er beging, waren weder gefährlich noch brutal. Jedenfalls schätzten Claesson und seine Kollegen das so ein. Er war schlicht und ergreifend ein kleiner Ganove.

Claesson war eigentlich nur eine Straße vom Präsidium entfernt. Er betrachtete die Tür des Cafés. Es war eher Zeit zum Mittagessen als zum Kaffeetrinken. Schließlich ging er auf die Tür zu und trat ein.

Eine kräftige Frau Anfang fünfzig stand mit geblümter Schürze hinter dem Tresen und legte frisch gebackene Zimtschnecken von einem Blech auf eine Glasplatte mit Fuß. Eine ähnliche hatte seine Mutter auch immer verwendet, wenn sie zum Kaffeekränzchen mit den Rosentassen lud.

Ganz gegen seine Absicht, er konnte einfach nicht widerstehen, saß er plötzlich an einem runden Tisch mit karierter Tischdecke vor einer lauwarmen Zimtschnecke und einer Tasse Kaffee. Normaler schwedischer Kaffee, kein türkischer Mokka, Latte, Espresso oder Cappuccino. Schwedischer Filterkaffee war das Beste, was es gab.

Sie waren allein. Die Frau mit der Schürze werkelte weiterhin mit ihren Backwaren, bis er sich vorstellte. Da legte sie die Kuchenzange beiseite, richtete sich auf und entspannte sich nach einem Weilchen wieder. Er begann über das Wetter zu sprechen, denn draußen hatte es zu hageln begonnen.

»Im Mai ist das eher ungewöhnlich«, meinte sie kopfschüttelnd. »Hoffentlich wird es wieder besser! Wenn doch dieser Sommer wieder so schön würde wie der letzte! Das hätten wir verdient!« Sie lächelte.

Er schnippte sich ein Perlzuckerkügelchen vom Hosenbein.

»Ich suche einen Mann«, meinte Claesson, und sie sah ihn neugierig an. »Er ist nicht gefährlich«, beruhigte er sie, »und Sie können mir vielleicht helfen.«

Er beschrieb den Mann aus dem Teppichgeschäft. Mittelgroß, o-beinig. Das waren die auffälligsten Merkmale, auf die sich Annelie Daun hatte besinnen können. Das war nicht viel.

»Vielleicht haben Sie ihn auf der Straße gesehen. Er stammt vermutlich nicht aus Oskarshamn und spricht einen Östergötland-Dialekt, vielleicht ist er aus Norrköping, Linköping oder Mjölby. Vielleicht hat er bei Ihnen einen Kaffee getrunken? Eventuell hatte er einen aufgerollten Teppich unter dem Arm.«

»Einen aufgerollten Teppich?«

»Ja.«

»Groß oder klein?«

»Eher klein.«

Er machte eine entsprechende Geste.

»Ich denke darüber nach«, meinte sie.

»Es fragt sich, wo er wohnen könnte«, meinte Claesson beiläufig und holte sich am Tresen noch eine weitere Tasse Kaffee.

»Ich kenne vermutlich die meisten hier im Viertel, auch die, die nur hier vorbeigehen«, meinte sie und strich sich mit den Händen über die Schürze, als wollte sie sie glätten, obwohl sie straff über ihrem beachtlichen Bauch anlag.

Er nickte und trank einen Schluck Kaffee.

»Ich habe hier niemanden mit einem aufgerollten Teppich vorbeigehen sehen, daran würde ich mich erinnern. Er könnte natürlich auch im Hotel wohnen«, überlegte sie dann. »Das würde die Sache erschweren.«

Er merkte, dass er sie zum Nachdenken angeregt hatte. Sie wollte ihm gerne behilflich sein.

»Am Stora Torget liegt das Hotel Post, aber die Gäste gehen nicht die Besvärsgatan entlang, sondern nehmen die Östra Torggatan«, sagte sie

Claesson nickte.

»Aber die Leute, die im Sjöfartshotellet am Hafen wohnen, wählen manchmal den Weg über die Treppen und durch Besväret, jedenfalls die, die nicht mit dem Auto unterwegs sind.«

Er nickte, lehnte dankend eine weitere Tasse Kaffee ab und verließ sie, nachdem er ihr seine Telefonnummer aufgeschrieben hatte, falls ihr noch etwas einfallen würde.

Der Wind zerrte an seiner Jacke, aber es hatte aufgehört zu hageln. Die harten weißen Körner lagen auf dem Pflaster. Sie würden rasch schmelzen.

Er ging bergab zur Skeppsbron, dann gegen den Wind zum

Sjöfartshotellet hinauf, das einen schönen Blick über den ganzen Hafen bot.

Er trat in die Wärme, nannte seinen Namen und fragte, ob er sich ansehen dürfe, wer zu dem Zeitpunkt, als der Teppich verschwand, im Hotel gewohnt hatte. Obwohl er den Teppich selbstverständlich nicht erwähnte.

Nach kurzem Zögern erhielt er einen Ausdruck. Die Empfangsdame musste sich erst von ihrem Chef genehmigen lassen, dass sie Claesson die Namensliste aushändigen durfte.

Er testete die Personenbeschreibung auch an ihr, aber sie schüttelte nur den Kopf. Nicht einmal der ausgeprägte Östergötland-Dialekt half. An einen Mann mit einem aufgerollten Teppich hätte sie sich sicher erinnern können, meinte sie, aber da war keiner.

Er ließ seinen Blick über den Hafen schweifen, nachdem er das Hotel verlassen hatte. Dann kehrte er raschen Schrittes zur Dienststelle zurück.

Er hängte seine Jacke in sein Büro und ging zu Özen, der wieder in seinem Büro war. Er fragte ihn, ob er Zeit habe, die Gästeliste aus dem Sjöfartshotellet mit dem Polizeiregister abzugleichen.

Özen nickte, nahm wortlos die Papiere und wandte sich seinem Computer zu.

»Wir müssen auch das Hotel Post überprüfen. Hast du schon was herausgefunden?«, fragte Claesson.

»Nein.«

Bevor Claesson ging, reichte Özen ihm einen Stapel Papier. Weitere Berichte aus Istanbul.

»Danke«, sagte Claesson.

Er wandte sich zum Gehen, als er hörte, dass Özen einen Anruf erhielt. Er sprach Türkisch.

Ich sollte etwas essen, dachte Claesson. Die Zimtschnecke lag ihm schwer im Magen. Er holte sich die Post, die sich im Laufe einer guten Woche in seinem Postfach angesammelt hatte, und warf sie auf seinen Schreibtisch. Er gedachte den Brieföffner erst am nächsten Tag anzusetzen.

Er wollte sich gerade seine Jacke anziehen, als Özen in der Tür stand.

»Ja?«

»Merve hat angerufen.«

»Und?«

»Einer der Zeugen von der Fähre ist verschwunden.«

Claesson runzelte die Stirn.

»Der Teeverkäufer ist heute nicht zur Arbeit erschienen. Er hat sich dünngemacht.«

Das war in der Tat auffällig. Claesson kehrte zu seinem Schreibtisch zurück und ließ sich auf seinen Stuhl sinken.

»Erzähl.«

»Merve war doch auf der Fähre, um der Besatzung das Foto von Öberg mit der ICA-Mütze zu zeigen. Der ältere Mann, der auf der Fähre arbeitet, er heißt übrigens Ergün Bilgin«, Özen konnte sich türkische Namen leichter merken, »glaubte, dass der Mann auf dem Foto, also Magnus Öberg mit der ICA-Mütze, jener Mann gewesen sein könnte, den er auf dem Boot gesehen hat und der die Fähre als Letzter verlassen hat. Möglicherweise mit einer Tasche… das wäre ein Durchbruch.«

»Hm.« Claesson nickte. »Gut, aber das muss auch vor Gericht bestehen. So etwas wird einem leicht zerpflückt. Eine Gegenüberstellung wäre besser. Okay, und weiter?«

»Merkwürdig ist, dass der junge Mann, der den Tee verkauft, den ganzen Tag nicht zur Arbeit gekommen ist«, fuhr Özen fort. »Er hat auch nicht angerufen. Das ist noch nie passiert. Er hat sich schon mal verspätet und die Fähre verpasst, aber einen ganzen Tag lang ist er noch nie weggeblieben.«

»Vielleicht ist er krank?«

»Das glaubt Ergün Bilgin nicht. Er hat ihn auf seinem Handy angerufen, Merve ebenfalls, aber Ilyas Bank geht nicht dran.«

»Aha.«

»Bilgin glaubt, dass Ilyas abgehauen ist. Er hat schon länger davon gefaselt, ins Ausland zu reisen.«

»Wohin genau? Benötigt man nicht für die meisten Länder ein Visum?«

»Ergün Bilgin vermutete, dass er nach Deutschland oder Schweden gefahren ist, vielleicht auch in die USA.«

Claesson runzelte die Stirn.

»Aber das kostet eine Stange Geld.«

»Hm.«

»Hat ihm Merve nicht mitgeteilt, er müsse in Istanbul bleiben?«

»Doch.«

Claesson kratzte sich im Nacken, schaute auf die Uhr. Es war fast drei, also vier in Istanbul.

»Na gut. Dann schreiben wir ihn eben bei Interpol zur Fahndung aus, damit wir die Sache endlich in den Griff kriegen«, sagte er, zog resigniert seine Jacke wieder aus und hängte sie an den Haken. »Ich kümmere mich darum«, sagte er leise. »Das ist mit gewissen Formalitäten verbunden. Am besten setzt du dich mit allen Fluggesellschaften, die Flüge zwischen Istanbul und Schweden oder Kastrup anbieten, in

Verbindung, um zu eruieren, ob er heute oder vielleicht morgen fliegt. Das ist ein Anfang, dann kümmern wir uns später um die anderen Länder. Erkundige dich, ob ein Ilyas Bank ein Ticket gebucht hat.«

Özen sah auf die Uhr.

»Vielleicht ist die Maschine schon gelandet«, meinte er.

»Ich weiß.«

Claesson fiel es schwer, seinen Ärger zu unterdrücken. Er wollte nach Hause.

»Ich rufe inzwischen selbst beim schwedischen Generalkonsulat in Istanbul an, um zu hören, ob sie Ilyas Bank dort ein Visum ausgestellt haben.«

Özen nickte, hörte aber nicht zu.

»Recht viele Fluggesellschaften fliegen in die Türkei, insbesondere nach Istanbul«, sagte er unwillig.

Claesson warf ihm einen müden Blick zu. Beide spürten deutlich, dass sie nun recht lange aufeinander angewiesen gewesen waren und dass sie eigentlich von der Ermittlung, von Carl-Ivar Olsson und vor allem voneinander eine Pause brauchten.

Aber es half alles nichts.

»Ich fange mit Turkish Airlines an, das sind die größten Anbieter für die Türkei«, meinte Özen mehr zu sich selbst, aber doch so gedehnt, dass deutlich wurde, dass ihm das lieber erspart geblieben wäre.

Dann lass es halt, ich kann die ganze Arbeit auch selbst erledigen, hätte Claesson fast gesagt.

»Tu das! Das klingt vernünftig«, sagte er stattdessen in einem Ton, als spräche er mit einem kleinen Kind. War Özen plötzlich die Fähigkeit, selbstständig zu arbeiten, die er doch so sehr unter Beweis gestellt hatte, abhanden gekommen?

Özen schlurfte davon und murmelte, dass ohnehin gleich alle Büros Feierabend machen würden.

Wahrscheinlich übermüdet, dachte Claesson. Der Junge hatte seit geraumer Zeit nicht mehr ordentlich geschlafen. Liebeskummer. Außerdem ehrgeizig.

Özen sah natürlich seine Chance, im Dezernat bleiben zu können. Er war für diesen Auftrag ausgesucht worden. Aber er wollte höher hinaus.

Das soll mich später kümmern, dachte Claesson, griff zum Telefonhörer und rief zu Hause an.

»Ich komme spät«, sagte er.

Anders ließ es sich nicht ausdrücken. Nur unumwunden. Er hätte vielleicht noch *leider* sagen können.

Als er sich eine gute Stunde später in Mustafa Özens Büro begab, um mitzuteilen, dass er jetzt nach Hause ging, hörte er ihn auf Türkisch telefonieren.

Sitzt er da und turtelt mit Merve, trotz allem, was wir um die Ohren haben?, dachte Claesson etwas erbost. Schließlich hatten sie es eilig.

Aber der Tonfall klang recht förmlich, wie Claesson dann feststellte, obwohl Özen etwas erregt zu sein schien.

»Verdammter Drachen«, hörte er ihn dann sagen und den Hörer auf die Gabel werfen.

Der »verdammte Drachen« konnte kaum Merve Turpan sein.

»Sie nehmen es immer so genau mit den Vorschriften... träge und unflexibel!«, ereiferte er sich.

Claesson wartete.

»Die Fluggesellschaften! Ich habe idiotischerweise bei der Niederlassung in Schweden angefangen, aber da hatten sie heute früher Feierabend gemacht. Jedenfalls war zu. Dann habe ich in der Türkei angerufen«, sagte er aufgebracht. »Daten von Passagieren geben wir nicht an jede x-beliebige Person heraus«, äffte er nach. »Das ist ja durchaus in Ordnung, aber ich bin schließlich keine x-beliebige Person, doch das will denen partout nicht in ihre weichen Schädel.«

»Bitte Merve, dass sie sich darum kümmert«, sagte Claesson lächelnd. »Bitte sie oder Fuat Karaoğlu, bei Turkish Airlines anzurufen. Die setzen sich vermutlich besser durch.«

Während Claesson nach Hause radelte, fiel ihm ein, dass er vergessen hatte, den Dienstwagen abzubestellen. Auch egal, niemand sonst hatte Ansprüche angemeldet.

Sein schlechtes Gewissen steigerte seine Befürchtung, Veronika könnte möglicherweise sauer sein. Vor allen Dingen machte ihm aber sein eigener Missmut zu schaffen. Die momentane Situation gefiel ihm nicht, er wollte eigentlich zu Hause sein. Zehn Tage, wie geplant.

Aber es war nun mal nicht zu ändern.

Veronika war nicht sauer, seine Befürchtungen waren unbegründet gewesen. Sie war kaum noch wach.

Sie lag erschöpft auf dem Wohnzimmersofa, obwohl es erst Viertel nach sechs war. Der Fernseher lief, und Klara schaute brav das Kinderprogramm. Nora schlief.

Er setzte oder genauer gesagt zwängte sich neben ihre kraftlosen Glieder aufs Sofa. Sie öffnete die Augen, sah sich schlaftrunken um.

»Meine Güte! Ich muss eingeschlafen sein!«

Sie hob den Kopf, um sich nach Klara umzusehen.

»Was für ein Glück, dass wir so genügsame Kinder haben...«

»Hm«, meinte er und spürte, wie sein Ärger verflog. »Habt ihr gegessen?«

»Nein, noch nicht.«

»Dann koche ich uns was Gutes.«

Er ging in die Küche. Es gab neue Kartoffeln, diese wundervolle Delikatesse. Kartoffeln waren einfach unschlagbar. Er würde Kartoffeln kochen und einen Lachs in den Ofen schieben. Zitrone gab es auch. Dazu würde er eine Joghurtsauce zubereiten und einen Kopfsalat mit Cocktailtomaten. Die waren zwar teuer, aber schmeckten nicht nur nach Wasser. Bald würde es die herrlichen schwedischen Tomaten geben. Im Winterhalbjahr kaufte er weder Gurken noch Tomaten, weil sie um die halbe Welt transportiert wurden. Paprika kam zur Not in Frage, alles andere schmeckte nach nichts.

Es war angenehm, am Herd zu stehen. Der Arbeitstag floss einem geradezu aus dem Körper. Durch die Poren und durch den Atem.

Sein Handy klingelte.

»Ilyas Bank trifft morgen um 11.15 Uhr mit Turkish Airlines in Kopenhagen ein«, sagte Özen.

»Das ist ja ein Ding!«

Es tat sich was.

»Der Flug geht um 9 Uhr vom Flughafen Atatürk«, sagte Özen.

Gute zwei Stunden, dachte Claesson, nein, drei mit der Zeitverschiebung. Jetzt mussten sie clever sein. Bank war bereits von Interpol zur Fahndung ausgeschrieben. Alles musste am nächsten Tag perfekt klappen. Sie durften sich keine Fehler erlauben.

»Was hältst du davon, hinzufahren und ihn abzuholen? Die dänische Polizei nimmt ihn in jedem Fall fest. Wir setzen uns mit ihnen in Verbindung, sie müssten ihn schon am Gate in Empfang nehmen können. Aber dann will ich ihn sofort hier haben. Du und ein weiterer Kollege, das dürfte reichen.«

»Okay.«

»Er ist ja kein Randalierer. Ihr nehmt das Auto nach Kastrup und holt ihn dort ab. Es braucht kein Streifenwagen zu sein. Ich rufe Louise an und bitte sie, dir eine Begleitung zu besorgen. Vermutlich müsst ihr recht früh fahren, weil es mindestens dreieinhalb Stunden dauert, rechne mit vier. Fahrt über Växjö, das geht am schnellsten. Und dann einfach über die Öresundbrücke.«

Nachdem er auch noch mit Louise Jasinski gesprochen hatte, war der Lachs fertig. Sie hatte in letzter Zeit kaum noch Einwände. Sie würde sich um alles kümmern und Özen anrufen.

Gutgelaunt rief er, das Essen sei fertig.

Der Rest des Abends verging damit, die Kinder ins Bett zu bringen. Er übernahm Klara, und Veronika kümmerte sich um die hungrige Nora.

Claesson hatte bereits beschlossen, sich am nächsten Tag mit der Witwe zu unterhalten. Außerdem erwog er, den jungen Chirurgen Christoffer Daun zu behelligen. Er wusste nicht recht, was er sich davon versprach, aber es hatte irgendwie mit dem verschwundenen Teppich und der Frau zu tun, mit der er wahrscheinlich eine Affäre gehabt hatte. Die Frau, die jetzt verschwunden war.

Veronika konnte ihm vielleicht ein paar Tipps geben. Sie kannte Daun. Aber sie musste objektiv bleiben. Vorurteile beeinträchtigten nur die Beobachtungsgabe.

52

Endlich saß er im Flugzeug!

Es war eine aufreibende Zeit gewesen. Sein Magen verkraftete gar nichts mehr, was immer er zu sich nahm, bereitete ihm Übelkeit, obwohl er sich nicht mehr gleich übergeben musste.

Aber jetzt war das bald vorbei. Er befand sich über den Wolken, buchstäblich. Ilyas Bank schaute aus dem kleinen Fenster, sah den ewig hellblauen Himmel und darunter die Wattewolken, die einen endlosen Teppich bildeten.

Die Polizei hatte sich nicht mehr gemeldet. Vermutlich hatten sie Ergün und ihn vergessen, aber das lag sicher daran, dass sie noch keinen Verdächtigen festgenommen hatten. Das glaubte zumindest Ergün. Er wusste ja immer alles am besten! Es war schließlich nicht sonderlich viel Zeit vergangen, seit sie den Toten gefunden hatten. Ermittlungen dauerten. Abwarten, hatte Ergün gesagt.

Es war schön, den Besserwisser Ergün los zu sein. Obwohl er ein netter Kerl war. Auch. Er hatte ihm geholfen wie ein richtiger großer Bruder. Beim Gedanken an Ergün bekam Ilyas ein schlechtes Gewissen. Was er wohl jetzt dachte?

Es war jedoch eine Erleichterung, sich seine ewige Fragerei, wo er das Geld herhabe, nicht länger anhören zu müssen. Obwohl er kein Wort gesagt hatte! Er hatte nur gesagt, er würde verreisen. Ergün hatte zu lamentieren begonnen. Ergün hatte Kinder, war immer knapp bei Kasse und hatte natürlich ständig das Gefühl, sein Leben würde ihm unter den Händen zerrinnen. Aber das war Allahs Wille!

Ilyas fand selbst, dass er den Fragen geschickt ausgewichen war. Er hatte gesagt, die Eltern würden ihm helfen und die

Verwandten in Schweden würden ebenfalls einen Teil beitragen.

Da hatte Ergün ihn schweigend betrachtet. Ilyas sah ein, dass es früher oder später rauskommen würde. Es war also genauso gut, dass er nicht mehr auf der Fähre arbeitete. Lügen strengten an. Man musste ständig im Gedächtnis behalten, was man erzählt hatte.

Ergün hatte am Vortag ihn zu erreichen versucht, wie er dem Display seines Handys hatte entnehmen können. Er hatte aber am Montag alle Hände voll damit zu tun gehabt, alles für die Reise vorzubereiten.

Erst holte er auf dem schwedischen Generalkonsulat an der İstiklal Caddesi sein Visum ab, dann kaufte er in den Läden in Beyoğlu ein, wo er nun schon einmal dort war. Neue Jeans, schicke Turnschuhe, ein paar Sweatshirts, einen wärmeren Pullover. Die Vorbereitungen nahmen einen ganzen Tag in Anspruch. Eine neue Reisetasche kaufte er auch. Qualität. Er wollte nicht in Lumpen bei seinen Cousins in Schweden eintreffen.

Deswegen war er am Vortag nicht bei der Arbeit erschienen. Er hatte mit anderen Worten geschwänzt.

Das Flugzeug hatte seine geplante Flughöhe erreicht. Der Wagen mit den Getränken war vorbeigerumpelt. Er hatte einen Orangensaft genommen, dann aber eingesehen, dass sein Magen die Säure nicht verkraften würde, und das Glas stehen lassen. Er musste etwas essen, dann würde sich sein Magen schon wieder beruhigen. Huhn und ein vegetarisches Nudelgericht standen laut Speisekarte zur Wahl. Er würde das Huhn nehmen.

Dann wollte er versuchen zu schlafen.

Als er in Kastrup gelandet und auf dem Weg zum Gate war, sah er mehrere Polizisten dahinter stehen. Mindestens vier. Zwei davon weiblich, schlank, groß und blond. Er hatte sich sagen lassen, dass es viele hübsche Mädchen in Skandinavien gab. So recht konnte er sich im Augenblick allerdings nicht darüber freuen. Bei dem Anblick drehte sich ihm der Magen um, und er verspürte das dringende Bedürfnis, eine Toilette aufzusuchen. Es blieb ihm aber nichts anderes übrig, als sich zu beherrschen.

Er versuchte sich Mut zu machen. Seine Papiere waren in Ordnung. Er besaß einen Pass und ein Visum für vier Wochen. Es gab keinen Grund zur Sorge.

Ergün hatte gemeint, er könne sich glücklich schätzen, da nicht einmal Leute, die todkranke Angehörige in Schweden hatten, ein Visum erhielten. Er hatte auch erzählt, dass Europa sich sträubte, die Türkei in die EU aufzunehmen. »Die wollen uns nicht«, hatte Ergün mit düsterer Miene gesagt. »Warum sollen wir also zu ihnen fahren? Hier zu Hause in der Türkei kann es nur besser werden! Bleib hier! Kämpfe für unser eigenes Land. Wir kommen auch ohne EU klar.«

Jetzt war er bald an der Reihe. Nicht alle wurden zwecks eingehender Überprüfung angehalten, zumindest jene mit westeuropäischem Aussehen nicht.

Er näherte sich einer der beiden Beamtinnen. Er hielt ihr seinen Pass aufgeschlagen unter die Nase, aber sie stoppte ihn.

»Politi« stand auf ihrer Brust. Sie war so groß, dass sie beinahe auf ihn herabschaute. Sie blätterte in seinen Papieren und fragte etwas, er verstand sie zuerst nicht, aber dann begriff er, dass sie auch sein Ticket für den Rückflug sehen wollte. Er zog es aus der Tasche und reichte es ihr mit schweißnassen Fingern.

»To Sweden?«, fragte sie.

»Yes.« Er nickte. »To Sweden.« Das stand im Visum.

Sie wandte sich an einen ihrer Kollegen. Das war unbehaglich, das hatte sie bisher bei keinem anderen getan. Sie griff zu ihrem Funkgerät und sprach in ihrer unverständlichen Sprache hinein.

Jetzt mache ich in die Hose, dachte er und kniff seine Pobacken so fest zusammen, wie er nur konnte.

»Please stay here«, sagte sie, behielt Pass und Papiere und ließ ihn neben der Schlange stehen, die sich langsam Richtung Terminal weiterbewegte.

»Toilet!«, sagte er hektisch.

Aber sie ignorierte ihn.

Er wiederholte seine Bitte, aber jetzt lauter und nachdrücklicher. Jeden Augenblick konnte es zu spät sein. Offenbar deuteten sie seine panische Miene jetzt richtig. Die fremde Sprache pfiff über ihn hinweg wie die Salve eines Maschinengewehrs, und eine Angestellte der Fluggesellschaft erbarmte sich seiner.

Als er die Toilette verließ, war er etwas ruhiger. Aber nicht lange, denn jetzt sah er sich zwei anderen Beamten gegenüber, die ihn an den Armen packten und sagten, er solle mitkommen. Wie einen Verbrecher schleppten sie ihn weg. Genauer gesagt, durfte er selbst gehen. Er war gefügig wie ein Lamm.

Sie gelangten in ein Zimmer mit Aussicht auf einen großen Parkplatz. Hier saßen mehrere Polizisten. Zwei Männer in Zivil erhoben sich und kamen auf ihn zu.

»Sind Sie Ilyas Bank?«, fragte der eine auf Türkisch.

»Ja.«

»Wir sind von der schwedischen Polizei.«

Sein Herz begann wild zu hämmern. Was war passiert? Was hatte er getan? Und Miro wartete auf ihn.

»Wohin sind Sie unterwegs?«, fragte der Dunkelhaarige, der einen leichten Akzent hatte.

»Nach Schweden. Mein Cousin erwartet mich. Er wollte mich mit dem Auto abholen.«

»Wo wohnt Ihr Cousin?«

»In ...« Er konnte den Ortsnamen nicht aussprechen. »Das steht hier auf dem Papier.«

Er zog einen Zettel aus seiner Hosentasche.

»Landskrona«, las der schwedische Türke. »Okay, wir werden ihm Bescheid sagen und Ihr Gepäck holen. Sie können Ihren Cousin auch selbst anrufen und ihm sagen, dass Sie heute noch nicht kommen. Wir bringen Sie in eine andere schwedische Stadt. Die Fahrt dorthin dauert fast vier Stunden.«

»Warum ...?«

»Weil Sie Zeuge im Mordfall Carl-Ivar Olsson sind.«

Scheiße, dachte Ilyas. Musste ihn dieser tote Alte auch überallhin verfolgen?

Etwa eine Stunde später saß Ilyas neben einem bedrohlich wirkenden Schweden mit gerötetem Gesicht auf dem Rücksitz eines Autos. Vermutlich wollten sie ihn unter Aufsicht haben. Der Beamte namens Mustafa Özen saß am Steuer.

Das Auto fuhr die Rampe einer langen Brücke hinauf. Sie verband Dänemark und Schweden, erfuhr er. Schöne Aussicht. Die Sonne schien, und ein Schwarm kleiner Segelboote war in einiger Entfernung zu sehen. Im Übrigen war es ein recht ruhiges Gewässer, jedenfalls verglichen mit Istanbuls lebhaftem Bootsverkehr.

Sie kamen nach Schweden, in ein Land, das irgendwie sauber und leer wirkte. Sie fuhren durch eine Ebene, dann begann der Wald. Bäume, Bäume und noch mehr Bäume. In einem kleinen Ort hielten sie vor einem McDonalds und ließen ihn wie einen normalen, zivilisierten Menschen eintreten.

»Was essen Sie?«, fragte Özen.

Er deutete auf das Bild eines McFeast. Nichts, was er unter normalen Umständen gegessen hätte, aber jetzt war er hungrig. Sein Magen hatte sich beruhigt, heute würde er offenbar nicht sterben.

Und dann saß er also an einem unzureichend abgewischten, am Fußboden festgeschraubten Tisch zwischen einem schwedischen Hünen und einem Schwedentürken, kaute einen Hamburger und starrte in einen düsteren Wald.

Das war also Schweden.

53

Özen rief an und teilte mit, dass sie Ilyas Bank in Kastrup aufgegriffen hatten und jetzt in Växjö Halt machten, um eine Kleinigkeit zu essen.

Claesson schaute auf die Uhr. Frühestens um vier würden sie in Oskarshamn eintreffen.

Er rief Louise an und bat sie, einen Teppichexperten ausfindig zu machen, der den Wert von Olssons Teppichlager schätzen konnte. Sie versprach ihr Möglichstes zu tun.

Er fuhr zum Krankenhaus, ging zum Empfang, zeigte seinen Dienstausweis und bat darum, Christoffer Daun ausfindig zu machen. Während er wartete, las er die Anschläge an der Glaswand. Eine Vermisstenanzeige. Sachdienliche Hinweise über die Frau auf dem Foto nehme die Oskarshamner Polizei gerne entgegen, stand da zu lesen.

Er erhielt die Auskunft, Daun befände sich auf seiner Station. Er nahm den Fahrstuhl in die sechste Etage, öffnete die Milchglastür und trat ein. Er verspürte das übliche Unbehagen. In dieser Umgebung fühlte er sich nicht wohl. Das hatte nichts mit Hypochondrie oder Angst vor Krebs zu tun, sondern mit einer Aura von Eingeschlossensein und Entwürdigung.

Christoffer Daun kam ihm entgegen. Er trug ein kornblumenblaues Hemd, aus der Brusttasche schauten ein paar Kugelschreiber, eine weiße Hose und Turnschuhe. Und dann das Schildchen, ein militärisches Modell, das man einfach hinter ein Sichtfenster im Stoff schob. Name und Dienstrang, allerdings handelte es sich hier um die Berufsbezeichnung. *Arzt.*

»Ich habe nur ein paar Minuten«, sagte Daun. »Wir können hier reingehen.«

In diesem Augenblick klingelte Claessons Handy. Es war Özen.

»Hast du Zeit?«

»Kurz.«

»Merve rief an und sagte, sie hätten Olssons Bankkonten gefunden. Die Überweisung an den Teppichhändler auf dem Großen Basar war ordnungsgemäß getätigt worden. Auf dem Konto war recht viel Geld. Vermutlich ist alles mit rechten Dingen zugegangen, und er hat in der Türkei Steuern bezahlt, meint sie.«

»Gut.«

»Aber Olsson hat zusätzlich zu dem Betrag für den Teppich

noch eine große Summe Lira abgehoben. Umgerechnet etwa zweihunderttausend schwedische Kronen.«

Schweigen.

»Hast du mich verstanden?«

»Ja.«

»Ich habe Ilyas noch nicht gefragt. Das machen wir dann. Aber wer hat das Geld?«

»Danke«, sagte Claesson erleichtert, setzte aber eine ernstere Miene auf, als er das Gesicht Christoffer Dauns sah.

Der Mann sah erschöpft aus, hatte aber im Übrigen dieses Babyface, das Akademiker aus besseren Kreisen häufig auszeichnete. Jene mit großem Kopf und zierlichen Händen, denen es nicht im Traum einfallen würde, die Regenrinne ihres Hauses selbst zu reparieren.

»Ich bin nicht wegen der Vermissten, also wegen Tina Rosenkvist hier«, sagte Claesson.

Daun war nervös.

»Sondern wegen des Mordes an Carl-Ivar Olsson. Ich weiß, dass Ihre Frau für ihn arbeitet. Hat Annelie Ihnen von einem ungewöhnlichen Teppich erzählt?«

»Sie hat über viele ungewöhnliche Teppiche geredet. Sie redet in letzter Zeit fast nur noch über Teppiche. Sie sind ihr zu Kopf gestiegen«, sagte er ironisch.

»Sie wissen also nichts von einem alten Teppichfragment ...« Claesson hielt ihm das Foto hin, »das fünf- oder sechshundert Jahre alt und mindestens eineinhalb Millionen Kronen wert ist? Vermutlich mehr.«

Christoffer Daun starrte das Foto an.

»Keine Ahnung. Mit nach Hause genommen hat sie diesen Teppich jedenfalls nie. Ist das der, hinter dem alle her sind?«

»Wieso?«

»Ich denke an diesen Verrückten, der in unsere Küche kam und...«

»Tina Rosenkvist gewürgt hat?«

Daun zuckte leicht mit den Achseln.

»Ja.«

Claesson dankte und verließ die Station.

54

Claesson erkannte Ilyas Bank sofort wieder. Es war schon seltsam, ihn so bald hier wiederzusehen, fand er. Im falschen Teil der Welt und in einer ganz anderen Rolle als der eines Teeverkäufers, der den Reisenden Tee in hübsche kleine Gläser füllte.

Ilyas Bank schien sich nicht wohl in seiner Haut zu fühlen, obwohl er leger gekleidet war: Jeans und Pullover statt des weißen Hemds und der schwarzen Hose von der Fähre. Die Kleider sahen neu aus, die Schuhe ebenfalls.

Ob Bank ihn wiedererkannte? Das wäre ein hervorragender Gedächtnistest gewesen. Oder nicht? Eher ein Test seiner eigenen Eitelkeit, sah er im selben Augenblick ein. Ilyas Bank sah vermutlich jeden Tag Hunderte von Touristen. Erkannte er jemanden wieder, dann lag das vermutlich an einem besonderen Vorfall oder an einem ungewöhnlichen Aussehen.

»Ist er müde, oder können wir gleich anfangen?«, fragte er Özen.

Nach einem Toilettenbesuch, Tee, Butterbroten – sogar

etwas Marzipangebäck hatten sie hinten im Kühlschrank noch gefunden – saßen sie da. Das Tonband lief. Im Korridor war es still.

»Frag ihn, ob er weiß, warum er hier ist«, sagte Claesson.

Özen wurde lebhafter, wenn er Türkisch sprach. Das war Claesson bereits in Istanbul aufgefallen. Er gestikulierte, während er offene Fragen klärte. Ilyas Bank warf immer wieder verstohlene Blicke zu Claesson hinüber, um zu sehen, ob dieser auch zuhörte. Der junge Mann erblasste zusehends und trocknete die Handflächen an seinen Hosenbeinen.

»Versuch, ihn zu beruhigen. Sag, dass wir seine Hilfe benötigen, wir wollen ihm nichts anhängen ... zumindest vorläufig nicht«, meinte Claesson.

Özen erklärte, er klang gelassen. Claesson verstand kein Wort, das Türkische und das Schwedische weisen nicht viele Gemeinsamkeiten auf. Wie er so dasaß, vollkommen abhängig von Özens Dolmetscherkünsten und seiner Ehrlichkeit, empfand er dieselbe Ohnmacht, die eingewanderte Eltern ohne Schwedischkenntnisse mit Schwedisch sprechenden Kindern erleben mussten. Eine umgekehrte Altershierarchie. Die Jüngeren sprachen für die Älteren.

Schließlich nickte Özen.

»Er ist bereit.«

Claesson griff zu den Farbfotos von Magnus Öberg und drei weiteren Männern mit derselben Haut- und Haarfarbe in Din-A4-Format. Er reihte die Fotos vor Ilyas Bank auf und bat Özen, Ilyas zu fragen, ob er einen der Männer wiedererkenne. Er könne sich Zeit lassen.

Ilyas reagierte nicht sofort. Er schien keinen der vier Männer zu erkennen. Eine Person nur anhand des Gesichts und ohne den Körper wiederzuerkennen war schwer, das wusste

Claesson. Man konnte sich weder an der Größe, am Körperbau noch an der Körperhaltung orientieren.

»Möglicherweise der«, sagte Ilyas nach einer Weile und deutete mit zitterndem Finger auf Magnus Öbergs vergrößertes Passbild.

Claesson verkniff sich ein Lächeln und holte nun ebenso viele Fotos von denselben Männern aus seiner Schublade, die jedoch bearbeitet waren. Sie trugen jetzt alle eine weiße Schirmmütze, auf denen die roten Buchstaben ICA leuchteten.

Ilyas Bank betrachtete die Fotos nochmals eingehend und reagierte dieses Mal unvermittelter.

»Der da gleicht dem Mann auf der Fähre am ehesten«, sagte er, hob seine dichten schwarzen Wimpern, sah Claesson unsicher an und deutete erneut auf Magnus Öberg.

»Thank you«, sagte Claesson.

Ilyas wandte sich an Özen und sagte etwas, während er weiterhin zu Claesson hinüberschielte.

»Er sagt, dass du ihn seltsamerweise auch an einen Mann erinnerst, den er auf der Fähre gesehen hat«, sagte Özen.

»Sag ihm, dass er darin recht haben könnte«, meinte Claesson.

Die Stimmung war einen Augenblick lang entspannt.

»Wie kommt es, dass Sie sich an mich erinnern?«, fragte Claesson den jungen Türken auf Englisch.

»Because of were you ...«, sagte er und räusperte sich, er fand nicht die richtigen Worte und wechselte ins Türkische.

»Weil du an ebenjener Stelle gesessen hast«, übersetzte Özen.

»Was haben Sie da gedacht?«, fragte Claesson.

»It was the same place ... as the dead man, you know?«

»Sie meinen, Sie erinnern sich, weil ich auf demselben Platz gesessen habe wie der tote Teppichhändler?«, verdeutlichte Claesson auf Schwedisch, und Özen übersetzte.

Ilyas Bank nickte und errötete stark. Dann sagte er etwas auf Türkisch. Er sprach leise, flüsterte fast.

»Das war furchtbar, das Schlimmste, was ich je erlebt habe«, dolmetschte Özen und passte sich Ilyas Verfassung dadurch an, dass er ebenfalls sehr leise sprach. Er legte sogar seine Hand auf die Brust über dem Herzen, wie Ilyas das getan hatte.

»Haben Sie es gewagt, den Toten anzufassen?«, fuhr Claesson auf Schwedisch fort, und Özen übersetzte.

»Nein. Doch, ich habe ihm den Puls gefühlt.«

»Das war gut!«

Ilyas lächelte dankbar.

»Haben Sie noch einen Puls gespürt?«

Ilyas Bank schüttelte den Kopf.

»Haben Sie seine Kleider angefasst?«

Ilyas Bank sah Claesson zweifelnd an. Er fragte sich natürlich, worauf der schwedische Polizist hinauswollte.

»Nein, ich habe seine Kleider nicht angefasst. So schnell ich konnte, habe ich Hilfe geholt.«

Claesson nickte. Er wusste, dass dieser Teil der Ermittlung nicht in seinen Aufgabenbereich fiel, sondern in den der türkischen Kollegen, aber er musste sich einfach erkundigen, da er den Mann ohnehin gerade vor sich hatte.

»Konnten Sie erkennen, ob etwas in seinen Taschen steckte?«, fuhr Claesson fort. »Vielleicht ragte etwas heraus?«

»No.«

Claesson sah, dass sich Ilyas' Wangen leicht gerötet hatten, kam jedoch zu dem Schluss, dass er an der Antwort festhalten würde.

Mit einem gewissen Zögern stellte er ohne weitere Umschweife die letzte Frage:

»Sie haben nicht zufällig ein Bündel Geldscheine gesehen?«

»Nein, das habe ich doch bereits gesagt! Danach haben sie mich in Istanbul auch gefragt, also diese Polizistin. Das war sehr unbehaglich, ich wollte nur weg...«

Ilyas Bank bat plötzlich darum, die Toilette aufsuchen zu dürfen. Er hastete aus dem Zimmer, etwas vornübergebeugt, als hätte er plötzlich Magenschmerzen bekommen.

Claesson fand es ungeheuer schwierig zu entscheiden, ob Menschen die Wahrheit sagten oder nicht. Die Experten waren zu dem Schluss gekommen, dass es sich einfach nicht feststellen ließ. Unmengen von Tests und Versuchen waren durchgeführt worden. Die menschliche Psyche war jedoch zu komplex, und das gefiel ihm. Er mochte das Facettenreiche, das sich nicht so leicht erklären ließ.

Er dachte daran, was Merve Turpan über den anderen Mann auf der Fähre, den Kioskbetreiber, berichtet hatte. Er hatte ihr erzählt, Ilyas habe nach dem Mord mehr Geld ausgegeben, Kleider und teure Schuhe gekauft. Außerdem habe er sich plötzlich eine Reise leisten können.

Mit zweihunderttausend Kronen in der Tasche kommt man weit, dachte Claesson. Diese Summe hatte Olsson gemäß Kontoauszügen vor seiner Reise in Schweden abgehoben. Er musste das Geld in seiner Unterhose oder an einer anderen körpernahen Stelle versteckt haben. Es gab flache Spezialgürtel für solche Dinge. Vermutlich war seine Taille sowohl vorn als auch hinten ordentlich mit Geld gepolstert gewesen!

Jedenfalls waren mit dem Geld, soweit sie wussten, keine Rechnungen beglichen worden. Den teuren Teppich vom Teppichhändler im Großen Basar hatte Olsson über seine

Firma bezahlt, alles ordnungsgemäß, Papiere und Transaktionen nach Vorschrift. Die Firma war recht liquide. Solide, wie man auch sagte. Diese Zweihunderttausend konnte Olsson natürlich auch für etwas anderes ausgegeben haben. Vielleicht für Partys und Einladungen. Er hatte sich möglicherweise etwas gegönnt.

Claesson sah ein, dass es sinnlos war, sich mit dem Geld aufzuhalten, schließlich handelte es sich um eine vergleichsweise geringe Summe, aber ein Småländer schaute nun mal immer aufs Geld.

Jedenfalls schien niemand das Geld zu vermissen. Das wäre die Aufgabe der Erben gewesen, aber die waren vermutlich noch nicht so weit.

Ilyas kehrte zurück. Claesson hielt es nicht für aussichtsreich, ihn noch weiter auszufragen. Sie suchten einen Mörder, keinen Dieb. Wollten die türkischen Kollegen die Sache weiterverfolgen, so war das ihre Angelegenheit.

Es war halb sechs. Sie hatten für Ilyas Bank ein Hotelzimmer reserviert.

»Wir müssen uns überlegen, was weiterhin mit ihm geschehen soll«, sagte Claesson.

»Es ist doch wohl das Vernünftigste, er ist bei seinen Verwandten in Landskrona«, meinte Özen. »Dann holen wir ihn wieder ab zur Gegenüberstellung mit dem Mordverdächtigen. Immerhin liegt Landskrona näher als die Türkei. Ich glaube nicht, dass er sich aus dem Staub macht.«

Claesson dachte nach.

»Nein. Dazu hat er keinen Grund. Nicht, wenn er die Wahrheit gesagt hat.«

Özen brachte Ilyas Bank ins Hotel. Die Tür schlug hinter ihnen zu, als Claesson den Computer herunterfuhr und flüchtig seinen Schreibtisch aufräumte.

Früher hatte er es immer genossen, unerledigte Arbeiten zu erledigen, wenn die anderen gegangen waren und sich die abendliche Ruhe eingestellt hatte. Das war gewesen, bevor er eine Familie gegründet hatte. Die Frauen in seinem Leben hatten das hinnehmen müssen. Er hatte vermutlich nicht einmal darüber nachgedacht, dass sie es hingenommen hatten, für ihn war es eine Selbstverständlichkeit gewesen. Wenn sie sich beklagten und ihm vorwarfen, sowohl egoistisch als auch herzlos zu sein, ignorierte er das einfach. Damals hatte er es nicht anders gewollt.

Veronika wusste, dass er spät kommen würde. Sie war bei einer Familie zum Abendessen eingeladen, deren Sohn Otto in denselben Kindergarten ging wie Klara.

Plötzlich stand Louise Jasinski in der Tür. Er hatte sie gar nicht kommen hören.

Er deutete auf den Stuhl, aber sie setzte sich nicht, sondern lehnte sich wie üblich an sein Bücherregal. Sie hatte also vor, sich kurz zu fassen.

»Was macht der Teppichhändler?«

»Tja, ich glaube, es geht voran, obwohl die Sache etwas kompliziert ist. Plötzlich scheint alles zusammenzuhängen. Erst der Mord an Olsson, dann der Übergriff auf die Frau in Bråbo, der auch etwas mit Teppichen zu tun hat und bei dem sich der Täter offenbar in der Person geirrt hat. Das Opfer wurde zwei Tage später vermisst gemeldet. Das ist schon sehr seltsam. Und zu allem Überfluss klaut jemand meinen alten Teppich, ein Erbstück! Klingt ja an sich ganz witzig, aber das sind zu viele Zufälle und zu viele Teppiche.«

»Jedenfalls«, unterbrach Louise und holte tief Luft, um ihm deutlich zu machen, dass sie ihm etwas Wichtiges mitzuteilen hatte: »Jedenfalls hat die Spurensicherung heute eine Antwort auf die DNA-Spuren aus Linköping erhalten. Einen Teil der Ergebnisse zumindest, es soll noch mehr kommen. Wir wollten dich nicht stören, weil du gerade eine Vernehmung durchgeführt hast, aber es hat sich so einiges ergeben.

Wir wissen jetzt, wer Tina Rosenkvist überfallen hat. Er heißt Patrik Lindström und hat einiges auf dem Kerbholz. Außerdem ist er ein Dilettant. Er hat eine Zigarettenkippe weggeworfen, als er seinen Wagen parkte. Also das Auto, das Veronika im Vorbeifahren sah, als sie wohin auch immer unterwegs war.«

Claesson nickte.

»An der Kippe klebten Speichelreste«, fuhr Louise fort. »Wir mussten also nur noch in den einschlägigen Registern nachschauen und: Treffer.«

Menschen hinterlassen einfach immer Spuren, dachte Claesson. Das war aber wirklich schlampig. Ein richtiger Gauner sollte es besser wissen. Aber manchmal entstehen eben Fehler im Eifer des Gefechts.

»Er ist mehrfach vorbestraft. Die Liste seiner Straftaten umfasst alles, von Einbrüchen bis zu schwerer Körperverletzung. Mord ist allerdings nicht dabei. Ein bekannter Krimineller mit anderen Worten. Er war offenbar als Strohmann und Schläger aktiv und war geschickt worden, um den Teppich zu finden und eventuell jemanden einzuschüchtern oder zu bedrohen. Wir haben ihn natürlich zur Fahndung ausgeschrieben, aber noch nicht erwischt. Lindström ist nicht dafür bekannt, umsichtig zu planen, Überfälle auf Geldtransporter oder ähnliches kommen bei ihm nicht vor. Er schlägt zu, und Fingerspitzengefühl ist nicht gerade seine Stärke. Er hatte sicher nicht beabsichtigt, diese Tina fast umzubringen. Er kommt aus Norrköping, das passt zu den Hinweisen zum Dialekt, außerdem hat er Verbindungen zur Stockholmer Unterwelt.

Solange Tina Rosenkvist nicht auftaucht, hat er allen Grund, unsichtbar zu bleiben«, fuhr Louise fort. »Vielleicht hat er sie entführt oder ermordet. Der Täter ist jedenfalls nicht der mutmaßliche Liebhaber Dr. Daun. Tina Rosenkvist verschwand, als er Bereitschaftsdienst hatte und sich in der Klinik aufhielt.«

»Ich weiß«, sagte Claesson. »Ich habe mit ihm gesprochen.«

»Sein Speichel fand sich zwar im Gesicht des Opfers, das haben die Abstriche ergeben. Vermutlich hatte er ein intimes Verhältnis zu ihr, auch wenn er das nicht zugeben will. Sie hätten ein Glas Wein zusammen getrunken, das sei alles gewesen, sagt er, aber er wird schon noch auspacken.«

Claesson überlegte einen Augenblick lang, ob Lindström in Istanbul gewesen sein und Olsson ermordet haben könnte.

»Hast du irgendwo ein Foto von Lindström?«

Louise ging in ihr Büro und holte eines. Ein ganz anderer Typ als Magnus Öberg, grobschlächtig, breiteres Gesicht, helleres Haar und kleiner. 178 cm, las Claesson in der Personenbeschreibung. Er mit ICA-Mütze? Eher nicht.

Jetzt erinnerte er sich auch daran, dass der Mann an dem Samstag, an dem Olsson ermordet worden war, im Teppichgeschäft in Oskarshamn aufgetaucht war. Er konnte unmöglich an beiden Orten gleichzeitig gewesen sein. War es nicht auch so gewesen, dass sich dieser Patrik Lindström bei Annelie Daun erkundigt hatte, wann Carl-Ivar Olsson wieder nach

Oskarshamn kommen würde? Doch, so war es! Er erzählte Louise davon.

»Annelie Daun hat eine vorbildlich genaue Personenbeschreibung geliefert, aber jetzt können wir ihr auch noch ein Foto zeigen.«

Louise nickte.

»Die Witwe erzählte, von einem Mann namens Lennart Ahl angerufen worden zu sein, der nach ihrem Mann gefragt hat. Dieser Name klingt irgendwie frei erfunden. Er wollte seine Identität vermutlich nicht preisgeben, er wollte den Teppich, sonst nichts.«

»Ich gehe jetzt nach Hause«, sagte Louise. »Manchmal ist unsere Arbeit ganz schön spannend! Bis morgen.«

Er ging die Treppen runter und zu seinem Fahrrad. Eine Kippe. So banal und so klassisch. Er hat Handschuhe getragen, hatte Tina Rosenkvist erzählt. In dieser Hinsicht war er gründlich gewesen.

Aber an alles zu denken, war nicht leicht...

Annelie Daun schloss das Teppichgeschäft um Punkt fünf Uhr und fuhr zu ihrer Mutter. Ihre Stimme hatte seltsam geklungen, als sie am Nachmittag telefoniert hatten. Müde und rau.

Sie öffnete, war sehr blass, wollte sich aber keinesfalls hinlegen.

»Dann komme ich nie mehr hoch«, sagte sie, ließ sich auf einen Küchenstuhl sinken und zündete sich eine Zigarette an.

Aber die schmeckte offenbar nicht, denn sie drückte sie sofort wieder aus.

»Wo tut es denn weh?«, sagte Annelie.

»Der ganze Bauch«, stöhnte ihre Mutter und krümmte sich. »In der Brust, im Rücken, in den Beinen, überall.«

Sie klang ungewöhnlich mitgenommen, aber auf eine überzeugende Art und nicht wie sonst auf die berechnende Art der Alkoholiker, die Annelie immer so erzürnte, wenn ihre Mutter versuchte, ihren Willen durchzudrücken. Die Zwangsvorstellungen, die ein Ventil brauchten, aber niemandem nützten, am allerwenigsten ihrer Mutter selbst.

»Du musst ins Krankenhaus.«

»Ich will nicht.«

»Du musst.«

»Nein, ich will wirklich nicht.«

Annelie biss die Zähne zusammen und erwog, Christoffer anzurufen. Aber das widerstrebte ihr. Sie mied ihn lieber. Sie wollte nicht von ihm abhängig sein oder Schwäche zeigen. Daran änderte auch die Tatsache nichts, dass sie immer noch unter einem Dach wohnten. Jedenfalls bestimmte Nächte. Aber sehr viel mehr war von ihrer Zweisamkeit nicht übrig. Sie suchte fieberhaft nach einer eigenen Wohnung; er wollte, dass sie blieben.

Manchmal tat er ihr leid.

Der beschränkte, dumme Christoffer! Er war unverbesserlich und glaubte, dass sie alles mit sich machen ließ. Sie war natürlich eifersüchtig und wütend geworden, als sie diesen verdammten roten Zettel gefunden hatte. Gleichzeitig war sie aber auch froh gewesen, sie hatte es regelrecht genossen, Tina Rosenkvists Liebesunsinn auf rotem Papier zu lesen, ohne ihn daraufhin zur Rede zu stellen. Sie hatte ihn stattdessen verunsichert und gesehen, wie schlecht es ihm dabei ging.

Wie dumm er doch war!

Aber sie hatte keine Angst vor ihm. Sie hatte gelesen, dass jeder Mensch in Bedrängnis fähig war zu töten, aber sie konnte nicht recht glauben, dass Christoffer Tina Rosenkvist ermordet haben sollte. Es wurde landesweit nach ihr gefahndet. Das war wie in einem amerikanischen Film. Ihr harmloses Gesicht tauchte an den unwahrscheinlichsten Stellen auf. In der Bücherei, bei ICA Maxi und bei Intersport. Was für ein Chaos! Die Wirklichkeit übertrifft wirklich die Fantasie, dachte sie.

Er war jetzt bei der Arbeit, das wusste sie, er hatte Nachtdienst.

Ihre Mutter stöhnte und wand sich unter immer größeren Schmerzen. Schließlich hielt Annelie das nicht mehr länger aus und griff zum Telefon. Er war nicht einmal verärgert, das kam schon mal vor, wenn sie ihn bei der Arbeit störte, aber jetzt klang er eher überrascht und herzlich. Er hörte aufmerksam zu und wurde dann sehr praktisch, und das brauchte sie. Es könnte alles sein, ein Gallen- oder ein Nierenstein, eine Bauchspeicheldrüsenentzündung oder ein Herzinfarkt, meinte er. Oder dissezierendes Aortenaneurysma.

»Und?«, sagte sie und starrte auf das Blümchenmuster der Tapete in der Diele. »Ist das gefährlich?«

»Ja. Das bedeutet, dass die Hauptschlagader wie ein trocken gewordener Gartenschlauch platzt. Aber das wollen wir nicht hoffen, denn sonst müsste sie nach Linköping. Man verspürt starke Schmerzen im Bauchraum, die zum Rücken hin ausstrahlen. In jedem Fall muss sie sofort hier untersucht werden.«

»Sie weigert sich.«

»Das spielt keine Rolle!«, sagte er mit jenem tröstenden Tonfall, von dem er ihr gegenüber schon lange keinen Gebrauch mehr gemacht hatte. Aber offenbar gab es ihn noch. »Du musst sie eben herfahren.«

Sie entspannte sich. Alles wirkte plötzlich einfacher. Sie musste die Verantwortung für ihre Mutter, der es schon wieder etwas besser zu gehen schien, als sie in die Küche zurückkehrte, nicht allein tragen. Sie wollte aber immer noch nicht in die Klinik. Das ist vielleicht auch gar nicht nötig, dachte Annelie und half ihr ins Bett.

Sobald sich ihre Mutter hingelegt hatte, schienen ihre Schmerzen fast gänzlich nachzulassen und, wie sie es beschrieb, in eine allgemeine Empfindlichkeit auszuebben.

Annelie setzte sich auf die Bettkante.

»Darf ich dich was fragen?«, ergriff sie die Gelegenheit. »Weißt du, was Carl-Ivar auf dem Speicher aufbewahrt hat?«

»Ach das«, sagte ihre Mutter, »eine Menge Plunder. Alte Teppiche und so. Du kannst gerne raufgehen und nachsehen, ob du was davon gebrauchen kannst, aber das glaube ich kaum. Nimm einfach mit, was du haben willst.«

Konnte es so einfach sein?

»Aber muss ich nicht erst Birgitta und ihre Kinder fragen?«

»Warum denn? Das ist doch mein Speicher. Ich stehe auf dem Mietvertrag und zahle die Miete, da spielt es keine Rolle, dass mir Carl-Ivar das Geld für den Speicher gegeben hat.«

»Ja, aber...«

»Du bräuchtest vielleicht Hilfe, um den Plunder wegzuschaffen. Ich mache das ganz bestimmt nicht. Und den zusätzlichen Speicherraum werde ich nicht behalten, denn ich brauche ihn ja nicht.«

Annelie starrte durch die Lamellen des Rollos. Hörte die Vögel zwitschern. Sie bauten ein Nest und paarten sich vor Mittsommer. So hieß es zumindest.

»Mama, weißt du, was Carl-Ivar in Istanbul gemacht hat?«

»Tja, es gefiel ihm dort. Er hat sich dort ausgeruht und sich den einen oder anderen Teppich angesehen, denke ich.«

Annelie war still. Ihre Mutter klang so liebevoll und gleichzeitig so geheimnisvoll.

»Er hatte wohl irgendwelche Kontakte dort, aber ich weiß das nicht so genau«, fuhr sie fort, und ihre Stimme wurde leiser, als überlegte sie, ob sie mehr erzählen solle.

Dann fuhr sie doch fort: »Ich weiß, dass er da vor vielen Jahren ein Mädchen kennengelernt hat, da waren er und Birgitta noch recht frisch verheiratet. Er war über beide Ohren in diese Frau in der Türkei verliebt. Er mochte Birgitta natürlich auch, aber auf eine andere Art. Diese Situation hat ihn gequält. Ich weiß nicht, wie er das gelöst hat. Vielleicht überhaupt nicht. Hat einfach die Zeit verstreichen lassen, ich hatte ja auch viel um die Ohren, dich und … ja, getrunken habe ich auch zu viel, ich habe mein Leben versoffen, könnte man wohl sagen … ich habe mir also über Carl-Ivar nicht so viele Gedanken gemacht.«

Die Möwen kreischten draußen vor dem Fenster. Sonst war alles still.

»Weißt du Bescheid?«, fragte ihre Mutter und betrachtete das Gesicht ihrer Tochter.

»Vielleicht.«

Ihre Mutter nickte, als hätte sie bereits verstanden.

»Aber erzähl es nicht Birgitta, versprich mir das. Es ist nicht immer leicht, mit der Wahrheit umzugehen. Das bleibt zwischen Carl-Ivar, dir und mir«, sagte sie und blinzelte auf diese verschmitzte Art, die Annelie immer sofort misstrauisch stimmte.

Es ist auch nicht leicht, mit der Unwahrheit umzugehen, dachte sie.

Draußen war es inzwischen feucht und kühl. Annelie sprang in ihren fahrbaren Untersatz und verließ die Filaregatan. Sie rief Christoffer an und erzählte, dass die Schmerzen wieder verschwunden waren und ihre Mutter ruhig schlafen würde.

»Dann war es vermutlich ein Gallenstein«, meinte er sorglos.

»Danke für die Hilfe«, erwiderte sie.

»Fährst du jetzt nach Hause?«

»Ja.«

Sie hatte einige Male im Teppichgeschäft und bei Gabbi übernachtet, aber es war anstrengend, immer auf dem Sprung zu sein. Sie war also wieder zu Hause eingezogen und schlief im Gästezimmer. Das war ganz okay. Hübsche Blümchentapete, die sie selbst ausgesucht hatte, dazu weiße Gardinen, durch die das Licht ins Zimmer fiel.

»Dann sehen wir uns morgen, wenn mein Dienst zu Ende ist«, sagte er und klang, als würde er sich darauf freuen.

Gemeinsames Frühstück. Kaffee, Tee und Toast. Warum nicht?

Sie parkte vor dem Haus. Der rote Passat stand nicht dort, sondern auf dem Klinikparkplatz.

Es wird ihm jedenfalls niemand heute Abend einen roten Zettel unter den Scheibenwischer klemmen, dachte sie. Sonst hatten sie es wohl mit einem Gespenst zu tun. Oder Tina Rosenkvist hielt sich irgendwo versteckt. Vielleicht vor Pär.

Welch eine turbulente Zeit.

Man weiß so wenig darüber, was in den anderen vorgeht. Sie wird doch nicht tot sein?, dachte Annelie und stieg aus dem Auto. Sie war plötzlich fürchterlich müde. Die Stille umfing sie ganz unerwartet. Felder und Wiesen nahmen sie in Empfang, und die quälende Unruhe verließ sie. Deswegen wohne ich auch hier, dachte sie. Im Paradies. Und die Schlange war auch schon da gewesen. Sie brauchte sich deswegen keine Gedanken mehr zu machen.

Eigentlich hätte sie auf der Hut sein müssen, schließlich war sie mit einem Alarmsystem ausgestattet, aber irgendwie fehlte ihr dazu die Kraft. Oder der Wille. Sie weigerte sich vielleicht auch einfach daran zu glauben, dass irgendwo ein Schurke auftauchen könnte, um ihr etwas zu entreißen oder, noch schlimmer, über sie herzufallen. Nicht jetzt. Dazu war nicht der richtige Augenblick. Dann würde er in ein Wespennest stechen. Die Polizei war eingeschaltet, alle warteten nur darauf, dass er wieder zuschlagen würde.

Tina hatte nichts mit den Teppichen zu tun, da war sie sicher. Dass Tina verschwunden war, war die Schuld ihres labilen und etwas überdrehten Ehemanns, aber darüber ließ sie sich nicht aus. Das hätte den Verdacht wecken können, sie sei eifersüchtig.

Das war sie auch, aber ihre Probleme gingen niemanden etwas an. Die bewältigte sie auf ihre Weise. Durch Schweigen, und das funktionierte. Was Pär Rosenkvist anbelangte, waren wohl alle im Dorf einer Meinung. Man hatte irgendwie ein wenig Angst vor ihm.

Sie ging nicht ins Haus, sondern auf die abschüssige, frisch gemähte Wiese hinter ihrem Grundstück. Gelbe Schwertlilien leuchteten am Bach, und Butterblumen kontrastierten mit den grauen Mauern, obschon sie jetzt am Abend ihre Blüten schlossen.

Es war noch hell. Das bräunliche, aber klare Wasser des Bachs gluckerte. Die Steine auf dem Grund waren undeutlich zu sehen. Ein Fliegenschnäpperpärchen flog eifrig zwischen Nistkasten und Bach hin und her.

Sie ließ sich auf einen Felsblock sinken. Die jüngsten Ereignisse betrafen sie nicht. Jedenfalls nicht jetzt. Die Natur war so unglaublich schön, dass sie aus ihr Trost schöpfte.

Vielleicht würde alles wieder gut werden. Zwischen Christoffer und ihr. Vielleicht würde sie das Teppichgeschäft weiterbetreiben, und zwar richtig.

Sie erhob sich, ging ins Haus und schenkte sich ein Glas Wein ein.

»Skål!«, sagte sie zu sich selbst und hob das Glas.

55

Es ging auf acht Uhr abends zu. Birgitta Olsson hatte Wäsche aufgehängt und die Küche aufgeräumt. Jetzt sah sie sich die Nachrichten im Fernsehen an. Eigentlich musste sie die Gartengeräte in den Schuppen stellen, hatte aber nicht die Kraft dazu. Die Heckenschere, die Harke, die Baumschere und den Kantenschneider, den mit dem kurzen Griff, der ganz neu und noch ganz scharf war und den sie sehr gerne benutzte. Er lag in einem länglichen Korb in der Diele. Sie hatte den Korb auf einen Hocker an der Wand gestellt, damit er nicht im Weg war und damit nichts schmutzig wurde. Es sah ihr gar nicht ähnlich, so unordentlich zu sein. Aber irgendwie hatte sie seit Carl-Ivars Tod nicht mehr so viel Kraft.

Sie saß in Johans altem Zimmer vor dem kleinen Fernseher. Ihre Konzentration war nicht die beste. Die Nachrichten waren allerdings auch nicht weiter aufregend. Sie dachte an das große Ereignis des Tages. Kriminalkommissar Claes Claesson,

Veronikas Mann, war vorbeigekommen. Glücklicherweise war Sven gerade nicht bei ihr gewesen.

Die Frau auf dem Kai. Und dann Carl-Ivar.

Sie hatte sich das Foto bereits eingeprägt, als sie es das erste Mal in Istanbul gesehen hatte. Claesson gegenüber hatte sie sich das jedoch nicht anmerken lassen. Carl-Ivar sah so seltsam entspannt aus. So wie früher, als er noch jünger gewesen war.

Das Telefon klingelte. Es lag neben ihr. Sie senkte die Lautstärke des Fernsehers und ging dran.

Es war wieder Kommissar Claesson, der ihr gern noch eine Frage stellen wollte, die er beim letzten Gespräch vergessen hatte.

»Erinnern Sie sich, ob der Mann, der sich als Lennart Ahl vorgestellt und sich nach Carl-Ivar erkundigt hat, Dialekt sprach?«

»Doch... vielleicht war er aus der Gegend von Västervik«, antwortete sie. »Oder vielleicht auch aus Vimmerby oder noch weiter aus dem Norden.«

»Woran denken Sie da genau?«, fragte er, als stellte er die Fragen in einer Quizshow.

»In Östergötland«, antwortete sie gehorsam. »Er war vielleicht aus Norrköping.«

Der Kommissar war hochzufrieden.

»Sonst noch etwas?«

Nein, sonst gab es keine weiteren Fragen. Sie schaltete den Fernseher aus und ging ihre Tasche packen. Um neun Uhr begann der Nachtdienst.

Sie hätte sich auch länger krank schreiben lassen können, die Diagnose hätte vermutlich »Lebenskrise« gelautet, oder sie hätte zumindest bis zur Beerdigung in der kommenden

Woche Urlaub nehmen können. Teilweise war sie immer noch wie betäubt, aber diese Lähmung würde noch recht lange andauern, vermutete sie. Ihr Schock war jedoch nicht so groß, dass sie sich nicht auf ihre Arbeit hätte konzentrieren können. Ihr Körper und ihre Seele sehnten sich nach dem gewohnten Gleichgewicht, ihrem normalen Leben, so gut das eben ging, während sie um Carl-Ivar trauerte.

Aber vor allen Dingen wollte sie von zu Hause wegkommen. Im Haus war es deprimierend still. Und es machte sie auch nicht fröhlicher zu sehen, wie Sven mit seiner Nettan zum Golfplatz fuhr, jetzt wo die Abende so hell waren. Plötzlich waren die beiden wieder ganz innig, und er nahm Birgitta gar nicht wahr.

Sie nahm nicht wie sonst immer ihr Fahrrad. Es war eine ordentliche Strecke. Sie hatte nicht die Kraft, die ganze Zeit aufzupassen, obwohl das Wetter umgeschlagen und es wieder warm und angenehm war.

Das Grün der Bäume und Büsche war weniger zart, es war intensiver geworden, wie sie durch die Windschutzscheibe erkennen konnte. Es war unglaublich schön.

Nachdem sie geparkt und die Eingangshalle betreten hatte, sah sie den Aushang. Er hing neben dem Empfangstresen an der Wand, damit ihn alle sahen. Sie trat näher. Betrachtete eingehend das Foto. Es war wie im Film. Ihr Unbehagen nahm zu.

Die Polizei bat die Öffentlichkeit um Hilfe bei der Suche nach dieser vermissten Frau, stand da zu lesen. Rosen sah sie von dem Foto direkt an. Ein gutes Bild. Tina lächelte freundlich und war sich sehr ähnlich. Wie ein flatternder Schmetterling.

Der jetzt davongeflogen war.

Als sie sich umgezogen hatte und auf der Station in der sechsten Etage eintraf, verspürte sie Freude und Dankbarkeit darüber, wieder zurück zu sein. Sie wartete auf die Übergabe, wie sie das seit ewigen Zeiten getan hatte. Sie trug ihre weiße Arbeitskleidung. Sie war Krankenschwester und keine trauernde Witwe, jedenfalls nicht nur. Diese Rolle war sie bereits leid.

Anne-Sofie kam wie ein warmer Wind und umarmte sie. Wie nett, dass wir zusammen Nachtdienst haben, dachte Birgitta. Sie hatte vorher nicht angerufen und sich erkundigt, mit welcher Schwesternhelferin sie zusammenarbeiten würde. Außerdem wurde der Dienstplan recht oft geändert, und es ließ sich letztendlich doch nichts ändern, aber Soffan war eine Perle.

»Weißt du, wer Bereitschaft hat?«, fragte Soffan.

»Nein.«

Birgitta zog den Dienstplan zu sich heran.

»Da steht Daun.«

Soffan verdrehte die Augen. In diesem Augenblick hatte Birgitta ein Gefühl von Déjà-vu. Jetzt fehlte nur noch Rosen. Sie hätte hereinflattern und auf ihre etwas unsystematische Art die Übergabe erledigen müssen. Im Übrigen waren es genau dieselben Leute wie in der Nacht, nach der sie die Todesnachricht erhalten hatte. So unendlich viel war seither passiert, als wären Jahre verstrichen.

»Weiß man, wer es war?«, fragte Soffan vorsichtig.

»Nein. Noch nicht. Ich versuche mich an den Gedanken zu gewöhnen, dass sie den Mörder nicht finden werden«, antwortete sie.

Sie musste sich auch daran gewöhnen, ihre Lage im Klartext auszudrücken. Es widerstrebte ihr zu sagen: »Mein Mann wurde ermordet.« Schon eher: »Mein Mann wurde bedauerlicherweise ermordet.« Aber auch das klang nicht gut.

Wie drückte man sich aus?

Vielleicht war es ratsam, überhaupt nicht darüber zu sprechen? Nach heiklen Dingen fragten die Leute ohnehin kaum. Das würde also funktionieren. Der Bestatter hatte das so gut gekonnt, dass es ihr kaum aufgefallen war.

Nach der Übergabe vergingen mehrere Stunden mit Routinearbeiten. Es war eine ungewöhnlich ruhige Nacht, und es gab nur wenig zu tun. Sie verrichteten gemächlich ihre Arbeit und hatten viel Zeit, um sich zu unterhalten.

Gegen Mitternacht bereiteten sie ihr Essen zu. Draußen war es noch ein wenig hell. Sie sprachen über das Licht, das alle so liebten, außer die Menschen, die an Frühlingsdepressionen litten. Dann wandten sie sich sofort den wichtigen und ernsten Dingen zu. Sie begannen mit Göran Bladh, der immer noch auf der Intensiv lag. Es ging ihm jedoch etwas besser, aber niemand wagte vorauszusagen, ob er ein Pflegefall werden würde oder nicht. Das würde sich erst mit der Zeit ergeben.

Sie wussten, was kommen konnte, und versuchten sich mit all jenen Patienten aufzumuntern, deren Entwicklung so viel erfreulicher verlaufen war, als man ursprünglich angenommen hatte. Es gab natürlich auch Beispiele für das Gegenteil. Aber sie mochten Bladh alle so gern, dass sie ihm nur das Beste wünschten.

»Nach dieser Sache hört er vielleicht mit der Trinkerei auf«, meinte Soffan. »Sieht es als neue Chance.«

Carl-Ivar hatte sie noch nicht erwähnt. Soffan war sensibel. Sie merkte, dass Birgitta nicht das Bedürfnis hatte, sich auszusprechen. Es gab auch nicht so viel zu sagen, das meiste hatte ohnehin in der Zeitung gestanden.

»Es muss noch schlimmer sein, nicht zu wissen, wo ein Angehöriger ist«, meinte Soffan. Jetzt war also ihre eigene Rosen an der Reihe. Das sagte man einfach so dahin, dachte Birgitta. Es ließ sich kaum beurteilen, was am schlimmsten war, und sie verzichtete gerne auf derartige Vergleiche. Aber die Leute liebten Rangordnungen. Top-Ten-Listen, das Schlimmste gewinnt.

»Es gibt Leute, die verschwinden und kehren nie mehr wieder. Ihre Angehörigen wissen gar nicht, ob sie noch am Leben sind. Manchmal sind sie auch auf einen anderen Kontinent gezogen«, meinte Soffan.

Sie waren sich einig, dass das auf Rosen nicht zutreffen konnte.

»Man lässt seine Kinder doch nicht im Stich«, fand Birgitta.

Gerade als sie Rosens Affäre erörterten, stand er plötzlich im Raum, als gebe es Gespenster.

Christoffer Daun blinzelte mehrmals und sah verlegen aus. Hatte er gehört, worüber sie sich unterhielten?

»Hallo«, sagte er. »Wie geht's? Ich mache nur eine Runde, bevor ich mich hinlege. Scheint ja alles ruhig zu sein.«

Das ist neu, dachte Birgitta. Die anderen Ärzte machten immer eine Runde, ehe sie zu Bett gingen. Er hatte das bislang noch nie getan.

Vermutlich hing das mit den jüngsten Ereignissen zusammen. Obwohl Soffan, nachdem seine Schritte auf dem Korridor verklungen waren, erzählte, dass es vermutlich mehr mit der Patientin zu tun hatte, die zu Hause gestorben war. Der ein Blutgefäß im Gehirn geplatzt war. Dafür konnte schließlich niemand etwas.

Da hat Daun wirklich Glück gehabt, dachte Birgitta. Er hat auch so schon genug Ärger.

Die Nacht verging. Als Birgitta in ihr Auto stieg, verfroren und hungrig, fühlte sie sich seltsam zufrieden. Dass etwas so wie immer war, wirkte befreiend.

Um Viertel vor acht, gerade als Sven und Nettan aus ihrem Haus kamen, stieg sie vor ihrem Gartentor aus dem Auto.

Mit verlegener Miene ging Sven in die Garage, um das Auto vorzufahren und die Golfschläger einzuladen.

»Man muss früh unterwegs sein, sonst muss man Schlange stehen, um bei so gutem Wetter auf das Green zu kommen«, zwitscherte Agneta. »Ist es nicht herrlich? Morgenstund hat Gold im Mund!«

Munter wie immer. Agneta trug ein rosa Polohemd. Das von Sven war orange. Beide trugen dazu karierte Hosen.

»Komm jetzt, Nettan«, rief er vom Auto.

Natürlich. Agneta Bromse hatte mittwochs frei. Sven kam mittwochs nie zu Besuch.

Birgitta ging ins Haus, ohne in Svens Richtung zu schauen. Vor Müdigkeit waren ihre Glieder bleischwer. Sie hatte nicht einmal die Kraft, verbittert zu sein.

Sie stellte Teewasser auf. Dann sündigte sie ein wenig und machte sich ein paar Scheiben Toast, weiß, nicht Vollkorn. Sie wusste nicht, was in sie gefahren war, aber jetzt, wo Carl-Ivar nicht mehr am Leben war ... Tja, sie wollte ganz einfach etwas Warmes essen, und da noch weißes Toastbrot für ihn in der Tiefkühltruhe lag, weil er das kontinentale Frühstück schätzte, konnte sie es direkt in den Toaster legen. Schließlich war es unnötig, das Brot wegzuwerfen.

Dann ließ sie ihren Kopf auf das weiche Kissen sinken. Nach harter Arbeit schläft es sich gut, dachte sie und schlief zum ersten Mal, seit Carl-Ivar gestorben war, sofort ein.

56

Das Telefon klingelte, als Birgitta Olsson ihre Sachen zusammenpackte, um ihre Eltern in Bråbo zu besuchen. Sie ließ es läuten. Ihre Mutter hatte einen Rührkuchen gebacken. Sie lockte sie immer mit etwas Gutem, genau wie früher. Selbstgebackenes zum Nachmittagskaffee.

Birgitta packte ihre Toilettentasche und Kleider zum Wechseln ein, falls sie übernachten würde. Sie fand ihr altes Zimmer im Augenblick recht verlockend. Sie sehnte sich nach dem Alten, Gewohnten, danach, es sich irgendwo bequem zu machen, wo man zu Hause war. Es existierte so etwas wie eine Erinnerung des Körpers. Dazu kamen die vertrauten Geräusche der Eltern, die im Untergeschoss herumwerkelten.

Ihre Mutter machte sich Gedanken wegen der Beerdigung, das merkte Birgitta an ihren andauernden ängstlichen Fragen. Sie hatte das instinktive Gefühl, zu ihren Eltern fahren und sie beruhigen zu müssen.

»Dass du als Erste Witwe wirst, ist die falsche Reihenfolge«, sagte ihre Mutter. Ihr Vater hatte gelacht, jedoch weder herzlos noch schadenfroh. Er hätte genauso gut sagen können, es sei schrecklich oder traurig, aber so große Worte nahm er nicht in den Mund. Besser so, dachte Birgitta. Seine Miene hätte sich auch verfinstern und er hätte schweigsam werden können. Die Leute reagierten unvorhersehbar. »In welcher Reihenfolge gestorben wird, weiß nur der da oben«, hatte ihr Vater gesagt und in die Luft gedeutet.

Verweise auf den allmächtigen Mann in den Wolken hatte es in ihrer Kindheit nicht gegeben. Das Alter und der nahende Tod stimmten wohl alle milder, dachte sie jetzt.

Carl-Ivar sollte kirchlich begraben werden, so viel war sicher. Sie hatten schließlich beide ihre Wurzeln in der christlichen Tradition. Beerdigungen mit Trauerredner gab es zwar immer häufiger, da die Zeiten andere waren, aber das kam für Carl-Ivar nicht in Frage, wo er auf diese verquere Weise gestorben war. Sie hatte das Bedürfnis, das Traurige und Makabre so gut es ging zu neutralisieren und mit Vertrautem zu überdecken. Sie und der da oben in seinem Himmel brauchten diese Stütze.

Das Telefon klingelte, als sie sich gerade die Jacke angezogen hatte. Mit Beharrlichkeit brachte sie das Klingeln dazu, doch zum Hörer zu greifen.

Es war Annelie Daun.

Ihre Laune sank auf den Nullpunkt. Sie wollte nicht mit Annelie reden. Sie wollte es sich leicht machen und hatte bereits geplant, Johan und Lotta dazuzubitten, wenn es so weit war. Magnus besser nicht, der wurde immer so geschäftsmäßig und verrannte sich in Kleinigkeiten.

»Ich würde gerne kurz vorbeikommen, wenn das geht«, sagte Annelie.

Birgitta schaute auf die Uhr. Es war gleich halb zwei.

»Leider geht das nicht. Ich bin auf dem Sprung. Ich stehe hier schon in meiner Jacke.«

»Kannst du das nicht aufschieben!«, beharrte Annelie. »Ich will gerne jetzt mit dir reden und vorzugsweise unter vier Augen.«

Gute Güte! Wie stur dieses Mädchen war! Als hätte sie sich etwas in den Kopf gesetzt. Das klang beunruhigend.

»Können wir uns nicht in Bråbo treffen? Ich bin gerade auf dem Weg zu meinen Eltern... und du wohnst doch schräg gegenüber. Kannst du nicht einfach rüberkommen?«

Aber das wollte Annelie nicht. Sie wollte zum Holmhällevägen kommen, sofort.

Aus irgendeinem Grund fragte Birgitta nicht, warum. Sie hatte das deutliche Gefühl, dass das keinen Sinn hatte. Ihre Hand zitterte leicht, als sie auflegte.

Dann griff sie wieder zum Hörer und rief ihre Eltern an, dass sie erst am nächsten Tag kommen würde. Es sei etwas dazwischengekommen.

»Ich hoffe, keine Probleme?«, sagte ihre Mutter ängstlich.

»Nein, nein«, beruhigte sie sie.

Dann setzte sie sich auf das Wohnzimmersofa und wartete. Wollte Annelie sie wegen dieses Teppichs treffen? Von dem der Kommissar inzwischen schon einige Male gesprochen hatte? Auch Lotta hatte den Teppich erwähnt.

Birgitta Olsson starrte vor sich hin, und ihr Blick fiel auf den neuen Plasmafernseher. Er war nicht an, also ein harmloser Gegenstand, auf dem sie ihren Blick ruhen lassen konnte, während sie die Unterhaltung rekapitulierte, die sie mit ihrer Tochter am vergangenen Montag am Telefon geführt hatte. Ihr war recht schnell klar gewesen, dass Lotta etwas auf dem Herzen hatte. »Mama, weißt du, dieser Polizist aus Oskarshamn«, hatte sie übertrieben munter begonnen.

Bereits da hatte Birgitta den Verdacht, sie sei nicht alleine im Zimmer. Vielleicht rief sie für Magnus an? Sie klang unkonzentriert. Ungefähr so, als telefoniere man mit jemandem, der gleichzeitig seine Mails beantwortete. Das Klappern der Tastatur im Hintergrund. Sie bekam dann immer die größte Lust, einfach aufzulegen.

Aber das tat sie nicht, obwohl im Hintergrund ein leises Flüstern zu hören war. »Und, was ist mit ihm?«, entgegnete sie trocken.

»Als er unlängst noch einmal mit mir gesprochen hat, hat er wieder nach einem Teppich gefragt...«

»Ach?«, erwiderte sie und bemühte sich, vollkommen gleichgültig zu klingen.

»Er hat nach diesem sehr speziellen Teppich gefragt, nach dem er schon bei der Vernehmung in Istanbul gefragt hatte, den Papa in der Türkei gekauft hat, um ihn nach Schweden mitzunehmen... Er... also der Kommissar, wollte wissen, ob ich wüsste, ob sich dieser Teppich in Schweden befindet... ob ich vielleicht wüsste, wo er hingeraten ist und so... und ich sagte, was auch den Tatsachen entspricht, dass ich immer noch keine Ahnung habe... Papa hätte immer so viele Teppichgeschäfte laufen gehabt, dass man unmöglich den Überblick hätte behalten können, sagte ich. Dann habe ich aber doch Annelie angerufen, ob sie etwas weiß, aber sie wusste auch nichts.«

»Und?«

»Der Polizist meinte, wir sollten nicht darüber reden, und das habe ich auch nicht getan, abgesehen von zu Hause natürlich. Aber Mama, weißt du *wirklich* nicht, wo dieser Teppich ist?«

»Nein, wahrhaftig nicht«, hatte sie geantwortet. »Du weißt genauso gut wie ich, dass ich mich nie in Papas Geschäfte eingemischt habe. Aber es wäre natürlich nicht schlecht, wenn man diesen Teppich jetzt hätte, oder was meinst du? Der ist sicher ein Vermögen wert! Damit könnte man gut und gerne die ganze Beerdigung bezahlen.«

Sie wusste nicht, wie sie auf die Idee gekommen war, so zu spotten. Lotta schwieg. Sie merkte offenbar, dass weitere Fragen sinnlos waren. Magnus, der Lotta vermutlich umkreist hatte, schwieg ebenfalls.

Sven war bei ihr gewesen, als Lotta anrief. Nettan war bei der Arbeit gewesen. Sie waren eben mit dem Kaffee fertig. Er saß schweigend auf der Couch und hörte unweigerlich zu. Anschließend wollte er wissen, warum sie so reserviert war. War das vielleicht eine Sache, wobei er ihr behilflich sein konnte?

»Ach was! Es geht nur um einen alten Teppich, für den sich die Kinder interessieren«, antwortete sie. »Genauer gesagt Lotta.«

»Und was für einen?«

»Ein alter ... ziemlich kaputt und ausgeblichen, aber sehr wertvoll, nimmt man an. Ein Teppich, für den Carl-Ivar in Istanbul viel Geld ausgegeben hat, aber von dem niemand weiß, wo er abgeblieben ist.«

»Guter Gott, ist er deswegen ermordet worden?«, fragte Sven. »Vielleicht will sich ja jemand diesen Teppich unter den Nagel reißen?«

Er war zweifellos aufgewacht, und sie würde seine Neugier nicht so ohne weiteres abschütteln können. Diese Energie, von der er als selbstständiger Unternehmer so profitiert hatte, ließ ihn strahlen. Er wollte endlich zupacken dürfen, die Arme hochkrempeln und allen zeigen, wo's langging.

»Du darfst das niemandem erzählen«, bat sie ihn. »Es ist geheim, dass die Polizei diese Spur verfolgt ... also herausfinden will, wo dieser Teppich abgeblieben ist. Heikle Sache, da er so wertvoll ist. Man könnte glauben, er könne fliegen«, scherzte sie.

Aber seine Neugier war ein für alle Mal geweckt gewesen.

»Darf man sich die Frage erlauben, um welche Preislage es sich handelt?«

Sie stutzte. Die Stille wurde so unangenehm wie immer,

wenn es um Geldfragen ging. Sie wollte ihm das nicht erzählen. Sven ging das wirklich nichts an. Gleichzeitig fand sie es verlockend, ihn von seinem hohen Ross zu stoßen. Und nicht nur ihn. Auch die wunderbare Nettan.

»Tja«, meinte sie leichthin, »ein paar Millionen vielleicht, aber ich weiß es nicht genau.«

Er stieß einen leisen Pfiff aus, schwieg und sah sie mit großen Augen an.

»Meine Güte, nicht übel für einen Teppich«, sagte er dann in fast andächtigem Ton.

Der Klopfer schlug hart gegen die Tür. Sie fuhr sich mit den Fingern durchs Haar, um ihre Nerven zu beruhigen. Dann ging sie aufmachen.

Vor ihr stand Annelie Daun mit einer großen Umhängetasche. Sie sieht aus wie immer, dachte Birgitta. Wenn man sich überlegt, was ihr Mann alles angerichtet hat, müsste sie am Boden zerstört sein.

Birgitta bat sie einzutreten.

»Darf ich dir was anbieten?«

»Nein, nicht nötig«, erwiderte Annelie.

»Sollen wir in die Küche gehen?«

»Gerne.«

Sobald sie sich an den Küchentisch gesetzt hatten, Annelie auf Carl-Ivars Platz, öffnete Annelie ihre Tasche und nahm eine dicke Mappe heraus. Sie war abgegriffen und aus grau marmorierter Pappe. Sie legte sie vor Birgitta auf den Tisch. Sie starrte sie nur an.

Annelie sagte nichts, sondern nickte. Birgitta sah ihr in die Augen, dann hob sie die Hände und öffnete die Mappe.

Eine Welle des Unbehagens spülte über sie hinweg. Gleichzeitig erwachte ein bislang schlafender Gedanke, ungefähr so, als sei Dornröschen durch den Kuss des Prinzen aus ihrem langen Schlaf geweckt worden. Aber das hier war ein Kuss ganz anderer Art.

Geahnt hatte sie es.

57

Claesson starrte in die Abenddämmerung. Er hatte Klara »Michel aus Lönneberga« vorgelesen, und sie hatte eben die Augen geschlossen. Der warme Körper seiner Tochter lag dicht neben ihm. Er wollte noch einen Augenblick liegen bleiben, damit sie auch wirklich zur Ruhe kam. Das war natürlich unklug, denn normalerweise schlief er dann ebenfalls ein. Aber jetzt ging ihm so vieles durch den Kopf, dass er hellwach war. Der vergangene Tag war einer der missglücktesten seit langem gewesen.

Den nächsten Schritt der Ermittlungen mussten sie besser planen, das sah jeder Idiot ein. Der eine oder andere Patzer war noch akzeptabel, aber es durften nicht zu viele werden. Das hatte er zu Özen auf dem Rückweg von Stockholm auch gesagt. Aber es hatte keinen Sinn, darauf herumzureiten, solange man seine Lehren daraus zog, es abhakte und nach vorne schaute.

Er versuchte Özen ein kluger Mentor zu sein, das wurde von ihm erwartet. Einige vergaßen Fehler und Demütigungen nie. Er hätte mehrere Beispiele nennen können, aber darüber sagte er nichts zu Özen. Lieblinge zu haben war das Schlimmste, was einem Chef passieren konnte. Er ärgerte sich primär über Martin Lerde. Lerde ließ sich immer über die Fehler anderer aus, bis zum Abwinken. Er würde auch jetzt keine Gelegenheit auslassen, das wusste Claesson. Er würde sich die Chance, sich bei seinem Chef einzuschmeicheln und seinen Konkurrenten abzubügeln, nicht entgehen lassen. Das hier war eine glänzende Gelegenheit.

Lerde war ein Schleimer, fand er. Dass hinter dem Rücken von Kollegen geredet wurde, damit musste man als Chef rechnen, und Lerde intrigierte in der Tat recht elegant, er tarnte seine Ausfälle immer mit Humor. Man konnte wirklich sagen, dass der junge Mann nicht unbegabt war. Sich auf Kosten anderer lustig zu machen, war aber destruktiv und unakzeptabel. Was war Scherz, und was war Ernst? Die Kollegen wehrten sich zwar, das wirbelte aber immer sehr viel Schmutz auf.

Beim nächsten Mitarbeitergespräch muss ich Lerde zurechtweisen, dachte Claesson. Sein Puls hatte sich wieder beruhigt. Er hatte diese Sache abgehakt. Im Übrigen wusste er, dass er den Ärger vermutlich bis zum nächsten Mitarbeitergespräch schon wieder vergessen haben würde.

Nach der Morgenbesprechung waren Özen und er etwas übereilt nach Stockholm gefahren. Drei Stunden Fahrzeit mit dem Auto. Dann zurück. Sie waren ein gutes Team, aber das reichte nicht. Um einige Erkenntnisse waren sie anschließend reicher, weil das immer so war, immerhin hatten sie gesehen, in welchen Verhältnissen die Tochter und der Schwiegersohn lebten, in ganz anderen als das Teppichhändlerehepaar Olsson. Louise Jasinski hatte ihnen versprochen, währenddessen Karl-Magnus Öbergs Geschäfte etwas genauer unter die Lupe zu nehmen, jedenfalls das, was einsehbar war, also die Zahlen, die allgemein zugänglich waren. Das stellte auch den größten Erkenntnisgewinn dieses Tages dar.

Sie waren darauf aus gewesen, Familie Öberg in ihrer standesgemäßen Wohnung in der Sibyllegatan aufzusuchen. Sich ein umfassenderes Bild zu verschaffen, könnte man sagen.

Sie hatten jedoch auch Magnus Öberg auf den Zahn fühlen wollen und sich detailliertere Auskünfte als bei der kurzen Vernehmung in Istanbul erhofft. Patrik Lindström konnten sie nicht verhören. Die Kollegen in Norrköping hatten ihn noch nicht zu fassen bekommen, er war untergetaucht. Dazu hatte er auch allen Grund, man würde ihn vermutlich wegen versuchten Mordes anklagen.

Im Augenblick geschah mal wieder alles auf einmal! Es gab Monate mit Routinearbeiten und Kleinkriminalität, aber jetzt hatte er es mit zwei dramatischen Fällen gleichzeitig zu tun.

Claesson dachte über die Vermisstensache nach. Er war sich ziemlich sicher, dass der Ehemann seine Frau umgebracht hatte. Aber wo? Aus Eifersucht waren manche Menschen zu allem fähig. Kriminalinspektor Peter Berg betreute diesen Fall und wurde dabei von Martin Lerde unterstützt. Auf beide hatte Louise ein wachsames Auge. Sie werden das schon schaukeln, dachte er.

Dieser Teppich, dachte er dann. Er war neugierig, wie er aussah. Wichtiger war jedoch, dass sie Magnus Öberg überführten. Öberg war korrekt, nicht übertrieben gesprächig, aber immer mit einem verbindlichen Lächeln auf den Lippen, dieses allerdings eher gemäßigt, schließlich war sein Schwiegervater gerade gestorben. Im Großen und Ganzen kein sonderlich angenehmer Mensch.

Er hatte die Protokolle aus Istanbul gelesen. Öberg hatte damals die Fragen beantwortet, mehr aber auch nicht. Er sei beim Tod seines Schwiegervaters auf Geschäftsreise in Deutschland gewesen, u.a. in München. Er hatte allerdings noch keine Beweise für sein Alibi beigebracht. Er behauptete, mit dem Auto unterwegs gewesen zu sein, was unwahrscheinlich wirkte. Es war doch wohl naheliegender, zu fliegen und vor Ort ein Auto zu mieten. Das war ein schwacher Punkt.

Claesson hatte am vergangenen Montag bei Magnus Öberg angerufen, also vor zwei Tagen, und ihn höflich daran erinnert, die gewünschten Unterlagen zur Dokumentation seiner Deutschlandreise umgehend einzureichen.

»Hauptsächlich der Ordnung halber«, hatte er mit milder Stimme gemeint, schließlich hatte er keine schlafenden Hunde wecken wollen.

»Natürlich. Kein Problem. Ich kümmere mich sofort darum«, hatte Öberg versprochen.

Gar nichts würde passieren, davon war Claesson überzeugt. Deswegen wollte er ihn auch kalt erwischen. Er hatte die Verlegenheit miterleben wollen, die immer dann entstand, wenn die Betreffenden sich nicht vorbereiten und ihre Abwehr mobilisieren konnten.

Plötzlich standen Özen und er in der Sibyllegatan. Claesson war gefahren. Er fuhr gerne Auto. Sie hatten sich darauf geeinigt, dass Özen zurückfahren würde.

Sie klingelten und warteten. Betrachteten zwei magere Frauen, die ein Stück von ihnen entfernt standen und sich angeregt unterhielten. Beide waren vermutlich Anfang sechzig, vielleicht auch älter, bei Falten war das Alter schwer zu schätzen. Ihre Hosen waren zu weit. Sie trugen beide einen Jeansanzug, vermutlich eine bessere Marke, er war jedoch nicht blau, sondern braun beziehungsweise hell aprikosenfarben. Die Jacken reichten bis zur Taille und hatten vorne ein paar lächerliche Rüschen. Beide hatten einen Pagenschnitt – das war ein Ausdruck, den Claesson von Louise Jasinski gelernt hatte –, der von einem Diadem gekrönt wurde. Beide trugen große Brillen mit getönten Gläsern und Halbschuhe mit Leopardenmuster sowie einen winzigen Wauwau unter dem Arm. Sehr interessant, dachte Claesson. Solche Frauen gab es in Oskarshamn praktisch nicht, wenn überhaupt.

Offenbar war niemand zu Hause. Es war kurz vor elf.

»Nicht der Zeitpunkt, zu dem die arbeitende Bevölkerung zu Hause ist«, meinte Claesson. Hinterher war man immer schlauer.

Sie trotteten los, um nach Magnus Öbergs Büro in der Banérgatan zu suchen. Laut Navi war es nicht weit weg. Sie ließen ihr Auto stehen. Hatte man einen Parkplatz gefunden, musste man vermutlich froh und dankbar sein. Außerdem wollten sie sich bewegen, schließlich hatten sie eine lange Heimfahrt vor sich.

Sie gingen den Valhallavägen nach Osten und kamen an einem Einkaufszentrum namens Fältöversten vorbei, das recht trostlos wirkte. Davor stand eine Dame von der Sorte, von der sie bereits zwei gesehen hatten, jedoch ohne Wauwau. Sie verstaute gerade ihren Lebensmitteleinkauf mit Hilfe des Fahrers in ein Taxi. Sie wirkte, als habe sie zu tief ins Glas geschaut. Ihr Gesicht hatte die leicht bläuliche Färbung, die zu viel billiger Rotwein verursachen konnte.

Das Büro lag im Erdgeschoss eines Hauses aus den dreißiger Jahren. Die Firma hieß Ö & L AB. Wer L war, brauchte sie nicht zu interessieren. Vielleicht die junge, gutaussehende, aber recht reservierte Frau, die öffnete, als sie anklopften. Sie hätte sie vermutlich gar nicht eingelassen, wenn man sie nicht von der Straße aus hätte sehen können.

»Nein, ich weiß nicht, wo er ist. Ich habe ihn heute noch nicht gesehen... Wir haben unterschiedliche Kunden... Wir teilen uns eigentlich nur das Büro«, sagte sie uninteressiert und machte sich an ihrer riesigen, toupierten Frisur zu schaffen, die ihr schmales Gesichtchen einrahmte.

Das Büro war schlicht und kühl, wie aus einem Lifestyle-Magazin. Man konnte sich kaum vorstellen, dass dort überhaupt gearbeitet wurde. Magnus Öberg hatte irgendwie mit Werbung und PR zu tun. War das nicht überhaupt dasselbe? Weiße Tischplatten auf Böcken aus hellem Holz, ein Regalsystem im Baukastensystem, klassische schwarze Schreibtischlampen.

Sie würden unverrichteter Dinge abziehen müssen. Sie gingen um die Ecke Sushi essen. Im Lokal war sehr viel los. Sushi war zwar nicht Claessons absolutes Lieblingsessen, ihm war sättigendes, warmes Essen lieber, aber dieses Sushi war ganz okay. Özen aß mit Stäbchen, Claesson holte sich ein Besteck. Er wäre sich lächerlich vorgekommen, hätte er versucht, auf diese ungewohnte Art Reiskörner zu verzehren. Außerdem besaß er dafür keine sonderliche Begabung. Er hätte sich wie bei einem Kindergeburtstag gefühlt.

Dann gingen sie in die Sibyllegatan zurück. Dieses Mal antwortete ihnen eine Stimme durch die Gegensprechanlage und ließ sie ohne längeres Zögern eintreten. Das musste die Ehefrau sein, falls es sich nicht um die Putzfrau handelte.

Im Entree lag eine Orientbrücke. Ein paar hochmoderne Kinderwagen standen an der Wand. Sicher gibt es immer Ärger, weil sie im Weg stehen, dachte Claesson. Die Treppe war breit. Die Fenster zum Hof waren bleiverglast, die Scheiben mit stilisierten Blumen bemalt. Leberblümchen im ersten Stock, Gänseblümchen im zweiten. Sie gingen zwei Treppen hoch. Der Fahrstuhl war sehr hübsch, Modell Anno dazumal, aber sie benutzten lieber ihre Beine, denn diese Bewegung war gratis.

Die Ehefrau und Teppichhändlertochter Lotta Öberg ließ sie ein. Es war kurz vor zwei, sah Claesson auf einer alten Penduluhr, die neben den weißen Flügeltüren hing, die vermutlich ins Wohnzimmer führten. In solchen Wohnungen sprach man von *Saal*.

Sie kamen jedoch nicht weiter. Lotta Öberg war nur rasch nach Hause gekommen, um sich umzuziehen. Sie habe es eilig, sagte sie. Sie müsse mit der Arbeit zu einem *Event*. Also das kleine Schwarze und die Nase frisch pudern.

Die Bilder an den schmalen Wänden der Diele waren richtig teuer, das sah Claesson, auch auf Abstand. Die im großen Zimmer ebenfalls, in das von rechts durch hohe Fenster das Licht fiel.

»Was wollen Sie eigentlich? Kann ich irgendetwas ausrichten?« Sie betrachtete sie kritisch.

»Wir wollten mit Ihrem Mann nur noch ein paar Einzelheiten klären«, erwiderte Claesson, so ruhig er konnte.

»Wenn es wichtig ist, müssen Sie ihn eben anrufen. Er ist in Deutschland.«

»Ach so. In München vielleicht?«, fragte Claesson.

Sie starrte ihn an. »Woher wissen Sie das?«

»Dort war er auch, als Ihr Vater in Istanbul ermordet wurde.«

»Ach?«

Sie trug wie in einem Spa einen weißen Morgenmantel aus dickem Frottee. Den Gürtel hatte sie fest um ihre schmale Taille geschnürt. Blondes kurzes Haar. Selbstsicher, etwas mürrische Miene, aber trotzdem sah sie gut aus. Oder vielleicht doch nicht, dachte Claesson. Richtig gut aussehende Menschen waren auch immer herzlich. Eine schlanke Figur und ein perfektes Profil waren nicht alles auf dieser Welt.

Sie versuchte, ihr inneres Gleichgewicht wiederzufinden, hatte es den Anschein.

»Wir müssen das persönlich mit ihm besprechen«, beharrte Claesson. »Wann kommt er denn aus München zurück, damit wir das planen können?«

»Rechtzeitig zu Papas Beerdigung.«

»Ausgezeichnet. Dann können wir uns ja um diese Kleinigkeit kümmern, wenn er ohnehin in Oskarshamn ist. Das ist also Freitag in einer Woche?«

Sie nickte.

»Also in neun Tagen.«

Sie nickte erneut, kaum merklich.

»Er hat also so viel in München zu tun, dass er so lange dort bleiben muss?«

»Es handelt sich um eine recht große Werbekampagne. Es ist anstrengend, über das Wochenende nach Hause zu hetzen.«

»Ach so«, meinte Claesson.

Sie drehten sich um und wollten gehen. Claesson legte seine Hand auf die Klinke.

»Könnten Sie ihn übrigens bitten, uns die Belege seiner Deutschlandreise zu schicken, es geht um den Zeitpunkt, als Ihr Vater ermordet wurde? Er hatte uns versprochen, das zu tun, aber vermutlich hatte er zu viel um die Ohren. Das ist eine reine Formsache, aber trotzdem wichtig.«

Sie kommentierte auch das nicht.

Als Claesson abends in Klaras Bett lag, gelangte er immer mehr zu der Überzeugung, dass Magnus Öberg in einer Abstellkammer in der großen Wohnung gestanden und gelauscht hatte.

Özen und er waren missgestimmt gewesen, als sie Stockholm verlassen hatten. Özen hatte am Steuer gesessen, Claesson lotste ihn zum Norrtull und von da auf die E4 Richtung Süden.

Als sie in Södertälje waren, rief Louise an. Karl-Magnus Öberg besitze eine Aktiengesellschaft, die Ö & L heiße.

»Ich weiß«, sagte Claesson.

»Weißt du auch, dass er sie gemeinsam mit seiner Frau besitzt?«

Nein, soweit waren sie noch nicht. Schließlich bestritten sie diese seltsame transnationale Ermittlung mehr oder minder zu zweit. Aber okay, da hatten sie das L. Lotta. Vielleicht sollte das ja auch ein Witz sein: ÖL.

»Das Unternehmen steht kurz vor der Insolvenz«, fuhr Louise fort. »Die Erträge minimal und die Schulden enorm.«

»Könnte ein Teppich, der eine Million wert ist, daran etwas ändern?«

»Wahrscheinlich, aber es gibt einiges, was bezahlt werden muss, ehe sich der Teppich zu Geld machen lässt«, meinte sie. »Ich überlege, ob Öberg seinen Schwiegervater vielleicht erpresst hat.«

Claesson war fassungslos.

»Wie das?«

»Er hatte ihn in der Hand. Vielleicht etwas, das mit Istanbul zu tun hat. Öberg fuhr schließlich dorthin, glauben wir. Jedenfalls spricht alles dafür.«

»Ich denke darüber nach«, meinte Claesson und teilte Özen dann Louises Überlegungen mit.

»Das hat vermutlich mit dieser Frau auf dem Kai zu tun«, meinte Özen.

Die Frau auf dem Kai hatten sie nicht vergessen.

Magnus Öberg würden sie früher oder später schon drankriegen. Es hatte auch Vorteile, die Dinge nicht zu übereilen. Schließlich handelte es sich wohl kaum um einen Serienkiller. Ruhig und gelassen und gut geplant würde alles seinen Lauf nehmen.

Also dann bis zur Beerdigung, dachte Claesson und überlegte sich schon, wo Ilyas Bank sitzen würde. Vielleicht konnte er mit in die Kirche kommen, damit Magnus Öberg spürte, wie es war, wenn einem die Häscher im Genick saßen. Nein, überlegte er dann, es ist vermutlich besser, wenn Özen mit Ilyas in einem Auto vor der Kirche wartet, um ihm dann Magnus Öberg zeigen zu können.

Er unterbrach seine Überlegungen, stand mit Mühe aus dem niedrigen Bett auf, ging die Treppe hinunter und fand Veronika auf dem Sofa. Sie schlief. Nora lag vor der Rückenlehne.

Er nahm sie vorsichtig in den Arm.

»Ist es nicht besser, du gehst rauf und kriechst ins Bett?«

Sie starrte ihn schlaftrunken an. »Doch.«

Er ging in die Küche, nahm ein Bier aus dem Kühlschrank und stellte sich in den dunklen Garten.

Die Fotos lagen ausgebreitet auf dem Küchentisch. Einige Stunden waren vergangen, aber sie hatten sich nicht die Mühe gemacht, in der Küche Licht zu machen. Im Fenster brannten zwei Kerzen.

Birgitta Olsson schnäuzte sich zum unzähligsten Mal. Annelie hatte Tee gekocht. Ein heißes Getränk war tröstlich.

Die letzten Sonnenstrahlen fielen schwach durch das Laub der Bäume. Es war halb neun. Die Zeit hatte aufgehört zu existieren.

»Irgendwie habe ich es gewusst«, sagte Birgitta Olsson. »Jedenfalls habe ich gespürt, dass Carl-Ivar noch ein anderes Leben führt... aber vermutlich habe ich nie gewagt, nach der Wahrheit zu suchen. Ich war ganz einfach zu feige, um ihn direkt zu fragen. Vielleicht hat es auch einfach keine Rolle gespielt.« Sie zuckte mit den Achseln. »Wir haben so gut es ging zusammengelebt, er, die Kinder und ich. Und eigentlich war das auch ganz gut so.«

Da waren wieder die Tränen. Ein verzweifeltes Weinen. Sie betrachtete das Foto.

»Und das haben sie wohl auch getan... sie haben ihr Leben gelebt... die Dunkelhaarige und das Mädchen. Die Tochter. Carl-Ivars Tochter. Es ist nur so schwer zu begreifen.«

Vor nur einer halben Stunde hatte Annelie ihre Idee bereut, jetzt jedoch nicht mehr. Ihr gab man keine Schuld. Sonst war es ja immer der Überbringer schlechter Nachrichten, dem die Schuld zugewiesen wurde.

»Wir hatten kein schlechtes Leben, Carl-Ivar und ich«, wiederholte Birgitta.

Annelie saß da und schärfte sich immer wieder ein, sie hätte die Mappe im Teppichgeschäft gefunden. Es war kein großes Problem gewesen, diese Unwahrheit zur Wahrheit zu erklären. Die Örtlichkeit etwas zu modifizieren. Sie hätte die Mappe nach Bråbo mitgenommen, damit die Polizisten sie nicht finden würden, wenn sie das Teppichgeschäft auf den Kopf stellten, hatte sie Birgitta erklärt. Sie hatte Carl-Ivar schützen wollen. Er sei fast wie ein Vater für sie gewesen.

»Weißt du«, sagte Birgitta, deren Stimme wieder etwas gefasster klang. »An Carl-Ivar war immer etwas Fremdes. Als würde ihm ein Schatten folgen... Und das, was sich nicht deutlich zeigt, täuscht einen merkwürdigerweise immer.« Sie lächelte schwach.

»Das hat mich vermutlich in all den Jahren auch immer angezogen. Dass da noch mehr war, was ich nicht richtig fassen konnte. Kennst du das?«

Annelie nickte.

58

Es war Donnerstag, drei Minuten nach acht. Özen und Claesson saßen mit den anderen vor dem Fernsehmonitor. Gerade berichtete der Bezirk Kalmar.

Es ging um Bagatellen. Routine. Tina Rosenkvist war immer noch nicht aufgetaucht. Auch Patrik Lindström hatte nichts von sich hören lassen.

Am Tag zuvor waren Rogge und die anderen Hundeführer wieder unterwegs gewesen. Neue Gebiete. Aber sie wussten nicht, woran sie waren. Lebte Tina noch oder nicht? Hatte sie sich aus dem Staub gemacht? Falls ja, hatte sie keine Spuren hinterlassen. Sie hatte kein Geld abgehoben und keine Flugtickets oder Bahnfahrkarten gekauft, es sei denn, sie hatte bar bezahlt, und das war recht ungewöhnlich.

»Sieht übel aus«, meinte Rogge. »Man würde ihr ja wünschen, dass sie irgendwie die Biege gemacht hat. Sie hat sicher allen Grund, sich von dem Mann fernzuhalten, mit dem sie verheiratet ist. Aber in einer Waldlichtung will man auch nicht liegen...«

»Nein«, sagte Louise Jasinski.

Anschließend referierte Claesson die aktuelle Lage im Teppichhändler-Fall. Sie hatten einen Verdächtigen, konnten aber bis zum Begräbnis nichts unternehmen. Nach Patrik Lindström wurde hauptsächlich wegen der schweren Misshandlung von Tina Rosenkvist gesucht, aber irgendwie hing das auch mit Olssons Tod zusammen. Der gemeinsame Nenner schien ein verschwundener, sehr wertvoller Teppich zu sein.

»Ein kostbarer Teppich, der spurlos verschwunden ist«, schloss Claesson.

»Ja, der ist vermutlich etwas hübscher als dein räudiges Exemplar«, meinte Conny Larsson.

»Da bin ich mir nicht so sicher«, konterte Claesson. »Er ist nicht mal komplett, sondern nach dem Foto zu schließen an den Rändern stark ausgefranst.«

»Ich bin Rogges Meinung«, sagte Conny. »Ihr Mann hat sie auf dem Gewissen.«

»Nur zu bedauerlich, dass wir sie nicht finden können«, sagte Peter Berg, der zusammen mit Martin Lerde für den Fall verantwortlich war.

Mit anderen Worten hatten sie alle Hände voll zu tun.

Claesson ging hoch in sein Büro. Özen kam herein und teilte triumphierend mit, dass Patrik Lindström wirklich im Sjöfartshotellet übernachtet hatte. Sie waren um eine Gewissheit reicher. Er legte Lindströms Passbild auf Claessons Schreibtisch. Sie hatten bereits entschieden, dass sie es ihrer besten und einzigen Zeugin, Annelie Daun aus dem Teppichgeschäft, zeigen wollten.

»Kannst du sie nicht anrufen und bitten, am besten heute noch herzukommen?«, meinte Claesson.

Özen nickte und verschwand. Claesson las seine Mails,

kam aber nicht sehr weit, da Louise Jasinski eintrat und ihm eine entzückende Dame vorstellte. Stattlich, auf die sechzig zugehend. Sie wisse alles, was es über Teppiche zu wissen gebe.

Louise ist wirklich Gold wert, dachte er und erklärte der Teppichexpertin, es gehe darum, die Teppiche in Olssons Teppichgeschäft zu schätzen.

»Das geht natürlich nur ungefähr«, meinte sie. »Die Preise hängen stark vom Käufer ab, das gilt insbesondere für Auktionen. Aber ich sehe natürlich sofort, ob es dort seltene Stücke gibt.«

Er zeigte ihr das Foto des Teppichfragments aus dem 15. Jahrhundert.

»Wo kommt der her?«

»Soweit wir wissen, wurde er in einer Moschee in Zentralanatolien gefunden«, sagte Claesson und klang wie ein lupenreiner Türkeiexperte.

»Ach?«, erwiderte sie andächtig.

»Die Gegend heißt Kappadozien«, meinte Claesson und erzählte, was der Teppichhändler im Großen Basar in Istanbul gesagt hatte.

»Ja, es handelt sich allerdings um ein seltenes Stück«, bestätigte sie. »Aber man muss das Fragment natürlich sehen und in die Hand nehmen, um es richtig schätzen zu können. Der Preis hängt auch immer davon ab, ob es zahlungskräftige Interessenten gibt. Der Wert eines solchen Teppichs ist in jedem Fall hoch, wenn er wirklich so gut erhalten ist wie der auf dem Foto, aber man weiß es wie gesagt nie, ehe man den Teppich nicht vor sich hat. Ich habe in der Tat schon seit langem keinen solchen Teppich mehr auf dem Markt gesehen. Grob geschätzt handelt es sich zweifelsohne um ein Millionenobjekt.«

Claesson bot der Frau den Besucherstuhl an und bat Özen, sich sofort bei ihm einzufinden und die Porträtfotos mitzubringen. Dann wählte er die Telefonnummer des Teppichgeschäfts. Annelie Daun war am Apparat.

»Macht es Ihnen etwas aus, wenn wir gleich vorbeikommen?«, fragte er.

»Natürlich nicht, Sie sind herzlich willkommen. Darf man fragen, worum es geht?«

»Wir haben eine Teppichexpertin aus Stockholm gebeten, das Lager des Geschäfts zu schätzen.«

Dem Schweigen Annelie Dauns entnahm er eine gewisse Anspannung.

»Es besteht kein Grund zur Besorgnis«, meinte Claesson beruhigend.

Dann begleitete er zusammen mit Özen die angereiste Teppichexpertin zu Olssons Geschäft.

»Ich habe von diesem fürchterlichen Mord in der Zeitung gelesen«, sagte sie, als sie in gemächlichem Tempo an dem imposanten Gebäude, in dem die beiden Zeitungen der Stadt untergebracht waren, entlanggingen und in die Besvärsgatan bogen.

»Schrecklich. Teppichhändler gehören eigentlich nicht zu der Sparte Mordopfer«, sagte sie, während sie die Östra Torggatan überquerten und dann das Schaufenster der Buchhandlung passierten.

Was tut das schon?, überlegte Claesson, wusste jedoch, was sie meinte.

Auf dem Lilla Torget war Markt. Blumen in leuchtenden Farben, junges Gemüse und Freilandeier.

»Sieht aus wie ein netter Laden«, sagte die Teppichexpertin, ehe sie das Geschäft betraten.

Annelie Daun wartete neben dem Tresen. Die Frauen begrüßten sich lächelnd. Da ist wohl ein Funke übergesprungen, dachte Claesson. Eine der seltenen Gelegenheiten, wo sich zwei Menschen, die sich nie zuvor begegnet sind, auf Anhieb mögen. Zwei Gleichgesinnte, obwohl Annelie Dauns Auftreten eine gewisse Vorsicht oder Bescheidenheit ausdrückte. Die ältere Frau war die Koryphäe, daran konnte kein Zweifel bestehen.

Engagiert und sicher auch mit gewissem Stolz führte Annelie Daun die Expertin durch den Laden und dann ins Lager. Claesson und Özen warteten, bis sie wieder nach oben kamen.

»Wir wollen Ihnen gerne noch ein paar Fotos zeigen«, sagte Claesson und legte die ernsten Gesichter nacheinander auf den Tisch.

Patrik Lindström war Nummer zwei. Sie erkannte ihn sofort.

»Das war dieser Mann«, sagte sie mit Nachdruck.

Sie verließen das Teppichgeschäft und kehrten ins Präsidium zurück. Claesson nahm sich die neuesten Berichte vor, während er sich noch einigermaßen klar im Kopf fühlte. Gegen Nachmittag ließ die Konzentration nach. Er wollte die Ereignisse rekapitulieren.

Das Telefon klingelte und riss ihn aus seinen Gedanken. Es war Nina vom Empfang.

»Eine gewisse Birgitta Olsson fragt, ob du vielleicht Zeit für sie hast.«

Yes! Rasch begab er sich nach unten und geleitete Birgitta Olsson in sein Büro.

»Womit kann ich Ihnen dienen?«, fragte er, nachdem sie Platz genommen hatten.

Sie entnahm einer schwarzen Stofftasche mit einem Friskis-&-Svettis-Aufdruck eine Mappe und legte diese auf seine geöffneten Ordner und zusammengehefteten Berichte, die er rasch beiseiteschob.

»Damit wir mehr Platz haben«, sagte er.

Sie sagte nichts. Mit unergründlicher Miene schob sie nun die Mappe auf seine Seite des Schreibtischs, die er inzwischen freigeräumt hatte. Sie nickte nur. Er hob die Hände und streifte ein ausgeleiertes Gummiband von der Mappe und klappte sie auf. Zog die Brauen hoch.

Hier ist es also!, dachte er.

»Was meinst du mit T-fall?«, fragte Veronika beim Abendessen.

»Was glaubst du?«

Gnocchi mit Pesto, Mozzarella und Ruccolasalat standen auf dem Küchentisch.

»Todesfall«, erwiderte sie.

Er nickte.

»In diesem Ordner lege ich Dokumente über Todesfälle ab, bei denen ich auf den Obduktionsbericht warte oder auf andere Unterlagen vom Gerichtsmediziner. Todesfälle, mit denen sich die Polizei befassen muss, wie zum Beispiel Selbstmorde, finden sich dort ebenfalls.«

Klara goss ihre Tasse mit Milch aus. Ein weißer Wasserfall strömte über die Tischkante, und es tropfte auf seine frischgewaschene Jeans.

Verdammt! Aber er sagte nichts. Er stand auf, ging zur Spüle, nahm den Lappen und dachte, dass es erst wieder ruhiger werden würde, wenn er siebzig war.

59

Claesson fand es befreiend, montags zur Arbeit zu radeln. Ein Wochenende im Schoß der Familie war nicht nur ruhig und schön, sondern teilweise auch recht anstrengend. Was hast du geglaubt?, hätte Veronika gesagt, wenn sie seine Gedanken hätte hören können. Die positive Einsamkeit musste er später im Leben suchen.

Am Samstag hatte es außerdem richtig Streit gegeben. Früher oder später war dieses Gewitter einfach fällig gewesen, das sah er ein. Man konnte nicht bis in alle Unendlichkeit die Gutmütigkeit des anderen strapazieren. Wie immer war der Streit aufgrund einer Bagatelle entflammt.

Krebsschwänze.

Es war Veronikas Idee gewesen, Janne und Mona Lundin für Samstagabend zum Abendessen einzuladen. Darauf hatte er ganz ruhig und sachlich hingewiesen, als sie über ihn hergefallen war. Als Dank für die Hilfe mit Klara, als sie im Eiltempo zur Entbindung gerast waren, hatte sie gemeint und natürlich auch, weil sie Lundins mochten.

Er hatte nichts dagegen gehabt. Eigentlich nichts, aber im Grunde war es ihm zu viel, er verstand aber auch, dass Veronika das Bedürfnis verspürte, gelegentlich die Babywelt zu verlassen, um sich mit anderen Erwachsenen als nur ihm zu unterhalten. Natürlich verstand er das! Aber davon sprach sie gar nicht. Sie sagte nicht, dass sie Lust auf eine Einladung habe, sondern redete von Etikette, auf die man seiner Meinung nach gut hätte verzichten können. Insbesondere wenn es um Lundins ging, die bei den Höflichkeitsregeln nicht das Kleingedruckte lasen. Er arbeitete schließlich und war außerdem noch nachts mit Nora auf. Er war ganz einfach müde.

Sie unterhielten sich einigermaßen sachlich darüber. Er gab nach. Lundins sollten zum Essen kommen.

Dann kam die Sache mit den Krebsschwänzen. Er hatte vergessen, sie beim Großeinkauf zu besorgen.

Da knallte es.

Die Vorspeise, die sich Veronika ausgedacht hatte und nach allen Regeln der Kunst zubereiten wollte, bestand nämlich überwiegend aus Krebsschwänzen. Man konnte über ihre Kochkünste sagen, was man wollte, aber sie gehörte nicht zu den Köchinnen, die mit Hilfe von Kühlschrank und Tiefkühltruhe improvisieren konnten. An ihrem Selbstvertrauen war an sich nichts auszusetzen, außer wenn es um Kulinarisches ging. »Und dafür schäme ich mich nicht«, pflegte sie mit mehr oder minder gespieltem Selbstbewusstsein zu sagen.

Das Stillen, das Gerenne mit Klara und die schlaflosen Nächte hatten ihre Geduld natürlich ebenfalls strapaziert. Claes hatte ein schlechtes Gewissen, er war in Istanbul gewesen, statt seinen Elternurlaub anzutreten, und jetzt arbeitete er schon wieder Vollzeit. Ihm fiel keine andere Lösung ein, als anzubieten, eine Stunde vor Eintreffen der Gäste loszuziehen, um die Krebsschwänze noch zu besorgen. Sehr konstruktiv.

Aber dafür sei es zu spät, das würde er nicht schaffen, sagte sie. Außerdem sei das Haus ein einziges Durcheinander. Verbissen rannte sie herum und räumte im Wohnzimmer auf, während Nora jammernd über ihrer Schulter hing. Eine Märtyrerin. Eine Martha. Er ging ihr aus dem Weg. Das war natürlich auch falsch. Aber um Verzeihung bitten lag ihm nicht. Er hatte regelrechte Angst vor ihrer grenzenlosen Wut.

Er drang dann nicht mehr durch zu ihr, sondern ihre Wut musste sich von allein legen, und das konnte dauern. Zeit hatten sie aber keine.

Klara war ganz unglücklich, ihre Mutter so bedrohlich mit grimmiger Miene zu erleben. Das war sie nicht gewohnt. Sie heulte und versteckte sich. Aber als Mona und Janne in der Diele standen, kam sie in ihrem Sonntagskleidchen wieder zum Vorschein, das in ihrem Versteck ganz staubig geworden war. Eine Weile durfte sie mit den Großen aufbleiben. Veronika und Claes konnten aufatmen, es war vorbei.

Janne und Mona. Es war schon seltsam, dass gewisse Menschen dafür geschaffen zu sein schienen, die Wogen zu glätten. Monas fröhlicher, unkritischer Charakter und Jannes nachdenklicher. Klara setzte sich auf Monas Schoß, Mona las ihr ein Märchen vor. Das Essen war nicht mehr so wichtig. Keine Vorspeise, keine Krebsschwänze. Das Unwetter war von selbst vorübergezogen.

Dann trank Claesson in der Küche zu viel Bier mit seinem Kollegen Janne, die Damen saßen im Wohnzimmer. Er fiel ziemlich betrunken ins Bett und hörte deswegen die Kinder nicht, auch das wurde nicht auf seinem Pluskonto verbucht.

Veronika war so großmütig, das am nächsten Tag nicht aufs Tapet zu bringen. Dafür nahm Claes auch beide Kinder auf einen langen Sonntagsspaziergang mit, damit sie einen Mittagsschlaf halten konnte.

Das gesamte Wochenende hatten die Kollegen weiter nach Tina Rosenkvist gesucht, allerdings nicht mehr so intensiv. Zeugen gab es immer noch keine, auch keine einzige Spur, die, tot oder lebendig, zu ihr geführt hätte.

Ein Nachbar hatte sich erinnert, dass er, als er mitten in

der Nacht aufgestanden war, gehört hatte, wie ein Auto angelassen wurde. Aber da hatte er bereits wieder im Bett gelegen und war nicht neugierig genug gewesen, um aufzustehen und nachzusehen, wessen Auto es gewesen war. Vielleicht hatte jemand Tina abgeholt? Oder ihr Ehemann Pär Rosenkvist hatte sich im Schutz der Dunkelheit auf den Weg gemacht?

Die Kriminaltechniker hatten sein Auto gefilzt. Natürlich gab es unzählige Spuren der Frau, Haare, Fasern ihres Pullovers, aber schließlich hatte sie dieses Auto auch benutzt. Es waren jedoch kein Blut, keine Körperflüssigkeiten und keine Hautabschürfungen zu finden gewesen. Weder Fahrgast- noch Kofferraum wiesen Spuren von Gewalt auf.

»Früher oder später finden wir sie«, sagte Peter Berg im Brustton der Überzeugung, und Martin Lerde nickte so nachdrücklich wie immer.

Claesson hatte wieder Kontakt zu Birgitta Olsson aufgenommen und sie gefragt, ob noch andere von der anderen Frau und der Tochter ihres Mannes in der Türkei wussten. Sie hatte wie vorher geantwortet, das wisse sie nicht, sie sei sich jedoch recht sicher, dass niemand etwas gewusst habe. »Das wäre ja schrecklich gewesen, wenn andere etwas gewusst hätten und ich nicht.«

Er hatte sie darauf hingewiesen, mit niemand anderem als Annelie Daun, die ja bereits Bescheid wusste, darüber zu sprechen.

Özen hatte in Istanbul sowohl mit Fuat Karaoğlu als auch mit Merve Turpan gesprochen, und sie waren zu demselben Schluss gekommen.

Karaoğlu und Merve waren fortlaufend über ihre Bemühungen im fernen Oskarshamn unterrichtet worden. Sie wussten natürlich, dass sich Ilyas Bank in Schweden aufhielt und bei dem bevorstehenden Begräbnis als Zeuge eingesetzt werden sollte. Ob er Olsson auf der Fähre beraubt hatte, hatte man in Oskarshamn nicht weiterverfolgt, und in Istanbul schien man auch nicht sonderlich daran interessiert zu sein, in dieser Frage weiter zu ermitteln. Erst einmal musste jemand Anzeige erstatten, dass das Geld verschwunden war. Im Vergleich mit einem Mord vermutlich eine Bagatelle.

Özen kam in Claessons Büro. Merve hatte sich gemeldet. Sie hatte Olssons Tochter in Yeniköy aufgesucht.

»Hat sie denn auch in einem *very, very nice house* gewohnt?«, wollte Claesson wissen.

Özen verlor den Faden. »Wieso?«

»Merve hat doch von den Yalin am Bosporusufer erzählt, für die sie so ein Faible hat.«

»Davon hat sie nichts gesagt, aber ich kann sie fragen, wenn ich das nächste Mal mit ihr telefoniere«, sagte Özen. »Merve meinte, es sei mit Hilfe der Adresse kein großes Problem gewesen, die Tochter ausfindig zu machen. Sie heißt Ayla.«

Özen nannte auch einen Nachnamen, aber der war so lang und kompliziert, dass sich Claesson gar nicht erst die Mühe machte, ihn im Gedächtnis zu behalten.

»Was machen wir jetzt?«, fragte Özen.

»Wieso?«

»Sie hat den Mörder vielleicht auch gesehen, als sie auf dem Kai wartete.«

Claesson rieb sich die Augen. Er war verdammt müde.

»Sie könnte natürlich auch als Zeugin nützlich sein. Aber können die sich nicht in Istanbul darum kümmern? Öberg wird schließlich dorthin verbracht, wenn wir ihn hier überführen.«

»Hm ...«

»Was?«

»Merve meinte, die Tochter würde sehr gerne an der Beerdigung ihres Vaters teilnehmen.«

Natürlich wollte sie das.

»Dazu habe ich keine Meinung«, erwiderte Claesson. »Dann soll sie einfach fahren. Und falls sie mit der Witwe Kontakt aufnehmen will, ist das ebenfalls ihre Angelegenheit.«

Özen nickte.

Dann war an diesem Tage nichts mehr von Interesse passiert. Es goss am Nachmittag wie aus Kübeln, und Claesson wurde tropfnass, als er nach Hause radelte.

Auch der nächste Tag war ereignisarm, außer dass sie die Mitteilung erhielten, dass die türkische Tochter wirklich zum Begräbnis erscheinen wollte. Merve hatte der jungen Frau alle notwendigen Informationen gegeben, damit sie sich mit der schwedischen Polizei, in erster Linie mit Mustafa Özen, aber auch mit der Ehefrau ihres Vaters in Verbindung setzen konnte.

»Laut Merve spricht sie hervorragend Englisch. Sie ist hochqualifiziert«, meinte Özen. Dann lachte er etwas verlegen. »Merve hat noch gesagt, sie hätte auch nichts dagegen, an der Beerdigung teilzunehmen. Weil das der Ermittlung dienen könnte, natürlich nur!«

Claesson sah ihn freundlich an. »Ach? Du könntest aber auch im Sommer in Istanbul Urlaub machen?«

Özen errötete. Dieser Gedanke war ihm auch schon gekommen.

Claesson hatte Gleitzeit und konnte vor Carl-Ivar Olssons Begräbnis wieder mehr Vater und Ehemann sein. Er radelte mit Klara zur Kita, kaufte Brötchen auf dem Heimweg und frühstückte nach seiner Rückkehr mit Veronika ein zweites Mal. Hochgradig gemütliches Familienleben mit anderen Worten.

Alle waren natürlich wegen des Freitags mit der Beerdigung Olssons und der bevorstehenden Festnahme von Magnus Öberg etwas nervös. Falls Öberg doch nicht auftauchte und seine Frau weiterhin behauptete, er sei in Deutschland, mussten sie ihn bei Interpol zur Fahndung ausschreiben.

Laut Birgitta Olsson sollten nur die Angehörigen und engsten Freunde beim anschließenden Kaffeetrinken im Gemeindehaus teilnehmen. Sie war unsicher, wie viele Personen zur Trauerfeier erscheinen würden. »Die Sache hat ja ziemlichen Staub aufgewirbelt«, sagte sie. »Und das zieht Neugierige an.«

Das war vermutlich so.

Erst passiert gar nichts, dann passiert alles gleichzeitig, dachte er.

60

Es war bereits vereinbart, dass Özen zusammen mit Lennie Ludvigsson nach Landskrona fahren sollte, um Ilyas Bank abzuholen. Am Donnerstag nach der Morgenbesprechung und dem Treffen mit der Spezialgruppe zur Überwachung von Olssons Beerdigung, um die reibungslose Festnahme von Magnus Öberg zu gewährleisten, aber auch, um dort für Ordnung zu sorgen. Wie Birgitta Olsson glaubte auch der Bestatter, dass recht viele Leute in der Kapelle erscheinen würden.

Sie saßen zu zwölft am Konferenztisch.

»Die Beerdigung beginnt um 14.30 Uhr im Krematorium der Waldkapelle auf dem Westfriedhof«, begann Claesson der Ordnung halber. »Ihr wisst ja alle, wie es dort aussieht. Zufahrt von der Stengatan. Ihr parkt auf dem Besucherparkplatz rechts. Wir müssen damit rechnen, dass es recht eng wird. Die Leute müssen da parken, wo Platz ist. Das unmarkierte Fahrzeug mit Ilyas Bank muss also rechtzeitig eintreffen, damit er alle observieren kann, die in die Kapelle gehen. Gleichzeitig müssen wir versuchen, taktisch vorzugehen«, fuhr er fort, »um den Trauerakt nicht zu stören und damit uns Magnus Öberg nicht durch die Lappen geht. Wir müssen aufpassen, dass uns die Büsche dort nicht die Sicht versperren.«

Nach einigen Überlegungen entschieden sie, dass Conny Larsson im Überwachungsfahrzeug Nummer eins sitzen sollte, Ilyas Bank auf dem Beifahrersitz und Mustafa Özen auf dem Rücksitz als Dolmetscher.

Lennie Ludvigsson wollte wissen, ob sie jetzt losfahren konnten, Claesson nickte, und Lennie verließ den Konferenzraum zusammen mit Mustafa Özen, um nach Landskrona zu fahren.

»Ich habe vor, beim Trauerakt anwesend zu sein«, sagte Claesson. »Aber außer mir sollte noch jemand in der Kapelle sein…«

»Ich kann dich begleiten«, erbot sich Louise Jasinski.

»Gut.«

Sie diskutierten, wie sie sich gruppieren sollten und wie viele Streifenwagen sie in Bereitschaft brauchten.

»Was soll schon passieren?«, wollte Peter Berg wissen. »Wenn Ilyas Bank den Schwiegersohn vom Auto aus wiedererkennt, dann geht ihr, Louise und du, nach dem Beerdigungskaffee einfach auf ihn zu und sagt, dass ihr euch im Präsidium mit ihm unterhalten wollt.«

»Ja, so stelle ich mir das auch vor«, meinte Claesson.

»Er darf also erst noch einen Kaffee trinken und ein Krabbenbrot essen«, meinte Berg.

»Ja, vielleicht«, meinte Claesson. »Woher willst du überhaupt wissen, dass es Krabbenbrote gibt?«

»Das liegt doch auf der Hand«, erwiderte Berg lächelnd.

»Sonst habt ihr nichts gegen ihn in der Hand?«, fragte Technik-Benny. »Selbst wenn er zugibt, in Istanbul gewesen zu sein, und ihr beweisen könnt, dass er im Hotel gegenüber von dem seines Schwiegervaters gewohnt hat, ist es nicht sicher, dass das vor Gericht ausreicht... wenn alles glatt geht, aber habt ihr keine...«

»Keine technischen Beweise, meinst du«, ergänzte Claesson und verzog den Mund. Es war fast so, dass heutzutage nur noch konkrete Spuren einen Beweiswert besaßen. Zeugen nicht, Aussage konnte gegen Aussage stehen, auch ein Geständnis reichte häufig nicht aus. Die Gründe für ein Geständnis konnten ganz andere sein, als dass die Wahrheit ans Licht kommen sollte und jemand sein Gewissen erleichtern wollte. Jemand konnte beispielsweise bekannt werden wollen. Das Bedürfnis nach Aufmerksamkeit gewisser Leute war unendlich. Negative Schlagzeilen waren besser als überhaupt keine.

»Vielleicht. Das Beste wäre, wenn wir Öbergs Schuhe finden und wenn sie zu den Abdrücken in einer Blutlache auf Deck passen, die die Techniker in Istanbul sichergestellt haben. Zwar nicht die gesamte Sohle, aber den Teil einer Sohle, Turnschuhe einer großen Marke. Cem, der Techniker in Istanbul, glaubt, dass es sich um Schuhgröße 44 handelt, und die ist in Schweden häufiger als in der Türkei. Mit etwas Glück findet man noch Reste von Olssons Blut im Profil, selbst wenn Öberg sie anschließend noch getragen haben sollte. Oder was glaubst du?«

»Er hat das Blut wohl eher abgewaschen, wenn er die Schuhe nicht ganz weggeworfen hat«, meinte Benny Grahn. »Aber an sich wäre das schon möglich, es ist nur eine minimale Menge nötig, um mit den modernsten Techniken die DNA zu bestimmen. Aber erst einmal brauchen wir natürlich den Schuh!«

»Ja, natürlich...«

»Auch auf den Kleidern müssen Blutspritzer gewesen sein, aber die Wahrscheinlichkeit, dass er diese beseitigt hat, ist größer«, meinte Claesson. »Wir müssen die Wohnung in Stockholm durchsuchen.«

»Du meinst wohl, die Zimmerflucht?«, sagte Louise.

»Ja, genau. In Östermalm wohnt man in Zimmerfluchten und nicht in Wohnungen, das versteht sich. Genau wie man dort in Sommerhäusern und nicht in Campinghütten wohnt.«

Sie überlegten, ob Magnus Öberg ahnte, dass sich die Fahndung auf ihn konzentrierte.

»Wahrscheinlich«, meinte Claesson. »Die Schuldigen sind ständig misstrauisch und befürchten, dass man ihnen auf die Schliche kommen könnte. Ich bereue fast, dass wir die Lage dadurch verschärft haben, dass wir nach Stockholm gefahren sind. Seine Frau muss begriffen haben, dass wir nicht zufällig dort waren. Nicht, wenn man sonst in Oskarshamn beschäftigt ist. Aber jetzt lässt sich das auch nicht mehr ändern. Deswegen haben wir abgewartet und die Kollegen in Stockholm nicht gebeten, mit der ganzen Artillerie dort vorbeizuschauen und die Wohnung auf den Kopf zu stellen, ich meine natürlich, die Zimmerflucht, um nach diesen Schuhen zu suchen. Oder nach einer weißen Schirmmütze mit roter Aufschrift.«

Benny Grahn runzelte die Stirn. »Glaubst du nicht, dass er die Mütze weggeworfen hat?«

»Vermutlich schon. Falls wir sie in der eleganten Zimmerflucht finden, wird die Verteidigung sagen, dass alle möglichen Leute solche Mützen zu Hause herumliegen haben. Sie wurden eine Zeit lang gratis verteilt.«

»Ich habe nicht den Eindruck, dass das eine Gegend ist, in der man Reklame-Schirmmützen trägt«, meinte Louise. »Aber ich kenne die Kleiderordnung dort nicht. Vielleicht sind ICA-Schirmmützen der letzte Schrei in Östermalm?«

»Vielleicht hat er diese Schuhe, von denen ihr redet, sogar an, wenn er nach Oskarshamn kommt?«, meinte Peter Berg. »Nicht gerade bei der Beerdigung, aber sonst?«

»Ja, das habe ich mir auch überlegt«, murmelte Claesson. »Das wäre natürlich ein Volltreffer.«

Etwas später an diesem Tag erfuhr Claesson, dass sich die entzückende Teppichspezialistin aus Stockholm gemeldet hatte. Er rief sie an. An Olssons Teppichlager gab es nicht das Geringste auszusetzen.

»Also keinerlei Auffälligkeiten?«

»Nein, das ist es ja gerade«, sagte sie entschuldigend, ungefähr so, als besäße Claesson eine Promenadenmischung, und das war natürlich recht charmant, aber... »seltene oder richtig teure Stücke fehlen. Es gibt nichts für Sammler, es handelt sich mehr um Teppiche für den täglichen Gebrauch.«

Olsson war offenbar ein bescheidener Teppichhändler gewesen, als Claesson zeitweilig angenommen hatte. Die Teppichexpertin versprach, ihm eine schriftliche Schätzung zu schicken.

Aber wer hatte diesen höchst speziellen Teppich dann? Claesson hatte diese Frage mehrmals tangiert. Vielleicht würde er nie eine Antwort erhalten. Aber irgendwie wurde er den Gedanken nicht los, dass Olsson diesen Teppich selbst hatte behalten und nicht hatte weiterverkaufen wollen. Es war ihnen nicht geglückt, ein einziges Dokument, ein einziges Telefon- oder Handygespräch zu ermitteln, aus denen irgendein Kunde oder Auftraggeber hervorgegangen wäre. Die Spur endete bei dem Teppichhändler auf dem Großen Basar.

Um Viertel nach drei klingelte sein Diensthandy. Claesson erfuhr, Patrik Lindström sei in seiner Wohnung in einem Vorort von Norrköping festgenommen worden. Er hatte sich in einem Sommerhaus versteckt gehalten und seine Post holen, Rechnungen bezahlen und andere Dinge erledigen wollen. Er hätte es besser wissen müssen, als nach Hause zu fahren, aber wahrscheinlich war er es leid gewesen, aus dem Koffer zu leben.

Die Festnahme war laut der Norrköpinger Polizei ruhig über die Bühne gegangen. Lindström wollte sich nicht noch weitere Vergehen zuschulden kommen lassen, indem er sich der Staatsmacht widersetzte. Man konnte ihn jedoch frühestens am nächsten Tag zur Vernehmung nach Oskarshamn bringen, und da hatten Claesson und seine Kollegen genug mit Carl-Ivar Olssons Begräbnis zu tun. Er musste ihm so schnell es ging auf den Zahn fühlen und gleichzeitig Peter Berg bitten herauszufinden, welche Verbindung zwischen Lindström und Magnus Öberg bestand. Es muss eine Verbindung geben, dachte Claesson. Da war er sich sicher.

Patrik Lindström gehörte nicht zu den ganz Schlauen,

das wussten sie bereits. Er war stark und hatte die Neigung, erst zuzuschlagen und dann nachzudenken, wenn er in Bedrängnis geriet. Leicht beleidigt und jähzornig mit anderen Worten. Lindström betätigte sich gern gegen Bezahlung als Handlanger. Er wirkte mit seinen hellblauen Augen harmlos und ordentlich, das war sein größtes Plus. Mühelos konnte er alle arglosen Mitbürger täuschen. Es konnte jedoch schwer werden, ihn zu einer Aussage zu bewegen, hatte sich Claesson sagen lassen. Das lag vermutlich an den Umständen. Was hatte er zu gewinnen, wenn er jemanden verpfiff?

Patrik Lindström wurde primär des Mordversuchs an Tina Rosenkvist verdächtigt. Die Staatsanwaltschaft leitete formell gesehen die Ermittlung, aber Peter Berg war für den rein praktischen Teil zuständig. Er hielt mit seinem Team den Kontakt zu der neuen Staatsanwältin, einer sympathischen Frau mit einem netten Dialekt aus Nordschweden. Sympathische Frauen waren bei den Strafverfolgungsbehörden dünn gesät, fand Claesson. Die meisten waren oder wurden hart und überehrgeizig. Hätte er das zu Veronika gesagt, hätte sie ihm widersprochen. »Sind denn karrieregeile Männer so viel sympathischer?«, hätte sie dann gefragt.

Ehe Claesson nach Hause ging, rief er bei Birgitta Olsson an, um sich ganz allgemein zu erkundigen, ob alles in Ordnung sei.

»Keine geänderten Pläne für die Beerdigung?«

»Nein«, sagte sie. »Weshalb auch?« Ihre Stimme klang gedämpft.

»Nichts weiter. Nur so. Und die Kinder?«

»Die kommen mit ihren Partnern. Aber die Enkel bleiben in Stockholm bei Bekannten. Sie sind noch zu klein.«

»Und wo werden sie wohnen?«

»Wo sie wohnen? Johan und seine Frau Malin wohnen doch in Kalmar, fahren also abends wieder nach Hause, und Lotta und Magnus wohnen natürlich bei mir.«

»Und sonst hat sich niemand gemeldet?«

»Wer hätte das sein sollen?«

»Ich dachte an das Mädchen... oder eher schon die junge Frau aus Istanbul.«

Am anderen Ende wurde es ganz still. Er rechnete schon damit, dass sie auflegte.

»Davon weiß ich nichts«, sagte sie nur.

61

Ein stiller Frühsommerregen fiel, als Carl-Ivar Olsson zu Grabe getragen wurde.

Neben dem Parkplatz des Westfriedhofs blühte dunkellila der Rhododendron. Eine intensive Schönheit, fast zu üppig, eine Art trotziger Protest gegen die Vergänglichkeit des Lebens und gegen den Tod, dachte Claesson. Er war Rhododendron gegenüber immer zwiespältig gewesen und vermutlich auch nicht ganz unbeeinflusst vom Ernst der Stunde. Der Rhododendron war prächtig, aber irgendwie war diese Pracht zu viel, zu grell für die karge Natur des Nordens mit ihren Granitfelsen, dem dunklen Wald und der schwarzen Erde.

Der Westfriedhof lag relativ zentral und war recht weitläufig. Ein grünender Park, in dem man unter hohen, geraden Kiefern herumspazieren konnte. Der gemähte Rasen duftete frisch und lebensbejahend.

Der Andrang war groß. Beunruhigend groß, wenn man an ihren Auftrag dachte. Laut Bestatter hatten viele Leute telefonisch einen Platz in der Kapelle reservieren wollen, aber das war nicht möglich. Alle mussten sehen, wo und ob es einen freien Platz gab, nachdem die Angehörigen die ersten Bankreihen eingenommen hatten. Ein paar Polizisten in Uniform waren behilflich, die Ströme der Fahrzeuge und Neugierigen zu kanalisieren. Sie stellten für die Fahrzeuge von Claessons eigener Einheit eine zusätzliche Verstärkung dar. Die Presse und sogar das Lokalfernsehen waren ebenfalls erschienen. Alles verlief ruhig. Es gab kein Gedränge, niemand kam im letzten Augenblick.

Louise hatte ganz hinten in der Kapelle Platz genommen. Die Waldkapelle war ein modernes Gebäude aus den frühen sechziger Jahren aus gelbem Backstein, das sich den Konturen der Landschaft anpasste. Ein großes Portal wurde bei Erdbestattungen verwendet, ein schmaleres, wenn wie jetzt der Sarg anschließend ins Krematorium gebracht wurde. Die Urne würde erst sehr viel später beigesetzt werden.

Die Trauerfeier sollte im großen Saal stattfinden. Er hatte einen Seiteneingang, der aber nur vom Personal benützt wurde, hatten sie sich sagen lassen. Von Pfarrern, dem Geistlichen, der den Trauerakt durchführte, Bestattern und Friedhofsangestellten.

Claesson betrachtete die Trauergäste. Vermutlich hatte sich Olsson, obwohl er zu den Honoratioren der Stadt gehört hatte, nie träumen lassen, unter so aufsehenerregenden Umständen unter die Erde zu kommen. Wie ein Promibegräbnis. Viele wollten natürlich Abschied nehmen und der Witwe und der Familie ihr Beileid aussprechen.

Larsson hatte den zivilen Wagen mit Özen und Bank so

optimal wie möglich geparkt, ohne dass sie Aufmerksamkeit weckten und die Rhododendronbüsche ihnen die Sicht versperrten. Claesson und Jasinski, die einen klassischen schwarzen Hosenanzug trug, würden die ganze Zeit in der Nähe der Kapelle bleiben, das war so vereinbart. Alle hatten Funkgeräte mit Knopf im Ohr.

Özen hatte sich bereits gemeldet und gejammert.

»Falls Ilyas den Verdächtigen wirklich in dieser Menschenmenge wiedererkennt, grenzt das an ein Wunder«, sagte er.

»Wir ziehen das jetzt durch«, erwiderte Claesson verbissen und so unauffällig wie möglich. Er hatte sich das Mikro ans Revers geklemmt.

»Okay.«

Zu allem Überfluss hatten etliche Trauergäste Regenschirme aufgespannt.

Louise hatte zwei Plätze ganz hinten in der Kapelle am Gang freigehalten, damit sie unbehindert kommen und gehen konnten.

Claesson trug sein dunkelgraues Sakko, ein weißes Hemd und eine graue Hose mit Bügelfalten, die er nur ungefähr jedes dritte Jahr anhatte und dann immer bei Beerdigungen. Darüber trug er eine dunkelgrüne Gore-Tex-Jacke, die bereits so viel mitgemacht hatte, dass sie die Feuchtigkeit durchließ.

Louise und er waren so rechtzeitig da, dass sie den Geistlichen hatten begrüßen können, dem Claesson bereits früher beruflich begegnet war. Ein bescheidener Mann, der jetzt über ihre hoffentlich unauffällige Anwesenheit unterrichtet war.

Plötzlich lärmte es in Claessons Ohr. »Er glaubt, das Objekt gesehen zu haben«, sagte Özen aufgeregt.

Verdammt!, dachte Claesson. »Verstanden«, antwortete er. Er wusste, dass alle dieselbe Information erhalten hatten. »Wo?«

»Er geht jetzt auf die Kapelle zu.«

»Danke.«

Claesson blieb sitzen, aber reckte seinen Hals, um alle zu mustern, die die Kapelle betraten. Der Nieselregen hatte nachgelassen. Die Gesichter waren nass, die Kleider ebenfalls, immer mehr Eintretende machten ihre Regenschirme zu. Manchmal klappt alles, dachte Claesson.

Er glaubte, dass er unter den anderen dunkel gekleideten Trauergästen nicht weiter auffallen würde. Louise sollte in der Kapelle warten, bis sie andere Anweisungen erhielt.

Grüppchen dunkel gekleideter Leute kamen in einem steten Strom den asphaltierten Weg entlang. Einige kannte Claesson und nickte ihnen zu. Natürlich war ihnen klar, warum er an der Beerdigung teilnahm. Dass Olssons Mörder noch nicht gefasst war, wussten alle.

Da sah er ihn.

Magnus Öberg ging langsam und mit gesenktem Kopf, den Blick zu Boden gerichtet, seine Frau an seiner Seite.

Zweifellos war er es, stellte Claesson fest. Ihm kam Öberg jedoch größer vor, als er ihn aus Istanbul in Erinnerung hatte und als die in seinem Pass angegebenen 183 cm. Das konnte auch daran liegen, dass er abgemagert war. Sein Markenjackett schlotterte, auch die Anzughosen waren zu weit. Die schwarzen Schnürschuhe waren blank gewienert.

Claesson wandte den Blick vom Ehepaar Öberg ab, behielt sie aber im Auge. Ihm fiel auf, dass ihn wieder die Spannung erfüllte, die der Grund dafür war, dass er sich nicht einen reinen Schreibtischjob gesucht hatte. Mit Ruhe und Frieden konnte er nichts anfangen. Er brauchte Spannung. Ihm musste gelegentlich das Herz bis zum Hals schlagen.

Erst als Öberg an ihm vorbei und in die Kapelle geschritten war, teilte er seinen Kollegen mit, dass auch er das Objekt ihrer Fahndung observiert hatte. Dieses Objekt müsste gleich in der Waldkapelle auftauchen.

Sie würden ihn nach Begräbnis und Kaffeetrinken im Gemeindehaus festnehmen können. Sie wollten mit Rücksicht auf die Angehörigen so lange warten. Kein Aufsehen, alles ruhig und gesittet. Sie würden ihn nicht mehr aus den Augen lassen, obwohl jede Ortsveränderung natürlich ein Risiko darstellte. Aber warum sollte Öberg verschwinden, wo er doch erschienen war? Sie mussten sich weiterhin unauffällig verhalten, um keinen Verdacht zu erregen. So gesehen war es ein Vorteil, dass bereits viel Polizei vor Ort war.

Claesson ging hinein und nahm neben Louise Platz. Sie lauschten den leisen Geräuschen, es wurde gehustet, was ein Echo erzeugte, jemand schnäuzte sich, es wurde geflüstert, und immer mehr Trauergäste in Schwarz füllten die Bankreihen. Claesson fiel der schwache Geruch nasser Kleider auf.

Familie Olsson saß, wie es üblich war, ganz vorne. Die Witwe und die beiden Kinder mit Partnern. Claesson schaute immer wieder auf Magnus Öbergs Hinterkopf und ließ ihn nie ganz aus den Augen. Louise und er warfen sich einen raschen Blick zu. Alles unter Kontrolle, alles lief nach Plan.

Claesson sah Annelie Daun den Mittelgang entlangkommen. Neben ihr ging ihr Ehemann. Er wirkte übernächtigt. Auf der anderen Seite wurde sie von ihrer Mutter flankiert, einer verlebten Frau, die Claesson von früher kannte. Sie hieß Kerstin Olsson und war die trunksüchtige Schwester des Teppichhändlers. Nachbarn erschienen ebenfalls sowie Vertreter des Einzelhandelsverbandes, des Rotary Clubs und des Vereins für eine schöne Heimat. Er kannte etliche. Er war eben ein richtiger Oskarshamner, er gehörte zu dieser Stadt. Sie steckte ihm in den Knochen.

Es wurde voll. Angestellte des Beerdigungsinstituts halfen und forderten die Trauergäste auf zusammenzurücken. Sie machten auch auf freie Plätze aufmerksam, die sich mitten in den Bankreihen befanden. Alle setzten sich grundsätzlich immer an den Rand und versperrten den anderen den Weg.

Das Innere der Kapelle war sehr geschmackvoll. Claesson betrachtete die schmucklosen Wände aus hellgelben Ziegeln. Vorn am Altar fiel das Licht durch ein schönes buntes Fenster. Der Schmuck war sparsam, ein stilvoller Gobelin in Pastellfarben an der einen Wand, einfache Lampen, das war alles. Claesson vermutete, dass in dem Saal rund hundert Trauergäste Platz fanden.

Die Glocken begannen zu läuten, und das Gemurmel und Husten wurden leiser, bis es schließlich ganz still war. Der Regen hatte aufgehört, die Sonne schien durch das bunte Fenster, und alle Farben leuchteten auf. Als hätte jemand dort oben einen Finger mit im Spiel, dachte er.

Die Orgel begann. Ein Präludium, das Claesson nicht kannte, dann hörte er plötzlich Lärm hinter sich. Die Tür war aufgegangen, und eine dunkelhaarige Frau kam durch den Mittelgang. Sie wirkte unsicher und blieb schließlich stehen.

Gerade als sie in einer der hinteren Reihen Platz nehmen wollte, drehte sich Annelie Daun um. Sie verließ ihren Platz in einer der vorderen Reihen, kam nach hinten und führte die Frau nach vorne. Das war mutig, dachte Claesson und wandte sich an Louise, die die Brauen hochzog. Sie hatten sie beide erkannt.

Als der Trauerakt vorüber war und alle ihre Blumen auf den Sargdeckel gelegt hatten, schlichen sich Claesson und Louise nach draußen, bauten sich neben dem Portal der Kapelle auf und sahen die Trauergäste ins Freie strömen. Ein Mann neben ihnen zog ein großes weißes Stofftaschentuch aus der Tasche, schnäuzte sich und trocknete sich die Augen. Seine Ehefrau neben ihm wollte wissen, was los war, eine nach einer Beerdigung merkwürdige Frage, fand Claesson.

»Das ist nur der frisch gemähte Rasen«, sagte er.

»Hast du deine Tabletten nicht genommen?«, fragte sie.

Allergie, dachte Claesson. Frühling und Sommer waren für viele eine schwere Zeit.

»Doch. Es geht schon wieder«, sagte der Mann mit nasaler Stimme und trocknete sich erneut mit dem Taschentuch seine rot verquollenen Augen.

»Hör mal … ich fahre dich nach Hause, wir holen die Tabletten und das Spray und gehen dann ins Gemeindehaus. Das ist rasch erledigt. Du kannst mit diesen Augen nicht fahren.«

Sie gingen. Claesson blieb stehen und sah, wie die Trauergäste etwas verloren und in Grüppchen warteten, um sich zum Gemeindehaus fahren zu lassen. Viele von ihnen würden fahren, obwohl es zu Fuß nur eine Viertelstunde bis dorthin dauerte.

Die Sonne kam und verschwand. Es war warm und relativ windstill. Das Wetter war unbeständig. An der Einfahrt standen jetzt etwas weniger Leute, und zwar alle die, die in der Kapelle keinen Platz gefunden hatten, sondern hinter einer Absperrung gewartet hatten, die man eilig aufgestellt hatte. Menschen, die den Teppichhändler Olsson ehren wollten oder aus höchst privaten Gründen an einer Trauerfeier teilnehmen wollten. Dass aus so etwas immer so eine große

Sache wird, dachte Claesson. Die Zeitungen und nicht zuletzt das Internet führten zu einer ganz anderen Öffentlichkeit. Vielleicht brauchen wir das, dachte Claesson, Freudentränen bei Hochzeiten, Tränen der Trauer bei Beerdigungen, obwohl man die Beteiligten häufig nicht einmal kannte.

Immer noch hatten nicht alle die Kapelle verlassen.

Louise hatte sich auf der anderen Seite des Portals aufgebaut. Gerade verließ Birgitta Olsson die Kapelle. Sie trat auf die junge Frau zu, die zu spät gekommen war und jetzt schüchtern mit gesenktem Kopf neben Annelie Daun stand. Die beiden waren Cousinen.

Claesson hatte die Fotos ebenfalls gesehen, aber das Bild, das ein Mitglied der Besatzung zufällig von dem sonnenbeschienenen Kai aufgenommen hatte, hatte sich ihm am meisten eingeprägt. Vater und Tochter ein letztes Mal zusammen.

Die Frau hatte ein apartes Gesicht, ihr dunkles Haar war nach hinten gekämmt. Sie hatte braune Augen, kräftige, dunkle Brauen, einen kleinen Mund mit geschwungenen Lippen und ein Grübchen im Kinn. Dieses weiche und gleichzeitig energische Kinn hatte sie, jedenfalls nach den Fotos zu urteilen, mit Annelie Daun und ihrem Vater gemeinsam. Zu ihren breiten Schultern passte die schmale Taille. Ihr Mantel war dunkelbraun.

Ayla, ein hübscher Name, dachte Claesson. Birgitta Olsson und sie schienen sich nicht viel zu sagen zu haben. Sie sahen sich an, schauten dann aber wieder weg. Birgitta Olssons Miene war nur schwer zu deuten.

Die junge Frau weinte. Das tat Birgitta Olsson ebenfalls.

Da fiel es ihm auf. Magnus Öberg hatte die Kapelle nicht verlassen.

Er schaute zu Louise hinüber. Die Ehefrau, Lotta Öberg,

war jedoch da. Sie begrüßte ihre Halbschwester reserviert. Johan Olsson und seine Frau taten das ebenfalls.

»Die Toiletten«, sagte Claesson, nickte Louise zu, bedeutete ihr mit einer Handbewegung zu warten und ging auf das Portal zu.

Louise Jasinski meinte zu hören, dass Lotta Öberg zu ihrer Mutter etwas über ihren Mann sagte. Sie hörte »Migränetabletten« und »kommt später ins...«. Vermutlich war das Gemeindehaus gemeint. Jasinski informierte Claesson in dem Augenblick, in dem er feststellte, dass keine der Toiletten besetzt war. Kein Öberg, mit anderen Worten.

Der Seiteneingang, dachte er plötzlich.

Verdammt! Warum hatten sie ihn nicht bewachen lassen? Unprofessionell, gelinde gesagt. Wenn Öberg direkt nach dem Trauerakt diesen Weg gewählt hatte, dann hatte er mehrere Minuten Vorsprung.

Aber warum sollte er verschwinden? Hatte er gespürt, dass sich etwas zusammenbraute? Oder war es etwas anderes? Und wo war er? Auf dem Weg zu Birgitta Olssons Haus, um seine Migränetabletten zu holen?

Wohl kaum. Aber sicherheitshalber mussten sie einen Streifenwagen dorthin schicken.

Er holte tief Luft. Alles war doch wie geschmiert gelaufen, und jetzt das! Es war aber immer noch alles im grünen Bereich, redete er sich ein. Sie wussten, wo Birgitta Olsson wohnte. Dann holten sie Öberg eben dort, entweder direkt oder erst nach dem Kaffeetrinken, zu dem er sich früher oder später einfinden musste. Und hatten sie richtiges Glück, dann konnten sie ihm auch noch die Schuhe mit dem groben Profil abnehmen.

Er ging raus zu Louise, um seine Truppe umzudirigieren.

62

Nettan Bromse griff nach einem Taschentuch und schnäuzte sich. Sie war vor der Beerdigung bei Coop vorbeigegangen und hatte sich in aller Eile ein Multipack gekauft. Sven benutzte weiterhin Stofftaschentücher. Es kam sogar vor, dass sie welche für ihn bügelte, wenn sie zu viel Zeit hatte. Ihr selbst waren Papiertaschentücher lieber, weil hygienischer. Zerknüllte Stofftaschentücher waren eklig.

Es würde noch mehr Tränen geben, davon war sie überzeugt. Beim Kaffeetrinken nach der Beerdigung würden sicher einige gefühlvolle Reden gehalten werden. Alle im Auto waren der Meinung, dass das eigentliche Begräbnis sehr stimmungsvoll gewesen war. Danach hatten alle geschwiegen. Nettan hatte sich auf den Verkehr konzentriert. Sie waren etwas in Eile. Neben ihr nieste Sven und atmete keuchend durch den Mund.

Sie bog auf den Holmhällevägen und drosselte die Geschwindigkeit. Hier wohnten viele Kinder. Als sie den Sarg gesehen hatte, war es plötzlich so greifbar geworden, dass sie Carl-Ivar nie mehr in seinem Garten sehen würde. Vermutlich hatte sie noch gar nicht richtig verstanden, was eigentlich geschehen war. Dass sie ihn nie mehr mit seinem leicht wiegenden, bedächtigen Gang und mit abwesend auf die Steinplatten gerichtetem Blick zum Briefkasten an der Gartenpforte würde gehen sehen.

Menschen kamen und gingen, das gehörte zum Leben, man gewöhnte sich daran und auch wieder nicht. Sie fuhr mit dem Auto die Auffahrt hoch und stellte den Motor aus. Vor dem Grundstück der Olssons stand ein Wagen.

»Seltsam«, meinte Nettan. »Sind denn nicht alle bei der Beerdigung?«

»Vielleicht gehört das Auto dem Schwiegersohn, und er ist mit jemand anderem zur Kapelle mitgefahren«, meinte Sven und schaute zum Haus der Olssons hinüber. Aber niemand kann sich alle Automodelle merken, dachte er und ging auf seine Haustür zu. Er sehnte sich danach, endlich etwas gegen seine allergischen Symptome zu unternehmen.

In diesem Augenblick sah er trotz roter Augen und verschwommener Sicht, wie sich die Schlafzimmergardine bei den Olssons bewegte. Oder bildete er sich das nur ein?

Er wollte gerade den Blick von dem Fenster abwenden, als er erneut eine Silhouette hinter der Gardine wahrzunehmen meinte. Aber wer ging in ihrer Abwesenheit in Birgittas Schlafzimmer herum?

Ihn beschlich das unbehagliche Gefühl, ein cleverer Einbrecher könnte die Gelegenheit nutzen, Schmuck, Geld und leicht zu verscherbelnde Gegenstände aus dem Haus zu schaffen, während alle auf der Beerdigung waren. Davon hatte man schließlich in der Zeitung gelesen. Einbrüche wurden während der Sommerferien und am Silvesterabend verübt, wenn die Leute garantiert nicht vor Mitternacht nach Hause kamen. Außerdem fiel ihm der ungewaschene Typ mit dem Teppichtrick ein, der Birgitta neulich heimgesucht hatte. Er hatte sich bei den Großstadtjungs etwas abgeguckt, war aber so ungeschickt vorgegangen, dass er einem fast hatte leidtun können.

All das ging ihm durch den Kopf. Haben die Olssons keine Alarmanlage?, dachte er im nächsten Augenblick. Er war auf den roten Steinen aus Öland stehen geblieben, schob die Brille hoch und trocknete sich erneut die Augen. Doch, wahrhaftig! Da war jemand.

Sollte er das ignorieren? Es war sicher kein Einbrecher. Er zögerte. Jemand befand sich ganz eindeutig in Birgittas Haus, und er gehörte nicht zu den Leuten, die Dinge einfach auf sich beruhen ließen. Jedenfalls nicht Dinge, die ihn wirklich beunruhigten. Er war ein Verfechter der Ordnung.

»Was ist los?«, fragte Nettan, die bereits die Haustür aufgeschlossen hatte. »Beeil dich doch!«

»Ich glaube, dass sich in Birgittas Schlafzimmer die Gardine bewegt hat«, sagte er leise.

»Ach?«, erwiderte sie fast flüsternd. »Vielleicht solltest du besser mal nachsehen, wer das ist. Alle müssten doch eigentlich im Gemeindehaus sein...«

Er zögerte.

»Mach, was du willst, ich gehe schon mal rein und hole deine Medikamente«, hörte er sie aus dem Inneren des Hauses rufen. Sie hatte die Tür offen gelassen.

Birgitta hat vielleicht vergessen, den Alarm zu aktivieren, überlegte er, trat durch die Hecke auf das Grundstück der Olssons und fand sich plötzlich auf der Treppe wieder. Sollte er anklopfen? Er wusste nicht, ob das ratsam war, falls er es wirklich mit einem Einbrecher zu tun hatte. Ohne zu überlegen streckte er die Hand aus und drückte die Türklinke herunter.

Es war nicht abgeschlossen. Die Tür ging auf, und stickige Wärme schlug ihm entgegen. Er schaute in die dunkle Diele.

Schwacher Lärm drang aus dem Innern des Hauses, vor allem erstaunte ihn jedoch, dass der Inhalt der Garderobe auf dem Dielenfußboden verstreut lag. Offenbar wurde das Haus durchsucht.

Er ließ die Haustür angelehnt und schlich ein paar Schritte weiter. Vor ihm befand sich das Wohnzimmer, darin sah es aus wie immer. Der Küchentisch war leer, zwischen Kühlschrank und Herd stand niemand.

»Ist da jemand?«, fragte er laut und aus einer Eingebung heraus. Der Lärm verstummte abrupt. Es wurde unheimlich still. Sein Herz überschlug sich. Vielleicht besser, den Rückzug anzutreten, dachte er, war aber immer noch neugierig. Seine Augen tränten, und er hatte Mühe, durch seine verstopfte Nase zu atmen.

Er machte einen Schritt auf das Schlafzimmer zu. Die Diele wurde in dieser Richtung schmaler. Dann blieb er wie angewurzelt stehen.

»Oh, Entschuldigung«, sagte er, als er sah, wer ihm in weißem Hemd und schwarzer Anzughose gegenüberstand. Sein Jackett hatte der Schwiegersohn jedoch abgelegt.

Sven wollte sich schon umdrehen und unter weiteren Entschuldigungen das Haus verlassen, aber der Anblick von Birgittas Schwiegersohn in ihrem Schlafzimmer ließ mit einem Augenblick Verzögerung sämtliche Alarmglocken schrillen. Irgendetwas stimmte ganz offensichtlich nicht. Der Schwiegersohn hatte sämtliche Schränke geöffnet, deren Inhalt teilweise in einem einzigen Durcheinander auf dem Bett lag.

»Suchen Sie etwas Bestimmtes?«, fragte er und sah Magnus Öberg forschend an. Er hatte irgendeinen feinen Beruf in Stockholm, erinnerte sich Sven. Aber das war ihm scheißegal. Der Typ hatte nichts in Birgittas Schlafzimmer verloren!

Der Schwiegersohn sah im Augenblick auch nicht sonderlich fein aus. Schweiß stand ihm auf der Stirn, und sein Blick war stier. Als hätte man ihn mit den Fingern im Marmeladenglas ertappt, wie man in Svens Kindertagen sagte.

Er merkte, dass er, je länger das Schweigen andauerte, die Oberhand gewann.

»Das kann Ihnen doch egal sein!«, sagte Öberg schließlich aufgebracht.

Ach? Auch noch unverschämt werden, dachte Sven entrüstet und erinnerte sich an das Telefongespräch, das er einmal zufällig bei Birgitta mitgehört hatte. Da war es um irgendeinen Teppich gegangen. Die Tochter hatte deswegen angerufen.

Suchte er jetzt auch nach diesem Teppich? Der so viel wert war?

Sven hob das Kinn. »Sie haben kein Recht, in Birgittas Schränken herumzuwühlen«, sagte er mit seiner autoritären Stimme.

»Und Sie haben kein Recht, hier uneingeladen reinzustiefeln«, gab der Schwiegersohn kalt zurück. Er beugte sich zu Sven vor und schien gleich zuschlagen zu wollen.

Sven spürte die Angst wie einen kalten Kloß im Bauch. Aber sie breitete sich nicht in seinem Inneren aus und übermannte ihn auch nicht. Er biss die Zähne zusammen und fühlte sich geradezu angespornt. Dieser Idiot sollte bloß nicht denken, dass er sich alles erlauben konnte! »Ich rufe jetzt die Polizei«, drohte er.

»Das lassen Sie mal schön bleiben!«

Sven spürte, dass es an der Zeit war zu gehen. Er drehte sich auf dem Absatz um und war mit einem raschen Schritt wieder in der schmalen Diele. Dort stand ein Paar Winterstiefel, die offenbar in die Garderobe gehörten.

In dem Augenblick, in denen er über die Stiefel stolperte, packte ihn eine Faust am Jackenkragen und eine zweite am Arm. Gleichzeitig schlug der Wind die Haustür zu. Das war unheimlich. Nettan würde ihn nicht hören, wenn er rief. Aber sie würde sicher bald nach ihm suchen. Sich fragen, wo er abgeblieben war.

»Sie bleiben schön hier«, fauchte der Schwiegersohn, packte seinen Arm noch fester und verpasste ihm einen Kinnhaken.

Sven hatte einen trockenen Mund, aber jetzt schmeckte er plötzlich Blut. Sein Hals schmerzte, sein Herz klopfte so schnell, dass seine Knie weich wurden. Er versuchte sich loszureißen, war aber gleichzeitig wie gelähmt. Er konnte nicht mehr. Er war zu alt und zu kurzatmig, um sich zu prügeln. Schließlich gelang es ihm, sich seines Jacketts zu entledigen. Aber es war zu spät. Als er den Kopf drehte, sahen seine tränenden Augen, dass der Schwiegersohn etwas gepackt hatte. Einen Rasenkantenschneider. Er hielt ihn zum Zuschlagen bereit über seinen Kopf.

»Nein!«, brachte er eben noch über die Lippen und versuchte sein Gesicht mit den Händen zu schützen. Er bekam keine Luft mehr, sein Atem ging schwer, er röchelte nur noch. In diesem Augenblick ließ Magnus Öberg das scharfe Gerät auf ihn niedersausen. Es gab kein Entkommen.

Wie ein Besessener schlug er immer wieder auf ihn ein. Auf den Kopf, ins Gesicht, auf den Hals. Schlug tiefe Wunden. Schmerzen und Blut. Das Nasenbein splitterte. Löste sich. Die Augen, nein, nicht die Augen! Rot. Lippen, Zähne. Es splitterte. Der Kehlkopf und der Hals.

Der Geschmack von Blut war das Letzte, was Sven Bromse wahrnahm, ehe die Dunkelheit über ihn hereinbrach.

Sie saß zusammengekauert auf der Treppe, eine Frau fortgeschrittenen Alters mit starrem Gesichtsausdruck. Sie weigerte sich, ihren Platz zu räumen.

»Ich glaube, es ist die Nachbarin«, sagte Conny Larsson leise. »Den Ehemann...«, meinte er mit einer diskreten Kopfbewegung Richtung Tür.

Claesson nickte. Louise stand neben ihm. Beide verstanden.

Larsson und Özen waren als Erste eingetroffen. Ilyas Bank hatten sie angewiesen, im Auto zu bleiben. Seit der Alarm ausgelöst worden war, drängten sich die Einsatzfahrzeuge auf der Straße.

Sie sperrten gerade ab. Der Kastenwagen der Spurensicherung stand mit geöffneter Heckklappe bereit. Technik-Benny und seine zwei Assistenten hatten ihre Overalls übergezogen, den Plastikschutz über die Schuhe gestreift und stellten im Haus die Scheinwerfer auf.

»Kümmer dich um sie. Bring sie zu einem der Autos und warte dort mit ihr«, sagte Claesson zu Inspektorin Lena Jönsson, die mit einem der Streifenwagen eingetroffen war.

Die Frau war in so schlechter Verfassung, dass sie fast nicht auf die Beine kam. Larsson half seiner jüngeren Kollegin, sie mehr oder minder zum Auto zu tragen.

Sie hieß Agneta Bromse, so stand es am Briefkasten, wurden Claesson und Louise informiert.

»Folglich ist es Sven Bromse, der da im Haus liegt«, sagte Özen.

Sie öffneten die Tür und warfen einen Blick hinein.

»Keiner kommt hier rein!«, befahl Benny Grahn.

»Ein Blick von hier genügt vollauf«, erwiderte Claesson trocken.

Der Mann lag auf dem Rücken. Kopf und Gesicht waren übel zugerichtet. Die Nase fehlte, dort war nur noch ein Loch zu erkennen. Eine Methode, der man sich in ferner Vergangenheit bediente, dachte Claesson, während sein Blick über Boden und Wände schweifte. Man schändete den Gegner, indem man ihm die Nase abhieb, selbst wenn man ihn nur in

Form einer Marmorstatue vor sich hatte. Er wusste nicht, ob das stimmte oder ob die Nasen der Statuen einfach schneller verwitterten. Ein Ohr fehlte ebenfalls, und die Augen waren so zerhackt, dass die Glaskörper aus den Höhlen geflossen waren. Die Kopfhaut wies ebenfalls große Wunden auf, und sie hatte sich stellenweise vom Schädel gelöst. Ihm drehte sich der Magen um. Er konzentrierte sich stattdessen auf das blutbeschmierte Gartengerät, das auf dem Teppich lag. Offenbar hatte Öberg es einfach fallen gelassen und war abgehauen. Er war mit seinem Auto weggefahren.

Aber sie würden ihn finden.

»Tja«, meinte er leise zu Louise Jasinski. »Jetzt bekommen wir einiges zu tun. Er scheint vollkommen durchgedreht zu sein.«

Als er sich umdrehte, fiel sein Blick auf die Schuhablage unter den Mänteln.

»Benny!«

Der Kriminaltechniker schaute hoch. Claesson deutete auf die Turnschuhe, die auf der Schuhablage standen.

»Okay«, sagte Grahn und drehte sie mit seinen behandschuhten Händen um. »Größe 44.«

Claesson nickte.

»Ich nehme sie natürlich mit«, sagte Grahn. »Mit etwas Glück verbindet ihn das Blut mit beiden Morden.«

Verbindet ihn das Blut, dachte Claesson, als er wegging. Das klang fast wie makabre Poesie. Oder wie eine Schlagzeile.

63

Birgitta Olsson schaute aus dem Küchenfenster ihrer Eltern an den hohen Geranien vorbei. Es ging auf Mittsommer zu.

Lasse war auf dem Weg ins Haus. Sie sah nur seinen Kopf über den Flieder ragen. Er blieb meist in seinem eigenen Häuschen, das sie nur äußerst selten betrat. Ein Junggesellenhaushalt. Nicht so schlicht, dass man Mitleid mit ihm hätte haben müssen, aber sie hatte immer den Eindruck, dass er sich dafür schämte, wie es bei ihm aussah, für das Durcheinander und den Gestank.

Aber seit er keinen Alkohol mehr vertrug, aß er wieder und sah nicht mehr so verwahrlost aus. Die Zeit heilt die meisten Wunden, dachte sie, eine der erträglicheren Seiten des Lebens. Und Lasse packte an, viele im Dorf riefen ihn an, wenn sie Hilfe brauchten. Aber Papa würde vermutlich trotzdem nie finden, dass ein richtiger Mann aus ihm geworden war. Doch selbst das war wohl bald Vergangenheit, was Papa fand oder dachte.

Es ließ sich eben nicht ändern.

Vielleicht sehnte sich Lasse nach Gesellschaft, dagegen hatte sie nichts einzuwenden. Sie schüttelte die Thermoskanne. Doch, es gluckerte. Mama hatte sich einen Augenblick hingelegt. Wo Papa war, wusste sie nicht.

Lasse zog sich im Vorraum die Schuhe aus, die großen, die immer so einen Lärm machten. Dann stand er in Strümpfen in der Küche, nahm die Schirmmütze ab und fuhr sich mit der Hand über seine Glatze. Suchte einen Augenblick nach den richtigen Worten.

»Hallo«, sagte er schließlich.

»Willst du einen Kaffee?«

»Ja, danke.«

Sie deckten mit Tassen, Brot, Butter und Wurst.

»Du bleibst also hier, Schwesterherz?«, sagte er, nachdem er Platz genommen und sich bedient hatte.

»Vielleicht. Aber natürlich nicht in diesem Haus… nicht bei Mama und Papa.« Sie verzog das Gesicht, womit sie das »natürlich« unterstrich. Ihr lag auf der Zunge, dass sie wirklich nicht die Absicht hatte, die Magd ihrer Eltern zu werden. Oder die Krankenschwester, hielt sich aber zurück. Viele hatten Lasse vermutlich immer als den Knecht seines Vaters betrachtet. »Vielleicht finde ich eine Häuslerkate. Schließlich bin ich in dieser Gegend zu Hause«, sagte sie und gab ihm einen liebevollen Knuff.

In den Holmhällevägen würde sie nie mehr zurückkehren. Wenn die Diele renoviert war, wollte sie verkaufen. Agneta wollte vermutlich ebenfalls nicht dort wohnen bleiben. Sie zwitscherte nicht mehr. Es gab auch niemanden mehr, der sie Nettan nannte.

Es war schrecklich. Viele hatten sie getröstet, sie träfe keine Schuld. Schließlich hatte nicht sie Sven umgebracht. Aber Agneta blieb trotzdem beharrlich der Überzeugung, Familie Olsson sei eine Bande Krimineller.

Birgitta übte sich darin, nicht allzu viel darüber nachzudenken. Sie verzog daher den Mund. Lasse beantwortete das mit einem Lächeln, aber zurückhaltend, denn seine Zähne zeigte er nur ungern.

»Aber bleibst du an der Klinik?«, fragte er.

»Doch, das habe ich vor.« Sie trank einen Schluck Kaffee.

»Du bist tüchtig, Schwesterherz.«

»Ich weiß nicht...«

Er strich dick Butter auf eine Brotscheibe und belegte sie mit drei Scheiben Cervelatwurst. Beste Ware, dachte sie und sah ihm dabei zu, wie er mit großen Bissen aß.

Er hatte etwas auf dem Herzen. Sie wartete.

»Folgendes«, sagte er, nachdem er gegessen hatte. Er stand auf und ging auf den Hausflur. Mit einer schwarzen Stofftasche kehrte er zurück.

»Das hier habe ich in der Scheune gefunden.«

Sie starrte die Tasche an. Was der Schnee verbirgt, kommt bei Tauwetter zum Vorschein, dachte sie.

»Das gehört mir.«

»Was ist das? Ich habe es mir angesehen, aber das schien nichts Besonderes zu sein. Eine alte Decke oder ein Teppich oder was immer. Willst du ihn haben, oder soll ich ihn auf die Müllkippe bringen?«

Wie angenehm mit Menschen, die nicht alles mitkriegen, dachte sie.

»Lasse, ich kümmere mich darum. Gib mir die Tasche.«

Die weiche Tasche neben ihren Füßen flößte ihr ein Gefühl der Geborgenheit ein. Vielleicht würde sie Annelie bitten, sie schätzen zu lassen und sich mit einem Auktionshaus in Verbindung zu setzen. Das musste aber diskret geschehen. Sie hatte bereits genug Aufmerksamkeit auf sich gelenkt.

Sie hatten bereits die ersten Fragen geklärt. Die Luft war etwas stickig, aber noch gab es genug Sauerstoff. Claesson, Özen und der Anwalt. Magnus Öberg war nur noch ein Schatten seiner selbst.

Er wollte offenbar auspacken. Wollte gestehen, wollte alles

loswerden, so viel war ihnen klar. Wollte den Worten freien Lauf lassen.

»Können Sie uns erzählen, was in Ihnen vorging?«, fragte Claesson.

»Was den Nachbarn betrifft, habe ich gar nicht nachgedacht. Ich habe vermutlich in meinem Leben noch nie so wenig gedacht. Ich weiß nicht genau, was passiert ist, aber ich habe vollkommen die Kontrolle verloren. Ich wusste nur, dass ich diesen Teppich finden muss, und dann kommt dieser Alte daher und fängt an, Fragen zu stellen! Ich brauchte wirklich das Geld, und zwar schnell. Ich war...«

Öberg starrte hilflos an die Wand, während er versuchte, mit der Panik fertig zu werden, die ihn vermutlich erfüllte.

»Mir geht's richtig schlecht, wenn ich daran denke«, flüsterte er. »Ich bin eigentlich gar nicht gewalttätig, aber ich stand derart unter Druck... die Firma, die Schulden, Lotta und die Kinder... das ganze Leben wäre zerstört gewesen.« Er hob sein Glas und befeuchtete sich die Lippen. »Ich dachte an meine Eltern, an den Konkurs damals, die Schande, ich bin richtig in Panik geraten. Ich war wie fremdbestimmt.«

Er trank einen Schluck Wasser.

»Ich wusste ja, dass Patrik Lindström vollkommen ausrasten kann«, fuhr er fort. »Wir kennen uns seit dem Militärdienst... eigentlich hatten wir nicht mehr viel Kontakt, aber ich habe ihn vor einiger Zeit angerufen. Ich habe ihm als Einzigem zugetraut, mir einen bestimmten Dienst zu erweisen, oder wie man das jetzt nennen will. Schließlich konnte ich schlecht selbst nach Oskarshamn fahren, um nach dem Teppich zu suchen.«

Er erzählte, dass Lindström den Auftrag, den Teppich ausfindig zu machen, auf Provisionsbasis übernommen hatte. Er hatte diesen nach seiner Rückkehr aus Istanbul angerufen, ihm aber nicht vom Mord an Carl-Ivar Olsson erzählt, was auch Lindström bei früheren Vernehmungen mit Nachdruck betont hatte.

Er wäre nicht daran interessiert, in die Ermittlungen eines Mordfalls zu geraten, hatte Lindström erklärt. Sobald er eine Zeitung aufgeschlagen und daraus von der Ermordung eines Teppichhändlers in Istanbul erfahren hatte, hätte er doch verstehen müssen, wie die Dinge lagen, hatte Claesson eingewandt. Er lese keine Zeitungen, hatte Lindström behauptet, und das hatte vielleicht der Wahrheit entsprochen. Im Übrigen konnte er sich nicht vorstellen, dass Magnus Öberg seinen eigenen Schwiegervater ermordet hatte! Es gebe sicher in Istanbul genug Irre, die dazu fähig wären, meinte er, und Claesson hatte die Frage bis auf weiteres auf sich beruhen lassen.

Laut Lindström hatte Magnus Öberg nicht mehr erzählt, als dass ein wertvoller Teppich von der Witwe aus Istanbul nach Oskarshamn transportiert worden sei und sich entweder bei ihr zu Hause oder im Teppichgeschäft befinden müsse. Möglicherweise war er auch von einem Botendienst angeliefert worden.

»Stimmt das?«, fragte Claesson.

Magnus Öberg nickte.

»Ja. Der Teppich war mir ja in Istanbul durch die Lappen gegangen. Ich rief also Patrik an, erfand eine Geschichte und verschwieg den Tod von Carl-Ivar. Er hatte seine eigenen Arbeitsmethoden, sagte er. Daher hatte er auch einen Teppich geklaut, den Annelie auf der Post abgeholt hatte. Schließlich war er vollkommen davon besessen, diesen Teppich zu finden, ich konnte ihn überhaupt nicht mehr im Zaum halten …

ich machte mir natürlich Sorgen, als mir zu Ohren kam, dass er beinahe die falsche Frau erdrosselt hätte... also diese Frau, die jetzt verschwunden ist... Ich fand, dass wir erst mal eine Pause machen sollten. Aber dann dachte ich auch wieder an den Teppich und an das Geld, das so viele Probleme lösen würde...«

Er zuckte mit den Achseln und bat darum, die Toilette aufsuchen zu dürfen.

Sie legten eine kurze Pause ein und ließen Kaffee und Tee bringen.

»Könnten Sie uns jetzt erzählen, wie Sie von diesem teuren Teppich erfahren haben... was Sie überhaupt über das Leben Ihres Schwiegervaters wussten?«, sagte Claesson, als sie die Vernehmung fortsetzten.

»Vor etlichen Jahren... vielleicht vor fünf oder sechs, war ich zufällig im Teppichgeschäft. Das war lange, bevor Annelie dort angefangen hat. Mein Schwiegervater musste zum Zahnarzt und bat mich, eine Weile den Laden zu hüten. Dort war ja nie sonderlich viel zu tun... ich schaute mir eine Weile die Teppiche an, damals kannte ich mich noch nicht mit Teppichen aus. Da entdeckte ich einen Brief.«

»Wo?«

»In einer der unteren Schreibtischschubladen. Ich konnte es nicht lassen, ihn mir etwas genauer anzusehen.«

Er hat rumgeschnüffelt, dachte Claesson.

»Ein Brief und ein Foto von einer Person namens Ayla mit einem Nachnamen, den ich nicht aussprechen kann.« Er verstummte.

»Lasen Sie den Brief?«

»Ja. Sie schrieb, ihre Mutter wäre gestorben, und sie benötigte Geld für die Beerdigung. Erst begriff ich überhaupt nichts, aber denn durchsuchte ich die anderen Schreibtischschubladen und fand eine ganze Mappe mit Briefen und Fotos. Da wurde mir klar, dass mein Schwiegervater ein Doppelleben lebte.«

»Und was empfanden Sie da?«

»Ich fand es widerlich... gleichzeitig imponierte es mir.« Er lächelte ironisch.

»Haben Sie jemandem erzählt, dass Sie seinem Geheimnis auf die Spur gekommen waren?«

»Ja, ihm, aber sonst niemandem.«

»Wie reagierte er?«

»Er bekam Angst.«

»Was geschah dann?«

Magnus Öberg schwieg.

»Was geschah?«, beharrte Claesson.

»Ich versprach ihm, den Mund zu halten. An jenem Tag, an dem ich sein Geheimnis herausfand, ließ ich erst einmal nichts verlauten. Anfangs wollte ich alles edelmütig für mich behalten, aber dann... Ich glaube, es war kurz vor Weihnachten, deswegen waren wir in Oskarshamn. Ich habe ihn im Teppichgeschäft besucht und erzählt, dass ich Bescheid wusste. Er konnte nicht protestieren, denn in diesem Augenblick kam eine Kundin in den Laden. Sie merkte sicher, dass die Stimmung nicht die Beste war...«

»Sie versprachen ihm also, den Mund zu halten?«

»Ja, aber nur...«

»Aber nur, was?«

»Nur unter der Bedingung, dass er mir Geld gab. Ich steckte in einer ziemlichen Klemme, brauchte Geld für die Firma, die zeitweise schlecht lief.«

»Und er gab Ihnen Geld, damit Sie den Mund hielten.«

»Ja.«

»Wie oft geschah das?«

»Tja, ich erinnere mich nicht.«

Der Anwalt rutschte unruhig hin und her.

»Und dann, als Sie nach Istanbul gefahren sind, was hatten Sie da für Pläne?«

»Ich hatte herausgefunden, wo er wohnte. Das stand in einem der Briefe. Ich musste mir also nur ein Hotel in der Nähe suchen und ihn im Auge behalten.«

»Wusste er das?«

»Vielleicht, ich bin mir nicht sicher.«

»Erzählen Sie von Istanbul.«

»Ich war zum ersten Mal dort, aber es gelang mir trotzdem herauszufinden, dass er ein großes Geschäft getätigt hatte. Manchmal gab er ein wenig mit Teppichen und seinen Kontakten in der Türkei an ... er sprach von einer Kostbarkeit, die er von dort nach Schweden holen wollte.

Mir war klar, dass es sich um ein ganz exklusives Stück handelte. Ich buchte also eine Reise zum selben Termin wie er. Ich hatte mir die genauen Reisedaten von Lotta geben lassen, sie telefoniert fast täglich mit ihrer Mutter. Ich flog natürlich nicht mit derselben Maschine wie Carl-Ivar. Er flog von Kastrup und ich von Arlanda, und zwar erst an jenem Tag, als Birgitta wieder nach Hause fuhr.«

»Sie haben sie also nicht in Istanbul getroffen?«

»Nein, das habe ich tunlichst vermieden. Sie hätte sofort Verdacht geschöpft, wenn sie mich gesehen hätte! Aber als sie weg war, habe ich meinen Schwiegervater auf seinem Handy angerufen und gesagt, ich wäre in Istanbul und ob er nicht meine Reisekasse etwas aufbessern könnte. Und er erklärte sich auch mit der Summe einverstanden ...«

»Wie viel?«

»Tja, ungefähr zweihunderttausend... nicht Lira, sondern Kronen, aber er wollte sie mir in Euro aushändigen.«

»Und damit war er einverstanden?«

»Ja... wir verabredeten uns in einem Restaurant im alten Teil von Istanbul. Dort wollte er mir das Geld geben.

Aber dann dachte ich, dass ich vielleicht noch mehr herausschlagen könnte, er hatte schließlich auch noch diesen Teppich. Ich hielt von meinem Hotelfenster aus nach ihm Ausschau. Er kam mit einer Tasche in der Hand aus seinem Hotel und nahm ein Taxi. Der Teppich, dachte ich. Ich fragte mich natürlich, wo er hinwollte. Ich war erst am nächsten Tag mit ihm verabredet. Wollte er sich aus dem Staub machen? Vielleicht brauchte er aber auch etwas Zeit, um das viele Geld aufzutreiben. Am nächsten Tag rief ich ihn morgens an und fragte, was los war, und da sagte er, alles sei geregelt, und er würde die Fähre von diesem Vorort, in dem seine Tochter wohnte, Yeniköy oder so ähnlich, zum Kai im Zentrum nehmen...«

Öberg goss sich ein Ramlösa ein und trank ein paar große Schlucke.

»Ich weiß nicht, was mir eigentlich in den Sinn kam, aber ich war vollkommen überdreht... ich brauchte wirklich Geld.

Ich brauchte eine Waffe, aber schießen ist irgendwie nicht mein Ding, außerdem funktioniert das nicht auf einer Fähre, dachte ich. Ich hatte mir eigentlich vorgestellt, ihn in einer dunklen Gasse zu erstechen. Aber dann ergab es sich nun einmal auf diese Art. Ich habe das Messer gekauft... und... dann auch Gebrauch davon gemacht.«

Plötzlich sah Magnus Öberg vollkommen erschöpft aus.

»Können Sie weitermachen? Oder sollen wir die Vernehmung morgen fortsetzen?«

»Nein, wir können weitermachen.«

»Haben Sie den Teppich bekommen?«

»Das glaubte ich zuerst, aber Carl-Ivar hat mich übers Ohr gehauen.« Er lächelte ironisch. »Das Letzte, was der Alte im Leben getan hat, war, mir den Finger zu zeigen.«

»Wie meinen Sie das?«

»Das Ganze ging wahnsinnig schnell. Das Messer war wirkungsvoller, als ich vorausgesehen hatte, richtig unheimlich. Ich konnte ihm nur noch in eine Jackentasche greifen. Dort steckte sein Handy, und ich habe es über Bord geworfen. Dann habe ich die Tasche gepackt... Aber das Geld, das er mir in dem Café hatte geben wollen, bekam ich nie.«

»Sie glauben, dass er es bei sich hatte?«

Magnus Öberg zuckte mit den Achseln.

»Keine Ahnung.«

Wo die Scheine abgeblieben sind, wird sich kaum rekonstruieren lassen, dachte Claesson. Vielleicht hat Ilyas Bank Glück gehabt.

»Sie sagten, Ayla hätte Sie bei der Beerdigung ganz klar durchschaut. Sind Sie ihr in der Türkei begegnet?«

»Nein. Aber ich hatte ja Fotos von ihr gesehen. Ich glaubte, ich wäre der Einzige, der von ihrer Existenz wusste. Ich war vollkommen fassungslos, als ich sie plötzlich bei dem Begräbnis sah, ich hatte das Gefühl, dass sie mich ebenso erkannte wie ich sie... es war gespenstisch!«

»Was war in der Tasche?«

»Ein Necessaire, ein Hemd, Strümpfe, Unterwäsche.«

»Und das war nicht das, was Sie erwartet hatten?«

»Nein, verfluchte Scheiße!« Er trommelte mit den Fingern auf die Tischplatte. »Dann kam ich zu dem Schluss, dass meine Schwiegermutter den Teppich mitgenommen haben musste. Wenn er überhaupt irgendwo war, dann zu Hause bei ihr. Ich geriet vermutlich in Panik, ich wusste ja, dass Sie... vielleicht... auf meiner Spur waren...«

Der Mörder mit der feinen Kinderstube flucht, dachte Claesson. Aber er tat das mit einem so kultivierten Stockholm-Dialekt, dass es nur nach einem pikanten Detail klang.

Anschließend versammelte sich das Team in Claessons Büro. Özen war natürlich dort, aber auch Louise Jasinski, Peter Berg und Martin Lerde. Kriminaltechniker Benny Grahn war unterwegs.

»Das habt ihr gut gemacht«, sagte Louise Jasinski.

Ein seltsames Gefühl, gelobt zu werden, statt selbst zu loben, dachte Claesson. Aber ganz okay.

»Habt ihr Zeit für ein Bier? Es ist Feierabend«, fuhr sie fort. »Ich kann auch noch den anderen Bescheid sagen.«

Claesson hatte eigentlich keine Zeit, er musste sofort nach Hause, aber eine halbe Stunde, warum nicht?

Einige Stunden später lag er in Klaras Bett. Er las ihr aus seinem alten, abgegriffenen Exemplar »Ture Sventon. Privatdetektiv« vor:

Jetzt flog Sventon über die Stadt! So etwas Wunderbares hatte er noch nie erlebt. Ture Sventon reckte sich in der Sonne und seufzte vor Glück. Er tätschelte den prächtigen Teppich.

»An den Sagen aus Tausendundeiner Nacht ist jedenfalls mehr dran, als man glauben sollte«, sagte er. Und als er daran dachte, wie höflich sich Herr Omar nach jedem zweiten Wort

verbeugt hatte und wie unfreundlich er selbst gewesen war – da schämte er sich richtig.

»Ich lade ihn auf ein Mandelgebäck ein, und dann verbeuge ich mich genauso oft wie er.«

Epilog

Annelie Daun wischte sich den Schweiß aus der Stirn. Sie hatte auf jegliche Hilfe beim Ausräumen des Speichers verzichtet. Seit der Auflösung des Teppichgeschäfts hatte sie unendlich viel Zeit.

Sie konnte gut verstehen, dass es für Birgitta, Lotta und Johan das Einfachste gewesen war, das Unternehmen einfach zu schließen, statt die komplizierten verwandtschaftlichen Verhältnisse noch durch geschäftliche Transaktionen zu belasten.

Was Ayla davon hielt, wusste sie nicht, sie hatte jedoch den rechtmäßigen Teil ihres Erbes erhalten. Aber Ayla war wieder in die Türkei und zu ihrer Dozentenstelle an der Uni zurückgekehrt.

Die Truhe ließ sich natürlich nicht vom Fleck bewegen. Sie würde ein paar Möbelpacker anheuern müssen. Aber sie würde sie um jeden Preis nach Hause schaffen. Sie hatte bereits nachgemessen, dass sie ins Gästezimmer passte. Nur knapp, aber mit etwas List und Tücke würde es gehen. Wenn sie einen Kelim darauflegte, würde niemand auf die Idee kommen, den Deckel anzuheben. Und wenn doch, würde niemand begreifen, wie wertvoll der Inhalt war.

Sie hatte Pläne. Fortgeschrittene Teppichpläne.

Aber erst einmal musste sie etwas Zeit verstreichen lassen. Vielleicht konnte sie den einen oder anderen Teppich auf einer größeren Auktion verkaufen, aber nicht zu schnell. Das konnte Misstrauen erregen. Das Geld wollte sie in ein eigenes Geschäft investieren. Ein Teppichgeschäft mit Teppichen, die sich die Leute leisten konnten. Eines, wie es Carl-Ivar gehabt hatte, aber auch wieder nicht. Sondern auf ihre Art.

Teppiche, die schön anzusehen und angenehm für die Füße waren.

Danksagung

Schauplätze des Buches sind Istanbul und Oskarshamn und Umgebung und nicht zuletzt die Gegend von Bråbo im Kirchspiel Kristdala etwas weiter im Landesinneren. Fahren Sie dorthin, und schauen Sie sich mit eigenen Augen an, wie schön es dort ist. Das habe ich auch getan!

Ich danke Kriminalkommissar Anders Pernius, Oskarshamn, für den herzlichen Empfang auf seiner Dienststelle und für seine hilfreiche Beantwortung meiner Fragen. In dem Roman handelt es sich allerdings um mein Bild dieses Arbeitsplatzes und nicht um eine dokumentarische Schilderung.

Ich danke weiterhin Lars Henriksson, Kriminaltechniker in Helsingborg, dass er immer für mich da ist.

Weiterer Dank geht an Mustafa Özen, Kappadozien, und Raija Öhrstedt, Landskrona, die mich einige Male in die Türkei mitgenommen haben. Ein besonderer Dank an Raija, die mir die Augen für die Welt der Teppiche geöffnet und mir außerdem die beiden Teppiche gegeben hat, die in dem Buch vorkommen.

Dank an Fredrik Nygren, Stockholm, der mir erklärt hat, wie Teppichhändler denken und arbeiten. Es ist immer eine Freude, sich mit dir zu unterhalten!

Danke, Andrea Karlsson, die mir mit den türkischen Namen geholfen und mir Fragen zu schwedisch-türkischen Ähnlichkeiten und Unterschieden beantwortet hat.

Meine Schilderung von Oskarshamn ist nicht vollkommen

korrekt. Manchmal habe ich mir bewusst ein paar Freiheiten erlaubt. Außerdem verändert sich die Stadt ständig: Straßen werden zu Einbahnstraßen, Häuser werden abgerissen, andere neu gebaut. Im Großen und Ganzen habe ich jedoch darauf geachtet, dass alles stimmt.

Ich danke ein weiteres Mal dem Personal des Fremdenverkehrsamtes Oskarshamn, das mir bereitwillig alle telefonischen Fragen beantwortet hat. Ebenso danke ich Ann Margareth Kvarnefors und Stefan Jutterdal, meinen Freunden in Oskarshamn, die sich die Mühe gemacht haben, Orte für mich zu fotografieren, an die meine Erinnerung verblasst war.

Ich danke ebenfalls Annika Seward Jensen, meiner Lektorin, für wertvolle Kommentare, und Katarina Ehnmark Lundquist, meiner Redakteurin (wir wissen inzwischen, was wir aneinander haben), für eine gute und nicht zuletzt erfreuliche Zusammenarbeit.

Lund, 1. August 2009
Karin Wahlberg